Product-Switching
und Marktmachtmissbrauch

Europäische Hochschulschriften Recht

European University Studies in Law

Publications Universitaires Européennes de Droit

Band/Volume **6217**

Andreas Schüssel

Product-Switching und Marktmachtmissbrauch

Eine regulierungs- und kartellrechtliche Betrachtung zu Vermarktungsstrategien im Arzneimittelbereich

PETER LANG

Bibliografische Information der Deutschen Nationalbibliothek
Die Deutsche Nationalbibliothek verzeichnet diese Publikation in der Deutschen Nationalbibliografie; detaillierte bibliografische Daten sind im Internet über http://dnb.d-nb.de abrufbar.

Zugl.: Berlin, Freie Univ., Diss., 2020

D 188
ISSN 0531-7312
ISBN 978-3-631-83662-0 (Print)
E-ISBN 978-3-631-84940-8 (E-PDF)
E-ISBN 978-3-631-84941-5 (EPUB)
E-ISBN 978-3-631-84942-2 (MOBI)
DOI 10.3726/b18142

Diese Publikation wurde begutachtet.

www.peterlang.com

Meinen Eltern

Vorwort

Die vorliegende Arbeit wurde vom Fachbereich Rechtswissenschaft der Freien Universität Berlin im Sommersemester 2020 als Dissertation angenommen. Für die Drucklegung konnten Schrifttum und Rechtsprechung bis August 2020 berücksichtigt werden.

Großer Dank gebührt zuallererst meiner Doktormutter Frau Professor Dr. Heike Schweitzer LL.M. (*Yale*), die den Fortgang der Arbeit stets mit großem Wohlwollen, hilfreichen Anregungen und konstruktiver Kritik begleitet hat. Während meiner Tätigkeit als wissenschaftlicher Mitarbeiter hat sie mir weit über Gebühr die nötige zeitliche und geistige Freiheit für die Verfolgung meines Promotionsvorhabens eingeräumt. Herrn Professor Dr. Bertram Lomfeld danke ich für die zügige Erstellung des Zweitgutachtens.

Danken möchte ich ebenso allen Mitarbeiterinnen und Mitarbeitern des Instituts für deutsches und europäisches Wirtschafts-, Wettbewerbs- und Regulierungsrecht der Freien Universität Berlin, vor allem Frau Tina Jenichen, Frau Charlotte Reichow, Frau Vera Städing, Herrn Dennis Dankiewicz, Herrn Robert Dölling, Herrn Paul Oscar Lehmann, Herrn Robert Welker sowie Herrn Kai Woeste, für eine großartige und sowohl fachlich als auch menschlich scheuklappenfreie Zeit in Dahlem.

Herrn Jan Moritz Lang und Herrn Dr. Maximilian Meyer möchte ich neben langen Jahren der Freundschaft ganz besonders für zahllose Anmerkungen sowie die schnelle Durchsicht und Redigierung des Manuskriptes danken.

Unermesslicher Dank gebührt meiner wundervollen Frau, Dr. Theresa Schüssel-Kohlhäufl, der ich ohne diese Arbeit nie begegnet wäre und ohne deren unermüdliches Verständnis, stete Ermutigung und Hilfe sie wohl kaum zu Ende gebracht worden wäre.

Ohne den Rückhalt, das Vertrauen und die bedingungslose Unterstützung meiner Eltern Georg und Marion Schüssel, wäre jedoch weder diese Arbeit noch der Weg dorthin möglich gewesen. Ihnen ist sie in Dankbarkeit und Liebe gewidmet.

Stuttgart, im Januar 2021

Inhaltsverzeichnis

Teil 1: Product-Switching – Ein Problemaufriss

Die nahezu ausschließlich privatwirtschaftlich organisierte Pharmaindustrie spielt eine überragend wichtige Rolle für den Erhalt der menschlichen Gesundheit. Vor allem der Forschungs- und Innovationstätigkeit der Arzneimittelhersteller ist es zu verdanken, dass heutzutage Krankheiten, die noch vor einigen Jahrzehnten mit großer Sicherheit tödlich verlaufen wären, geheilt werden können, Krankheitsverläufe deutlich verlangsamt oder zumindest ihre Symptome derart gelindert werden können, dass den betroffenen Patienten trotz Krankheit ein menschenwürdiges Leben ermöglicht wird. Dennoch haftet den Arzneimittelherstellern in der öffentlichen Wahrnehmung hartnäckig der Ruf an, weniger am Wohl der Patienten, sondern ausschließlich und nahezu um jeden Preis an der Maximierung ihrer Gewinne interessiert zu sein. Insbesondere bei der Einführung neuartiger Arzneimittel wird immer wieder der Vorwurf laut, dass einige Präparate trotz bestehenden Patentschutzes und einer immensen Kostenbelastung der öffentlichen Krankenversicherung in therapeutischer Hinsicht sprichwörtlich nicht das halten, was sie versprechen.[1]

Um ihre Marktstellung zu verteidigen, wagen sich die Arzneimittelhersteller sowohl im Ringen mit ihren Wettbewerbern als auch gegenüber ihren Abnehmern oftmals in rechtliche Graubereiche vor. Das in zahlreichen Ausprägungen anzutreffende Diktum der „dauernden Versuchung der Unternehmen, sich den Zwängen des Wettbewerbs zu entziehen"[2] scheint insbesondere im Pharmabereich auf äußerst fruchtbaren Boden zu fallen. Seit geraumer Zeit werden auch die Kartellbehörden zunehmend darauf aufmerksam, dass dort der Kampf um Marktanteile und Umsätze mit teils fragwürdigen Mitteln geführt wird. Im Jahr

---

1 Siehe *Der Tagesspiegel*, Neue Arzneimittel bringen wenig, 7. September 2016; *Sueddeutsche Zeitung*, Strategien der Pharmabranche gegen Generika, 27. Januar 2016; *Frankfurter Rundschau*, Das Abkassieren ist vorbei, 1. Juni 2013; vgl. ebenso *Glaeske/Ludwig*, Techniker Krankenkasse Innovationsreport 2017, S. 262.

2 Siehe *Mestmäcker/Schweitzer*, in: Mestmäcker/Schweitzer, Europäisches Wettbewerbsrecht, § 3, Rz. 5; nicht minder pointiert auch *Böhm*, Das Janusgesicht der Konzentration, in: Freiheit und Ordnung in der Marktwirtschaft, S. 216: „Wo immer sich die Gelegenheit bietet, den Wettbewerb einzuschränken und eine wirtschaftliche Machtstellung zu realisieren, da erweist sich die Sünde als süß und die Tugend als bitter."; sowie bereits frühzeitig *Adam Smith*, An Inquiry into the Nature and Causes of the Wealth of Nations, Book 1, Chapter X, Pt. II, S. 144: "People of the same trade seldom meet together, even for merriment and diversion, but the conversation ends in a conspiracy against the public, or in some contrivance to raise prices."

2009 veröffentlichte die Europäische Kommission ihren Abschlussbericht zur Sektoruntersuchung im Pharmabereich.[3] Hierbei identifizierte sie vor allem eine Vielzahl potentiell wettbewerbsrechtlich relevanter Patent- und Vermarktungsstrategien, mit deren Hilfe sich die forschenden Arzneimittelhersteller (sog. Originalpräparatehersteller) versuchen im Markt zu behaupten. Die Kommission spricht in diesem Zusammenhang von einer „tool box", der sich die Originalpräparatehersteller bedienen, um ihre Marktstellung insbesondere gegenüber den Herstellern generischer Arzneimittel zu verteidigen.[4] Instrumente dieses reichhaltig bestückten Werkzeugkastens sind bspw. Patentdickichte, Patent-Cluster und Pay-for-delay-Strategien sowie das im Fokus dieser Arbeit stehende Product-Switching.[5]

Unter diesem Schlagwort werden verschiedene Patent- und Vermarktungsstrategien von Arzneimittelherstellern verstanden, die dazu dienen, den Produktlebenszyklus von neuartigen, in der Regel patentierten Arzneimitteln (sog. Originalpräparaten) mittels eines Produktwechsels über die Schutzdauer der für das Originalpräparat erteilten Patente hinaus zu verlängern. Der Begriff, auch bekannt als „Product-Hopping", „Evergreening" oder „Line Extension" wird oft abschätzig gebraucht, um Änderungen altbekannter Arzneimittel zu beschreiben, die auf den ersten Blick meist nur einen geringen therapeutischen Mehrwert mit sich bringen.[6] Die vorliegende Arbeit dreht sich im Kern um die regulierungs- und wettbewerbsrechtliche Bewertung der Migration von Patienten von einem noch patentgeschützten, aber in absehbarer Zeit gemeinfreien Originalpräparat, auf ein sog. Folgepräparat, für das ein noch länger andauernder Schutz durch Patent- oder vergleichbare Schutzrechte besteht.

Der Switch, so wie er hier verstanden und behandelt wird, setzt sich also vereinfacht aus zweierlei zusammen: (i) Einer Veränderung bzw. Erweiterung der chemisch-physikalischen Eigenschaften des Originalpräparats, die dazu führt, dass das so geschaffene Folgepräparat nicht mittels gesetzlicher Substitutionsmechanismen durch Generika ersetzt werden kann sowie (ii) verschiedene

---

3 European Commission, Pharmaceutical Sector Inquiry – Final Report.

4 Vgl. European Commission, Pharmaceutical Sector Inquiry – Final Report, Rz. 24, 166.

5 Siehe European Commission, Pharmaceutical Sector Inquiry – Final Report, Rz. 462 ff.

6 Vgl. *Domeij*, Anticompetitive marketing in the context of pharmaceutical switching in Europe, in: Drexl/Lee, Pharmaceutical Innovation, Competition and Patent Law, S. 273; *Carrier/Shadowen*, Product Hopping: A New Framework, (2016) 92 Notre Dame L. Rev. 167; *Gallasch*, A new dimension to EU pharma antitrust, product hopping and unilateral pay for delay, (2016) 12 European Competition Journal, 137, 145; so auch verschiedene Marktstimmen zur European Commission, Pharmaceutical Sector Inquiry – Final Report, Rz. 994 ff.; *Devlin/Jacobs*, Anticompetitive Innovation and the Quality of Invention, (2012) 27 Berkeley Tech. L.J. 1, 6, sprechen in diesem Zusammenhang gar von „predatory innovation", also räuberischer Innovation.

Methoden, um die Ärzteschaft dazu zu bewegen, das Folgepräparat anstelle des Originalpräparats zu verschreiben und so die Patientenbasis vom Original- auf das Folgepräparat umzustellen.[7]

Zahlreiche US-Gerichte erachteten dieses und ähnliches Geschäftsgebaren marktmächtiger Hersteller als Verstoß gegen das Monopolisierungsverbot des US-Kartellrechts.[8] Im insoweit symptomatischen *Namenda*-Fall aus dem Jahr 2014[9], bestand die therapeutische Innovation des als patentgeschütztem Folgepräparat etablierten Alzheimer-Medikamentes *Namenda XR* im Vergleich zum Vorgängerpräparat bspw. hauptsächlich in der notwendigen Einnahme von einer statt wie bisher zwei Pillen pro Tag. Durch diese marginale Neuerung wurden jedoch sämtliche regulatorische Mechanismen, die einen Ersatz von *Namenda XR* durch gleichwertige Generika möglich gemacht hätten, in Bezug auf das Folgepräparat außer Kraft gesetzt. Um möglichst viele Abnehmer zu einem Wechsel auf das neue Präparat zu bewegen, nahm der Hersteller zudem das patentgeschützte Vorgängerpräparat bereits einige Zeit vor Auslauf seines Patentschutzes vom Markt und setzte so die Ärzte bzw. Patienten unter Druck, stattdessen das wiederum patentgeschützte Folgepräparat zu erwerben. Hierdurch sollten die Abnehmer langfristig an *Namenda XR* gebunden werden, um so den nachrückenden Generikaherstellern mangels Substituierbarkeit von *Namenda XR* durch Generika bereits von vornherein die Konsumentenbasis für ihre generischen Versionen des Vorgängerproduktes zu nehmen.[10]

A. Gang der Untersuchung

Die Arbeit geht vor allem der Frage nach, ob es unter dem geltenden EU-Wettbewerbsrecht zulässig ist, den Verkauf von Originalpräparaten, deren Patentschutz auszulaufen droht, vor dem Markteintritt von generischen Versionen des Originalpräparats einzustellen, bzw. deren Erhältlichkeit einzuschränken, um so die Patienten dazu zu bewegen auf ein seinerseits patentgeschütztes Folgepräparat zu wechseln. Der thematischen Zuspitzung wegen klammert diese Arbeit die patentrechtliche Dimension dieses Themenkomplexes, insbesondere die bereits viel diskutierte Frage nach der Patentierbarkeit von Minimal- bzw. Scheininnovationen[11] sowie das Verhältnis von Geistigem Eigentum und Kartellrecht,

---

7 So auch bei *Carrier/Shadowen*, Product Hopping: A New Framework, (2016) 92 Notre Dame L. Rev. 167, 168, 171.

8 Siehe Teil 2, A.

9 Siehe US District Court for the Southern District of New York, Case 1:14-cv-07473-RWS, The People of the State of New York v. Actavis PLC and Forest Laboratories LLC.

10 Siehe hierzu im Detail: Teil III, A., I., 1.

11 Hierzu instruktiv: *Schäffner*, Lifecycle Management im Arzneimittelsektor – Zur Kritik des Evergreening; *Berthold*, Evergreening von

soweit wie möglich aus. Die den Absatzstrategien zugrunde liegenden Patente und Schutzzertifikate, bspw. für die Innovationen bei der Herstellung oder Wirkweise der Folgepräparate, werden als gegeben betrachtet. Vielmehr konzentriert sich diese Arbeit auf die bislang kartellrechtlich weitgehend unbeleuchtet gebliebenen Vermarktungsstrategien der Originalpräparatehersteller, die darauf abzielen, auch nach dem Patentauslauf eines Originalpräparats ein Abwandern der Patienten hin zu Generika zu verhindern oder zumindest zu erschweren.

Mit Blick auf die deutlich weiter fortgeschrittene Diskussion in den USA werden geeignete Kriterien herausgearbeitet, an denen festgemacht werden kann, wann derartige Vermarktungsstrategien einen Verstoß gegen Art. 102 AEUV darstellen, bzw. in welchem Rahmen sie vor allem im Hinblick auf die gesellschaftlich prinzipiell erwünschte und notwendige Innovationstätigkeit der Arzneimittelhersteller zulässig sein können und müssen. Zudem wird eingehend untersucht, ob bzw. inwieweit die derzeitige Regulierung des Arzneimittelmarktes in Deutschland einen wirksamen Schutz vor derartigen Strategien gewährleistet. Im Zuge der Betrachtung werden auch die ökonomischen und regulatorischen Besonderheiten des deutschen bzw. europäischen Arzneimittelsektors berücksichtigt, unter anderem die strukturell geringe Preissensitivität bei der Nachfrage nach Arzneimitteln, die rechtlichen Rahmenbedingungen der Arzneimittelzulassung sowie die vielfältigen gesetzlichen Privilegierungen von Generika. Aufgrund der erheblichen rechtlichen und tatsächlichen Zerfaserung des Arzneimittel- und Krankenversicherungssektors innerhalb der EU, konzentriert sich die Betrachtung insoweit exemplarisch auf die geltenden Umstände in Deutschland, d.h. in erster Linie die einschlägigen Regelungen des SGB V, des AMG und der dazu erlassenen Verordnungen. Die Untersuchung beschränkt sich zudem ausschließlich auf verschreibungspflichtige Arzneimittel. Die gesetzliche Krankenversicherung trägt nach §§ 31 iVm 34 Abs. 1 SGB V grundsätzlich nur bei diesen die Kosten. Demzufolge handelt es sich bei verschreibungspflichtigen Arzneimitteln aufgrund der Breitenwirkung der gesetzlichen Krankenversicherung, und den daraus resultierenden höheren Verkaufszahlen, in der Regel um die wirtschaftlich gewinnträchtigsten Arzneimittel, sodass die thematisierten Absatzstrategien vor allem hier Verbreitung finden.

B. Product-Switching als Instrument zur Verlängerung des Produktlebenszyklus patentgeschützter Arzneimittel

Zunächst gilt es sich darüber Klarheit zu verschaffen, warum und mit welchen Mitteln beim Product-Switching versucht wird, den Marktzutritt von Generika

Arzneimittelpatenten – Schutzverlängernde Patentstrategien und die Möglichkeiten ihrer Begrenzung im Recht der WTO.

zu erschweren, um so den Produktlebenszyklus der Originalpräparate weit über die Schutzdauer des Patents für das ursprüngliche Originalpräparat hinaus zu verlängern.

I. Das Verhältnis von Originalpräparate- und Generikaherstellern

Auf der Angebotsseite des Arzneimittelmarktes agieren Originalpräparate- und Generikahersteller. Erstere widmen sich vor allem der Forschung, Entwicklung und Markteinführung neuartiger Arzneimittel. Neben der kostenintensiven Erforschung neuer Wirkstoffe führen sie die für eine Marktzulassung nötigen klinischen Versuche durch und investieren große Summen in die Vermarktung der Arzneimittel. Gewissermaßen im Gegenzug für diese im Vorfeld getätigten Investitionen erhalten sie für die neuartigen Arzneimittel, oder für die deren Herstellung zugrunde liegenden Verfahren, Patentschutz. Hierdurch werden ihnen auf Jahre hin die exklusive Vermarktung der Originalpräparate sowie die damit einhergehenden Einnahmechancen gesichert.

Nach Ablauf des Patentschutzes der Originalpräparate werden diese jedoch gemeinfrei. Damit ist es jedermann erlaubt, das Originalpräparat nachzuahmen und mit Arzneimitteln in den Markt einzutreten, die dem Originalpräparat gleichwertig sind. Dies kann im Grunde durch einen anderen Originalpräparatehersteller erfolgen, meist handelt es sich hierbei jedoch um Unternehmen, die sich vor allem auf die Herstellung gemeinfreier Arzneimittel spezialisiert haben – die sog. Generikahersteller.[12] Generika sind typischerweise deutlich preisgünstiger verfügbar als die Originalpräparate und tragen zu erheblichen, von staatlicher Seite mit verschiedenen gesetzlichen Mechanismen forcierten, Kostenreduzierungen im Gesundheitswesen bei.

II. Wirtschaftliche Gründe für den Switch

Anlass für den Switch ist in der Regel der drohende Auslauf des Patentschutzes des Originalpräparats. Dieser gilt als einer der wichtigsten Momente im Produktlebenszyklus eines Arzneimittels.[13] Sobald die Schutzdauer der für ein Arzneimittel erteilten Schutzrechte endet, drängen nach und nach Generikahersteller mit

---

12 In den letzten Jahren verschwimmt die früher recht deutlich sichtbare Trennlinie zwischen Originalpräparate- und Generikaherstellern, da Erstere vermehrt eigene generische Arzneimittel produzieren und Letztere mittlerweile zum Teil auch in die Erforschung und Entwicklung eigener Originalpräparate investieren, sodass es auf beiden Seiten zu Kannibalisierungseffekten des eigenen Kerngeschäftes kommt, siehe *Song/Han*, Patent cliff and strategic switch: exploring strategic design possibilities in the pharmaceutical industry, (2016) SpringerPlus 5:692, S. 10 ff.

13 Siehe *Guminski*, in: Schöffski/Fricke/Guminski, Pharmabetriebslehre, S. 205; *Raasch*, S. 14; ebenso *Schäffner*, S. 45.

ihren gleichwertigen, jedoch meist deutlich kostengünstigeren Kopien des Originalpräparats auf den Markt.[14] Mit Auslauf des Patentschutzes und dem folgenden Markteintritt der Generika kommt es in der Regel zu einem abrupten und steilen Abfall sowohl des Preisniveaus als auch der Umsätze der Originalpräparatehersteller mit dem nunmehr gemeinfreien Arzneimittel.

Neben den erheblichen Kostenvorteilen erfährt die Marktposition der Generikahersteller eine zusätzliche gesetzliche Stütze. In mehreren Ländern der EU, sowie in nahezu allen Bundesstaaten der USA, existieren gesetzliche Regelungen, die Ärzte und Apotheken verstärkt zur Abgabe gleichwertiger kostengünstiger – und damit in aller Regel generischer – Arzneimittel anhalten.[15] Durch die so beflügelte Abgabe preisgünstiger, jedoch im Markt oftmals recht unbekannter generischer Arzneimittel, sollen vor allem die Arzneimittelausgaben der Patienten bzw. der Krankenkassen gesenkt werden. Diese Mechanismen werden auch als sog. *Aut-idem*-Regelungen bezeichnet.[16] Grundvoraussetzung ist jedoch in aller Regel, dass Generika und Originalpräparat auf dem gleichen aktiven Wirkstoff basieren und dabei vor allem was ihre Wirksamkeit, Wirkstärke, Darreichungsform und Sicherheit angeht, gleichwertig sind.[17]

1. *Preisentwicklung infolge des Markteintritts von Generika*

Nicht zuletzt durch die mit diesem gesetzlichen Mechanismus einhergehende Preisreduktion, kommt es zu einem rapiden Abfall der Umsätze bzw. Verkaufsvolumina der bislang patentgeschützten Originalpräparate. Laut der Sektoruntersuchung der Europäischen Kommission im Pharmabereich lagen die Preise für Generika im Zeitraum von 2000 bis 2007 zwei Jahre nach dem Markteintritt im EU-Durchschnitt 40 % unter dem der zugrunde liegenden Originalpräparate. Auch der durchschnittliche Preis der Originalpräparate entwickelte sich in der Folge spürbar nach unten.[18] Anderen ökonomischen Schätzungen zufolge soll nach Ablauf des Patentschutzes das Preisniveau einer ganzen Substanzklasse mit dem Eintritt von Generika um 30 bis 60 % unter den Preis des Originalpräparats abfallen.[19] Bei einigen Arzneimitteln betrug der Preisabfall gegenüber dem

---

14 Zu den Preis- und Wettbewerbsvorteilen der Generikahersteller siehe: Teil 2, B., II.

15 Siehe hierzu im Detail: Teil 2, A., I., 1. b).

16 Siehe *Axer*, in: Becker/Kingreen, SGB V, § 129, Rz. 17.

17 Siehe hierzu im Detail: Teil 2, A., I., 1. b).

18 Vgl. European Commission, Pharmaceutical Sector Inquiry – Preliminary Report Fact Sheet 1: "Prices, time to generic entry and consumer savings", S. 1; ebenso European Commission, Pharmaceutical Sector Inquiry – Final Report, Rz. 222 f., S. 94 (Summary).

19 Siehe *Guminski*, in: Schöffski/Fricke/Guminski, Pharmabetriebslehre, S. 205; ebenso von einen Preisabfall von 61 % ausgehend: *IMS Institute for Healthcare Informatics*, The Role of Generic Medicines in Sustaining Healthcare Systems: A European Perspective, June 2015, S. 8.

Originalpräparat sogar zwischen 80–90 %.[20] Unabhängig vom exakten prozentualen Preisabfall, der sicherlich stark vom Einzelfall abhängig ist, wird jedoch klar, dass dieser in der Regel im deutlich zweistelligen Bereich liegt und empfindliche finanzielle Einschnitte für die Originalpräparatehersteller nach sich zieht.

2. *Marktanteilsverlust infolge des Markteintritts von Generika*

Mit dem generellen Preisverfall auf dem Markt ist auch ein erheblicher Rückgang der Marktanteile der Originalpräparatehersteller verbunden. Untersuchungen zeigen, dass Generikahersteller im ersten Jahr nach Markteintritt im EU-weiten Durchschnitt ca. 30 % und im zweiten Jahr nach Markteintritt bereits über 45 % des Marktvolumens für ein Arzneimittel auf sich vereinen.[21] In einigen EU-Mitgliedstaaten, die über Mechanismen zur verpflichtenden Abgabe von Generika verfügen, wie bspw. Deutschland, liegt diese Quote teils sogar deutlich höher bei ca. 60 % bzw. 75 %.[22] Dieser drastische Preis- und Umsatzverfall wird daher anschaulich auch als sog. „patent cliff" bezeichnet.[23]

III. Ziel und Umsetzung des Switches

Um dieses Kliff zu umschiffen, versuchen viele Originalpräparatehersteller beim drohenden Auslaufen des Patentschutzes für ein Originalpräparat die Patienten mittels verschiedener Absatzstrategien möglichst frühzeitig auf ein seinerseits patentiertes Folgepräparat umzustellen und langfristig an dieses zu binden. Ziel dieser Produktumstellung ist meist, die Konsumentenbasis der Generikahersteller bereits von vornherein spürbar zu beschneiden und so möglichst wenige Patienten an die mit dem Patentauslauf des Originalpräparats auf den Markt drängenden Generika zu verlieren.[24] Das auf einer bestimmten Wirkstoffgruppe basierende Absatzpotential soll also weitgehend intakt gehalten, bzw. im Idealfall sogar auf unabsehbare Zeit hin verlängert werden.

---

20 Vgl. European Commission, Pharmaceutical Sector Inquiry – Final Report, Rz. 212.

21 Siehe European Commission, Pharmaceutical Sector Inquiry – Final Report, Rz. 232, S. 94 (Summary).

22 Siehe European Commission, Pharmaceutical Sector Inquiry – Final Report, Rz. 233.

23 Siehe US District Court for the Southern District of New York, Case 1:14-cv-07473-RWS, *The People of the State of New York v. Actavis PLC and Forest Laboratories LLC,* S. 27; *Gilbert,* Not another Drug! Antitrust for Drug and other Innovations, (2015) 30 Antitrust ABA 39; *Feldman/Frondorf,* Drug Wars: A new Generation of Generic Pharmaceutical Delay, (2016) 53 Harv. J. on Legis. 499, 527; *Klein,* Antitrust Enforcement against Pharmaceutical Product Hopping: Protecting Consumers or Reaching Too Far, (2016) 10 St. Louis U. J. Health L. & Pol'y 213, 218.

24 Siehe auch *Hess/Litalien,* Battle for the Market: Branded Drug Companies' secret weapons generic drug makers must know, (2005) 3 J. Gen. Med. 20, 23.

Die von den Originalpräparateherstellern im Zuge der Produktumstellung durchgeführten Veränderungen rund um das Originalpräparat haben zudem Auswirkungen auf das Zulassungsverfahren. Wegen der aus den Veränderungen resultierenden mangelnden Übereinstimmung mit dem Originalpräparat können die Generikahersteller zumindest im Hinblick auf das Folgepräparat von den diversen Privilegierungen beim Zulassungsverfahren in der Regel keinen Gebrauch machen.[25]

1. *Leistungsschutzrechtliche Basis des Switches*

Für die Durchführung des Switches ist es erforderlich, dass der Originalpräparatehersteller zunächst über ein Folgepräparat verfügt. Dieses muss zwingend selbst immaterialgüterrechtlichen Schutz genießen. Der Schutz des Original- und des Folgepräparats erfolgt dabei im Wesentlichen durch eines oder oftmals auch mehrere Erzeugnis-, Verfahrens- und Verwendungspatente sowie sog. ergänzende Schutzzertifikate (Supplementary Protection Certificate, kurz: SPC) nach VO 469/2009/EG.[26] Hinzu kommen die im Arzneimittelzulassungsrecht wurzelnden Unterlagenverwertungs- und Vermarktungsexklusivitäten. Diese spielen jedoch in der Praxis allenfalls eine untergeordnete Rolle, da die marktzugelassenen Arzneimittel in der Regel bereits umfassend durch Patente geschützt sind.

2. *Immaterialgüterrechtlicher Schutz von Arzneimitteln*

In der Pharmaindustrie ist der immaterialgüterrechtliche Schutz von Arzneimitteln vor allem aufgrund relativ langer Forschungs- und Entwicklungszeiten von großer Bedeutung. Der ehemalige Richter am US Court of Appeals *Richard Posner* konstatiert, dass es sich bei Arzneimitteln um das „poster child" – also Paradebeispiel – für die Notwendigkeit eines Patentschutzsystems handelt.[27]

Dies wird vor allem dadurch begünstigt, dass die Erforschung eines Arzneimittels bis zur Marktreife meist äußerst kostspielig, die bloße Imitation eines bekannten Wirkstoffs durch Wettbewerber jedoch im Verhältnis sehr preiswert ist.[28] In der pharmazeutischen Industrie besteht also ein für den Innovator besonders ungünstiges Verhältnis zwischen Innovations- und Imitationskosten.[29] Sobald das vom Originalpräparatehersteller generierte Wissen über die

---

25 Siehe hierzu im Detail: Teil 2, B., III., 2.

26 Verordnung (EG) Nr. 469/2009/EG des Europäischen Parlaments und des Rates vom 6.5.2009 über das ergänzende Schutzzertifikat für Arzneimittel, Abl. 2009, L 152/1; im Detail hierzu: *Schäffner*, S. 77 ff.

27 Siehe *Posner*, Why There Are Too Many Patents in America, The Atlantic 12 July 2012.

28 Siehe *Raasch*, S. 34; ebenso *Posner*, Why There Are Too Many Patents in America, The Atlantic 12 July 2012.

29 Siehe *Raasch*, S. 34.

Zusammensetzung oder Herstellung eines Stoffs bekannt ist und zum Gemeingebrauch bereitsteht, müssen die Generikahersteller lediglich den ebenfalls meist bereits bekannten Produktionsprozess in Gang setzen und können somit innerhalb weniger Monate ein konkurrierendes Produkt auf den Markt bringen.[30] Folglich wäre es dem Originalpräparatehersteller ohne immaterialgüterrechtlichen Schutz nahezu unmöglich, die Kosten für die Erforschung und Entwicklung des Präparats wieder einzuspielen. Demnach bestünde wenig bzw. keinerlei wirtschaftlicher Anreiz mehr, in die Entwicklung neuer Präparate zu investieren.[31]

Der Schutz wird in der EU im Wesentlichen über nationale Patente, das sog. Europäische Patent nach dem Europäischen Patenübereinkommen von 2013 (EPÜ) sowie Ergänzende Schutzzertifikate nach VO 469/2009/EG vermittelt. Die Einführung eines einheitlichen EU-Patents harrt derzeit noch der Ratifizierung des Übereinkommens über ein einheitliches Patentgericht[32] durch die EU-Mitgliedstaaten.[33] Anders als beim Europäischen Patent handelt es sich hierbei nicht mehr um ein Bündel national erteilter und auch vor den jeweiligen nationalen Gerichten durchzusetzender Patente. Das einheitliche EU-Patent ist hingegen ein ausschließlich vom Europäischen Patentamt erteiltes und in allen Ratifizierungsstaaten der EU gültiges, einem einheitlichen EU-Patentgericht unterworfenes, Schutzrecht.

a) Innovationsförderung durch das Patentsystem

Hinsichtlich Sinn und Zweck des Patentschutzes existiert eine Vielzahl verschiedener theoretischer Ansätze. Klassischerweise wird bei der theoretischen Fundierung des Patentschutzes zwischen vier maßgeblichen Sichtweisen unterschieden, die gleichberechtigt nebeneinanderstehen und sich dabei gegenseitig ergänzen: Eigentums-, Belohnungs-, Anspornungs- und Offenbarungstheorie.[34]

Alle Theorien wurden und werden von verschiedenen Seiten umfassend kritisiert.[35] Zumindest unter Ökonomen ist heutzutage jedoch weitgehend anerkannt, dass die Verleihung eines Patents und die daraus resultierende Verknappung der geschützten Güter vor allem der Belohnung und dem Ansporn des Erfinders dienen und dieser Aspekt auch die gesamtgesellschaftliche Rechtfertigung für die staatliche Einräumung eines zeitlich begrenzten Ausschließlichkeitsrechts darstellt.[36] Weil Ideen, Kenntnisse und Informationen, sobald sie bekannt sind,

---

30 Siehe *Raasch*, S. 34 mwN.

31 Vgl. *Raasch*, S. 31.

32 Übereinkommen des Rats über ein Einheitliches Patentgericht, ABl. Nr. C 2013/175, 1 ff.

33 Siehe https://www.epo.org/law-practice/unitary_de.html.

34 Einen Überblick über die verschiedenen Theorien bietet *Machlup*, An Economic Review of the Patent System, S. 19 ff; ebenso *Machlup*, GRUR Ausl 1961, 373, 377.

35 Siehe *Machlup*, An Economic Review of the Patent System, S. 25 ff.

36 Siehe *Machlup*, An Economic Review of the Patent System, S. 33 mwN.; *Stiglitz*, Economic Foundations of Intellectual Property Rights, (2008) 56 Duke Law Journal

von jedermann genutzt werden können, fehlt ohne Rechtsschutz der Anreiz, die Kosten auf sich zu nehmen, die zur Entwicklung einer neuen technischen und wirtschaftlich verwertbaren Idee aufgewendet werden müssen.[37]

In der von einer mittlerweile hauptsächlich unternehmerisch organisierten Innovationstätigkeit geprägten Industriegesellschaft, besteht der Hauptzweck des Patentsystems also darin, zur Entdeckung, Erforschung und vor allem auch der äußerst kosten- und risikoträchtigen praktischen Verwertung neuer Technologien anzuspornen.[38] Durch die mit der Patentierung einhergehende Offenlegung der technischen Innovation profitiert die Allgemeinheit gleichzeitig von der Investition des Erfinders von Zeit, Wissen und Kapital in neue Technologien. Dieser Anspornungstheorie folgend, kommen Erfindungen jedoch meist nur zustande, wenn der Erfinder Aussicht auf einen wirtschaftlichen Ertrag im wünschenswerten Umfang hat.[39]

Die Möglichkeit während der Patentschutzdauer als Einziger legal wirtschaftlich von der Erfindung zu profitieren, also Dritte für eine gewisse Zeit von der Nutzung der patentierten Erfindung ausschließen zu können, ist daher unter wirtschaftlichen Gesichtspunkten der zentrale Aspekt des Patentschutzes. Bei entsprechender Nachfrage kann der Patentinhaber durch die Verknappung des Angebots einen höheren Preis erzielen, als er sich ergäbe, wenn die geschützten Erzeugnisse in gleicher Ausführung zusätzlich auch von Konkurrenten angeboten würden. Dies verbessert seine Chancen, die Aufwendungen zu decken, die ihn die Neuerung gekostet hat, und darüber hinaus einen Gewinn zu machen.[40] Die Aussicht auf Monopolgewinne, die für eine festgesetzte Zeit gesetzlich geschützt sind, wird gewissermaßen als Köder ausgeworfen, um zu Innovation anzuspornen.[41] Das Patentschutzsystem schafft also einen Kompromiss zwischen dem Ansporn zu Innovationstätigkeit bzw. der Investition in Forschung und Entwicklung und dem Zugang der Allgemeinheit zu den Früchten dieser Investition.[42]

1693, 1696; *Kitch*, The Nature and Function of the Patent System, (1977) 20 Journal of Law and Economics 265, 276 ff.; *Spulber*, How Patents Provide the Foundation of the Market for Inventions, (2015) 11 Journal of Competition Law & Economics 271, 272; *Beier*, GRUR 1978, 123, 128.

37 Siehe *Mestmäcker/Schweitzer*, in: Mestmäcker/Schweitzer, § 30, Rz. 10.

38 Vgl. *Machlup*, An Economic Review of the Patent System, S. 36 f.; *Machlup*, GRUR Ausl 1961, 373, 386.

39 Siehe *Ann*, in: Kraßer/Ann, Patentrecht, § 3, Rz. 10.

40 Siehe *Ann*, in: Kraßer/Ann, Patentrecht, § 3, Rz. 2.

41 Vgl. *Burns*, The Decline of Competition, 1936, S. 11, so auch *Machlup*, GRUR Ausl 1961, 373, 381.

42 Siehe *S. Schweitzer*, Pharmaceutical Economics and Policy, S. 261; insoweit kritisch zur Eignung des Patentrechts als Antrieb für Innovation *Stiglitz*, Economic Foundations of Intellectual Property Rights, (2008) 56 Duke Law Journal 1693, 1704 ff.

b) Patentschutzumfang und Schutzdauer

Ein Patent gewährt seinem Inhaber das alleinige Recht der Herstellung, Nutzung und Vermarktung der Erfindung sowie ihrer Veräußerung oder Lizenzierung. Beim Patentrecht handelt es sich also um das territorial und zeitlich begrenzte, ausschließliche subjektive Recht, eine Erfindung zu benutzen.[43]

aa) Die verschiedenen Patentkategorien

Insbesondere im Arzneimittelbereich ist hier zwischen Erzeugnis- und Verfahrenspatenten zu unterscheiden. Zwar werden diese im PatG nicht ausdrücklich sogenannt, jedoch ergibt sich diese Unterteilung aus dem Schutzumfang des § 9 Nr. 1-Nr. 3 PatG. In den allermeisten Fällen gibt es nicht „das Patent" auf ein bestimmtes Arzneimittel, sondern mehrere Patente mit oftmals zeitlich gestaffelten Patentausläufen.[44] Um einen möglichst multidimensionalen Schutz eines Arzneimittels zu erzielen, werden die verschiedenen Patentkategorien oftmals miteinander kombiniert. Der entscheidende Hemmschuh für den Markteintritt der Generika ist jedoch in den meisten Fällen die Patentierung des Wirkstoffs selbst. Zumindest was die Herstellung eines bestimmten Wirkstoffs angeht, lassen sich oftmals technische Wege finden, um bestehende Verfahrenspatente zu umgehen.[45]

(1) Erzeugnispatente

Während das Erzeugnispatent in der Regel einen bestimmten Wirkstoff bzw. Teile davon schützt, ist das Verfahrenspatent darauf gerichtet, den Herstellungsprozess eines bestimmten Stoffs zu schützen. Nach der Regelung in § 9 Nr. 1 PatG ist bei einem Erzeugnispatent daher jedem Dritten verboten, ohne Zustimmung des Patentinhabers ein Erzeugnis, bspw. eine chemische Verbindung, das Gegenstand des Patents ist, herzustellen, anzubieten, in Verkehr zu bringen oder zu gebrauchen oder zu den genannten Zwecken entweder einzuführen oder zu besitzen. Solange die allgemeinen Patentierungsvoraussetzungen vorliegen, ist dabei auch unerheblich, ob der Patentanmelder einen medizinischen Anwendungsbereich des beanspruchten Erzeugnisses erkannt bzw. dies in der Anmeldung offenbart hat.[46]

(2) Verfahrenspatente

Bei einem Verfahrenspatent ist es nach § 9 Nr. 2 PatG jedem Dritten verboten, ohne Zustimmung des Patentinhabers ein Verfahren, das Gegenstand des

---

43 Siehe *Ann,* in: Kraßer/Ann, Patentrecht, § 1, Rz. 12.
44 Siehe *Raasch,* S. 36.
45 Vgl. *Raasch,* S. 36.
46 Siehe *Fackelmann,* S. 87 mwN.

Patents ist, anzuwenden. § 9 Nr. 3 PatG erstreckt den Schutz eines Verfahrenspatents sogar auf das mittels des geschützten Verfahrens unmittelbar hergestellte Erzeugnis. Rechtlich kann ein Schutz des Herstellungsverfahrens im Ergebnis daher genau so effektiv sein, wie der Schutz des Erzeugnisses selbst.[47]

(3) Verwendungspatente

Hinzu kommt der Schutz durch sog. Verwendungspatente. Diese werden erteilt, wenn ein bereits bekanntes Erzeugnis zu einem neuen Zweck verwendet wird. Im Gegensatz zum absoluten Schutz bei einem auf ein Erzeugnis als solches gewährten Patent, gehört bei einem Verwendungspatent allein die im Patentanspruch bezeichnete Verwendung zum Gegenstand der Erfindung, z. B. die Verwendung eines bestimmten Wirkstoffs zur Bekämpfung einer bestimmten Krankheit.[48] Im Gegensatz zum Erzeugnispatent gewährt das Verwendungspatent also nur einen „zweckgebundenen Stoffschutz".[49] Im Arzneimittelsektor ist dies vor allem dann der Fall, wenn für bereits vorhandene Präparate eine zusätzliche medizinische Indikation festgestellt wird.[50] Das in Rede stehende Präparat braucht also nicht neu zu sein, jedoch muss die erstmalige medizinische Indikation, bzw. die zweite oder eine weitere Indikation, neu und erfinderisch sein.[51]

bb) Einheitliche Mindestschutzdauer

Die Patentlaufzeit für das neugeschaffene Europäische Patent durch das EPÜ ist in Deutschland, bzw. den 37 weiteren Vertragsstaaten des Übereinkommens, auf 20 Jahre seit dem Tag der Patentanmeldung begrenzt.[52] Parallel bestehende deutsche Patente laufen nach § 16 PatG auch nach 20 Jahren ab Anmeldung aus. Das gleiche gilt auch für die USA, wo die Patentschutzdauer ebenfalls 20 Jahre beträgt.[53]

---

47 Siehe *Hufnagel*, PharmR 2003, 267, 270.

48 Siehe *Scharen*, in: Benkard, Patentgesetz, § 14, Rz. 49, mit Verweis auf BGH v. 16.6.1987 – X ZR 51/86, GRUR 1987, 794 – *Antivirusmittel*.

49 BGH v. 16.6.1987 – X ZR 51/86, GRUR 1987, 794, 795 – *Antivirusmittel*.

50 Siehe *Scharen* in: Benkard, Patentgesetz, § 14, Rz. 50.

51 Siehe *Noeske-Jungblut* in: Fuhrmann/Klein/Fleischfresser, Arzneimittelrecht, § 30, Rz. 112.

52 Art. 63 Abs. 1 EPÜ. In Art. 33 des im Zuge der Gründung der Welthandelsorganisation im Jahr 1994 mitunterzeichneten TRIPS-Übereinkommens wird für alle WTO-Mitgliedstaaten festgelegt, dass die Laufzeit von Patenten mindestens 20 Jahre ab Anmeldung betragen muss.

53 35 U.S.C. § 154a (2).

c) *Schutzanforderungen*

Gemäß § 1 PatG werden Patente für Erfindungen auf allen Gebieten der Technik erteilt, sofern sie neu sind, auf einer erfinderischen Tätigkeit beruhen und gewerblich anwendbar sind. Zentral ist also, dass es sich bei der Modifikation des Originalpräparats um eine technische Neuerung iSd Patentrechts handelt, sodass für die im Folgepräparat verkörperte Innovation ein Patent, bzw. ein daran anschließendes ergänzendes Schutzzertifikat, erteilt werden kann. Aus Sicht der Originalpräparatehersteller wird diese technische Neuerung im Idealfall ohne die äußerst kostenintensive Neuerforschung und Entwicklung von Wirkstoffen und die Durchführung teurer klinischer Testreihen zur Arzneimittelzulassung erzielt. Nicht maßgeblich für die Erteilung eines Patents ist hingegen, ob es durch die neue Erfindung tatsächlich zu einer Verbesserung im Sinne eines medizinischen Fortschritts, der sich positiv auf die Behandlung der Patienten auswirkt, kommt.[54] Dementsprechend werden die Charakteristika eines Originalpräparats bestenfalls nur soweit geändert, dass dies zwar für die Erteilung eines neuen Patents ausreicht, sich jedoch bei der Arzneimittelzulassung weitgehend auf die bereits mit dem Originalpräparat durchgeführten klinischen Tests verlassen werden kann.[55]

d) *Der Preis des Patents: Offenlegung der patentierten technischen Lehre*

Im Gegenzug für den von staatlicher Seite erteilten Schutz der im Patent verkörpert liegenden technischen Innovation, wird der Patentinhaber bei der Anmeldung des Patents dazu verpflichtet, die Erfindung offenzulegen. § 34 Abs. 4 PatG sieht dazu bspw. vor, dass die Erfindung in der Patentanmeldung so deutlich und vollständig zu offenbaren ist, dass sie von einem Fachmann ausgeführt werden kann. Die Offenbarung der Erfindung ist *quid pro quo* für die Gewährung des Patentschutzes.[56] Hierdurch wird die Erfindung nach Ablauf der rechtlich gewährten Schutzdauer gemeinfrei, d.h. es steht grundsätzlich jedermann offen, gemeinfreie Arzneimittel ohne Einschränkung selbst zu synthetisieren bzw. nachzukonstruieren und auf dem Markt anzubieten.

---

54 Vgl. *Devlin*, Exclusionary Strategies in the Hatch Waxmann Context (2007) Mich. St. L. Rev. 631, 657, Fn. 139; *Shadowen/Leffler/Lukens*, Anticompetitive Product Changes in the Pharmaceutical Industry, (2009) 41 Rutgers Law Journal 1, 6 f.

55 Siehe *Yoshitani/Cooper*, Pharmaceutical Reformulation: The Growth of Life Cycle Management, (2007) 7 Hous. J. Health L. & Pol'y 379, 380; *Gibson*, The Use and Abuse of Drug Reformulation in Pharmaceutical Life Cycle Management: A Comparison of the Market Defence of Tricor in the U.S. and Lipidil in Canada, (2013) 20 Health L.J. 107, 108.

56 Siehe *Schäfers*, in: Benkard, Patentgesetz, § 34, Rz. 14a; *Kjølbye*, Article 82 EC as Remedy to Patent System Imperfections: Fighting Fire with Fire?, (2009) 32 World Competition 163, 165; vgl. auch *Jesse/Bröcher*, in: Däbritz/Jesse/Bröcher, Patente, Rz. 67.

e) Ergänzende Schutzzertifikate

Mit der VO (EWG) Nr. 1768/92 wurde auf europäischer Ebene im Jahr 1992 erstmals ein ergänzendes Schutzzertifikat für Arzneimittel eingeführt. Durch den sog. *Hatch-Waxman-Act* wurden in den USA ähnliche Regelungen bereits in den 1980er-Jahren implementiert.[57] In Deutschland wurden die Vorgaben der Verordnung in § 16a PatG umgesetzt.

aa) Einführung von SPCs als Antwort auf verkürzte effektive Patenlaufzeit

Der Grund für die Einführung von SPCs lag in der im Vergleich zu anderen Branchen erheblich kürzeren effektiven Patentlaufzeit von Arzneimitteln. Hierunter versteht man die Zeitspanne, in der es aufgrund des Patentschutzes möglich ist, aus dem Schutzgegenstand frei von Produktnachahmungen durch Wettbewerber Profit zu ziehen. Die länger werdenden Entwicklungszeiten, verbunden mit dem Druck, sich unverzüglich um die Erteilung eines Patents zu bemühen sowie das zeitaufwendige arzneimittelrechtliche Zulassungsverfahren führen dazu, dass die tatsächlich nutzbare Dauer eines Patents im Arzneimittelbereich kürzer ist, als die patentrechtlich vorgesehene.[58] Wie im Fortgang der Arbeit noch gezeigt wird, dient die infolge des langwierigen Zulassungsprozesses relativ kurze effektive Patentlaufzeit den Originalpräparateherstellern als einer der Hauptgründe für die Implementierung von Product-Switching-Strategien.[59]

(1) Innovationswettlauf der Arzneimittelhersteller

Viele Arzneimittelhersteller forschen in den gleichen Indikationsgebieten und setzen an ähnlichen Lösungswegen für ein und dieselbe Krankheit an. Um dem Risiko zu begegnen, von der Entwicklung eines Wettbewerbers „überholt“ zu werden, besteht für die Originalpräparatehersteller ein hoher Anreiz, neu entwickelte Stoffe frühestmöglich zum Patent anzumelden.[60] Hierdurch wird der effektive Patentschutz auf eine Laufzeit verringert, die für die Amortisierung der während Erforschung des Arzneimittels getätigten Investition unzureichend sein soll.[61]

Während der Forschungs- und Entwicklungsphase eines neuen Wirkstoffs vermindern Patente also das Risiko, dass dem Arzneimittelhersteller Wettbewerber in den Jahren zwischen der Entdeckung eines bestimmten Präparats und dessen Markteinführung zuvorkommen. Ist ein bestimmter Wirkstoff einmal

---

57 Drug Price Competition and Patent Term Restoration Act of 1984, Pub. L. No. 98–417, 98 Stat. 1585; 21 U.S.C. § 355.

58 Siehe *Raasch*, S. 38.

59 Siehe Teil 3, B., III, 2.

60 Siehe *Hufnagel*, PharmR 2003, 267.

61 Vgl. Erwägungsgrund 4 VO 469/2009/EG.

geschützt, kann der Patentinhaber jedoch davon ausgehen, den Gewinn, den seine Forschung abwerfen wird, nicht an „Trittbrettfahrer" zu verlieren.[62] Deshalb werden Patente so gut wie immer vor der Zulassung und Markteinführung des Arzneimittels, meist bereits in der vorklinischen Phase, angemeldet.[63]

(2) Verzögerung des Markteintritts durch Arzneimittelzulassung

Die Patentanmeldung ist regelmäßig nur ein erster Schritt auf dem Weg zur Markteinführung eines Arzneimittels. Ebenso wichtig ist die arzneimittelrechtliche Zulassung des jeweiligen Präparats.[64] Diese ist sowohl kosten- als auch zeitaufwendig. Die FDA (US Food and Drug Administration)[65] ging noch im Jahr 1999 von einer durchschnittlichen Dauer des Zulassungsprozesses in den USA von ca. achteinhalb Jahren aus.[66] Nicht zuletzt die gestiegenen Anforderungen bei der Arzneimittelzulassung tragen jedoch dazu bei, dass die Zeit von der Patentanmeldung bis zur Marktzulassung immer länger und damit die effektive Patentlaufzeit immer geringer wird. Die für die Marktzulassung erforderliche Durchführung umfangreicher klinischer Studien führt mittlerweile dazu, dass zwischen der Patentanmeldung und dem Inverkehrbringen des Arzneimittels nicht selten weit mehr als zehn Jahre liegen.[67] Zum Zeitpunkt der Marktreife verbleibt dann oft nur noch eine deutlich verkürzte Restlaufzeit des Patents, die nicht ausreicht, um die Kosten für Forschung, Entwicklung und Zulassung eines Arzneimittels zu amortisieren.[68] Vonseiten der Originalpräparatehersteller werden insoweit Zeitspannen von lediglich fünf bis acht Jahren kolportiert.[69] All dies führt im Ergebnis dazu, dass die effektive Patentlaufzeit jedenfalls deutlich unter der gesetzlich vorgesehenen maximalen Patentschutzdauer von 20 Jahren liegt.

---

62 Siehe *Raasch*, S. 34.

63 Siehe *Raasch*, S. 17.

64 Siehe hierzu im Detail: Teil 2, B., III., 2.

65 Hierbei handelt es sich um die nationale Lebensmittelüberwachungs- und Arzneimittelbehörde der USA.

66 US Food and Drug Administration – Center for Drug Evaluation and Research, From Test Tube to Patient: Improving Health through Human Drugs, Special Report, 1999, S. 24; *Yoshitani/Cooper*, Pharmaceutical Reformulation: The Growth of Life Cycle Management, (2007) 7 Hous. J. Health L. & Pol'y 379, 382.

67 Laut *Thierolf*, in: *Schöffski/Fricke/Guminski, Pharmabetriebslehre*, S. 119 sollen sich seit den 1960er Jahren bspw. die Entwicklungszeiten von der Synthese eines Wirkstoffs bis zu dessen Marktzulassung durch die Aufsichtsbehörden von durchschnittlich acht Jahren auf mehr als vierzehn Jahre nahezu verdoppelt haben; *Gassner*, GRUR Int 2004, 983 geht insoweit von einer durchschnittlichen Dauer von zwölf bis dreizehn Jahren aus.

68 Siehe *Hufnagel*, in: Dieners/Reese, Handbuch des Pharmarechts, § 14, Rz. 165; *Gassner*, GRUR Int 2004, 983 mwN.

69 So *Kvesic*, Product Lifecycle Management: Marketing Strategies for the Pharmaceutical Industry, (2008) 8 Journal of Medical Marketing 293.

bb) Wirkung des SPC

Bei einem SPC handelt es sich um ein technisches Schutzrecht eigener Art, dass während seiner Laufzeit die gleiche Wirkung wie das zugrunde liegende Arzneimittelpatent entfaltet.[70] Nach Art. 13 Abs. 1, Abs. 2 VO (EG) 469/2009 schließt sich das ergänzende Schutzzertifikat an die Laufzeit des zugrunde liegenden Patents an und hat eine maximale Laufzeit von fünf Jahren. Das ergänzende Schutzzertifikat nach VO 469/2009/EG soll die Verringerung der Laufzeit des tatsächlichen Patentschutzes ausgleichen, die dem Zeitraum zwischen der Einreichung einer Patentanmeldung für ein Arzneimittel und der Genehmigung für das Inverkehrbringen dieses Arzneimittels entspricht.[71]

f) Sonstige Schutzmöglichkeiten: Gebrauchsmuster, Unterlagenschutz und Handelsnamen

Hinzu treten oftmals noch ein Schutz des Arzneimittels über das ohne förmliches Prüfverfahren erteilte Gebrauchsmuster (sog. „kleines Patent“) sowie ein mittelbarer Schutz über Markenrechte[72], vor allem am Handelsnamen eines Arzneimittels. Hinzu kommt die von der Patentlaufzeit unabhängige Verwertungssperre für die mit der Arzneimittelzulassung bei den Zulassungsbehörden eingereichten Informationen des Originalpräparateherstellers. Soweit Generikum und Originalpräparat nach Art und Menge die gleiche Zusammensetzung der Wirkstoffe sowie die gleiche Darreichungsform aufweisen und die Bioäquivalenz mit dem Originalpräparat durch Bioverfügbarkeitsstudien nachgewiesen wurde, kann bei der Anmeldung eines generischen Arzneimittels bei der Marktzulassungsbehörde grundsätzlich auf die Zulassungsunterlagen des erstanmeldenden Originalpräparateherstellers Bezug genommen werden. Jene Regelung wurde in Art. 10 Abs. 1 der Richtlinie 2001/83/EG[73] bzw. § 24b AMG festgehalten, um Generikaherstellern den Marktzugang zu erleichtern. Diese können so weitgehend auf die Durchführung der kosten- und zeitintensiven Arzneimittelstudien verzichten, indem sie einfach auf die bereits von den Originalpräparateherstellern durchgeführten und bei den Zulassungsbehörden vorliegenden Studien verweisen.

---

70 Siehe *Rehmann,* in: Rehmann, Arzneimittelgesetz, § 24b, Rz. 18.

71 So schon EuG, Urt. v. 1.7.2010, Rs. T-321/05, Slg. 2010 II-02805, Rz. 295 – *Astra Zeneca/ Kommission*; laut *Rehmann*, in: Rehmann, Arzneimittelgesetz, § 24a, Rz. 1 vergehen zwischen der Patentierung eines Wirkstoffs und dem tatsächlichen Vertrieb des Arzneimittgels durchschnittlich sogar zwölf bis dreizehn Jahre.

72 Siehe zu diesem weitgehend unterschätzten Schutzinstrument: *von Falck/Slopek/ Thiermann*, GRUR 2015, 1050, 1055.

73 Richtlinie 2001/83/EG des Europäischen Parlaments und des Rates vom 6.11.2001 zur Schaffung eines Gemeinschaftskodexes für Humanarzneimittel, ABl. 2001 L 311/67; fortlaufend als RL 2001/83 EG bezeichnet.

Die Bezugnahme eines Zweitantragstellers auf die Unterlagen des Originalpräparats setzt jedoch voraus, dass das Originalpräparat seit mindestens acht Jahren im Geltungsbereich des AMG oder in einem Mitgliedstaat der EU zugelassen ist oder vor mindestens acht Jahren zugelassen wurde. Gemäß § 24b Abs. 1 S. 2 AMG darf das aufgrund der Unterlagen des Erstanmelders zugelassene Generikum jedoch im Geltungsbereich des AMG erst nach Ablauf von zehn Jahren nach Erteilung der Erstzulassung des Referenzarzneimittels tatsächlich in Verkehr gebracht werden. Im Ergebnis besteht daher trotz der Zulassung eines entsprechenden Generikums unter Bezugnahme auf die Zulassungsunterlagen des Erstanmelders nach § 24b Abs. 1 S. 1 AMG ein zusätzlicher zweijähriger Vermarktungsschutz für das Originalpräparat. Bei der nachträglichen Erweiterung der Erstzulassung um eine oder mehrere neue Anwendungsgebiete mit bedeutendem klinischen Nutzen gegenüber bestehenden Therapien, kann dieser Vermarktungsschutz für das Originalpräparat nach § 24b Abs. 1 S. 3 AMG sogar auf elf Jahre nach der Erstzulassung verlängert werden. Daher wird diese Verwertungssperre auch als sog. „8+2+1 Regel" bezeichnet.[74] Diese Formen des Schutzes werden für die hiesige Betrachtung jedoch weitgehend ausgeklammert. Die Überlegungen hinsichtlich der durch ein Patent geschützten Folgepräparate gelten aufgrund des ähnlichen bzw. wesensgleichen Schutzumfangs[75] aber zumindest auch für das Gebrauchsmuster.

3. Beispiele für die technische Umsetzung der Minimalinnovation

Ziel dieser Arbeit ist es ausdrücklich nicht, die Patentwürdigkeit von (minimalinnovativen) Folgepräparaten zu bewerten. An dieser Stelle seien daher lediglich beispielhaft einige Methoden zur vergleichsweise einfachen und damit tendenziell kostengünstigen Erlangung eines Patents, bzw. eines daran anknüpfenden ergänzenden Schutzzertifikats, erwähnt.[76]

Für eine erfolgreiche Product-Switching-Strategie muss sich das Folgepräparat gerade nur soweit vom Originalpräparat unterscheiden, dass eine Substitution durch Generika nach den einschlägigen gesetzlichen Vorschriften bei der Arzneimittelverordnung bzw. der Abgabe durch die Apotheken im Rahmen der *Aut-idem*-Regelung, nicht mehr möglich ist.[77] Daher steht in vielen Fällen nicht die Suche nach neuen medizinisch wirksamen Veränderungen, d.h. der medizinische Fortschritt, im Fokus der Produktveränderungen. Den Originalpräparateherstellern

---

74 Siehe *Gassner*, GRUR Int 2004, 988 f.

75 Vgl. *Ann*, in: Kraßer/Ann, Patentrecht, § 1, Rz. 47.

76 Für einen umfassenden Überblick zu den Möglichkeiten einer Patenterlangung im Pharmabereich siehe *Schäffner*, S. 95 ff.; *Yoshitani/Cooper*, Pharmaceutical Reformulation: The Growth of Life Cycle Management, (2007) 7 Hous. J. Health L. & Pol'y 379, 399.

77 Vgl. *Shadowen/Leffler/Lukens*, Anticompetitive Product Changes in the Pharmaceutical Industry, (2009) 41 Rutgers Law Journal 1, 18.

kommt es im Gegenteil vor allem darauf an, bei nur marginal verändertem medizinischen Effekt des Arzneimittels eine patentierbare Änderung an bereits bekannten Wirkstoffen vorzunehmen, um so wieder in die Position eines Ausschließlichkeitsrechts einzurücken. Dieses kann dann wiederum zur Verteidigung der eigenen Marktstellung gegenüber Generikaherstellern genutzt werden.

Die praktische Bedeutung von Folgepräparaten lässt sich auch anhand verschiedener Statistiken belegen. Im Zeitraum von 1989 bis 2000 handelte es sich bspw. bei 65 % der insgesamt 1035 in den USA neu zugelassenen Präparate um Modifikationen bereits zugelassener Arzneimittel. Nur 35 % der Neuzulassungen basierten auf vollständig neuen Wirkstoffen.[78] Laut einer auf Datenmaterial der FDA basierenden Untersuchung von *Shadowen/Leffler/Lukens* kam es in den USA im Zeitraum von 1995 bis einschließlich April 2009 zu insgesamt 425 auf Enantiomeren, Salzen bzw. Estern, Kombinationsprodukten oder Änderungen der Darreichungsform basierenden Produktmodifikationen an verschreibungspflichtigen Originalpräparaten. Davon entfielen wiederum 81 auf ein Zeitfenster zwischen drei Jahren vor bzw. einem Jahr nach dem Markteintritt von Generika.[79]

Die Sektoruntersuchung der EU-Kommission konzentrierte sich insoweit auf Wirkstoffe, die auf dem französischen, deutschen und britischen Markt erhältlich waren. Diese werden anhand ihres von der WHO vergebenen International Nonproprietary Name (INN) identifiziert.[80] Die Untersuchung wurde anhand von 219 Wirkstoffen vorgenommen, auf die im Zeitraum von 2000 bis 2007 nahezu 50 % des EU-weiten Gesamtumsatzes für verschreibungspflichtige Arzneimittel entfielen.[81] Von den untersuchten 219 Wirkstoffen waren für insgesamt 88 Folgepräparate erhältlich.[82] Die Kommission versteht hierunter Präparate, die im Wesentlichen auf dem bereits existierenden Wirkstoff basieren und eine ähnliche Wirkweise wie dieser aufweisen.[83] Insgesamt 39 der 88 identifizierten Folgepräparate wurden dabei für Originalpräparate konzipiert, die gleichzeitig auch zu den 50 meistverkauften Wirkstoffen je untersuchtem Mitgliedstaat gehören.[84]

---

78 Siehe National Institute for Health Care Management, Changing Patterns of Pharmaceutical Innovation, May 2002, S. 3.

79 *Shadowen/Leffler/Lukens*, Anticompetitive Product Changes in the Pharmaceutical Industry, (2009) 41 Rutgers L. J. 1, 23–27.

80 Im Gegensatz zu Markennamen, die meist als registrierte Warenzeichen exklusiv einem bestimmten Hersteller zugeordnet werden können, sind INNs für die Verwendung durch die Allgemeinheit zugänglich und werden daher auch als „generischer Name“ bezeichnet, siehe http://www.who.int/medicines/services/inn/innguidance/en/.

81 Siehe European Commission, Pharmaceutical Sector Inquiry – Final Report, Rz. 17.

82 Siehe European Commission, Pharmaceutical Sector Inquiry – Final Report, Rz. 1001.

83 Siehe European Commission, Pharmaceutical Sector Inquiry – Final Report, Rz. 990.

84 Siehe European Commission, Pharmaceutical Sector Inquiry – Final Report, Rz. 1003.

a) Änderung der Darreichungsform und Dosierung

Eine bewährte Methode ist, die Verabreichungsform oder Dosierung des bestehenden Originalpräparats zu verändern. Hierdurch wird der pharmazeutisch aktive, d.h. medizinisch wirksame, Wirkstoff selbst größtenteils unangetastet gelassen, sodass nur geringere Kosten für Forschung und Entwicklung des Folgepräparats entstehen.

aa) Änderung der Darreichungsform

Bei der Änderung der Darreichungsform bleibt der pharmazeutisch aktive Wirkstoff stets der Gleiche bzw. zumindest bioäquivalent zum Originalpräparat. Die sog. Bioäquivalenz ermöglicht den Vergleich zwischen dem Originalpräparat und den Produkten von Drittherstellern. Sie trifft eine Aussage über die Austauschbarkeit zweier pharmakologisch wirkstoffgleicher Arzneimittel. Zwei Arzneimittel sind bioäquivalent, wenn es sich um äquivalente oder alternative pharmazeutische Erzeugnisse handelt und ihre Biodisponibilität (Wirkstärke und Wirkgeschwindigkeit) nach Verabreichung der gleichen molaren Dosis so weitgehend gleich ist, dass ihre Wirkungen sowohl unter Wirksamkeits- als auch Sicherheitsgesichtspunkten im Wesentlichen dieselben sind.[85]

Die Bioäquivalenz ist auch der Hauptparameter, an dem die Austauschbarkeit von Generika und Originalpräparat im Hinblick auf gesetzliche Privilegierungen bei der Marktzulassung bzw. der privilegierten Abgabe von Generika durch die Apotheken gemessen wird.[86] Ausschlaggebend ist ein Vergleich der Bioverfügbarkeit des im Referenzarzneimittel und im Generikum enthaltenen Wirkstoffs.[87] Die Bioverfügbarkeit beschreibt, wie schnell und in welchem Umfang ein Arzneimittel vom menschlichen Organismus resorbiert wird und am Wirkort zur Verfügung steht.[88] Bei bioäquivalenten Arzneimitteln wird davon ausgegangen, dass ein Austausch zwischen beiden Arzneimitteln ohne Gefahr für den Patienten stattfinden kann. Geändert wird oftmals lediglich die physikalische Form des Originalpräparats oder der Weg desselben in den Körper.[89] Beispielsweise kann so von Kapsel- auf Tablettenform oder von Injektion auf orale Verabreichung umgestellt werden.[90] Vor allem Änderungen der Darreichungsform mittels

---

85 Siehe EuGH, Urt. v. 3.12.1998, Rs. C-368/96, Slg. 1998 I-07967, Rz. 31 – *The Queen v. The Licensing Authority*; ebenso European Medicines Agency, Guideline on the Investigation of Bioequivalence, S. 4.

86 Siehe hierzu im Detail: Teil 3, B., II., 1., a).

87 Siehe *Ambrosius*, in: Fuhrmann/Klein/Fleischfresser, Arzneimittelrecht, § 6, Rz. 207.

88 Siehe *Kortland*, in: Kügel/Müller/Hofmann, AMG, § 24b, Rz. 68.

89 *Yoshitani/Cooper*, Pharmaceutical Reformulation: The Growth of Life Cycle Management, (2007) 7 Hous. J. Health L. & Pol'y 379, 392 ff.

90 Siehe *Carrier/Shadowen*, Product Hopping: A New Framework, (2016) 92 Notre Dame L. Rev. 167, 172; ebenso *Carrier*, A real world analysis of pharmaceutical

neuartiger Verabreichungssysteme, wie bspw. Implantate, Wirkstoffpflaster oder liposomaler Technologien, stellen eine attraktive Methode zur patentbasierten Optimierung des Produktlebenszyklus eines Arzneimittels dar, der sich mittlerweile auch zahlreiche Unternehmen verschrieben haben.[91]

bb) Änderungen der Wirkstoffdosierung

Noch einfacher, und daher vereinzelt geradezu als „banal" bezeichnet[92], ist die bloße Änderung der Wirkstoffdosierung des Originalpräparats. Diese reicht anders als die Veränderung der Darreichungsform in der Regel zwar nicht für die Erteilung eines Patents aus, jedoch können Generika zunächst nur anstelle der bereits am Markt erhältlichen ursprünglichen Dosierung des Originalpräparats abgegeben werden. Grund hierfür ist, dass das Originalpräparat in der Neudosierung nicht durch den hierfür gesetzlich vorgesehenen *Aut-idem*-Mechanismus ersetzt werden kann, da hierzu aufgrund des Bioäquivalenzerfordernisses Generika der gleichen Dosierung notwendig sind.[93] Verringert oder erhöht nun der Originalpräparatehersteller die Dosierung des Originalpräparats und nimmt gleichzeitig die ursprüngliche Dosierung vom Markt, so erkauft er sich hierdurch zumindest ein wenig Zeit, bis die Generikahersteller ihre Produkte an die Änderung der Dosierung angepasst haben. Den Wettbewerbern ist es daher mangels Übereinstimmung ihrer bereits auf dem Markt befindlichen Generika mit der neuen Wirkstoffdosierung des Folgepräparats nicht mehr möglich, von den gesetzlich vorgesehenen *Aut-idem*-Regelungen zu profitieren.

Ein Beispiel für ein derartiges Vorgehen stellt der *Doryx*-Fall dar. Bei *Doryx* handelt es sich um ein auf dem Wirkstoff Doxycyclin basierendes Antibiotikum, dass hauptsächlich zur Behandlung schwerer Akne verwendet wird. Zu Beginn noch in Tablettenform mit einer Wirkstoffdosierung von 75 mg und 100 mg vertrieben, wurden diese in relativ schneller Folge sukzessive durch Varianten mit immer wieder voneinander abweichenden Wirkstoffdosierungen ersetzt, sodass die Generikahersteller Probleme hatten, mit der Marktzulassung ihrer bioäquivalenten Wirkstoffe Schritt zu halten, um so umfassend vom gesetzlich vorgesehenen *Aut-idem*-Mechanismus profitieren zu können.[94]

---

settlements: The missing dimension of product hopping, (2010) 67 Florida L. Rev. 1016 ff.

91 Siehe *Yoshitani/Cooper*, Pharmaceutical Reformulation: The Growth of Life Cycle Management, (2007) 7 Hous. J. Health L. & Pol'y 379, 398 mwN.

92 Siehe *Guminski*, in: Schöffski/Fricke/Guminski, Pharmabetriebslehre, S. 207.

93 Vgl. *Guminski*, in: Schöffski/Fricke/Guminski, Pharmabetriebslehre, S. 207.

94 Siehe hierzu im Detail Teil 2, A., II.

b) Änderungen auf molekularer Ebene

Zudem kann auch die Zusammensetzung des Wirkstoffs durch die Umstrukturierung, Addition oder Subtraktion einzelner Moleküle oder Molekülgruppen geändert werden.[95]

aa) Enantiomere

Oft bedient man sich dabei sog. Enantiomere.[96] Hierbei handelt es sich um chemische Verbindungen, die zwar die gleiche chemische Summenformel aufweisen, sich jedoch zueinander wie Bild und Spiegelbild verhalten.[97] Es handelt es sich also um Stoffe mit gleicher Molekülformel, die jedoch in der Anordnung ihrer Atome voneinander abweichen.[98] Hinsichtlich ihrer physikalischen Eigenschaften, bspw. Siedepunkt oder Dichte, unterscheiden sie sich dabei regelmäßig nur wenig. Sie weisen aber in ihrer chemischen Reaktivität und damit auch in ihrer Bioaktivität, d.h. ihrer Wirkweise auf den menschlichen Körper, teils erhebliche Unterschiede auf.[99] Sofern im Rahmen eines Syntheseverfahrens eines Wirkstoffs keine besonderen Vorkehrungen getroffen werden, besteht eine Wirkstoffmenge stets aus einer Mixtur jeweils gleicher Anteile beider Enantiomere, die als Racemat oder racemischer Wirkstoff bezeichnet wird.[100]

Da auch die meisten chemischen Anknüpfungspunkte im menschlichen Körper selbst chiraler Natur sind, ist allerdings meist nur eines der beiden Enantiomere, das sog. aktive Enantiomer, medizinisch wirksam.[101] Daher kann ein zunächst als Racemat verabreichter Wirkstoff bei drohendem Patentauslauf durch das nunmehr chemisch isolierte aktive Enantiomer ersetzt werden. Das vom Racemat isolierte aktive Enantiomer, bzw. die zur Isolierung nötigen technischen Verfahren[102], können wiederum abhängig von deren Neuheit eigenen

---

95 Siehe *Carrier/Shadowen*, Product Hopping: A New Framework, (2016) 92 Notre Dame L. Rev. 167, 172.

96 Siehe *Carrier/Shadowen*, Product Hopping: A New Framework, (2016) 92 Notre Dame L. Rev. 167, 172; *Yoshitani/Cooper*, Pharmaceutical Reformulation: The Growth of Life Cycle Management, (2007) 7 Hous. J. Health L. & Pol'y 379, 392 ff.; *Metzke*, Targeting Enantiomer Product Hopping with a new "Obviousness" Standard, (2010) 14 UCLA J.L. & Tech. 1.

97 Siehe *Fackelmann*, S. 86; *Hansen*, GRUR 1996, 943; so auch *Schäffner*, S. 99.

98 Siehe *Darrow*, The Patentability of Enantiomeres: Implications for the Pharmaceutical Industry, (2007) Stan. Tech. L. Rev. 2, Rz. 6.

99 Siehe *Darrow*, The Patentability of Enantiomeres: Implications for the Pharmaceutical Industry, (2007) Stan. Tech. L. Rev. 2, Rz. 7; *Schäffner*, S. 99.

100 Siehe *Fackelmann*, S. 87.

101 Siehe *Fackelmann*, S. 87; *Darrow*, The Patentability of Enantiomeres: Implications for the Pharmaceutical Industry, (2007) Stan. Tech. L. Rev. 2, Rz. 9.

102 Siehe *Darrow*, The Patentability of Enantiomeres: Implications for the Pharmaceutical Industry, (2007) Stan. Tech. L. Rev. 2, Rz. 10.

Patentschutz erfahren.[103] Die Molekülstruktur des Präparats wird dabei idealerweise gerade soweit verändert, dass die neue Molekülform durch ein neues Patent geschützt wird, die Funktionsweise im Körper jedoch so nahe an der des Originalpräparats liegt, dass es sich um „dasselbe", d.h. bioäquivalente, Arzneimittel im Sinne des Arzneimittelzulassungsrechts handelt. Somit besteht für die Originalpräparatehersteller die Chance, bei der Arzneimittelzulassung sogar teilweise auf die bereits für das Originalpräparat vorliegenden klinischen Studien etc. zurückgreifen zu können.[104]

Ein besonders anschauliches Beispiel für ein derartiges Vorgehen bietet der *Prilosec*-Fall.

Das von *AstraZeneca* hergestellte und unter diesem Namen vermarktete Arzneimittel gegen Sodbrennen basiert auf dem Wirkstoff *Omeprazol*, der wiederum zu gleichen Teilen aus einem Racemat von (S)-Omeprazol und (R)-Omeprazol besteht.[105] Nach der Verstoffwechselung des *Omeprazol* Racemats, zeitigt jedoch allein das (S)-Omeprazol Enantiomer die erwünschte medizinische Wirkung im Körper, dieses ist also das eigentliche aktive Enantiomer.[106] Das Folgepräparat *Nexium* bestand wiederum lediglich aus dem bereits hinlänglich bekannten, jedoch nunmehr synthetisierten und patentierten, Enantiomer (S)-*Omeprazol*. Daher überrascht es auch nicht, dass der therapeutische Effekt von *Nexium* offensichtlich nur unmerklich von *Prilosec* abweicht.[107]

bb) Metabolite

Außerdem bedient sich die pharmazeutische Industrie bei ihren Bestrebungen nach anhaltendem Patentschutz bestimmter Wirkstoffgruppen stoffwechselbedingter Zwischenprodukte, sog. Metabolite. Dabei handelt es sich um Stoffe, die erst nach oder im Zuge einer Verarbeitung eines bestimmten Wirkstoffs durch den menschlichen Stoffwechsel entstehen.[108] Dieser Umstand eröffnet die

---

103 Siehe *Fackelmann*, S. 87 ff; *Shadowen/Leffler/Lukens*, Anticompetitive Product Changes in the Pharmaceutical Industry, (2009) 41 Rutgers L. J. 1, 24.

104 Siehe *Yoshitani/Cooper*, Pharmaceutical Reformulation: The Growth of Life Cycle Management, (2007) 7 Hous. J. Health L. & Pol'y 379, 389.

105 Siehe US District Court for the District of Columbia, Walgreen Company et al v. AstraZeneca Pharmaceuticals 534 F. Supp. 2d 146, 148; *Dwivedi/Hallihosur/Rangan*, Evergreening: A deceptive device in patent rights, (2010) 32 Technology in Society 324, 327 ff.

106 Siehe *Dwivedi/Hallihosur/Rangan*, Evergreening: A deceptive device in patent rights, (2010) 32 Technology in Society 324, 327.

107 Siehe *Dwivedi/Hallihosur/Rangan*, Evergreening: A deceptive device in patent rights, (2010) 32 Technology in Society 324, 327; vgl. auch US District Court for the District of Columbia, Walgreen Company et al v. AstraZeneca Pharmaceuticals 534 F. Supp. 2d 146, 149.

108 Siehe *Yoshitani/Cooper*, Pharmaceutical Reformulation: The Growth of Life Cycle Management, (2007) 7 Hous. J. Health L. & Pol'y 379, 389; *Fackelmann*, S. 101 mwN.

Möglichkeit, den Patienten einen Wirkstoff zunächst in einer „inaktiven", d.h. pharmakologisch nicht wirksamen, Form zu verabreichen. Hierbei handelt es sich um sog. „Prodrugs", also um Vorläufersubstanzen des eigentlichen Wirkstoffs, die vor der Verstoffwechselung pharmakologisch nicht oder nur schwach wirksam sind. Sie werden erst durch die Stoffwechselvorgänge im Körper in einen wirksamen Metaboliten, den sog. „aktiven" Wirkstoff, umgewandelt.[109] Prodrugs werden z.B. verwendet bei geringer Absorption und Löslichkeit des aktiven Wirkstoffs, schlechtem Geruch oder Geschmack, zu hoher Toxizität oder geringer Spezifität der eigentlichen Wirksubstanz.[110] Die Prodrugs zerfallen im menschlichen Körper chemisch zunächst in einen oder mehrere Metaboliten. Erst der Metabolit entfaltet als aktiver Wirkstoff die angestrebte medizinische Wirkung des Originalpräparats.[111] Die medizinische Wirkung wird also erst über einen chemischen Zwischenschritt, meist im Zusammenspiel mit dem menschlichen Stoffwechsel, hervorgerufen.

Es besteht die Möglichkeit, sowohl die inaktiven Prodrugs[112] als auch das pharmakologisch wirksame Stoffwechselprodukt, d.h. den Metabolit, zu patentieren, soweit Letzterer synthetisch und außerhalb des menschlichen Körpers (*ex vivo*) erzeugt wird.[113] Neuheit im patentrechtlichen Sinne vorausgesetzt, steht es den Originalpräparateherstellern bspw. grundsätzlich offen, zunächst den Stoff in seiner inaktiven Prodrug-Form zu patentieren, um dann bei drohendem Auslaufen des Patentschutzes ein oder mehrere Patente für den aktiven Metaboliten selbst, bzw. seine Herstellung, zu beantragen. Derartige Patente können dann als leistungsschutzrechtliche Basis für den Switch dienen.

cc) Wirkstoffderivate: Salze, Ether, Ester

Der sog. pharmazeutisch aktive Wirkstoff, d.h. die medizinisch wirksame Substanz, kann sowohl in seiner sog. „neutralen" Form als auch als Derivat desselben auftreten. Bei diesen Derivaten des therapeutisch aktiven Wirkstoffs handelt es sich oftmals um Salze. Zwischen den Salzen und der neutralen Form des aktiven Wirkstoffs bestehen meist keine gravierenden Unterschiede, was den grundlegenden therapeutischen Effekt der Erzeugnisse angeht.[114] Gleiches gilt im Wesentlichen auch für die alkoholbasierten Derivate Ester und Ether.

---

109 Siehe *Fackelmann*, S. 105 mwN.; *Stellmach*, GRUR Int. 2005, 665, 669; *Yoshitani/Cooper*, Pharmaceutical Reformulation: The Growth of Life Cycle Management, (2007) 7 Hous. J. Health L. & Pol'y 379, 389.

110 *Stellmach*, GRUR Int. 2005, 665, 669.

111 Siehe *Yoshitani/Cooper*, Pharmaceutical Reformulation: The Growth of Life Cycle Management, (2007) 7 Hous. J. Health L. & Pol'y 379, 389.

112 Siehe *Fackelmann*, S. 100.

113 Siehe *Fackelmann*, S. 101 mwN.

114 Siehe Kommission, Ent. v. 15.6.2005, COMP/A. 37.507/F3, Rz. 15 – *Astra Zeneca.*

Im von der Europäischen Kommission im Jahr 2005 entschiedenen *AstraZeneca*-Fall, wurde bspw. bei der Produktweiterentwicklung des gegen Sodbrennen verabreichten Präparats *Losec* anstatt des zunächst in Kapselform verwendeten aktiven Wirkstoffs *Omeprazol*, später das tablettenförmig verabreichte Magnesiumsalz von *Omeprazol* verwendet.[115] Jedoch ist Fachleuten die Entwicklung von Salzen, Ethern und Estern anhand der Grundstruktur des neutralen Basiswirkstoffs grundsätzlich bekannt, sodass es hier mit Blick auf die Patenterteilung oftmals an einem notwendigen erfinderischen Schritt fehlt.[116] Sowohl Salze als auch Ester zeichnen sich aber oft durch eine höhere Membrangängigkeit als der Basiswirkstoff aus und erhöhen somit die Absorptionsgeschwindigkeit und damit die Bioverfügbarkeit des Wirkstoffs.[117] Ob dies ausreicht, um von einer überraschenden und nicht naheliegenden Effizienzsteigerung, mithin einem erfinderischen Schritt, gegenüber dem Grundwirkstoff auszugehen, ist umstritten.[118] Für die hiesige Betrachtung wird jedoch davon ausgegangen, dass im Einzelfall durchaus entsprechende Leistungsschutzrechte für Salze, Ester und Ether vergeben werden können und sich die Originalpräparatehersteller diese für den Switch zunutze machen.

c) Retardierungsmechanismen

Ein weiteres probates Mittel, um ein Folgepräparat unter Patentschutz zu stellen, ist das Originalpräparat mit einem Retardierungsmechanismus zu versehen. Der aktive Wirkstoff bleibt hierbei im Wesentlichen unverändert, lediglich dessen Ausschüttung bzw. die Resorption durch den menschlichen Organismus wird technisch-chemisch verlangsamt. Während also eine nicht-retardierende Version des Arzneimittels den Wirkstoff im Körper ohne zeitliche Verzögerung auf einmal freisetzt, geschieht dies bei retardierenden Formulierungen langsam und über einen längeren Zeitraum hinweg.[119] In vielen Fällen geht eine solche Verzögerung der Absorption des Wirkstoffs mit einer Erhöhung der Dosierung des Wirkstoffs einher, sodass über eine längere Zeitspanne eine gleichbleibend hohe Menge des Wirkstoffs im Organismus zur Verfügung steht. Meist bleibt der medizinisch-therapeutische Effekt gleich, da sich am aktiven Wirkstoff selbst nichts grundlegend ändert. Da die Verzögerung der Wirkstofffreigabe jedoch oft zu einer Reduktion der täglichen Einnahmehäufigkeit des Arzneimittels führt, erhöht sich die Bequemlichkeit für die Patienten, wodurch die sog. Therapietreue erhöht wird. Kurz gesagt: Die Patienten nehmen die verordneten Arzneimittel zuverlässiger regelmäßig ein.[120]

---

115 Siehe Kommission, Ent. v. 15.6.2005, COMP/A. 37.507/F3, Rz. 15, 779 – *Astra Zeneca*.
116 Siehe *Schäffner*, S. 96; *Fackelmann*, S. 85.
117 Vgl. *Schäffner*, S. 96.
118 Vgl. *Fackelmann*, S. 85; *Schäffner*, S. 96 mwN.
119 Siehe *Fackelmann*, S. 113.
120 Vgl. *Fackelmann*, S. 113.

Die Blaupause für eine auf Retardierungsmechanismen basierende Switching-Strategie bietet die *Namenda*-Entscheidung des US District Court for the Southern District of New York.[121]

Das *Actavis* Tochterunternehmen *Forest Laboratories* beabsichtigte einen Wechsel vom zweimal am Tag einzunehmenden Alzheimer-Medikament *Namenda IR*, auf das therapeutisch gleichwertige[122], jedoch aufgrund höherer Wirkstoffkonzentration, gepaart mit einem Retardierungsfaktor, lediglich einmal am Tag zu verabreichende *Namenda XR*. Wie noch im Zuge der hiesigen Untersuchung detailliert zu zeigen ist, wurde dieser Produktwechsel wegen kartellrechtlicher Bedenken schließlich gerichtlich untersagt.[123]

d) Kombination von Wirkstoffen

Oftmals werden auch zwei bereits bekannte Wirkstoffe in einem sog. „Kombinationsprodukt" zusammengeführt.[124] Meist wird durch die Verknüpfung bzw. Mischung der Wirkstoffe ein neuer bzw. von der Anwendung der Einzelbestandteile abweichender therapeutischer Erfolg erzielt.[125] Ebenfalls denkbar ist, dass mehrere inaktive Komponenten erst in Kombination eine therapeutische Wirkung zeigen.[126]

Die Mischung zweier Wirkstoffe, die im Ergebnis lediglich zu einer parallelen Wirkung von Stoff A und B führen, stellt jedoch gegenüber dem nächstliegenden Schritt der Technik regelmäßig keinen erfinderischen Schritt dar.[127] Notwendig ist vielmehr, dass durch die Kombination ein technischer bzw. pharmakologischer Effekt erzielt wird, der über die bloße Summe der pharmakologischen Einzelwirkungen der kombinierten Wirkstoffe hinausgeht (sog. synergistischer Effekt).[128] Daneben können grundsätzlich auch andere, nicht ohne weiteres vorhersehbare, Eigenschaften der Kombination für eine ausreichende Erfindungshöhe sprechen. Insbesondere die Eliminierung oder Milderung von Nebenwirkungen eines der Wirkstoffe durch die Beigabe weiterer Wirkstoffe kommt hier in Betracht.[129] Da

---

121 US District Court for the Southern District of New York, Case 1:14-cv-07473-RWS, The People of the State of New York v. Actavis PLC and Forest Laboratories LLC.

122 US District Court for the Southern District of New York, The People of the State of New York v. Actavis PLC and Forest Laboratories LLC, Case 1:14-cv-07473-RWS, S. 38, S. 53.

123 Siehe hierzu im Detail: Teil 3, A., I., 1.

124 Siehe *Devlin/Jacobs*, Anticompetitive Innovation and the Quality of Invention, Anticompetitive Innovation and the Quality of Invention, (2012) 27 Berkeley Tech. L. J. 42 mwN.; *Carrier*, A real world analysis of pharmaceutical settlements: The missing dimension of product hopping, (2010) 67 Florida L. Rev. 1020.

125 Siehe *Fackelmann*, S. 108.

126 Siehe *Fackelmann*, S. 108 mwN.

127 Siehe *Fackelmann*, S. 110.

128 Siehe *Fackelmann*, S. 110.

129 Siehe *Fackelmann*, S. 109.

die in einem Kombinationsprodukt zum Einsatz kommenden Stoffe in der Regel bereits zum Stand der Technik gehören, orientiert sich das patentrechtliche Neuheitskriterium nicht an den einzelnen Bestandteilen des Kombinationspräparats, sondern an der Kombination selbst.[130]

C. Die verschiedenen Ausprägungen des Switches: Vom Hard- zum Soft-Switch

Bei der wettbewerbsrechtlichen Bewertung ist im Ausgangspunkt zwischen den verschiedenen Formen des „Switching" zu unterscheiden. Einerseits dem sog. „Hard-Switch",[131] d.h. der völligen Einstellung des Verkaufs des Originalpräparats und der forcierten Migration sämtlicher Patienten auf das Folgepräparat, andererseits dem sog. „Soft-Switch"[132]. Hierunter fallen sämtliche Absatzstrategien, bei denen das Originalpräparat weiterhin neben dem Folgepräparat erhältlich bleibt, jedoch der Originalpräparatehersteller ebenfalls das Ziel verfolgt, die Abnehmer zu einem Produktwechsel auf das Folgepräparat zu bewegen. In erster Linie handelt es sich dabei um Marketing- und Informationsstrategien gegenüber den Patienten, Ärzten und Krankenkassen, die das Folgepräparat in einem im Vergleich zum Originalpräparat günstigen Licht erscheinen lassen. Hinzu kommen jedoch auch Preissetzungsstrategien, die künstliche Verknappung der Originalpräparate sowie andere Maßnahmen, welche die Erhältlichkeit des Originalpräparats zwar nicht vollkommen ausschließen, jedoch zumindest erschweren. Ultimatives Ziel des Switches ist es jedoch in beiden Fällen, die Nachfrage nach dem Originalpräparat weitgehend zum Erliegen zu bringen, da die Nachfrage nach Generika mit dieser steht und fällt.[133]

I. Der Hard-Switch

Beim Hard-Switch nimmt der Originalpräparatehersteller das Originalpräparat vor Auslauf der Patentrechte bzw. ergänzenden Schutzzertifikate komplett vom Markt und ersetzt dieses durch das Folgepräparat. Solange keine anderen Arzneimittel mit vergleichbarer Wirkung auf dem Markt existieren, bleibt den Patienten bzw. Ärzten keine andere Wahl, als die Medikation auf das Folgepräparat umzustellen.

130 Siehe *Fackelmann*, S. 109 mwN.
131 Zum Begriff siehe *Hovenkamp et al.*, Vol. 1, § 15.3c, 110.
132 Zum Begriff siehe *Hovenkamp et al.*, Vol. 1, § 15.3c, 116.
133 Vgl. *Cheng*, An Antitrust Analysis of Product Hopping in the Pharmaceutical Industry, (2008) 108 Colum. L. Rev. 1471, 1488: "When the brand name manufacturer kills demand for its old formulation, demand for rival generics dies with it."

II. Der Soft-Switch

Im Unterschied dazu verbleibt das Originalpräparat beim sog. Soft-Switch parallel zum neu eingeführten Folgepräparat auf dem Markt. Jedoch wird seine weitere Nutzung für die Abnehmer, vor allem die Verordnung durch die Ärzte, unattraktiv gemacht oder erschwert. Nicht erfasst sind daher Fälle, in denen Original- und Folgepräparat gleichermaßen beworben werden und kein Anreiz bei den Ärzten gesetzt werden soll, statt des Originalpräparats fortan vor allem das Folgepräparat zu verschreiben. Diese Art der Vermarktung dient in der Regel nicht einer „Umstellung", sondern lediglich einer Erweiterung des Marktes bzw. der Befriedigung einer speziellen Nachfrage nach bestimmten Produktvariationen.[134]

Es existiert natürlich eine unüberschaubare Vielzahl an Möglichkeiten, die Anreize für die Verordnung des Originalpräparats im Vergleich zum Folgepräparat zu senken. An dieser Stelle seien daher lediglich einige der gebräuchlichsten, weil effektivsten, Strategien exemplarisch herausgegriffen. Oftmals wird der Hard-Switch im Vorfeld mit verschiedenen Soft-Switch-Strategien vorbereitet bzw. eingeleitet. Bevor das Originalpräparat schließlich vom Markt genommen wird, werden – bspw. durch intensives Marketing oder eine vergünstigte Abgabe des Folgepräparats – Anreize gesetzt, bereits frühzeitig vom Originalpräparat auf das Folgepräparat zu wechseln.

1. Marketingstrategien

An erster Stelle stehen hier die Bestrebungen der Originalpräparatehersteller vor allem die Ärzteschaft mittels eines erhöhten Marketingaufwandes und Einflussnahme zu einer Verordnung des Folgepräparats zu bewegen. Bei verschreibungspflichtigen Arzneimitteln treffen nämlich in erster Linie die Ärzte stellvertretend für die Patienten die Entscheidung hinsichtlich der Arzneiwahl und fungieren somit als Absatzmittler zwischen den Arzneimittelherstellern und den Patienten.[135] Die Bewerbung verschreibungspflichtiger Arzneimittel erfolgt daher nicht nur wegen des, auf Art. 88 der RL 2001/83/EG beruhenden und durch § 10 Abs. 1 Heilmittelwerbegesetz (HWG) umgesetzten, Verbotes der Öffentlichkeitswerbung verschreibungspflichtiger Arzneimittel, in erster Linie direkt gegenüber den Ärzten. Für die direkte Kommunikation mit den Ärzten, das sog. „Detailing", setzen die Originalpräparatehersteller daher flächendeckend auf eine große Zahl von Außendienstmitarbeitern.[136] Um anstelle des Originalpräparats das Folgepräparat bei der Ärzteschaft durchzusetzen, wird zudem meist das Werbebudget

---

134 Siehe *Carrier/Shadowen*, Product Hopping: A New Framework, (2016) 92 Notre Dame L. Rev. 167, 171.

135 Siehe *Guminski*, in: Schöffski/Fricke/Guminski, Pharmabetriebslehre, S. 211.

136 Siehe hierzu im Detail: Teil 3, B., III., 3., b).

für das Originalpräparat deutlich reduziert oder ganz gestrichen, wohingegen große Summen in die Bewerbung des Folgepräparats fließen.[137]

2. *Gezielte Desinformation und Verunglimpfung des Originalpräparats*

Gemäß Art. 86 Abs. 3 der RL 2001/83/EG muss die Arzneimittelwerbung einen zweckmäßigen Einsatz des Arzneimittels fördern, indem sie seine Eigenschaften objektiv und ohne Übertreibung darstellt. Zudem darf die Werbung nicht irreführend sein. Diese Grundsätze sind auch in § 3 HWG auf nationaler Ebene festgeschrieben. Angesichts geäußerter Vorwürfe seitens der Generikahersteller und der Marktgegenseite erscheint es hingegen nicht völlig aus der Luft gegriffen, dass von den Originalpräparateherstellern stellenweise gezielt Falschinformationen über das Originalpräparat, insbesondere hinsichtlich drohender Gesundheitsgefahren und Nebenwirkungen, gestreut werden, um Ärzte bzw. Apotheker zur Abgabe des Folgepräparats zu bewegen.[138] Der Übergang vom Detailing als Form der Arzneimittelwerbung zur gezielten Falschinformation, bzw. der Verunglimpfung des Originalpräparats, ist dabei fließend. Neben einer sachlichen Gegenüberstellung der Vor- und Nachteile von Original- und Folgepräparat ist bspw. denkbar, dass eine bewusste Abwertung des Originalpräparats gegenüber dem Folgepräparat vorgenommen wird.[139] Unter Inkaufnahme eines Verstoßes gegen die Arzneimittelwerbevorschriften könnte versucht werden, die Vorzüge des Folgepräparats in ein besonders günstiges Licht zu rücken, um so die Ärzte dazu zu bewegen, eine möglichst große Zahl von Patienten auf das Folgepräparat umzustellen. Dies wird mittlerweile auch von verschiedenen nationalen Wettbewerbsbehörden innerhalb der Europäischen Union erkannt und entsprechend kartellrechtlich sanktioniert.[140]

a) Warnschreiben

Insoweit kommt es immer wieder vor, dass Originalpräparatehersteller versuchen, die Gleichwertigkeit oder Wirksamkeit generischer Produkte öffentlich infrage zu stellen. Beispielsweise werden Warnschreiben an Apotheken, Pharmagroßhändler, Krankenhäuser und vor allem Ärzte versendet, in denen vor

---

137 Dazu *Westin*, Product Switching in the Pharmaceutical sector – An abuse or legitimate commercial consideration? (2011) ECLR 12, 595 ff.

138 Vgl. Memorandum Opinion on Motion to Dismiss in Re: Suboxone Antitrust Litigation, United States District Court for the Eastern District of Pennsylvania, 64 F. Supp. 3d 665; 2014 U.S. Dist. LEXIS 167204; 2014-2 Trade Cas. (CCH) P78, 983, S. 9 ff.

139 Siehe *Hovenkamp et al.*, Vol. 1, § 15.3c, 110, Fn. 455.

140 Siehe hierzu mit einigen Beispielen aus der Fallpraxis der nationalen Wettbewerbsbehörden, Bericht der Europäischen Kommission zur Durchsetzung des Wettbewerbsrechts im Arzneimittelsektor (2009–2017), S. 34 ff.

Generika bestimmter Originalpräparate gewarnt wird.[141] Die einzelnen Generika sollen bspw. weniger sicher, weniger effektiv, generell minderwertig und nicht mit dem Originalpräparat austauschbar sein.[142]

b) Informationskampagnen

Trotz der hohen Anforderungen bei der Zulassung generischer Arzneimittel, die den gefahrlosen Austausch mit Originalpräparaten sowie eine identische Wirkung der Generika sicherstellen,[143] werden breitenwirksame Informationskampagnen gestartet, um Generika bei den Abnehmern pauschal in Verruf zu bringen. Deren Ziel ist es die vermeintlich generell bestehenden Nachteile und Gefahren generischer Arzneimittel, wie bspw. eine geringere Wirksamkeit oder gar Schädlichkeit sowie deren Nichtübereinstimmung mit den Originalpräparaten, herauszustellen.[144]

3. Preisstrategien

Zu den infrage kommenden Maßnahmen zählen auch Preisstrategien. Die naheliegendste Variante ist das Folgepräparat deutlich günstiger abzugeben als das Originalpräparat. Alternativ kann auch der Preis für das Originalpräparat signifikant angehoben werden und das Folgepräparat auf der vormaligen Preisebene abgegeben werden.[145]

Die Preisstrategien wenden sich dabei weniger unmittelbar an die Ärzte, sondern oftmals direkt an die Kostenträger, d.h. vor allem die Krankenversicherungen, die ihrerseits Druck auf die Ärzte zum Wechsel der Verordnung auf das günstigere Folgepräparat ausüben.[146] Der vergleichsweise günstigere

---

141 Siehe European Commission, Pharmaceutical Sector Inquiry – Final Report, Rz. 941 ff.

142 Siehe European Commission, Pharmaceutical Sector Inquiry – Final Report, Rz. 947. Teilweise wird unter Bezugnahme auf laufende Gerichtsverfahren auch der Eindruck vermittelt, dass die erhältlichen Generika bestehende Schutzrechte der Originalpräparatehersteller verletzen und sich insbesondere die Ärzte sowie die Apotheken bei der Verordnung oder Abgabe evtl. selbst eine Patentverletzung begehen, siehe European Commission, Pharmaceutical Sector Inquiry – Final Report, Rz. 946.

143 Siehe Teil 3, B., III., 2., d).

144 Siehe European Commission, Pharmaceutical Sector Inquiry – Final Report, Rz. 951 ff.

145 Dies ist wiederum zumindest nach deutschem Recht schwierig, da durch Fest- und Erstattungsbeträge langfristig gedeckelte Kostentragungspflichten eine Preiserhöhung bei den Krankenkassen bzw. Patienten nur mit größeren Schwierigkeiten durchzusetzen sein dürfte, siehe hierzu Teil 3., C, II. 3. sowie Teil 3., C, III., 3.

146 Siehe *Feldman/Frondorf*, Drug Wars: A new Generation of Generic Pharmaceutical Delay, (2016) 53 Harv. J. on Legis. 499, 528.

Abgabepreis, in Verbindung mit der von den Originalpräparateherstellern propagierten Neuerung des Folgepräparats, setzt also einen weiteren Anreiz bei den Ärzten, anstatt des Originalpräparats von nun an das Folgepräparat zu verordnen.

4. *Erschwerung des Zugangs zum Originalpräparat*

Daneben kann der Zugang zum Originalpräparat erschwert werden. Dies kann zunächst durch eine künstliche Verknappung der Produktions- oder Liefermengen des Originalpräparats bewerkstelligt werden. Die Originalpräparatehersteller gehen auch oft dazu über, Restbestände des Originalpräparats, die sich noch beim Pharmagroßhandel bzw. den Apotheken befinden, im großen Stil zurückzukaufen und so dem Marktgeschehen zu entziehen. Ebenso in Betracht kommen Auslistungen des Originalpräparats aus zentralen, von Ärzten und Apothekern genutzten Medikamentendatenbanken oder Nachschlagewerken.[147] Oftmals basieren derartige Systeme auf einer Verknüpfung des Originalpräparats mit dessen jeweiligen Generika, sodass die zur Verfügung stehenden Generika in der Regel nur über das Originalpräparat ermittelt werden können.[148] Ist das Originalpräparat jedoch nicht mehr gelistet, können auch die Generika nicht mehr unmittelbar von den Ärzten verordnet, bzw. von den Apotheken aufgefunden und abgegeben werden. Diese Art von Vertriebsstrategien ist auch als sog. „Delisting" bekannt.[149] Dies führt unter Umständen dazu, dass neben dem Originalpräparat auch dessen Generika nicht mehr im System aufgefunden werden können und so deren Verordnung bzw. Abgabe ganz verhindert oder zumindest merklich erschwert wird.[150]

III. Timing des Switches

Aufgrund der in vielen Ländern existierenden verpflichtenden Regelungen zur bevorzugten Abgabe bzw. Verordnung von dem Originalpräparat gleichwertiger, jedoch günstigerer Arzneimittel, führt ein Markteintritt kostengünstiger generischer Präparate aus Sicht der Originalpräparatehersteller zu einem unwiederbringlichen Absinken des Preisniveaus sowie der Verkaufszahlen und damit zu einem Verlust ihrer Marktstellung.

---

147 Siehe *Westin*, Product Switching in the Pharmaceutical sector – An abuse or legitimate commercial consideration? (2011) ECLR 12, 595, 597; vgl. auch *Tschammler*, WuW 2013, 1071, 1073.

148 Siehe *Tschammler*, WuW 2013, 1071, 1073; vgl. auch *Nordlander/Harrison*, Abuse of Regulatory Procedures in the Pharmaceutical Sector – Developments Since the General Court's Judgment in AstraZeneca, (2012) CPL Antitrust Chronicle 2, 4.

149 Siehe *Tschammler*, WuW 2013, 1071, 1073.

150 Siehe *Tschammler*, WuW 2013, 1071, 1073.

Bei der Durchführung des Switches kommt es daher neben der immaterialgüterrechtlichen Schutzfähigkeit des Folgepräparats entscheidend auf das Timing an. Insbesondere die zeitliche Abstimmung der Markteinführung des Folgepräparats ist für das Gelingen des Switches von größter Wichtigkeit. Idealerweise erfolgt diese vor der Markteinführung der entsprechenden Generika, um so einem Abwandern der Patienten und der daraus resultierenden Markteffekte, wie einem Absinken des Preisniveaus sowie einem Rückgang der Absatzmenge der Originalpräparatehersteller, möglichst effektiv vorzubeugen.[151] Nur Patienten, die erfolgreich auf das Folgepräparat umgestellt wurden, bleiben den Originalpräparateherstellern nämlich mit höherer Wahrscheinlichkeit auch über den Patentauslauf hinaus erhalten.[152] Laut Aussagen von Originalpräparateherstellern im Zuge der Sektoruntersuchung der Europäischen Kommission ist ein Switch vor Patentauslauf sogar zwingend nötig, da die Patienten anderenfalls für immer an die Generikahersteller verloren gingen.[153]

Die Praxis zeigt, dass ein Switch ein bis zwei Jahre vor Ablauf des primären Wirkstoffpatents üblich ist. Diese Zeitspanne scheint einen tragfähigen Kompromiss zwischen den Kannibalisierungseffekten zulasten des Originalpräparats und einer ausreichenden Festigung der Marktstellung des Folgepräparats zur Verteidigung der Marktposition gegen Generika darzustellen.[154] Derlei Vermarktungsstrategien werden zudem oft mit einer Vielzahl an anderen Werkzeugen aus der bereits erwähnten „Tool Box“ der Arzneimittelhersteller, wie bspw. Pay-for-delay-Strategien und Patent Clustern, kombiniert, um die Patienten ziel- und zeitgenau vom Originalpräparat auf das Folgepräparat überzuleiten und so einen aus Sicht der Originalpräparatehersteller ungünstigen Markteintritt der Generikahersteller lange genug hinauszuzögern.[155]

---

151 Vgl. European Commission, Pharmaceutical Sector Inquiry – Final Report, Rz. 1010.

152 Siehe *Raasch*, S. 137.

153 Vgl. European Commission, Pharmaceutical Sector Inquiry – Final Report, Rz. 1028.

154 Siehe *Fackelmann*, S. 99; *Raasch*, S. 146 f., 217.

155 Vgl. European Commission, Pharmaceutical Sector Inquiry – Final Report, Rz. 1011, 1029.

Schematisch gestaltet sich der Switch idealerweise also wie folgt:

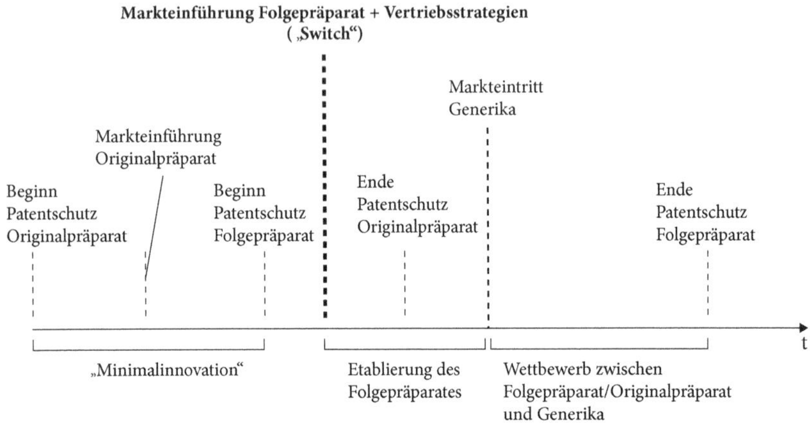

Abb. 1: *Timing des Switches*

Teil 2: Die US-amerikanische Perspektive

Ausgangspunkt der hiesigen Betrachtung ist die im Vergleich zur EU deutlich weiter fortgeschrittene US-amerikanische Diskussion über die Kartellrechtskonformität von Product-Switching-Strategien. Anhaltspunkte für geeignete Parameter einer kartellrechtlichen Bewertung des Product-Switchings liefert dabei insbesondere die im Ergebnis divergierende Rechtsprechung der US-Berufungsgerichte in Sachen *Namenda* und *Doryx*. Daneben existieren weitere erstinstanzliche Entscheidungen, die sich ebenfalls mit der wettbewerbsrechtlichen Dimension des Product-Switchings auseinandersetzen. Allen diesen Entscheidungen ist jedoch gemein, dass sie sich mit den Product-Switching-Strategien vornehmlich unter dem Aspekt des Section 2 Sherman Act[156] auseinandersetzen.

Anders als Art. 102 AEUV, der an ein missbräuchliches Verhalten marktbeherrschender Unternehmen anknüpft, kontrolliert Section 2 Sherman Act nicht die Ausübung von Markt- bzw. Monopolmacht,[157] sondern enthält ein vom Marktmachtmissbrauch entkoppeltes generelles Verbot der Monopolisierung sowie des Versuchs der Monopolisierung. Die allgemein anerkannte Auslegung der Vorschrift verlangt jedoch, dass es eines bewussten Erwerbs einer Monopolstellung oder deren Erhalt bedarf, also ein Verhalten das auf die Schaffung, die Erweiterung oder die Verteidigung einer Monopolstellung zielt. Die insoweit inkriminierte Verhaltensweise muss dabei ein wettbewerbsfremdes Element aufweisen und darf nicht lediglich Konsequenz einer überlegenen Marktleistung des Monopolisten oder gar des Zufalls sein.[158] Klassischerweise handelt es sich hierbei um Handlungen, die den Wettbewerb beschränken, dem Handelnden einen wettbewerblichen Vorteil verschaffen oder einen Wettbewerber vernichten.[159]

Section 2 Sherman Act diente historisch bedingt zunächst dazu, die forcierte Konzentration bzw. den Ausbau wirtschaftlicher Macht zu verhindern und war dementsprechend lange Zeit von einer eher interventionistischen, auf die Struktur des Marktes und insbesondere die Wettbewerbschancen kleinerer Wettbewerber

---

156 15 U.S. C. § 2: "Every person who shall monopolize, or attempt to monopolize, or combine or conspire with any other person or persons to monopolize any part of the trade or commerce among the several States or with foreign nations, shall be deemed guilty of a felony [...]".

157 Siehe Supreme Court of the United States; Verizon Communications Inc v. Law offices of Curties V. Trinko, LLP, 540 U.S. 398, 407–408.

158 Grundlegend: Supreme Court of the United States, United States v. Grinnell Corp., 384 U.S. 563, 570 f; ebenso *Areeda/Kaplow/Edlin*, Antitrust Analysis, para. 312.

159 Siehe Supreme Court of the United States, Eastman Kodak v. Image Technical Services Inc., 504 U.S. 451, 482 f; ebenso Supreme Court of the United States, United States v. Griffith, 334 U.S. 100, 107.

wahrenden, Interpretation des Schutzzwecks geprägt.[160] Nicht zuletzt unter dem Eindruck, der Chicago School kam es jedoch vor allem in den 1970er und 1980er Jahren zu einer umfassenden Rekonzeptualisierung des US Antitrust Rechts.[161] Vereinfachend gesprochen wird bei der Anwendung von Section 2 Sherman Act seither die Förderung bzw. Minderung ökonomischer Effizienz durch das jeweilige Marktverhalten bzw. dessen Auswirkungen auf die (gesamtwirtschaftliche) Konsumentenwohlfahrt verstärkt berücksichtigt.[162] Im Ergebnis führt dies tendenziell zu einer zurückhaltenderen Auslegung und Anwendung der Wettbewerbsregeln und lässt daher marktmächtigen Unternehmen in vielerlei Hinsicht größeren Spielraum, was ihr Marktverhalten anbelangt. Beispielsweise steht das US-Recht dem Konzept des (preisgetriebenen) Ausbeutungsmissbrauchs und der Missbräuchlichkeit der Leistungsverweigerung gegenüber Konkurrenten[163] äußerst skeptisch gegenüber bzw. errichtet hohe Hürden, die es für die Feststellung eines Verstoßes zu überwinden gilt.

A. Analyse der US-Rechtsprechung zu Product-Switching-Strategien

Bei der kartellrechtlichen Bewertung des Product-Switchings stehen vor allem die wettbewerbsschädigende Zwangswirkung der Hard-Switching-Strategien auf die Abnehmer sowie die Anforderungen an mögliche Rechtfertigungsgründe im Fokus. Die bisherige kartellrechtliche Bewertung von Product-Switching-Strategien durch die US-Gerichte fällt – größtenteils abhängig von den zum Teil nur

160 Siehe *Kovacic*, The Intellectual DNA of Modern U.S. Competition Law for Dominant Firm Conduct: The Chicago/Harvard Double Helix, (2007) Columbia Business. L. Rev., 20.

161 Zur historischen Entwicklung von Section 2 Sherman Act und seiner Auslegungsmaximen im Detail: *Kovacic*, The Intellectual DNA of Modern U.S. Competition Law for Dominant Firm Conduct: The Chicago/Harvard Double Helix, (2007) Columbia Business. L. Rev., 1 ff.; *Schweitzer*, Parallels and Differences in the Attitudes towards Single-Firm Condcut: What are the reasons? The History, Interpretation and Underlying Principles of Sec. 2 Sherman Act and Art. 82 EC, EUI Working Papers LAW 2007/32, S. 6 ff.

162 Siehe *Hovenkamp*, Federal Antitrust Policy, S. 83 ff.; *Kovacic*, The Intellectual DNA of Modern U.S. Competition Law for Dominant Firm Conduct: The Chicago/Harvard Double Helix, (2007) Columbia Business. L. Rev., 19 ff.; *Muris*, Principles for a Successful Competition Agency, (2005) 72 University of Chicago L. Rev. 165, 169; *Fuchs/Möschel*, in: Immenga/Mestmäcker, EU-Wettbewerbsrecht, Art. 102 AEUV, Rz. 40; *Bloch/Kamann/Brown/Schmidt*, ZWeR 2005, 325, 331.

163 Vgl. *Kovacic*, The Intellectual DNA of Modern U.S. Competition Law for Dominant Firm Conduct: The Chicago/Harvard Double Helix, (2007) Columbia Business. L. Rev., 1, 42 ff; *Crane*, The Paradox of Predatory Pricing, (2005) 91 Cornell L. Rev. 1, 7–8.

in Feinheiten voneinander abweichenden Sachverhalten – äußerst unterschiedlich aus. Um in einem zweiten Schritt die divergierenden Entscheidungen einander gegenüberzustellen und allgemeingültige Maßstäbe für die kartellrechtliche Bewertung herauszuarbeiten, ist jedoch zunächst eine umfassende Darstellung der einzelnen Entscheidungen nötig.

I. Namenda

Die erste berufungsgerichtliche US-Entscheidung zur kartellrechtlichen Bewertung von Product-Switching-Strategien fand ihren Ausgangspunkt in der Entscheidung des US District Court for the Southern District of New York in Sachen State of New York v. Actavis PLC and Forest Laboratories LLC aus dem Jahr 2014.[164]

Auf Antrag des Generalanwalts des Staates New York hat das Gericht dem Pharmaunternehmen *Actavis* in einer äußerst umfangreich begründeten einstweiligen Verfügung untersagt, das auf dem Wirkstoff Memantin basierende Alzheimermedikament *Namenda IR* noch vor Auslauf der daran bestehenden Patente vom Markt zu nehmen und durch das Folgepräparat *Namenda XR* zu ersetzen. *Actavis* wurde vielmehr dazu verpflichtet, *Namenda IR* bis 30 Tage nach dem Markteintritt eines entsprechenden Generikums zu den bisherigen Verkaufskonditionen auf dem Markt zu belassen.[165] Nach Ansicht des Gerichts drohe sonst die Begründung bzw. Aufrechterhaltung einer Monopolstellung durch *Actavis* und damit ein Verstoß gegen Section 2 Sherman Act. Die einstweilige Verfügung wurde von *Actavis* vor dem US Court of Appeals angegriffen, jedoch von diesem in vollem Umfang aufrechterhalten.[166] Obwohl *Actavis* zunächst angekündigt hatte, den Rechtsstreit vor den US Supreme Court zu bringen, wurde ein entsprechender Antrag infolge eines Vergleichs mit dem New Yorker Generalanwalt zurückgenommen.[167]

1. Sachverhalt

Das *Actavis* Tochterunternehmen *Forest Laboratories*[168] produziert das Arzneimittel *Namenda*, welches zur Behandlung der Symptome der Alzheimer-Demenz

---

164 US District Court for the Southern District of New York, Case 1:14-cv-07473-RWS, The People of the State of New York v. Actavis PLC and Forest Laboratories LLC.

165 Court order, US District Court for the Southern District of New York, Case 1:14-cv-07473-RWS, The People of the State of New York v. Actavis PLC and Forest Laboratories LLC.

166 United States Court of Appeals for the Second Circuit, People of the State of New York v. Actavis PLC and Forest Laboratories LLC, Case 14-4624-cv.

167 Siehe http://www.reuters.com/article/allergan-lawsuit-idUSL1N13K1J120151125.

168 Der Einfachheit halber wird in der Folge nur von *Actavis* gesprochen, mittlerweile hat sich *Actavis* nach erfolgter Übernahme des Wettbewerbers *Allergan* in *Allergan Plc.* umbenannt.

eingesetzt wird.[169] *Namenda* war zunächst als Tablette *Namenda IR (Immediate Release)*, später auch in flüssiger Form als *Namenda IR Oral* erhältlich. Beide Darreichungsformen müssen zweimal täglich eingenommen werden.[170] In den Jahren 2012 und 2013 setzte *Actavis* mit den Varianten von *Namenda IR* jährlich gut 1,5 Mrd. USD um, was es zu einem der erfolgreichsten Arzneimittel in *Actavis* Produktportfolio machte.[171] Der Patentschutz für *Namenda IR* sollte Anfang April 2015 auslaufen.[172] Zwischenzeitlich arbeitete *Actavis* an einem wirkstoffgleichen Folgepräparat für *Namenda IR*. Aufgrund eines höher konzentrierten Wirkstoffs und eines Retardierungsfaktors bei dessen Freisetzung genügt beim Folgepräparat *Namenda XR* (*Extended Release*) nunmehr die Einnahme von täglich einer statt zwei Tabletten. Davon abgesehen ist der therapeutische Effekt nahezu identisch mit *Namenda IR*.[173] Die Markteinführung von *Namenda XR* in den USA erfolgte im Juli 2013.[174] Die an *Namenda XR* bestehenden Patentrechte laufen erst im Jahr 2029 aus.[175] Da *Actavis* als Patentinhaber als einziges Unternehmen den Wirkstoff Memantin herstellen darf, war das Gericht der Auffassung, dass es mit *Namenda* IR eine marktbeherrschende Stellung im Bereich auf Memantin basierender Arzneimittel innehatte.

a) Die Strategie: Vom Soft- zum Hard-Switch und zurück

Seit dem Jahr 2012 wurden bei *Actavis* intern verschiedene Szenarien durchgespielt, wie Patienten von *Namenda IR* auf *Namenda XR* umgestellt werden können, um so die drohenden Verluste durch den Markteintritt von Generika bei

---

169 Chemisch handelt es sich um Memantin, einen sog. N-Methyl-D-Aspartat (NMDA) – Rezeptoren Antagonisten. Dieser soll verhindern, dass es infolge der Anlagerung des schädlichen Botenstoffs Glutamat im Gehirn zu einer Schädigung bzw. zum Absterben zerebraler Nervenzellen kommt.

170 Siehe US District Court for the Southern District of New York, The People of the State of New York v. Actavis PLC and Forest Laboratories LLC, Case 1:14-cv-07473-RWS, S. 31.

171 Siehe United States Court of Appeals for the Second Circuit, People of the State of New York v. Actavis PLC and Forest Laboratories LLC, Case 14-4624-cv, S. 16.

172 Siehe US District Court for the Southern District of New York, The People of the State of New York v. Actavis PLC and Forest Laboratories LLC, Case 1:14-cv-07473-RWS, S. 30.

173 Siehe US District Court for the Southern District of New York, The People of the State of New York v. Actavis PLC and Forest Laboratories LLC, Case 1:14-cv-07473-RWS, S. 38, S. 53.

174 Siehe US District Court for the Southern District of New York, The People of the State of New York v. Actavis PLC and Forest Laboratories LLC, Case 1:14-cv-07473-RWS, S. 37.

175 Siehe US District Court for the Southern District of New York, The People of the State of New York v. Actavis PLC and Forest Laboratories LLC, Case 1:14-cv-07473-RWS, S. 36.

Ablauf des *Namenda IR* Patents zu schmälern.[176] Hierbei wurde zunächst ein Soft Switch, d.h. die Migration von Patienten von *Namenda IR* auf *Namenda XR* durch verschiedene Marketing- und PR-Maßnahmen erwogen und schließlich auch durchgeführt. Durch intensives Marketing wurde zunächst versucht, möglichst viele Patienten bzw. Ärzte dazu zu bewegen, die Medikation von *Namenda IR* auf *Namenda XR* umzustellen. Zudem wurde *Namenda XR* aufgrund verschiedener Rabattvereinbarungen günstiger als *Namenda IR* an die Patienten bzw. Krankenkassen abgegeben.[177] Um einen noch weit größeren Anteil von Patienten auf das Folgepräparat zu transferieren, entschied man sich jedoch letztlich für einen Hard-Switch. Im Februar 2014 kündigte *Actavis* öffentlich an, den Verkauf von *Namenda IR* bis Mitte August 2014 vollständig einzustellen, sodass Patienten gezwungenermaßen auf *Namenda XR* hätten ausweichen müssen.[178]

Nachdem der Generalanwalt des Staates New York bereits im Februar 2014 Ermittlungen in dieser Sache eingeleitet hatte, bemühte sich Actavis zusätzlich um alternative Strategien für die Umstellung der Patienten auf *Namenda XR*. *Actavis* ging nunmehr eine exklusive Vertriebsvereinbarung für *Namenda IR* mit einer landesweit tätigen Versandapotheke ein, die unter anderem mit den meisten kommerziellen Krankenversicherungen sowie den staatlichen *Medicaid* und *Medicare*-Systemen zusammenarbeitet. Diese Vereinbarung sah vor, dass die Apotheke *Namenda IR* anstatt *Namenda XR* nur dann an Patienten abgeben soll, wenn deren Arzt zusammen mit dem Rezept auf einem separaten Formular explizit angibt, dass dies medizinisch notwendig sei.[179]

b) Ausschluss bzw. Umgehung der Aut-idem-Regelung

Wie bereits ausgeführt, achten die Originalpräparatehersteller bei den hier beschriebenen Switching-Strategien penibel darauf, dass die technisch-chemische Abweichung des Folgepräparats vom Originalpräparat mindestens so groß

176 Siehe US District Court for the Southern District of New York, The People of the State of New York v. Actavis PLC and Forest Laboratories LLC, Case 1:14-cv-07473-RWS, S. 47 f.

177 Siehe US District Court for the Southern District of New York, The People of the State of New York v. Actavis PLC and Forest Laboratories LLC, Case 1:14-cv-07473-RWS, S. 60; United States Court of Appeals for the Second Circuit, People of the State of New York v. Actavis PLC and Forest Laboratories LLC, Case 14-4624-cv, S. 18.

178 Siehe US District Court for the Southern District of New York, The People of the State of New York v. Actavis PLC and Forest Laboratories LLC, Case 1:14-cv-07473-RWS, S. 50, aufgrund von Schwierigkeiten bei der Produktion von *Namenda XR* wurde dieses Datum schließlich auf Herbst 2014 verschoben.

179 Siehe US District Court for the Southern District of New York, The People of the State of New York v. Actavis PLC and Forest Laboratories LLC, Case 1:14-cv-07473-RWS, S. 63 ff.

ist, dass ein Austausch nach der jeweils geltenden *Aut-idem*-Regelung nicht möglich ist.[180]

Auch in den USA wird auf Ebene nahezu aller Bundesstaaten bei der Verschreibung der Arzneimittel durch die Ärzte bzw. bei der Arzneimittelabgabe durch die Apotheken die Substitution des zugrunde liegenden Wirkstoffs durch gleichwertige Generika ermöglicht und oftmals auch für verpflichtend erklärt.[181] Um eine Substitution zu ermöglichen, muss ein Generikum in aller Regel über ein sog. „AB-Rating" der FDA verfügen. Dazu muss das Generikum denselben aktiven Wirkstoff, die gleiche Verabreichungsform, Dosierung, Stärke sowie Sicherheit und Effektivität wie das Originalpräparat aufweisen.[182] Originalpräparat und Generikum müssen insoweit bioäquivalent sein, d.h. es muss sich um äquivalente oder alternative pharmazeutische Erzeugnisse handeln, deren Wirkstärke und Wirkgeschwindigkeit nach Verabreichung der gleichen molaren Dosis so weitgehend gleich ist, dass ihre Wirkungen sowohl unter Wirksamkeits- als auch Sicherheitsgesichtspunkten im Wesentlichen dieselben sind.

Den Apotheken wäre es nach den geltenden *Aut-idem*-Vorschriften jedoch nicht möglich gewesen, generisches *Namenda IR* anstatt *Namenda XR* abzugeben.[183] Im Verhältnis zu *Namenda XR* kam das von den Generikaherstellern mit Auslaufen des *Namenda IR* Patents legal erzeugte Generikum aufgrund der unterschiedlichen Wirkstoffkonzentration und der unterschiedlichen Verabreichungsweise für ein „AB-Rating" durch die FDA schlicht nicht in Betracht.

2. *Rechtliche Würdigung*

Bei seiner Analyse bedient sich der Court of Appeals eines zweistufigen Tests. Demnach liegt ein Verstoß gegen Section 2 Sherman Act nur dann vor, wenn (1) ein wettbewerbswidriges Verhalten vorliegt und (2) keine Rechtfertigung durch „nicht lediglich vorgeschobene wettbewerbsfördernde Rechtfertigungsgründe" möglich ist.[184]

---

180 Siehe Teil 1, C., II. und III.

181 Sog. Drug Product Selection (DPS) laws, siehe dazu im Detail *Cheng*, An Antitrust Analysis of Product Hopping in the Pharmaceutical Industry, (2008) 108 Columbia L. Rev. 1471, 1480 mwN.

182 Siehe US District Court for the Southern District of New York, The People of the State of New York v. Actavis PLC and Forest Laboratories LLC, Case 1:14-cv-07473-RWS, S. 24.

183 Siehe US District Court for the Southern District of New York, The People of the State of New York v. Actavis PLC and Forest Laboratories LLC, Case 1:14-cv-07473-RWS, S. 84 ff.

184 Siehe United States Court of Appeals for the Second Circuit, People of the State of New York v. Actavis PLC and Forest Laboratories LLC, Case 14-4624-cv, S. 32, der insoweit von "nonpretextual procompetitive justifications" spricht.

a) Wettbewerbswidrigkeit des Switches

Beide Gerichte erblickten in der angewandten Switching-Strategie eine Reduktion der Marktzutrittschancen der Generikahersteller und somit die Gefahr einer Monopolisierung durch *Actavis.*

aa) „Coercion" als Hauptkriterium für Wettbewerbswidrigkeit

Das Gericht unterstreicht zunächst, dass Produktinnovation in der Regel zwar den Wettbewerbern zum Schaden gereicht, die Abnehmer jedoch meist hiervon profitieren.[185]

Den Gerichten obliegt es daher zwischen zweierlei Qualitäten des Verhaltens des Marktbeherrschers zu unterscheiden: einerseits Verhalten, durch das Wettbewerber aufgrund von Effizienz und Kundenzufriedenheit ausgestochen werden, andererseits solches, das den Wettbewerb durch dem Leistungswettbewerb fremde Verhaltensweisen beeinträchtigt.[186] Das Hauptaugenmerk des Gerichts bei der vorliegenden Abgrenzung lag nach eigener Aussage darauf, ob die Abnehmer letztlich dazu gezwungen werden diese Änderung im Produktportfolio mitzugehen.[187] Liegt ein solcher Zwang vor, ist aus Sicht des Gerichts die Grenze zu einem Verhalten, das dem Leistungswettbewerb fremd ist, überschritten.

Im Zentrum der wettbewerbsrechtlichen Betrachtung steht insoweit zunächst die Entscheidungsfreiheit der Abnehmer. Zumindest der ins Auge gefasste Hard-Switch überschreitet dabei die Grenze zwischen einem „Überzeugen" der Konsumenten und dem Zwang (die Gerichte sprechen insoweit von „Coercion") zur Abnahme von *Namenda XR*[188] und stellt somit nach Einschätzung des Gerichts einen Verstoß gegen Section 2 Sherman Act, d.h. eine versuchte Monopolisierung dar.[189] Der Markt könne nur entscheiden, welches von zwei Produkten

185 Siehe United States Court of Appeals for the Second Circuit, People of the State of New York v. Actavis PLC and Forest Laboratories LLC, Case 14-4624-cv, S. 32.

186 "*Conduct that impedes competition through means other than competition on the merits*", siehe United States Court of Appeals for the Second Circuit, People of the State of New York v. Actavis PLC and Forest Laboratories LLC, Case 14-4624-cv, S. 32.

187 Siehe United States Court of Appeals for the Second Circuit, People of the State of New York v. Actavis PLC and Forest Laboratories LLC, Case 14-4624-cv, S. 33, Fn. 23 mit Verweis auf zahlreiche andere untergerichtliche Entscheidungen.

188 Siehe United States Court of Appeals for the Second Circuit, People of the State of New York v. Actavis PLC and Forest Laboratories LLC, Case 14-4624-cv, S. 37.

189 Siehe US District Court for the Southern District of New York, The People of the State of New York v. Actavis PLC and Forest Laboratories LLC, Case 1:14-cv-07473-RWS, S. 24; United States Court of Appeals for the Second Circuit, People of the State of New York v. Actavis PLC and Forest Laboratories LLC, Case 14-4624-cv, S. 37 ff.

dem anderen überlegen ist, sofern die Wahlfreiheit der Konsumenten erhalten bleibt.[190] Da diese Wahlfreiheit den Konsumenten durch die Marktrücknahme von *Namenda IR* vor Patentauslauf genommen wurde, stellte sich der Hard-Switch als wettbewerbswidrig dar.

Der Court of Appeals befasste sich aufgrund der bereits als äußerst wahrscheinlich erachteten Verstöße gegen Section 2 Sherman Act nicht weiter mit der wettbewerbsrechtlichen Einordnung des Exklusivvertriebs von *Namenda IR* über die Apothekenkette.[191] Der District Court war in seiner Ausgangsentscheidung jedoch der Ansicht, dass es sich hierbei zumindest funktional um einen Hard-Switch von *Namenda IR* auf *Namenda XR* handele.[192] Es wurde erwartet, dass die Ärzte aufgrund des aus der Vereinbarung resultierenden zusätzlichen Begründungs- und Verwaltungsaufwands von einer Verordnung von *Namenda IR* anstatt des therapeutisch gleichwertigen, aber ohne Hindernisse verfügbaren, *Namenda XR* weitgehend absehen werden.[193] Schätzungen von *Actavis* selbst gingen davon aus, dass nur eine äußerst geringe Zahl aller Patienten – ca. 3 % – tatsächlich weiterhin *Namenda IR* über die Versandapotheke beziehen wird.[194]

bb) Ausschaltung des Aut-idem-Mechanismus

Der durch die Rücknahme erzwungene Wechsel von *Namenda IR* auf *Namenda XR* wurde von den Gerichten in zweierlei Hinsicht als Hindernis für potentiellen Wettbewerb durch Generikahersteller gesehen, wobei besonders auf die strukturell ohnehin beeinträchtigten Wettbewerbsmechanismen auf dem Arzneimittelmarkt eingegangen wurde. Die zu einer Monopolisierung führende Wettbewerbsbeeinträchtigung soll vor allem in der Ausschaltung der *Aut-idem*-Regelung zu sehen sein. Das Gericht ist der Auffassung, dass es sich bei der *Aut-idem*-Regelung um das einzige probate – weil kosteneffiziente – Mittel der Generikahersteller handelt, um in Wettbewerb mit den Originalpräparateherstellern zu treten.[195] Da *Namenda XR* und *Namenda IR* nach der *Aut-idem*-Regelung nicht miteinander ausgetauscht werden können, läuft diese Form des

---

190 Siehe United States Court of Appeals for the Second Circuit, People of the State of New York v. Actavis PLC and Forest Laboratories LLC, Case 14-4624-cv, S. 37 ff.

191 Siehe United States Court of Appeals for the Second Circuit, People of the State of New York v. Actavis PLC and Forest Laboratories LLC, Case 14-4624-cv, S. 53.

192 Siehe United States Court of Appeals for the Second Circuit, People of the State of New York v. Actavis PLC and Forest Laboratories LLC, Case 14-4624-cv, S. 69.

193 Siehe United States Court of Appeals for the Second Circuit, People of the State of New York v. Actavis PLC and Forest Laboratories LLC, Case 14-4624-cv, S. 67 ff.

194 Siehe US District Court for the Southern District of New York, The People of the State of New York v. Actavis PLC and Forest Laboratories LLC, Case 1:14-cv-07473-RWS, S. 66, S. 69.

195 Siehe United States Court of Appeals for the Second Circuit, People of the State of New York v. Actavis PLC and Forest Laboratories LLC, Case 14-4624-cv, S. 40 f.

Absatzes generischen *Namenda IR* nach erfolgreichem Hard-Switch weitgehend leer.[196] Die *Aut-idem*-Regelung diene jedoch gerade dazu, die durch den sog. Price-Disconnect[197] verursachte Wettbewerbsstörung auf dem Arzneimittelmarkt zu korrigieren.[198] Insoweit sei es auch unerheblich, dass den Generikaherstellern prinzipiell andere Wege zur Absatzförderung ihrer Produkte offen stünden. Für eine Wettbewerbsbeeinträchtigung sei es nicht nötig, dass den Generikaherstellern sämtliche Absatzwege abgeschnitten werden, sofern diesen zumindest der kosteneffiziente verbaut wird.[199] Aufgrund der auf dem Arzneimittelmarkt vorherrschenden Marktdefekte – allen voran dem Price-Disconnect – ist der Court of Appeals der Ansicht, dass die Originalpräparatehersteller kartellrechtlich dazu angehalten sind, den Generikaherstellern nach Auslauf der Patentschutzdauer mittels der *Aut-idem*-Regelung eine faire Chance auf Teilnahme am Wettbewerb einzuräumen.[200]

cc) Unzureichender Switch-Back

Das Gericht räumte ein, dass es den Patienten bzw. Ärzten grundsätzlich nach Patentauslauf frei stünde, von *Namenda XR* auf eine generische Variante von *Namenda IR* zurückzuwechseln. Die meisten Ärzte würden jedoch davon absehen, Patienten, die bereits *Namenda XR* einnehmen, nach dem Auslaufen des *Namenda IR* Patents wieder auf entsprechende *Namenda IR* basierte Generika umzustellen.[201] Dies liegt einerseits an hohen Transaktionskosten, da sich die Patienten bei den Ärzten um eine andere Verordnung bemühen müssten. Anderseits sehen die Kostenträger der Krankenversicherung in den USA auch weitgehend davon ab, Patienten dazu anzuhalten, auf günstigere generische Verordnungsalternativen

196 Siehe United States Court of Appeals for the Second Circuit, People of the State of New York v. Actavis PLC and Forest Laboratories LLC, Case 14-4624-cv, S. 39f.

197 Der sog. Price-Disconnect beschreibt das Auseinanderfallen von Konsumentscheidung und Kostentragung bei der Arzneimittelnachfrage und die daraus resultierenden Marktdefekte, siehe dazu im Detail: Teil 3, B., I.

198 Siehe United States Court of Appeals for the Second Circuit, People of the State of New York v. Actavis PLC and Forest Laboratories LLC, Case 14-4624-cv, S. 14.

199 Siehe United States Court of Appeals for the Second Circuit, People of the State of New York v. Actavis PLC and Forest Laboratories LLC, Case 14-4624-cv, S. 42 f.

200 Siehe United States Court of Appeals for the Second Circuit, People of the State of New York v. Actavis PLC and Forest Laboratories LLC, Case 14-4624-cv, S. 47 mit Verweis auf US District Court for the Southern District of New York, The People of the State of New York v. Actavis PLC and Forest Laboratories LLC, Case 1:14-cv-07473-RWS, S. 94 f.

201 Siehe US District Court for the Southern District of New York, The People of the State of New York v. Actavis PLC and Forest Laboratories LLC, Case 1:14-cv-07473-RWS, S. 84ff; United States Court of Appeals for the Second Circuit, People of the State of New York v. Actavis PLC and Forest Laboratories LLC, Case 14-4624-cv, S. 40 ff.

zu wechseln. Zudem seien gerade Alzheimerpatienten besonders empfindlich, was Änderungen ihrer Alltagsroutinen und damit auch die Umstellung des Verabreichungsrhythmus angeht.[202] Daher gebe es beim Markteintritt der *Namenda IR* Generika nur wenige Patienten, für die ein Switch-Back tatsächlich in Betracht käme.

dd) Unproblematischer Soft-Switch

Weit weniger kritisch wurde jedoch der im Vorfeld angebahnte Soft-Switch gesehen. Obwohl *Aktavis* versuchte, die Patienten und Ärzte von einem Wechsel auf *Namenda XR* zu überzeugen, konnten diese die beiden Arzneimittel weiterhin anhand ihrer Eigenschaften vergleichen und sich dann für den Erwerb des jeweiligen Originalpräparats oder entsprechender Generika entscheiden. Zwar lässt der Court of Appeals die Bewertung des Soft-Switch unter dem Sherman Act letztlich dahinstehen, die Argumentation des Gerichts lässt jedoch darauf schließen, dass es diesen unter Wettbewerbsaspekten tendenziell als unproblematisch ansieht, solange die Abnehmer die freie Wahl zwischen dem Originalpräparat und dem Folgepräparat haben und diese anhand ihrer qualitativen und kostentechnischen Vor- und Nachteile bewerten können.

b) Mögliche Rechtfertigungsansätze

Bei der Abwägung hinsichtlich der pro- und antikompetitiven Effekte des Hard-Switch scheint das Gericht hauptsächlich auf die wirtschaftliche Ratio bzw. Rechtfertigung des Switches abzustellen.[203]

aa) Verzicht auf kurzfristige Gewinne als Indikator für wettbewerbswidriges Verhalten

Actavis versuchte das Vorbringen des Generalanwalts hinsichtlich des Verstoßes gegen Section 2 Sherman Act zu entkräften und verwies auf die generell wettbewerbsfördernde Wirkung der Einführung neuartiger Arzneimittel sowie der durch den Switch verbesserten Kapitalrendite (return of investment) von *Namenda XR*. Dies wurde vom Gericht auch prinzipiell anerkannt, erklärt jedoch aus seiner Sicht nicht, warum gleichzeitig das Originalpräparat vom Markt genommen wurde. Das Gericht fordert insoweit eine „legitimate business justification", also eine legitime geschäftliche Rechtfertigung dafür, bei der Einführung eines Folgepräparats das Originalpräparat vom Markt zu nehmen.[204]

---

202 Siehe United States Court of Appeals for the Second Circuit, People of the State of New York v. Actavis PLC and Forest Laboratories LLC, Case 14-4624-cv, S. 42 f.

203 Siehe United States Court of Appeals for the Second Circuit, People of the State of New York v. Actavis PLC and Forest Laboratories LLC, Case 14-4624-cv, S. 48 f.

204 Siehe United States Court of Appeals for the Second Circuit, People of the State of New York v. Actavis PLC and Forest Laboratories LLC, Case 14-4624-cv, S. 50 f.;

Der Court of Appeals führt aus, dass die Bereitschaft kurzfristige Profite (aus dem Verkauf von *Namenda IR*) für ein wettbewerbsbeschränkendes Ziel zu opfern, generell auf ein wettbewerbsbeschränkendes Verhalten hindeute. Insoweit kritisiert das Gericht, dass *Actavis* nicht zu erklären vermochte, weshalb ein verhältnismäßig geringer Zuwachs beim Absatz von *Namenda XR* unter Verlust des deutlich höheren Gesamtumsatzes von *Namenda IR* – ohne den Vorteil der mittelfristigen Verdrängung generischer Wettbewerber – wirtschaftlich Sinn gibt.[205] Die Inkaufnahme kurzfristiger Verluste durch die Rücknahme des Originalpräparats wird daher vom Gericht lediglich als „Investition" in die Verschiebung der Marktchancen zugunsten des Originalpräparateherstellers durch die Behinderung generischer Wettbewerber angesehen.[206]

bb) Negative Auswirkungen eines kartellrechtlichen Verbotes auf Innovationstätigkeit

Darüber hinaus versuchte sich *Actavis* mit dem Argument zu verteidigen, dass ein kartellrechtliches Verbot von Product-Hopping-Strategien, bzw. schon allein die Anwendung des Kartellrechts, Innovationstätigkeit der Originalpräparatehersteller verhindere bzw. erschwere.[207] Der Court of Appeals führt hingegen unter Verweis auf die Stellungnahme der *Amici curiae* aus, dass eine kartellrechtliche Immunisierung des Product-Hopping dem Innovationstrieb der Hersteller gerade zuwiderläuft, da so ein Anreiz dafür geschaffen wird, lediglich triviale oder geringfügige Änderungen am Originalpräparat vorzunehmen, anstatt in die risikoreichere Erforschung und Entwicklung medizinisch-therapeutisch bedeutsamer Innovationen zu investieren.[208]

cc) Verhinderung von Free-Riding

Actavis war zudem der Ansicht, dass seine Switching-Strategie nur dazu diente, unerwünschtes Free-Riding der Generikahersteller (vor allem über die *Aut-idem-*

---

ebenso die Vorinstanz US District Court for the Southern District of New York, Case 1:14-cv-07473-RWS, The People of the State of New York v. Actavis PLC and Forest Laboratories LLC, S. 121.

205 Siehe United States Court of Appeals for the Second Circuit, People of the State of New York v. Actavis PLC and Forest Laboratories LLC, Case 14-4624-cv, S. 48 f.

206 Siehe United States Court of Appeals for the Second Circuit, People of the State of New York v. Actavis PLC and Forest Laboratories LLC, Case 14-4624-cv, S. 50.

207 Siehe United States Court of Appeals for the Second Circuit, People of the State of New York v. Actavis PLC and Forest Laboratories LLC, Case 14-4624-cv, S. 50.

208 Siehe United States Court of Appeals for the Second Circuit, People of the State of New York v. Actavis PLC and Forest Laboratories LLC, Case 14-4624-cv, S. 50; so auch American Antitrust Institute Amicus Curiae, Unites States Court of Appeals for the Second Circuit, State of New York v. Actavis PLC and Forest Laboratories LLC, Case No. 14-CV-7473, S. 25 f.

Vorschriften) zu verhindern, was für sich genommen ein legitimes wirtschaftliches Ziel darstelle.[209] Das Gericht lehnt dies jedoch ab. Was Actavis als Free-Riding bezeichnet, nämlich die automatische Substitution von Originalpräparaten mit Generika durch die Apotheken, sei gerade gesetzlich festgeschrieben und auch erklärtes Ziel der staatlichen *Aut-idem*-Regelungen.[210]

dd) Privilegierung durch das Patentrecht

Zuletzt führt *Actavis* ins Feld, dass die an *Namenda IR* und *Namenda XR* bestehenden Patentrechte eine Verantwortlichkeit nach dem Kartellrecht ausschließen.[211] Der Court of Appeals lehnt diese Auffassung jedoch ab und beruft sich insoweit auf die Entscheidung des Supreme Court in Sachen *FTC v. Actavis, Inc.*,[212] der hier klar zum Ausdruck brachte, dass bei der Bestimmung des Schutzumfangs des Patents sowohl patent- als auch kartellrechtliche Prinzipien entscheidend sind.[213] Vorliegend versuchte *Actavis* die an *Namenda XR* bestehenden Patentrechte dazu zu benutzen, die Exklusivität aller ihrer Memantin-basierten Arzneimittel auszudehnen. Die Kombination aus der Marktrücknahme von *Namenda IR* und der Einführung von *Namenda XR* im Kontext der gesetzlichen Substitution durch Generika führte dazu, dass *Actavis* Handeln außerhalb des individuellen Schutzumfangs der an *Namenda IR* und *Namenda XR* bestehenden Patentrechte liegt.[214]

II. Doryx

Neben der *Namenda* Entscheidung existiert mittlerweile eine zweite berufungsgerichtliche Entscheidung in Sachen Product-Switching. Sowohl der zunächst im Jahr 2015 bemühte US District Court for the Eastern District of Pennsylvania[215], als auch der daraufhin im Jahr 2016 angerufene US Court of Appeals for the Third Circuit[216] wiesen eine Klage des Generikaherstellers *Mylan* gegen *Warner* wegen

---

209 Siehe United States Court of Appeals for the Second Circuit, People of the State of New York v. Actavis PLC and Forest Laboratories LLC, Case 14-4624-cv, S. 45.

210 Siehe United States Court of Appeals for the Second Circuit, People of the State of New York v. Actavis PLC and Forest Laboratories LLC, Case 14-4624-cv, S. 45.

211 United States Court of Appeals for the Second Circuit, People of the State of New York v. Actavis PLC and Forest Laboratories LLC, Case 14-4624-cv, S. 50.

212 Siehe Supreme Court of the United States, FTC v. Actavis Inc., 133 S. Ct. 2223, 2231.

213 Siehe United States Court of Appeals for the Second Circuit, People of the State of New York v. Actavis PLC and Forest Laboratories LLC, Case 14-4624-cv, S. 51.

214 Siehe United States Court of Appeals for the Second Circuit, People of the State of New York v. Actavis PLC and Forest Laboratories LLC, Case 14-4624-cv, S. 53.

215 Siehe US District Court for the Eastern District of Pennsylvania, Mylan Pharmaceuticals v. Warner-Chilcott et al., 2015 U.S. Dist. LEXIS 50026.

216 Siehe US Court of Appeals for the Third Circuit, Mylan Pharmaceuticals v. Warner-Chilcott et al., 838 F.3d 421.

eines angeblich nach Section 2 Sherman Act kartellrechtswidrigen Product-Switch rund um das Akne-Medikament *Doryx* ab.

1. *Sachverhalt*

Bei *Doryx* handelt es sich um ein auf dem zur Gruppe der Tetracycline gehörenden Wirkstoff Doxycyclin basierendes Antibiotikum, das bereits seit den 60er Jahren hauptsächlich zur Behandlung schwerer Akne verwendet wird. Kapselförmiges Doxycyclin ist seit 1985 auf dem Markt erhältlich und war zu keiner Zeit durch ein Patent geschützt.[217] Dementsprechend gab es neben *Warner* auch eine Vielzahl anderer Wettbewerber, die den Wirkstoff Doxycyclin legal auf dem Markt anbieten konnten.

Der Rechtsstreit konzentrierte sich auf vier sukzessive Änderungen an *Doryx*. Zunächst wurde die Darreichungsform im Jahr 2005 von 75-mg- und 100-mg-Kapseln auf 75-mg- und 100-mg-Tabletten gewechselt. Hierzu wurde der Verkauf von kapselförmigem *Doryx* eingestellt, bestehende Vorräte bei Abnehmern teils zurückgekauft und mitsamt herstellereigenen Vorräten vernichtet. Die Abnehmer wurden zudem darüber in Kenntnis gesetzt, dass *Doryx* von nun an lediglich in Tablettenform erhältlich sein wird.[218] Da auch weiterhin kein Patentschutz für tablettenförmiges Doxycyclin bestand, war es den Generikaherstellern jedoch möglich, entsprechende tablettenförmige Generika auf den Markt zu bringen.[219]

Zu Beginn als Tablette mit einer Wirkstoffdosierung von 75 mg und 100 mg vertrieben, wurden diese von *Warner* nach und nach durch Varianten mit verschiedenen Wirkstoffdosierungen ersetzt. Im Jahr 2008 brachte *Warner* eine 150mg *Doryx*-Tablette mit einer mittigen Einkerbung auf den Markt. Diese simple Kerbe erlaubte es den Patienten, die Tablette in zwei 75-mg-Dosen zu zerteilen und so die Wirkstoffdosierung zu halbieren. Im Zuge dessen wurde die Bewerbung der 75-mg- und 100-mg-Tabletten gänzlich eingestellt, die Tabletten blieben aber weiterhin erhältlich. Mittels einer forcierten Marketingkampagne wurde jedoch versucht, die 150-mg-Tablette anstatt der 75-mg- und 100-mg-Tabletten im Markt zu etablieren, was auch weitgehend gelang.[220] Der Verkauf der 75-mg- und 100-mg-Tabletten ohne Einkerbung wurde schließlich Anfang 2011 vollends eingestellt. Ende 2011 wurde auch die mittig eingekerbte 150-mg-Tablette vom Markt

217 Siehe US District Court for the Eastern District of Pennsylvania, Mylan Pharmaceuticals v. Warner-Chilcott et al., 2015 U.S. Dist. LEXIS 50026, 8.

218 Siehe US District Court for the Eastern District of Pennsylvania, Mylan Pharmaceuticals v. Warner-Chilcott et al., 2015 U.S. Dist. LEXIS 50026, 10.

219 Siehe US Court of Appeals for the Third Circuit, Mylan Pharmaceuticals v. Warner-Chilcott et al., 838 F.3d 421, 430; US District Court for the Eastern District of Pennsylvania, Mylan Pharmaceuticals v. Warner-Chilcott et al., 2015 U.S. Dist. LEXIS 50026, 12.

220 Siehe US District Court for the Eastern District of Pennsylvania, Mylan Pharmaceuticals v. Warner-Chilcott et al., 2015 U.S. Dist. LEXIS 50026, 11 f.

genommen und durch eine Version mit zwei parallelen Einkerbungen ersetzt, die eine Zwei- bzw. Dreiteilung der 150-mg-Tablette in Dosen von 50 mg, 100 mg oder 150 mg erlaubt.[221] Aufgrund der neuen Wirkstoffdosierung hatte jeder dieser Schritte aus Sicht der Generikahersteller zur Folge, dass eine neue (wenn auch verkürzte) Arzneimittelzulassung für das jeweilige korrespondierende generische Arzneimittel nach dem ANDA (Abbreviated New Drug Application)-System nötig gewesen wäre.[222] Um zudem eine Austauschbarkeit der Generika mit der jeweils aktuellen *Doryx*-Version unter den staatlichen *Aut-idem*-Regelungen zu gewährleisten, also ein sog. „AB-Rating" nach US-Recht zu bekommen, hätte die pharmakologische Übereinstimmung und Bioäquivalenz des generischen Arzneimittels mit dem jeweils neuesten *Doryx*-Folgepräparat dargelegt werden müssen.[223] Demnach war eine Ersetzung der *Doryx*-Tabletten in der jeweiligen Wirkstoffdosierung im Zuge der *Aut-idem*-Regelung nicht sofort möglich, da hierzu zunächst die erneute (wenn auch verkürzte) Arzneimittelzulassung entsprechender Generika abzuwarten war.

2. *Rechtliche Würdigung*

In seiner rechtlichen Würdigung hält sich das Gericht zwar weitgehend an die von *Namenda* gesetzten Parameter der kartellrechtlichen Bewertung von Product-Switching-Strategien, kommt jedoch zu dem Ergebnis, dass hier kein Verstoß gegen Section 2 Sherman Act vorlag. Bei seiner Analyse bediente sich der Court of Appeals desselben zweistufigen Tests wie sein Schwestergericht im *Namenda*-Fall. Demnach liegt ein Verstoß gegen Section 2 Sherman Act nur dann vor, wenn (1) ein wettbewerbswidriges Verhalten vorliegt und (2) keine Rechtfertigung durch nicht lediglich vorgeschobene wettbewerbsstärkende Gründe möglich ist.[224]

---

221 Siehe US District Court for the Eastern District of Pennsylvania, Mylan Pharmaceuticals v. Warner-Chilcott et al., 2015 U.S. Dist. LEXIS 50026, 12.

222 Ähnlich wie bei der privilegierten Marktzulassung von Generika in Deutschland und der EU kann auf die Zulassungunterlagen des zugrunde liegenden Originalpräparats verwiesen werden, wenn die Präparate was Wirkstoff, Verabreichungsweise sowie Dosierung gleichartig und was die Wirkweise und Wirkstärke anbelangt bioäquivalent sind, siehe hierzu im Detail: *Weiswasser/Danzis*, The Hatch-Waxman Act: History, Structure, and Legacy, (2003) 71 Antitrust L.J. 585, 594 f.; *Carrier/Shadowen*, Product Hopping: A New Framework, (2016) 92 Notre Dame L. Rev. 167, 173 ff.

223 Siehe US District Court for the Eastern District of Pennsylvania, Mylan Pharmaceuticals v. Warner-Chilcott et al., 2015 U.S. Dist. LEXIS 50026, 7 f.

224 Siehe US Court of Appeals for the Third Circuit, Mylan Pharmaceuticals v. Warner-Chilcott et al., 838 F.3d 421, 438.

a) *Keine Wettbewerbswidrigkeit der Doryx-Modifikationen*

Die Klage scheiterte in beiden Instanzen zunächst bereits daran, dass *Warner* nach Ansicht der Gerichte auf dem relativ weit gefassten Markt für oral zu verabreichende Tetracycline keine Monopolstellung iSv Section 2 Sherman Act innehatte.[225] Darüber hinaus erachteten beide Gerichte die an *Doryx* vorgenommenen Modifikationen bzw. die verschiedenen Switches nicht als wettbewerbswidrig.

aa) *Umgehung des Aut-idem-Mechanismus*

Die Gerichte räumten ein, dass die automatische Substitution von *Doryx* mit ggf. preiswerteren Konkurrenzprodukten unter den jeweiligen bundesstaatlichen *Aut-idem*-Regelungen durch die Veränderungen an der Darreichungsform bzw. der Dosis verhindert wird. Die Wettbewerber müssten sich insoweit nach der erfolgten Änderungen durch *Warner* erst wieder um ein „AB-Rating" ihrer Konkurrenzprodukte bei der Zulassungsbehörde bemühen.[226] Anders als im *Namenda*-Fall, erachteten die Gerichte das Unterlaufen der *Aut-idem*-Regelung jedoch im vorliegenden Fall nicht als wettbewerbsschädigend. Insbesondere wurden die Wettbewerber von *Warner* nicht am Markteintritt gehindert. Auch wenn die aus *Mylans* Sicht profitabelste Vertriebsart über die automatische Substituierung des Originalpräparats durch die *Aut-idem*-Regelung weggefallen sein mag, war es *Mylan* trotz der verschiedenen Änderungen an der Wirkstoffdosierung von *Doryx* grundsätzlich nach wie vor möglich, mit diesen Präparaten in Wettbewerb zu treten.[227] *Mylan* war bereits selbst mit verschiedenen Doxycyclin-Produkten auf dem Markt vertreten und es war ihr nach Ansicht des Gerichts nach wie vor möglich, Konsumenten über Werbekampagnen, Preiswettbewerb oder die Entwicklung besserer Arzneimittel von der Überlegenheit ihrer Produkte zu überzeugen.[228] Das Gericht war der Ansicht, dass sich *Mylan* hingegen schlicht darauf kaprizierte, von der automatischen gesetzlichen Substitution zu

225 US District Court for the Eastern District of Pennsylvania, Mylan Pharmaceuticals v. Warner-Chilcott et al., 2015 U.S. Dist. LEXIS 50026, 29; US Court of Appeals for the Third Circuit, Mylan Pharmaceuticals v. Warner-Chilcott et al., 838 F.3d 421, 437.

226 Siehe US District Court for the Eastern District of Pennsylvania, Mylan Pharmaceuticals v. Warner-Chilcott et al., 2015 U.S. Dist. LEXIS 50026, 37; US Court of Appeals for the Third Circuit, Mylan Pharmaceuticals v. Warner-Chilcott et al., 838 F.3d 421, 439.

227 Siehe US Court of Appeals for the Third Circuit, Mylan Pharmaceuticals v. Warner-Chilcott et al., 838 F.3d 421, 438 f.; US District Court for the Eastern District of Pennsylvania, Mylan Pharmaceuticals v. Warner-Chilcott et al., 2015 U.S. Dist. LEXIS 50026, 35, 38.

228 Siehe US District Court for the Eastern District of Pennsylvania, Mylan Pharmaceuticals v. Warner-Chilcott et al., 2015 U.S. Dist. LEXIS 50026, 36.

profitieren und daher auf jegliche Anstrengungen verzichtete, um seine eigenen Doxycyclin-Präparate im Markt publik zu machen.[229]

bb) Kein Zwang der Abnehmer zum Switch

Im Unterschied zur Situation im *Namenda*-Verfahren gab es aus *Warners* Sicht kein „Patent Cliff" zu umschiffen, da mangels Patentschutz der bisherigen *Doryx*-Arzneimittel schlicht kein zu umgehender bzw. zu verlängernder Patentauslauf drohte.[230] Die Marktposition von *Doryx* war also anders als im *Namenda*-Fall nicht durch Patente abgesichert, die Generikahersteller davon abhielten, vor der Einführung eines Folgepräparats und dem Überwechseln der Abnehmer auf selbiges rechtzeitig in Konkurrenz zum Originalpräparat zu treten. Der Court of Appeals weist daher auch folgerichtig darauf hin, dass anders als im *Namenda*-Fall kein Zwang („Coercion") der Abnehmer bestand, den Product-Switch mitzugehen.[231] In scharfer Abgrenzung zur zeitlich jüngeren *Namenda*-Rechtsprechung (die insoweit selbst auf die dem Urteil zugrunde liegende *Doryx*-Entscheidung des District Court verweist[232]) legt das Gericht vorliegend das Augenmerk darauf, dass die generischen Konkurrenzprodukte mangels Patentschutz bereits vor den jeweiligen Änderungen am ursprünglichen *Doryx*-Präparat auf dem Markt erhältlich waren.[233] Anstatt den Abnehmern also eine Wahlmöglichkeit zu nehmen, wurde durch die Änderungen an *Doryx* die Produktvielfalt sogar erhöht.

b) Wettbewerbsfördernde Rechtfertigungsgründe

Anders als im *Namenda*-Verfahren erkannte der Court of Appeals zudem die von *Warner* vorgebrachten Motive für die Änderungen am Originalpräparat als nicht bloß vorgeschobene wettbewerbsfördernde Rechtfertigungsgründe an.

---

229 Siehe US District Court for the Eastern District of Pennsylvania, Mylan Pharmaceuticals v. Warner-Chilcott et al., 2015 U.S. Dist. LEXIS 50026, 36 f.

230 Siehe US Court of Appeals for the Third Circuit, Mylan Pharmaceuticals v. Warner-Chilcott et al., 838 F.3d 421, 439; Siehe US Court of Appeals for the Third Circuit, Mylan Pharmaceuticals v. Warner-Chilcott et al., 838 F.3d 421, 439.

231 Siehe US Court of Appeals for the Third Circuit, Mylan Pharmaceuticals v. Warner-Chilcott et al., 838 F.3d 421, 439; der US District Court for the Eastern District of Pennsylvania, Mylan Pharmaceuticals v. Warner-Chilcott et al., 2015 U.S. Dist. LEXIS 50026, 33 bringt es äußerst anschaulich auf den Punkt: "... doctors remained free to prescribe generic Doryx; pharmacists remained free to substitute generics when medically appropriate; and patients remained free to ask their doctors and pharmacists for generic versions of the drug."

232 Siehe United States Court of Appeals for the Second Circuit, People of the State of New York v. Actavis PLC and Forest Laboratories LLC, Case 14-4624-cv, S. 33, Fn. 23.

233 Siehe US Court of Appeals for the Third Circuit, Mylan Pharmaceuticals v. Warner-Chilcott et al., 838 F.3d 421, 440, Fn. 84.

Einer der Gründe für den Switch auf tablettenförmiges *Doryx* war, dass kapselförmiges Doxycyclin immer wieder mit Speiseröhrenproblemen der Patienten in Verbindung gebracht wurde, was schließlich sogar zu einem Verbot des Arzneimittels in Frankreich und Schweden sowie zu einem Class-Action-Schadensersatzprozess in den USA führte. Zudem gab es Probleme mit der Haltbarkeit des kapselförmigen *Doryx*, die im Jahre 2002 in einer groß angelegten Rückrufaktion mündeten.[234] Die Einführung der 150-mg-Tablette wurde vom Gericht als bloße Reaktion auf die Einführung zusätzlicher Dosierungsvarianten durch Wettbewerber von Akne-Arzneimitteln gewertet. Die verschiedenen Einkerbungen der Tabletten wiederum wurden als Verbesserung anerkannt, da sie es den Abnehmern erlauben, den Wirkstoff patientenspezifisch zu dosieren.[235]

c) Keine Berücksichtigung des Grades der Innovation

Gleichzeitig warnen sowohl der Court of Appeals auch der District Court generell davor, eine Abwägung dahin gehend vorzunehmen, ob die im Folgepräparat verkörpert liegende Innovation umfassend genug ist, um etwaige wettbewerbsbeschränkende Effekte des Product-Switch auszugleichen.[236] Die für eine derartige Abwägung nötige „Messung" von Innovation sei insoweit weder juristisch noch praktisch zu bewerkstelligen, sodass keine Aussage über das Verhältnis von innovationsbedingtem Gesamtwohlfahrtsgewinn und etwaigen Wettbewerbsbeeinträchtigungen getroffen werden kann.[237] In vielen Fällen lässt sich *ex post* kaum abschätzen, inwieweit ein neues Arzneimittel anderen Arzneimitteln überlegen ist, bzw. welches Innovationspotential in Änderungen an Arzneimitteln schlummert. Der District Court weist darauf hin, dass eine derartige gerichtliche Abwägung aufgrund ihrer Konturlosigkeit im Gegenteil zu großer Rechtsunsicherheit bei den Originalpräparateherstellern führen könne. Dies zöge eine Verminderung der Innovationstätigkeit im Markt und letztlich weniger Wettbewerb nach sich und liefe somit den erklärten Zielen des Kartellrechts zuwider.[238] Darüber hinaus soll es alleine der Legislative vorbehalten bleiben, Originalpräparatehersteller mittels gesetzlicher Regulierung daran zu hindern, minimalinnovative

234 Siehe US Court of Appeals for the Third Circuit, Mylan Pharmaceuticals v. Warner-Chilcott et al., 838 F.3d 421, 439.

235 Siehe US Court of Appeals for the Third Circuit, Mylan Pharmaceuticals v. Warner-Chilcott et al., 838 F.3d 421, 439.

236 Siehe US Court of Appeals for the Third Circuit, Mylan Pharmaceuticals v. Warner-Chilcott et al., 838 F.3d 421, 440; US District Court for the Eastern District of Pennsylvania, Mylan Pharmaceuticals v. Warner-Chilcott et al., 2015 U.S. Dist. LEXIS 50026, 42.

237 Vgl. US District Court for the Eastern District of Pennsylvania, Mylan Pharmaceuticals v. Warner-Chilcott et al., 2015 U.S. Dist. LEXIS 50026, 42.

238 Siehe US District Court for the Eastern District of Pennsylvania, Mylan Pharmaceuticals v. Warner-Chilcott et al., 2015 U.S. Dist. LEXIS 50026, 43.

Folgepräparate auf den Markt zu bringen, die den Markteintritt von Generika verzögern oder erschweren.[239]

d) Hinweis auf Schwelle zur Zwangsausübung

Gleichwohl wird jedoch zur generellen Wachsamkeit in Product-Switching Fällen aufgerufen. Insbesondere wenn es vonseiten der Originalpräparatehersteller zu Zwangsausübung („Coercion") bezüglich der Verordnungspraxis der Ärzte kommt, oder offensichtliche Unwahrheiten über generisch hergestellte Versionen des Originalpräparats verbreitet werden, sei erhöhte Aufmerksamkeit gefragt.[240]

III. Tricor

Das *Tricor*-Verfahren[241] vor dem Delaware District Court drehte sich bereits im Jahr 2006 um einen ähnlich gelagerten Sachverhalt. Verschiedene Wettbewerber und Abnehmer des Originalpräparateherstellers *Abbott Laboratories (Abbot)* setzten sich unter anderem unter Verweis auf einen Verstoß gegen Section 2 Sherman Act gegen einen Hard-Switch des Cholesterinsenkers *Tricor* zur Wehr. *Tricor* basiert auf dem durch verschiedene Patente geschützten Wirkstoff Fenofibrat. Anders als im *Namenda*-Verfahren handelte es sich hierbei nicht um eine einstweilige Verfügung des Gerichts, sondern um eine sog. „Motion to Dismiss" unter Federal Rule of Civil Procedure 12 (b) (6), also um einen Antrag auf (frühzeitige) Klageabweisung seitens der Beklagten. Hierbei hat das Gericht alle sachlichen Behauptungen des Klägers als wahr zugrundezulegen und auf dieser Basis in rechtlicher Hinsicht über das klägerische Begehren bzw. den Anspruch gegen die Beklagte zu entscheiden.[242]

Das Gericht wies den Antrag der Beklagten auf Klageabweisung vollumfänglich ab, sodass es den Klägern freisteht, das Verfahren in einem ordentlichen Prozess voranzutreiben. Die Entscheidung gibt jedoch bereits einige wichtige

239 Siehe US Court of Appeals for the Third Circuit, Mylan Pharmaceuticals v. Warner-Chilcott et al., 838 F.3d 421, 441; US District Court for the Eastern District of Pennsylvania, Mylan Pharmaceuticals v. Warner-Chilcott et al., 2015 U.S. Dist. LEXIS 50026, 44.

240 Siehe US Court of Appeals for the Third Circuit, Mylan Pharmaceuticals v. Warner-Chilcott et al., 838 F.3d 421, 440.

241 United States District Court for the District of Delaware, Abott v. Teva Pharmaceuticals USA Inc., 432 F.Supp.2d 408.

242 "A complaint should be dismissed only if, after accepting as true all of the facts alleged in the complaint, and drawing all reasonable inferences in the plaintiff's favor, no relief could be granted under any set of facts consistent with the allegations of the complaint", siehe Supreme Court of the United States, Bell Atl. Corp. v. Twombly, 127 S. Ct. 1955, 1965, 167 L. Ed. 2d 929; United States Court of Appeals for the District of Columbia Circuit, Kowal v. MCI Communications Corp., 305 U.S. App. D.C. 60, 16 F.3d 1271, 127.

Anhaltspunkte, anhand welcher Kriterien Product-Switching-Strategien kartellrechtlich zu bewerten sind.

1. *Sachverhalt*

Verschiedene Wettbewerber bereiteten in den USA einen Markteintritt generischer Versionen kapselförmigen *Tricors* vor. Im Zuge dessen stellten verschiedene US-Gerichte von 2002 bis 2003 fest, dass die von *Abbott* gehaltenen Patente an kapselförmigem *Tricor* nicht durch die verschiedenen generischen Varianten verletzt werden, sodass deren zeitnahem Markteintritt keine rechtlichen Hürden entgegenstünden.[243] *Abbott* nahm daraufhin das von ihr bisher in Kapselform hergestellte *Tricor* in den USA zunächst komplett vom Markt, um es in der Folge durch ein Folgepräparat in Tablettenform zu ersetzen. Das kapselförmige *Tricor* wurde durch Tabletten mit einer Wirkstoffkonzentration von 54mg und 160mg ersetzt. Dabei wurden auch bestehende kapselförmige *Tricor*-Vorräte der Apotheken zurückgekauft.[244] Zusätzlich zum Hard-Switch wandte *Abbot* eine sog. Delisting-Strategie an.[245] Das kapselförmige *Tricor* wurde aus der National Drug Data File (NDDF) entfernt. Hierbei handelt es sich um eine von Ärzten und Apothekern häufig genutzte (gewerbliche) Datenbank für marktzugelassene Arzneimittel. Dies führte letztlich dazu, dass weder das kapselförmige Originalpräparat noch die damit korrespondierenden Generika von den Apotheken herausgegeben werden konnten, um damit Verordnungen, die auf den in *Tricor* enthaltenen Wirkstoff ausgestellt waren, zu bedienen.[246]

Da sich nunmehr auch ein Markteintritt generischer Wettbewerber mit tablettenförmigem *Tricor* abzeichnete, stellte Abbot den Verkauf der 160-mg- und 54-mg-Tabletten ein und ersetzte diese durch eine 145mg und 48mg Version. Im Zuge dessen wurde auch der korrespondierende NDDF-Code entsprechend geändert, sodass nur noch die neueren Varianten in der NDDF-Datenbank erschienen.[247]

243 Siehe United States District Court for the District of Delaware, Abott v. Teva Pharmaceuticals USA Inc., 432 F.Supp.2d 408, 415.

244 United States District Court for the District of Delaware, Abott v. Teva Pharmaceuticals USA Inc., 432 F.Supp.2d 408, 415.

245 United States District Court for the District of Delaware, Abott v. Teva Pharmaceuticals USA Inc., 432 F.Supp.2d 408, 415; zum Delisting siehe: Teil 1, D., II. 4., sowie Teil 3, B., II., 2., d), dd).

246 United States District Court for the District of Delaware, Abott v. Teva Pharmaceuticals USA Inc., 432 F.Supp.2d 408, 415.

247 United States District Court for the District of Delaware, Abott v. Teva Pharmaceuticals USA Inc., 432 F.Supp.2d 408, 418.

2. Rechtliche Würdigung durch das Gericht

Das Gericht stellt gleich zu Beginn klar, dass Innovation durch ein Unternehmen naturgemäß mit einer Beeinträchtigung der Wettbewerber einhergeht. Demzufolge sei vonseiten der Gerichte grundsätzlich Zurückhaltung gefragt, wenn es gilt, Beeinträchtigungen die von wettbewerbswidrigem Verhalten herrühren, von solchen zu unterscheiden, die allein dem Innovationswettbewerb geschuldet sind. Das Risiko, und die Fehlerkosten, technologische Veränderungen fälschlicherweise als kartellrechtswidrig einzustufen („false negatives"), seien relativ groß.[248] Das Gericht favorisiert bei seiner Prüfung grundsätzlich ebenfalls einen zweistufigen Ansatz, wie er auch in den *Namenda-* und *Doryx*-Entscheidungen praktiziert wird.[249]

a) Unerheblichkeit der „Qualität" der Innovation beim Hard-Switch

Das Gericht führt zunächst aus, dass im Fall eines Hard-Switch für die Wettbewerbswidrigkeit nach Section 2 Sherman Act vom Kläger nicht nachzuweisen ist, dass das Folgepräparat in keinerlei Hinsicht besser ist als das Originalpräparat, auf dem es basiert. Zudem bedarf es keines Beweises, dass der einzige Zweck der Produktinnovation war, komplementäre Produkte eines Konkurrenten vom Markt fernzuhalten.[250] Ein derartiger Nachweis sei durch die Klägerseite nur im Falle eines Soft-Switch, also dann, wenn Original- und Folgepräparat parallel auf dem Markt erhältlich sind, zu führen. In dieser Konstellation sei die dargestellte Abwägung zwischen den Vor- und Nachteilen der verschiedenen Produkte im Grunde bereits durch die Marktkräfte gewährleistet, sodass die Hürde für eine Kartellrechtswidrigkeit der Implementierung von Produktinnovationen deutlich höher anzusetzen ist.[251]

b) Umgehung des Aut-idem-Mechanismus

Abbots Wettbewerbern wurde durch den Switch nicht die Möglichkeit genommen, ihre eigenen, jedoch unter Patentgesichtspunkten vom Folgepräparat abweichenden, Versionen des Fenofibrat Wirkstoffs zu vermarkten. Für einen Verstoß gegen Section 2 Sherman Act ist es jedoch nach Ansicht des Gerichts überhaupt nicht nötig, dass den Wettbewerbern sämtliche Mittel genommen werden, um mit dem

---

248 Siehe United States District Court for the District of Delaware, Abott v. Teva Pharmaceuticals USA Inc., 432 F.Supp.2d 408, 421, mit Verweis auf *Hovenkamp et al.*, Vol. 1, § 12.1, 3.

249 Siehe United States District Court for the District of Delaware, Abott v. Teva Pharmaceuticals USA Inc., 432 F.Supp.2d 408, 422.

250 United States District Court for the District of Delaware, Abott v. Teva Pharmaceuticals USA Inc., 432 F.Supp.2d 408, 422.

251 Siehe United States District Court for the District of Delaware, Abott v. Teva Pharmaceuticals USA Inc., 432 F.Supp.2d 408, 421.

marktstarken Originalpräparatehersteller in Wettbewerb zu treten. Es soll insoweit ausreichen, wenn den Wettbewerbern das kosteneffiziente Mittel vorenthalten wird.[252] Das Gericht greift insoweit der jüngeren *Namenda*-Entscheidung[253] vor und sieht es als grundsätzlich ausreichend für die Wettbewerbswidrigkeit des Verhaltens an, wenn den Wettbewerbern die *Aut-idem*-Substitution abgeschnitten wird, da es sich hierbei um das kosteneffiziente Mittel handelt, um mit dem Originalpräparat in Wettbewerb zu treten.[254]

c) „Coercion"

Ebenso wie im *Namenda*-Fall stellt das Gericht in seiner kartellrechtlichen Bewertung des *Tricor* Hard-Switch auch auf den erzwungenen Wechsel der Konsumenten auf das Folgepräparat ab. Das Gericht stellte insoweit klar, dass Unternehmen grundsätzlich nicht verpflichtet sind, ihren Wettbewerbern bei deren wirtschaftlichen Fortkommen Hilfe zu leisten. Jedoch weist das Gericht auch darauf hin, dass Monopolisten in ihrem Handlungsspielraum gegenüber ihren Wettbewerbern rechtlich eingeschränkt sind, da ihr Marktverhalten aufgrund ihrer Marktstellung nicht mehr durch die Kräfte des Marktes in Zaum gehalten wird.[255] Zwar im Ergebnis offen gelassen – aber durchaus kritisch gesehen – wurde insoweit, dass *Abbott* die Originalpräparate vom Markt nahm und durch die neuen Darreichungsformen und Dosierungen ersetzte. Hierdurch könne zumindest potentiell eine Zwangslage der Abnehmer entstehen, da Wettbewerbern so der Marktzutritt erschwert und den Abnehmern die Ausweichmöglichkeiten auf andere Produkte genommen würde. Gleiches gilt auch für die Löschung und die Änderungen des NDDF-Codes.[256]

IV. Prilosec

Im Jahr 2008 entschied der US District Court for the District of Columbia[257] ebenfalls über eine „Motion to Dismiss" des Herstellers *AstraZeneca*. Von Klägerseite wurde *AstraZeneca* ursprünglich vorgeworfen, durch einen Switch vom auf dem

---

252 Siehe United States District Court for the District of Delaware, Abott v. Teva Pharmaceuticals USA Inc., 432 F.Supp.2d 408, 423.

253 Siehe United States Court of Appeals for the Second Circuit, People of the State of New York v. Actavis PLC and Forest Laboratories LLC, Case 14-4624-cv, S. 42 f.

254 United States District Court for the District of Delaware, Abott v. Teva Pharmaceuticals USA Inc., 432 F.Supp.2d 408, 423 (2006).

255 Siehe United States District Court for the District of Delaware, Abott v. Teva Pharmaceuticals USA Inc., 432 F.Supp.2d 408, 423 (2006).

256 Siehe United States District Court for the District of Delaware, Abott v. Teva Pharmaceuticals USA Inc., 432 F.Supp.2d 408, 423 (2006).

257 Siehe US District Court for the District of Columbia, Walgreen Company et al v. AstraZeneca Pharmaceuticals 534 F. Supp. 2d 146, 148.

Wirkstoff Omeprazol basierenden Magensäureregulator *Prilosec*[258] auf das Folgepräparat *Nexium*, gegen Section 2 Sherman Act verstoßen zu haben. Dem Antrag auf frühzeitige Klageabweisung wurde vom Gericht mangels Verstoß gegen Section 2 Sherman Act entsprochen.

1. Sachverhalt

Prilosec wurde in den USA nach Patentauslauf im Jahr 2001 bereits seit Dezember 2002 generisch produziert und vermarktet.[259] Beim im Jahr 2001 auf dem Markt platzierten Präparat *Nexium* handelt es sich (wie bereits an anderer Stelle ausgeführt) um ein therapeutisch im Wesentlichen unterschiedslos wirkendes Enantiomer von Omeprazol, sog. „(S)-Omeprazol".[260] *Prilosec* blieb neben *Nexium* auf dem Markt erhältlich, im Wege eines Soft-Switch wurde im Jahr 2001 jedoch das gesamte Marketing für *Prilosec* eingestellt und auf *Nexium* konzentriert, um so die Ärzte von einer Verordnung des patentgeschützten *Nexium* anstatt *Prilosec* zu überzeugen.[261]

2. Rechtliche Würdigung

Das Gericht lässt die Klage wegen der fehlenden Wettbewerbswidrigkeit des Switches scheitern.

a) Erhöhung der Produktvielfalt

Mit Verweis auf das *Tricor*-Verfahren rückt das Gericht hier die Frage in den Vordergrund, ob durch den Switch die Wahlmöglichkeiten der Abnehmer vermehrt oder verringert werden. Mit der parallelen Einführung von *Nexium* neben *Prilosec* habe *AstraZeneca* jedoch die Produktvielfalt sogar erhöht und sei sowohl in Konkurrenz zu *Prilosec* als auch zu dessen Generika und anderen bereits etablierten Präparaten getreten.[262]

b) Keine Abgrenzung anhand des therapeutischen Fortschritts

Das Gericht stellt dabei auch heraus, dass das Kartellrecht keine Verpflichtung kennt, dass neue Produkte den bisherigen qualitativ bzw. therapeutisch überlegen

---

258 Hierbei handelt es sich um einen sog. Protonenpumpeninhibitor, der Sodbrennen und verwandten Erkrankungen vorbeugen soll.

259 Siehe US District Court for the District of Columbia, Walgreen Company et al v. AstraZeneca Pharmaceuticals 534 F. Supp. 2d 146, 148.

260 Siehe Teil 1, B., 3., b), aa).

261 Siehe US District Court for the District of Columbia, Walgreen Company et al v. AstraZeneca Pharmaceuticals 534 F. Supp. 2d 146, 148.

262 Siehe US District Court for the District of Columbia, Walgreen Company et al v. AstraZeneca Pharmaceuticals 534 F. Supp. 2d 146, 151.

sein müssen.[263] Den Gerichten stehe es nicht anheim, darüber zu bestimmen, welches Produkt den anderen überlegen ist, diese Abwägung komme – die freie Wahl der Abnehmer vorausgesetzt – allein dem Markt zu.

c) Kartellrechtliche Grenzen des Marketing

Zudem gibt das Gericht einige Anhaltspunkte zur kartellrechtlichen Zulässigkeit der Mittel zur Durchsetzung eines Soft-Switches. Den Originalpräparateherstellern komme bei der Bewerbung des Folgepräparats ein großer legaler Handlungsspielraum zu. Insbesondere darf das Folgepräparat im bestmöglichen Licht dargestellt werden, d.h. seine Vorzüge heraus- und seine Nachteile zurückgestellt werden. Solange hierbei nicht die Grenze zur Vorspiegelung falscher Tatsachen oder gar eines Betruges überschritten wird, soll auch kein Verstoß gegen Section 2 Sherman Act vorliegen.[264]

V. Suboxone

Der *Suboxone*-Fall aus dem Jahr 2014 drehte sich ebenfalls um eine „Motion to Dismiss" des Originalpräparateherstellers *Reckitt Benckiser* gegen eine Sammelklage auf Schadensersatz (class-action) verschiedener Abnehmer von *Suboxone*. Dem Antrag auf frühzeitige Klageabweisung wurde vom Gericht in weiten Teilen nicht entsprochen, da zumindest ein Verstoß gegen Section 2 Sherman Act plausibel dargelegt wurde.

1. Sachverhalt

Bei *Suboxone* handelt es sich um eine Kombination aus den Wirkstoffen Buprenorphin und Naloxon. Es dient als Ersatzstoff zur dauerhaften Entwöhnung Opioid-Abhängiger. Anders als bei anderen Opioid-Ersatzstoffen, wie bspw. *Methadon*, wird ein Medikamentenmissbrauch von *Suboxone* aufgrund seiner besonderen Zusammensetzung und Wirkweise deutlich erschwert. Daher kann es im Gegensatz zu sämtlichen anderen – ausnahmslos klinisch zu verabreichenden – Wirkstoffen von den Patienten auch eigenverantwortlich zuhause eingenommen werden.[265] *Suboxone* war zunächst in Tablettenform auf dem Mark erhältlich. Obwohl kein Patentschutz bestand, war der Wirkstoff als sog. „Orphan Drug"[266]

---

263 Siehe US District Court for the District of Columbia, Walgreen Company et al v. AstraZeneca Pharmaceuticals 534 F. Supp. 2d 146, 151.

264 Siehe US District Court for the District of Columbia, Walgreen Company et al v. AstraZeneca Pharmaceuticals 534 F. Supp. 2d 146, 151.

265 United States District Court for the Eastern District of Pennsylvania, In Re: Suboxone Antitrust Litigation, F. Supp. 3d 665, 673.

266 Hierbei handelt es sich um Arzneimittel, die der Behandlung seltener schwerwiegender Krankheiten dienen und deshalb eine vom Patentrecht unabhängige Marktexklusivität genießen, im Detail zur Lage in der EU siehe *Schäffner*, S. 141 ff.

seit 2002 bis Anfang Oktober 2009 vor Nachahmung und Vermarktung durch Wettbewerber geschützt.[267] Der jährliche Umsatz mit *Suboxone* lag bei etwa 1 Mrd. USD und machte damit etwa 20 % von *Reckitt Benckisers* Gewinn aus.[268] Im August 2010 erhielt *Reckitt Benckiser* die Marktzulassung für schmelzfilmförmiges[269] *Suboxone*, das noch bis zum Jahr 2023 unter Patentschutz steht.[270] *Reckitt* ist der Ansicht, dass die neue Darreichungsform aufgrund der notwenigen Verpackung in schwieriger zu öffnenden Einzeldosen das Risiko einer versehentlichen Einnahme durch Kinder im Haushalt reduziert.[271]

Die beiden *Suboxone* Varianten sind aufgrund der unterschiedlichen Darreichungsform jedoch nicht „AB-Rating" fähig, sodass eine Substitution des schmelzfilmförmigen Wirkstoffs mit tablettenförmigem *Suboxone* über den *Aut-idem*-Mechanismus nicht möglich ist.[272] Bereits Monate vor der erwarteten Marktzulassung von tablettenförmigem generischen *Suboxone* kündigte *Reckitt Benckiser* im September 2012 an, diese Darreichungsform bald vom Markt zu nehmen, was jedoch tatsächlich erst einige Wochen nach dem Markteintritt der Generika Anfang 2013 geschah.[273] Die Markteinführung des *Suboxone*-Schmelzfilms im Jahr 2010 wurde jedoch von einer umfangreichen Marketingkampagne begleitet, sodass eine große Zahl der Patienten zum Zeitpunkt des Markteintritts der Generika bereits schmelzfilmartiges *Suboxone* verordnet bekommen hatte.[274] Die Kläger werfen *Reckitt Benckiser* insoweit vor, bei der Bewerbung des schmelzfilmförmigen *Suboxone* arglistig vorgegangen zu sein. Die von *Reckitt Benckiser* eingesetzten Pharmaberater sollen gegenüber Ärzten von der Verordnung tablettenförmigen *Suboxones* wegen vorgeschobener Sicherheitsbedenken abgeraten haben und stattdessen die Verabreichung des Schmelzfilms empfohlen haben. *Reckitt Benckiser* soll zudem den Preis für tablettenförmiges *Suboxone* einerseits erhöht, andererseits schmelzfilmförmiges *Suboxone* – trotz seiner im Vergleich

---

267 Siehe United States District Court for the Eastern District of Pennsylvania, In Re: Suboxone Antitrust Litigation, F. Supp. 3d 665, 673.

268 Siehe United States District Court for the Eastern District of Pennsylvania, In Re: Suboxone Antitrust Litigation, F. Supp. 3d 665, 673.

269 Hierbei handelt es sich um ein oral zu verabreichendes Arzneimittel, das sich bei Kontakt mit Speichelflüssigkeit binnen kurzer Zeit auflöst und so den Wirkstoff freigibt.

270 Siehe United States District Court for the Eastern District of Pennsylvania, In Re: Suboxone Antitrust Litigation, F. Supp. 3d 665, 674.

271 Siehe United States District Court for the Eastern District of Pennsylvania, In Re: Suboxone Antitrust Litigation, F. Supp. 3d 665, 674.

272 Siehe United States District Court for the Eastern District of Pennsylvania, In Re: Suboxone Antitrust *Litigation*, F. Supp. 3d 665, 674.

273 Siehe United States District Court for the Eastern District of Pennsylvania, In Re: Suboxone Antitrust Litigation, F. Supp. 3d 665, 681.

274 Siehe United States District Court for the Eastern District of Pennsylvania, In Re: Suboxone Antitrust Litigation, F. Supp. 3d 665, 674.

höheren Herstellungskosten – günstiger als das tablettenförmige Präparat verkauft haben, um die Abnehmer so zu einem Wechsel auf das Folgepräparat zu bewegen.[275]

2. Rechtliche Würdigung

Der bisherigen Entscheidungspraxis anderer US-Gerichte folgend, erachtet das Gericht die alleinige Einführung neuer Produkte auf dem Markt für sich genommen zunächst nicht als wettbewerbswidrig. Entscheidend sei, ob die Einführung des neuen Produktes mit einem anderen wettbewerbswidrigen Verhalten kombiniert wird, sodass in der Gesamtschau zu erwarten ist, dass der Wettbewerb geschwächt, die Konsumenten in ihrer Wahlentscheidung eingeschränkt und der Umfang des Marktes beschränkt wird. Hierbei sollen vor allem die Besonderheiten des Arzneimittelmarktes beachtet werden.[276]

Der District Court war der Ansicht, dass das in Rede stehende Verhalten aus kartellrechtlicher Sicht „zwischen" der *Tricor*- und der *Prilosec*-Entscheidung liegt. Das Originalpräparat wurde anders als in *Tricor*, wo sich der Hersteller nur um eine Fokussierung der Werbestrategie auf das parallel erhältliche Folgepräparat bemühte, letztlich vom Markt genommen. Im Gegensatz zum *Prilosec*-Verfahren, geschah dies jedoch erst nach dem Markteintritt der Generika.

a) Abschneiden des kosteneffizienten Wettbewerbsmittels

Der *Tricor*-Entscheidung des US Court of Appeals folgend, ist für wettbewerbswidriges Verhalten nicht entscheidend, ob ein totaler Marktverschluss bewirkt wird. Maßgeblich ist, ob eine signifikante Anzahl von Wettbewerbern am Markteintritt gehindert wird oder der Marktumfang ernstlich eingeschränkt wird.[277] Dazu soll es ausreichen, wenn den Wettbewerbern das kosteneffiziente Wettbewerbsmittel („cost-efficient means of competing") abgeschnitten wird.[278]

Das Gericht lässt dabei zumindest auch durchblicken, warum es den *Aut-idem*-Mechanismus als das kosteneffiziente Wettbewerbsmittel der Generikahersteller ansieht. Wegen des vorherrschenden Price-Disconnect auf den Arzneimittelmärkten sind die herkömmlichen Marktkräfte, die vor allem den Preis eines Produktes als Auswahlkriterium ansehen, beeinträchtigt.[279] Die *Aut-idem*-Regelung

---

275 Siehe United States District Court for the Eastern District of Pennsylvania, In Re: Suboxone Antitrust Litigation, F. Supp. 3d 665, 673.

276 Siehe United States District Court for the Eastern District of Pennsylvania, In Re: Suboxone Antitrust Litigation, F. Supp. 3d 665, 673.

277 Siehe United States District Court for the Eastern District of Pennsylvania, In Re: Suboxone Antitrust Litigation, F. Supp. 3d 665, 682.

278 Siehe United States District Court for the Eastern District of Pennsylvania, In Re: Suboxone Antitrust Litigation, F. Supp. 3d 665, 682.

279 Siehe United States District Court for the Eastern District of Pennsylvania, In Re: Suboxone Antitrust Litigation, F. Supp. 3d 665, 683.

rückt dieses Kriterium aufgrund ihrer strikten Preisorientierung jedoch wieder ins Zentrum der Auswahlentscheidung, sodass Generikaherstellern die Möglichkeit eröffnet wird, über günstigere Abgabepreise mit den Originalpräparaten in Wettbewerb zu treten. Die Ausschaltung der *Aut-idem*-Regelung durch den Switch von tablettenförmigem *Suboxone* auf die Schmelzfilmvariante soll daher genügen, um eine wettbewerbswidrige Handlung zumindest plausibel erscheinen zu lassen.[280]

b) Verbreitung falscher Tatsachen über das Originalpräparat

Das Gericht hadert zwar bei der Frage, ob die Verbreitung falscher Tatsachen über das Risiko des Originalpräparats bereits für sich genommen als wettbewerbswidriges Verhalten nach Section 2 Sherman Act eingestuft werden kann.[281] In der Zusammenschau mit dem angedrohten Auslaufen tablettenförmigen *Suboxones* können vorgeschobene Sicherheitsbedenken jedoch zu einer Zwangslage bei den Abnehmern führen, sodass diese in ihrer Entscheidung, auf das Folgepräparat zu wechseln, nicht mehr frei sind.[282] Insbesondere könnten sich Patienten, die trotz der Sicherheitsbedenken die Tabletten bevorzugen, aufgrund des angekündigten Marktauslaufs dieser Darreichungsform, verstärkt dazu genötigt sehen, auf das Folgepräparat zu wechseln.[283]

c) Preisstrategien

Hinsichtlich des günstigeren Verkaufspreises des an sich teurer zu produzierenden Folgepräparats führt das Gericht jedoch aus, dass dies kein wettbewerbswidriges Verhalten iSv Section 2 Sherman Act darstellt, da insoweit nur „predatory pricing“, also der Kampfpreismissbrauch untersagt ist. Diese Schwelle scheint hier jedoch nicht überschritten, sodass kein Verstoß vorliegt.[284]

280 Siehe United States District Court for the Eastern District of Pennsylvania, In Re: Suboxone Antitrust Litigation, F. Supp. 3d 665, 683.

281 Siehe United States District Court for the Eastern District of Pennsylvania, In Re: Suboxone Antitrust Litigation, F. Supp. 3d 665, 682.

282 Siehe United States District Court for the Eastern District of Pennsylvania, In Re: Suboxone Antitrust Litigation, F. Supp. 3d 665, 682.

283 Siehe United States District Court for the Eastern District of Pennsylvania, In Re: Suboxone Antitrust Litigation, F. Supp. 3d 665, 682.

284 Siehe United States District Court for the Eastern District of Pennsylvania, In Re: Suboxone Antitrust Litigation, F. Supp. 3d 665, 683, Fn. 9.

VI. Solodyn

Eine weitere Entscheidung in Sachen Product-Hopping lieferte im August 2015 der US District Court for the District of Massachusetts in Sachen *Solodyn.*[285] Hierbei handelt es sich um ein auf dem Wirkstoff Minocyclin basierendes Arzneimittel zur Behandlung von Akne. Die Beklagte *Medicis* trat der Schadensersatzklage einer Vielzahl von Abnehmern von *Solodyn* mit einer „Motion to Dismiss" entgegen. Soweit ein Verstoß gegen Section 2 Sherman Act wegen eines Product-Switch im Raum stand, wurde dem Begehren von *Medicis* auch stattgegeben.

1. Sachverhalt

Laut dem Hersteller *Medicis* handelt es sich bei *Solodyn* um das meistverkaufte Aknemedikament der Welt.[286] Im Jahr 2006 wurde *Solodyn* erstmals durch die FDA in Dosen von 45mg, 90mg und 135mg auf dem US-Markt zugelassen.[287] Der Patentschutz für die Behandlung von Akne mit dem tablettenförmig verabreichten Wirkstoff sollte wiederum planmäßig im Februar 2018 auslaufen. Zwischen 2009 und 2010 beantragte *Medicis* weitere Marktzulassungen und brachte parallel zu den ursprünglichen Dosierungen auch 55mg, 65mg, 80mg sowie 115mg Varianten von *Solodyn* auf den Markt.[288] Generische Versionen der drei ursprünglichen Wirkstoffdosierungen von *Solodyn* waren seit dem Jahr 2009 in den USA erhältlich.[289] Die 45mg, 90mg und 135mg Varianten wurden von *Medicis* bis Juli 2011 vertrieben und erst dann vom Markt genommen.[290]

---

285 United States District Court for the District of Massachusetts, In Re: Solodyn Antitrust Litigation, 2015 U.S. Dist. LEXIS 125999.

286 Siehe United States District Court for the District of Massachusetts, In Re: Solodyn Antitrust Litigation, 2015 U.S. Dist. LEXIS 125999, 12.

287 Siehe United States District Court for the District of Massachusetts, In Re: Solodyn Antitrust Litigation, 2015 U.S. Dist. LEXIS 125999, 15.

288 Siehe United States District Court for the District of Massachusetts, In Re: Solodyn Antitrust Litigation, 2015 U.S. Dist. LEXIS 125999, 16.

289 Siehe United States District Court for the District of Massachusetts, In Re: Solodyn Antitrust Litigation, 2015 U.S. Dist. LEXIS 125999, 51; die Generika wurden trotz des noch andauernden Patentschutzes von *Solodyn* unter der sog. Chapter IV-Regelung des Hatch-Waxmann Acts vermarktet, die es Wettbewerbern zunächst erlaubt ein zum Originalpräparat äquivalentes Arzneimittel auf dem Markt zu platzieren, wenn sie bei der Anmeldung versichern, dass die zugrunde liegenden Patentrechte am Originalpräparat entweder unwirksam sind oder diese nicht vom generischen Präparat verletzt werden, hierzu im Detail: *Cheng,* An Antitrust Analysis of Product Hopping in the Pharmaceutical Industry, (2008) 108 Columbia L. Rev. 1471, 1477 ff. mwN.

290 Siehe United States District Court for the District of Massachusetts, In Re: Solodyn Antitrust Litigation, 2015 U.S. Dist. LEXIS 125999, 15.

Neben zahlreichen anderen Vorwürfen[291] waren die Abnehmer von *Solodyn* der Ansicht, dass es sich bei der Markteinführung der zusätzlichen Wirkstoffdosierungen in den Jahren 2009 und 2010 um einen nach Section 2 Sherman Act verbotenen, wettbewerbswidrigen Product-Switch handelte. Die Abnehmer behaupteten, dass *Medicis* die neuen Wirkstoffdosierungen allein deshalb auf dem Markt platzierte, um diesen von den ursprünglichen Wirkstoffdosierungen hin zu den neuen Dosierungsvarianten zu verlagern. Erstere sollten nach Patentauslauf die Konkurrenz von Generikaherstellern zu fürchten haben, während die zwischen 2009 und 2010 eingeführten Dosierungen vor generischer Konkurrenz noch einige Zeit länger sicher waren.[292]

2. Rechtliche Würdigung

Das Gericht folgt der Argumentation in der *Prilosec*-Entscheidung und ließ die Klage der Abnehmer insoweit bereits daran scheitern, dass es durch die Einführung der zusätzlichen Wirkstoffdosierungen zu keiner Beschränkung der Wahlmöglichkeiten der Abnehmer kam. Da *Medicis* die drei ursprünglichen *Solodyn*-Dosierungen auch gut zwei Jahre nach der Einführung von deren Generika auf dem Markt beließ, führte die Einführung der neuen Wirkstoffvarianten im Ergebnis nicht zu einer Schmälerung der Wahlmöglichkeiten der Abnehmer und verstieß daher aus Sicht des Gerichts nicht gegen Section 2 Sherman Act. Vielmehr wurde durch die parallele Einführung der neuen Dosierungsvarianten zu den ursprünglichen Varianten bzw. deren Generika die Auswahlmöglichkeiten der Abnehmer sogar erweitert.[293]

B. Synthese der zentralen Elemente der US-Rechtsprechung

Der US-Judikatur lassen sich trotz der im Ergebnis teils stark voneinander abweichenden Entscheidungen einige zentrale Anhaltspunkte für eine mögliche kartellrechtliche Bewertung des Product-Switching entnehmen. Darunter fallen vor allem die vom Switch ausgehende Zwangswirkung auf die Abnehmer sowie die Außerkraftsetzung des *Aut-idem*-Mechanismus.

---

291 Die Abnehmer verklagten *Medicis* u.a. wegen verschiedener Vergleiche mit Wettbewerbern wegen Patentverletzungen (sog. „Pay-for-Delay"), die angeblich zu einer Verzögerung des Markteintritts generischer Konkurrenzprodukte führten, siehe United States District Court for the District of Massachusetts, In Re: Solodyn Antitrust Litigation, 2015 U.S. Dist. LEXIS 125999, 17 ff.

292 Siehe United States District Court for the District of Massachusetts, In Re: Solodyn Antitrust Litigation, 2015 U.S. Dist. LEXIS 125999, 51.

293 Siehe United States District Court for the District of Massachusetts, In Re: Solodyn Antitrust Litigation, 2015 U.S. Dist. LEXIS 125999, 51.

I. Zwang zum Wechsel auf das Folgepräparat („Coercion“)

Sämtliche US-Entscheidungen sehen es für die Frage nach der Wettbewerbswidrigkeit vor allem als maßgeblich an, ob die Abnehmer durch den Switch dazu gezwungen werden, vom Originalpräparat auf das Folgepräparat zu wechseln.

1. *Zwangswirkung des Hard-Switch*

Dies bemisst sich vor allem danach, ob die Wahlmöglichkeiten der Abnehmer im Zuge der Einführung des Folgepräparats geschmälert und diese deshalb dazu gedrängt werden, das Folgepräparat anstatt des Originalpräparats zu erwerben. In erster Linie trifft dies auf den klassischen Hard-Switch zu, also die Marktrücknahme des Originalpräparats und den umgehenden Ersatz durch das an seine Stelle tretende Folgepräparat. In diesem Fall bleibt den Abnehmern zumindest vorübergehend meist keine andere Wahl, als den Switch auf das Folgepräparat mitzugehen.

Diese hauptsächlich dem *Namenda*-Fall entlehnte, äußerst strikte Auffassung, führt jedoch teilweise zu weit. Wenn wie in den *Doryx-*, *Suboxone-*, und *Solodyn-*Fällen bereits vor der Marktrücknahme des Originalpräparats entsprechende Generika auf dem Markt erhältlich sind – meist, weil das Originalpräparat keinen Schutz durch Immaterialgüterrechte (mehr) erfährt – steht den Abnehmern auch nach erfolgtem Hard-Switch immer noch die Wahl zwischen den Generika des Originalpräparats und dem Folgepräparat offen. Anstatt den Abnehmern also eine Wahlmöglichkeit zu nehmen, wird durch die mit dem Switch verbundene Markteinführung des Folgepräparats die Produktvielfalt sogar erhöht und die Wahlmöglichkeiten der Abnehmer erweitert. Sofern die Abnehmer also weiterhin frei zwischen dem Originalpräparat oder zumindest dessen Generika und dem Folgepräparat wählen können, liegt keine Zwangswirkung und damit grundsätzlich zunächst auch kein wettbewerbswidriges Verhalten der Originalpräparatehersteller vor.

2. *Anderweitige Zwangswirkungen*

Die alleinige Orientierung an der Marktrücknahme des Originalpräparats greift jedoch wiederum in einigen Fällen unter Umständen zu kurz. Die Abnehmer können sich auch durch andere Mittel als die schlichte Marktrücknahme des Originalpräparats dazu gezwungen sehen, auf das Folgepräparat zu wechseln. Auch wenn also Original- und Folgepräparat parallel auf dem Markt erhältlich bleiben, kann durch bestimmte Maßnahmen ein der Marktrücknahme vergleichbarer und damit wettbewerbswidriger Zwang zum Wechsel auf das Folgepräparat entstehen. Hierunter fallen den US-Gerichten zufolge vor allem die künstliche Verknappung des Originalpräparats sowie bestimmte Werbe- und Kommunikationsstrategien. Obwohl es durch die Markteinführung des Folgepräparats prinzipiell zu einer Vergrößerung des Produktangebots kommt, geht von den damit verknüpften Maßnahmen eine derartige Sogwirkung aus, dass hier bereits von einem Zwang der Abnehmer, auf das Folgepräparat zu wechseln, gesprochen werden kann.

a) Verknappung des Originalpräparats

Aus der *Namenda*-Entscheidung geht hervor, dass eine künstliche Verknappung des Originalpräparats, bzw. die Erschwerung des Zugangs zu selbigem, wie die vollständige Marktrücknahme des Originalpräparats wirken kann. Wird also das Originalpräparat nicht vollständig vom Markt genommen, jedoch der Zugang für einen Großteil der Patienten merklich erschwert, handelt es sich in diesen Fällen u.U. funktional ebenfalls um einen Hard-Switch.[294] Letztlich sorgt allein der Transfer der Konsumentenbasis auf das patentgeschützte Folgepräparat, und nicht die dafür im Einzelnen angewandten Mittel, für den wettbewerbswidrigen Effekt.[295] Dies zeigt, dass ein Festhalten an starren Begrifflichkeiten, wie bspw. dem regelmäßig mit einer vollständigen Marktrücknahme des Originalpräparats assoziierten Hard-Switch, in diesen Fällen zu kurz greift. Vorzugswürdig ist daher eine Orientierung an den Auswirkungen der konkreten Handlung auf das Marktgeschehen.

b) Kommunikationsstrategien

Anstatt das Originalpräparat vollständig vom Markt zu nehmen, reicht es für einen erfolgreichen Switch eines Großteils der Patienten auf das Folgepräparat oftmals aus, wenn das Originalpräparat in der öffentlichen Wahrnehmung gegenüber dem Folgepräparat durch verzerrendes bzw. wahrheitswidriges Marketing oder falsche Warnhinweise herabgewürdigt wird.

Die *Prilosec*-Entscheidung unterstreicht jedoch, dass den Originalpräparateherstellern bei der Bewerbung des Folgepräparats grundsätzlich ein großer Handlungsspielraum zusteht. Insbesondere darf das Folgepräparat im bestmöglichen Licht dargestellt werden, d.h. seine Vorzüge heraus- und seine Nachteile zurückgestellt werden. Hierbei darf jedoch nicht die Grenze zur Vorspiegelung falscher Tatsachen oder gar eines Betrugs überschritten werden.[296] Wo die Grenze zwischen einer legitimen Anpreisung des Folgepräparats und der Vorspiegelung falscher Tatsachen bzw. eines Betruges verläuft, hängt vom Einzelfall ab. Soweit jedoch mit wahrheitswidrigen Aussagen über die therapeutische Wirksamkeit von Original- oder Folgepräparat oder deren Risiken geworben wird, ist diese Grenze jedoch in aller Regel überschritten.

---

294 So auch *Iyengar,* Should Pharmaceutical Product Hopping be Subject to Antitrust Scrutiny?, (2015) 97 J. Pat. & Trademark Off. Soc'y 663, 676.

295 Siehe *Carrier/Shadowen,* Product Hopping: A New Framework, (2016) 92 Notre Dame L. Rev. 167, 217 ff.

296 Siehe US District Court for the District of Columbia, Walgreen Company et al v. AstraZeneca Pharmaceuticals 534 F. Supp. 2d 146, 151.

Der *Suboxone*-Fall wiederum illustriert, dass selbst bei einer parallelen Erhältlichkeit von Originalpräparat und generischen Konkurrenzprodukten, die Warnung vor lediglich vorgeschobenen Sicherheitsrisiken des Originalpräparats als Kartellverstoß gewertet werden kann. Den Abnehmern gegenüber wird so ein Szenario aufgebaut, das sie, um angeblichen Gefahren für das eigene körperliche Wohlergehen vorzubeugen, in ihrer Entscheidungsfreiheit beeinträchtigt und so zum Wechsel auf das Folgepräparat treibt.[297]

II. Grenzen des Soft-Switch

Neben der künstlichen Verknappung des Originalpräparats, der Erschwerung des Zugangs zu selbigem sowie den beschriebenen Kommunikationsstrategien, existieren zahlreiche weitere Maßnahmen, die sich hinsichtlich der Zwangswirkung zum Wechsel auf das Folgepräparat funktional wie ein Hard-Switch auswirken können.

1. *Wirkungsbasierte Bewertung der Switching-Strategien*

Die US-Rechtsprechung gibt insoweit zu erkennen, dass bei der wettbewerbsrechtlichen Bewertung der Absatzstrategien nicht starr an Begrifflichkeiten wie Soft- oder Hard-Switch festgehalten werden sollte. Vielmehr hat eine Bewertung anhand der konkreten Auswirkungen der jeweiligen Absatzstrategie auf das Marktgeschehen zu erfolgen.

Wenn wie im *Prilosec-* und *Solodyn*-Fall Original- und Folgepräparat parallel bis zum Markteintritt der Generika auf dem Markt verbleiben und die Originalpräparatehersteller lediglich das Marketing für das Originalpräparat weitgehend einstellen, bzw. sich bei der Anpreisung der Produkte im Rahmen des oben skizzierten legalen Handlungsspielraums bewegen, bleibt für den Vorwurf der Kartellrechtswidrigkeit augenscheinlich kein Raum. Es wird jedoch kritisiert, dass das Gericht in seiner Entscheidung die Besonderheiten des Arzneimittelmarktes – insbesondere den Price-Disconnect – nicht ausreichend berücksichtigt hat.[298] Obwohl durch die parallele Einführung des Folgepräparats *Nexium* eine zusätzliche Kaufoption für die Abnehmer hinzukam, bestand für die Abnehmer – anders als auf herkömmlichen Produktmärkten – keine Möglichkeit zwischen

---

297 Siehe United States District Court for the Eastern District of Pennsylvania, In Re: Suboxone Antitrust Litigation, F. Supp. 3d 665, 682; ebenso jedoch mit dem Fokus auf die betrügerische Komponente: *Carlton/Flyer/Shefi*, Does the FTC's Theory of Product Hopping Promote Competition?, (2016) 12 Journal of Competition Law & Economics, 495, 502.

298 Siehe *Cheng*, An Antitrust Analysis of Product Hopping in the Pharmaceutical Industry, (2008) 108 Colum. L. Rev. 1471, 1498; *Shadowen/Leffler/Lukens*, Anticompetitive Product Changes in the Pharmaceutical Industry, (2009) 41 Rutgers Law Journal 1, 7.

Preis und Qualität der einzelnen Arzneimittel abzuwägen. Durch die parallele Einführung des Folgepräparats kommt es zwar zunächst zu einer Kannibalisierung der Umsätze des Originalpräparats, letztlich wird hierdurch aber vor dem Markteintritt der Generika die Gesamtanzahl der Verordnungen für die Präparate des Originalpräparateherstellers erhöht bzw. auf einem ähnlichen Niveau gehalten. Deren Rückgewinnung ist für die Generikahersteller jedoch aufgrund des Price-Disconnects mit großen Schwierigkeiten verbunden.[299] Gemessen an der vergleichsweise geringen Zahl der Verordnungen die die Originalpräparatehersteller nach dem Markteintritt der Generika an diese verlieren, soll sich ein ähnlicher Effekt einstellen, als wenn das Originalpräparat schlicht komplett vom Markt genommen und durch das Folgepräparat ersetzt worden wäre.[300] Letztlich kommt es für das konkrete Ausmaß der Wettbewerbsbeeinträchtigung allein darauf an, wieviele Verordnungen erfolgreich vom Original- auf das Folgepräparat umgestellt werden können und nicht welcher Mittel sich die Arzneimittelhersteller dabei bedienen.[301] Eine kartellrechtliche Privilegierung derartiger Soft-Switch-Strategien gegenüber einem klassischen Hard-Switch erscheint hier, angesichts der sich über weite Strecken ähnelnden nachteiligen Wettbewerbseffekte, nicht zielführend.

2. Preisstrategien

Rechtlich weitgehend offengelassen wird derzeit, wie sich die Verteuerung des Originalpräparats gegenüber dem Folgepräparat, bzw. die günstigere Abgabe des Folgepräparats, auf den Zwang zum Wechsel auf das Folgepräparat auswirkt. Die Gerichte äußerten sich im *Namenda*-Fall nicht weiter zur kartellrechtlichen Bewertung der von *Actavis* gegenüber dem Originalpräparat forcierten kostengünstigeren Abgabe des *Namenda*-Folgepräparats. Allein die *Suboxone*-Entscheidung geht, wie gezeigt, kurz auf derartige Preisstrategien ein, sieht aber hierin keinen Verstoß, solange nicht die Schwelle zum Kampfpreismissbrauch (predatory pricing) überschritten ist.[302] Wird jedoch ein Arzneimittel im Vergleich zu therapeutisch äquivalenten Produkten zu unerschwinglich hohen Preisen

---

299 Siehe *Shadowen/Leffler/Lukens*, Anticompetitive Product Changes in the Pharmaceutical Industry, (2009) 41 Rutgers Law Journal 1, 71.

300 Siehe *Shadowen/Leffler/Lukens*, Anticompetitive Product Changes in the Pharmaceutical Industry, (2009) 41 Rutgers Law Journal 1, 72, der auf eine vergleichsweise geringe Konvertierungsquote auf generisches *Prilosec* von 25 % nach dem Patentauslauf des OriginalPräparats verweist; siehe ebenso *Carrier/Shadowen,* Product Hopping: A New Framework, (2016) 92 Notre Dame L. Rev. 167, 217 ff.

301 Siehe *Carrier/Shadowen,* Product Hopping: A New Framework, (2016) 92 Notre Dame L. Rev. 167, 217.

302 Siehe *Shadowen/Leffler/Lukens*, Anticompetitive Product Changes in the Pharmaceutical Industry, (2009) 41 Rutgers Law Journal 1, 18.

angeboten, soll dies praktisch einer Marktrücknahme gleichkommen.[303] Maßgeblich ist insoweit, ob eine Preisdifferenz zwischen Original- und Folgepräparat besteht, die den fortgesetzten Erwerb des Originalpräparats als wirtschaftlich widersinnig erscheinen lässt.

3. *Delisting-Strategien*

Auch die Entscheidungspraxis zur Wettbewerbswidrigkeit von Delisting-Strategien ist äußerst begrenzt. Die *Tricor*-Entscheidung macht zumindest deutlich, dass Delisting-Strategien, die dazu führen, dass weder das Originalpräparat noch die damit korrespondierenden Generika von den Ärzten oder Apotheken in den einschlägigen Nachschlagewerken aufzufinden sind, als Marktmachtmissbrauch gewertet werden können. Das Gericht scheint diesen Punkt jedoch nicht als separate Hürde für den Markteintritt von Wettbewerbern zu begreifen, sondern eher bei der Frage zu verorten, ob eine Zwangswirkung zum Wechsel auf das Folgepräparat bestand.[304]

III. Ausschaltung des Aut-idem-Mechanismus

Für die kartellrechtliche Bewertung ähnlich zentral wie die vom Product-Switch möglicherweise ausgehende Zwangswirkung, ist die durch den Switch bewirkte Umgehung bzw. Außerkraftsetzung des *Aut-idem*-Mechanismus. Hierdurch werden Wettbewerber davon abgehalten, mit ihren Produkten in Konkurrenz zum auf dem Markt vorherrschenden Originalpräparatehersteller zu treten.

1. *Ausschaltung des kosteneffizienten Wettbewerbsmittels*

Sowohl in der *Namenda*[305]-, *Tricor*[306]- und *Suboxone*-Entscheidung[307] erachteten es die Gerichte als kartellrechtlich besonders problematisch, wenn durch den Product-Switch der gesetzlich vorgegebene *Aut-idem*-Mechanismus seiner Wirkung beraubt wird. Für ein nach Section 2 Sherman Act wettbewerbswidriges Verhalten ist es laut den Gerichten nicht nötig, dass ein totaler Marktverschluss bewirkt wird. Maßgeblich ist allein, ob eine signifikante Anzahl von Wettbewerbern am Markteintritt gehindert wird oder der Marktumfang ernstlich eingeschränkt wird.[308] Dazu soll es ausreichen, wenn den Wettbewerbern das kosteneffiziente

---

303 Siehe *Shepherd,* Deterring Innovation: NY v. Actavis and the Duty to Subsidize Competitors' Market Entry, (2016) 17 Minn. J.L. Sci. & Tech. 663, 670.

304 United States District Court for the District of Delaware, Abott v. Teva Pharmaceuticals USA Inc., 432 F.Supp.2d 408, 423.

305 Siehe Teil 2, A., I., 2., a), bb).

306 Siehe Teil 2, A., III., 2., b).

307 Siehe Teil 2, A., V., 2., a).

308 Siehe United States District Court for the Eastern District of Pennsylvania, In Re: Suboxone Antitrust Litigation, F. Supp. 3d 665, 682.

Wettbewerbsmittel abgeschnitten wird.[309] Aus Sicht der Generikahersteller soll es sich beim *Aut-idem*-Mechanismus um eben dieses kosteneffiziente Wettbewerbsmittel handeln. Dessen Ausschaltung durch den Product-Switch soll die Generikahersteller derart am Markteintritt hindern, dass ein Verstoß gegen das Monopolisierungsverbot nach Section 2 Sherman Act vorliegt.

2. Legitime Außerkraftsetzung des Aut-idem-*Mechanismus?*

Eine aus Sicht der Originalpräparatehersteller deutlich großzügigere Auffassung was die Außerkraftsetzung des *Aut-idem*-Mechanismus angeht, tritt jedoch in der *Doryx*-Entscheidung zu Tage.

Auch wenn der *Aut-idem*-Mechanismus durch einen Switch vom Original- auf das Folgepräparat außer Kraft gesetzt wird, weil das Folgepräparat nicht nach den *Aut-idem*-Kriterien durch mit dem Originalpräparat korrespondierende Generika ersetzt werden kann, soll keine Beeinträchtigung des Wettbewerbs vorliegen.[310] Dies gilt jedoch nur unter der Prämisse, dass weder für das Original- noch das Folgepräparat Patentschutz besteht, die Wettbewerber also frei sind, sowohl das eine als auch das andere Arzneimittel herzustellen und auf den Markt zu bringen.[311]

Dabei soll unschädlich sein, dass die Generikahersteller sich aufgrund der Unterschiede zwischen Original- und Folgepräparat dennoch bei jeder Änderung des Folgepräparats aufs Neue um einen Nachweis der Bioäquivalenz bemühen müssen, um wieder vom *Aut-idem*-Mechanismus profitieren zu können. Sowohl der Court of Appeals[312], und in noch größerer Deutlichkeit der District Court[313], waren der Ansicht, dass es dem klagenden Generikahersteller, mangels Patentschutz sämtlicher dem Product-Switch zugrunde liegender Arzneimittel, auch ohne die *Aut-idem*-Regelung möglich gewesen wäre, mit dem Folgepräparat in Wettbewerb zu treten. Die Abnehmer hätten durch eigene Wettbewerbsbemühungen frühzeitig von einem Wechsel des Originalpräparats auf Generika überzeugt

---

309 Siehe United States District Court for the Eastern District of Pennsylvania, In Re: Suboxone Antitrust Litigation, F. Supp. 3d 665, 682.

310 Siehe US Court of Appeals for the Third Circuit, Mylan Pharmaceuticals v. Warner-Chilcott et al., 838 F.3d 421, 438; US District Court for the Eastern District of Pennsylvania, Mylan Pharmaceuticals v. Warner-Chilcott et al., 2015 U.S. Dist. LEXIS 50026, 34.

311 Siehe US Court of Appeals for the Third Circuit, Mylan Pharmaceuticals v. Warner-Chilcott et al., 838 F.3d 421, 438; US District Court for the Eastern District of Pennsylvania, Mylan Pharmaceuticals v. Warner-Chilcott et al., 2015 U.S. Dist. LEXIS 50026, 33 ff.

312 Siehe US Court of Appeals for the Third Circuit, Mylan Pharmaceuticals v. Warner-Chilcott et al., 838 F.3d 421, 439.

313 Siehe US District Court for the Eastern District of Pennsylvania, Mylan Pharmaceuticals v. Warner-Chilcott et al., 2015 U.S. Dist. LEXIS 50026, 36 f.

werden können. Dass die Klägerin darauf verzichtete und sich allein auf den weit kostengünstigeren Absatz über die preisbasierte *Aut-idem*-Regelung verlassen wollte, könne dem Originalpräparatehersteller insoweit nicht zum Schaden gereichen. Die Beklagte sei nicht dazu verpflichtet gewesen die Absatzstrategie der Klägerin zu unterstützen, indem überholte Arzneimittel auf dem Markt gehalten werden.[314] Soweit also dem generischen Wettbewerb mit dem Folgepräparat kein „absoluter" Patentschutz im Weg steht, sondern lediglich ein „relativer" Schutz über die Arzneimittelzulassung bzw. den Nachweis der Bioäquivalenz unter der *Aut-idem*-Regelung existiert, soll keine Wettbewerbsbeschränkung vorliegen. Vereinzelt wird diese Entscheidung gar dahin gehend interpretiert, dass Product-Switching von vornherein als kartellrechtskonform gilt.[315]

IV. Mögliche Rechtfertigungsgründe

Die US-Judikatur gibt jedoch einige wichtige Anhaltspunkte für eine Rechtfertigung der im Ausgangspunkt zunächst als wettbewerbswidrig identifizierten Product-Switching-Strategien. Wenn also feststeht, dass das Verhalten der Originalpräparatehersteller wettbewerbswidrig ist, kann dieser Vorwurf durch „nicht bloß vorgeschobene wettbewerbsfördernde Rechtfertigungsgründe" entkräftet werden.[316]

1. Plausible Sicherheitsbedenken beim Marktrückruf

Als möglicher Grund für die Marktrücknahme des Originalpräparats und den Wechsel auf das Folgepräparat wird vereinzelt versucht, Sicherheitsbedenken in Bezug auf das Originalpräparat anzuführen. Im *Suboxone*-Fall wurden derartige Bedenken zwar thematisiert, allerdings aufgrund des „Motion to Dismiss" Antrags nur unter der Prämisse, dass diese – wie von den Klägern behauptet – lediglich vorgeschoben waren, um die Abnehmer zu einem Wechsel auf das Folgepräparat zu bewegen.[317]

---

314 Siehe US District Court for the Eastern District of Pennsylvania, Mylan Pharmaceuticals v. Warner-Chilcott et al., 2015 U.S. Dist. LEXIS 50026, 39; so auch *Cheng*, An Antitrust Analysis of Product Hopping in the Pharmaceutical Industry, (2008) 108 Columbia L. Rev. 1471, 1500 ff.

315 Siehe *Ginsburg/Wong-Ervin/Wright*, Product Hopping and the Limits of Antitrust: The Danger of Micromanaging Innovation, CPI Antitrust Chronicle, December 2015 (1), 1.

316 Die Gerichte sprechen insoweit von „nonpretextual procompetitive justifications", siehe US Court of Appeals for the Third Circuit, Mylan Pharmaceuticals v. Warner-Chilcott et al., 838 F.3d 421, 438; United States Court of Appeals for the Second Circuit, People of the State of New York v. Actavis PLC and Forest Laboratories LLC, Case 14-4624-cv, S. 32.

317 Siehe United States District Court for the Eastern District of Pennsylvania, In Re: Suboxone Antitrust Litigation, F. Supp. 3d 665, 674.

Gerichtlich wurden Sicherheitsbedenken in den USA – wie gezeigt – als Rechtfertigung erfolgreich bislang nur im *Doryx*-Fall vorgebracht. Zumindest dann also, wenn plausible Anhaltspunkte für Sicherheitsbedenken des Originalpräparats existieren, erscheint eine Marktrücknahme des Produktes gerechtfertigt. Wie im *Doryx*-Verfahren kann es sich hierbei um Bedenken oder Maßnahmen der Regulierungsbehörden aufgrund von Anzeichen für gesundheitliche Risiken des Originalpräparats oder drohende Schadensersatzansprüche handeln.[318] Den Originalpräparateherstellern muss es möglich sein, sich gegen derartige Risiken zu wappnen und bei stichhaltigen Verdachtsmomenten Präparate auch vom Markt zu nehmen und ggf. durch neue, weniger risikoträchtige, zu ersetzen. Sähe man derartige Maßnahmen als kartellrechtswidrig an, würde man die Originalpräparatehersteller dazu verpflichten, ein potentiell gesundheitsschädliches Arzneimittel auf dem Markt zu halten und sich ggf. hohen Schadensersatzforderungen oder Bußgeldern bzw. gar strafrechtlicher Verfolgung auszusetzen.

2. *„Legitimate Business Justification"*

Der Court of Appeals führt im *Namenda*-Fall aus, dass ein wettbewerbswidriger Hard-Switch ohne eine legitime geschäftliche Rechtfertigung als Verstoß gegen Section 2 Sherman Act zu werten ist.[319] Hieran soll es vor allem dann fehlen, wenn die Bereitschaft zutage tritt, kurzfristige Profite aus dem Verkauf des Originalpräparats dafür zu opfern, dass generische Wettbewerber (mittelfristig) aus dem Markt verdrängt bzw. am Markteintritt gehindert werden.[320] Dies ist dann der Fall, wenn der Switch – jenseits des Vorteils der Verdrängung generischer Wettbewerber – wirtschaftlich keinen Sinn ergibt.[321] Sind also die switchbedingten Kosten des Herstellers, wie bspw. die Forschungs- und Entwicklungskosten für das Folgepräparat sowie die Marktzulassungskosten und das Werbebudget, größer als ein etwaiger mit dem Wechsel auf das Folgepräparat verbundene Umsatzzuwachs, bzw. eine damit verbundene effizienzbedingte Ersparnis, so soll

318 Siehe US Court of Appeals for the Third Circuit, Mylan Pharmaceuticals v. Warner-Chilcott et al., 838 F.3d 421, 439.

319 Siehe United States Court of Appeals for the Second Circuit, People of the State of New York v. Actavis PLC and Forest Laboratories LLC, Case 14-4624-cv, S. 50 f; ebenso die Vorinstanz US District Court for the Southern District of New York, Case 1:14-cv-07473-RWS, The People of the State of New York v. Actavis PLC and Forest Laboratories LLC, S. 121.

320 Siehe United States Court of Appeals for the Second Circuit, People of the State of New York v. Actavis PLC and Forest Laboratories LLC, Case 14-4624-cv, S. 49.

321 Siehe United States Court of Appeals for the Second Circuit, People of the State of New York v. Actavis PLC and Forest Laboratories LLC, Case 14-4624-cv, S. 49; siehe hierzu grundlegend: *Melamed,* Exclusive dealing agreements and other exclusionary conduct – Are there unifying principles?, (2006) 73 Antitrust L.J. 375, 389 ff.

keine Rechtfertigung möglich sein.[322] Der so zustande kommende kurzfristige Verlust kann daher lediglich als eine Art Investition gesehen werden, um den jeweiligen Absatzmarkt mittel- bis langfristig zum Vorteil des Originalpräparateherstellers zu manipulieren.[323] Konsequenterweise ist dies neben dem klassischen Hard-Switch auf sämtliche Switching-Strategien mit einer vergleichbaren wettbewerbsbeschränkenden Wirkung auszudehnen, da hier eine ähnlich hohe Beeinträchtigung für den freien Wettbewerb gegeben ist.

3. *Verhinderung des „Free-Riding"*

Eine weitere denkbare Rechtfertigung für wettbewerbsbeschränkende Switching-Strategien ist die Verhinderung unerwünschten „Free-Ridings" durch die Generikahersteller. Wie gezeigt profitieren die Generikahersteller beim Absatz ihrer Produkte über die gesetzliche *Aut-idem*-Regelung von den Marketingbemühungen der Originalpräparatehersteller hinsichtlich der zugrunde liegenden Originalpräparate.[324] Aus Sicht der Originalpräparatehersteller gilt es daher gerade diesen Vorteil der Generikahersteller durch die Verlagerung der Nachfrage auf die nicht dem *Aut-idem*-Mechanismus unterfallenden Folgepräparate auszumerzen. In der *Doryx*-Entscheidung des District Court klingen, zumindest bei der vorgelagerten Frage nach der Wettbewerbswidrigkeit, ähnliche Töne an. Es bestehe – wie bereits ausgeführt – keine Pflicht der Originalpräparatehersteller die Geschäftstätigkeit der Wettbewerber dadurch zu befeuern, dass veraltete Versionen von Arzneimitteln auf dem Markt gehalten werden.[325] Die *Aut-idem*-Regelung wird insoweit gar als lediglich „regulatorischer Bonus" der Generikahersteller bezeichnet.[326]

Der Court of Appeals spricht sich in der *Namenda*-Entscheidung jedoch deutlich gegen eine solche Lesart der *Aut-idem*-Regelung aus. Was als Free-Riding bezeichnet wird, nämlich die automatische Substitution von Originalpräparaten mit preisgünstigen Generika durch die Apotheken, sei nach Ansicht des

---

322 Siehe *Carrier/Shadowen*, Product Hopping: A New Framework, (2016) 92 Notre Dame L. Rev. 167, 217 ff.

323 Siehe United States Court of Appeals for the Second Circuit, People of the State of New York v. Actavis PLC and Forest Laboratories LLC, Case 14-4624-cv, S. 50.

324 Siehe Teil 3, B., III., 3.

325 Siehe US District Court for the Eastern District of Pennsylvania, Mylan Pharmaceuticals v. Warner-Chilcott et al., 2015 U.S. Dist. LEXIS 50026, 39; ebenso *Wright/Ginsburg*, Comment on the Canadian Competition Bureau's Draft Updated Intellectual Property Enforcement Guidelines, George Mason University Legal Studies Research Paper Series LS 15–14, 3.

326 Siehe US District Court for the Eastern District of Pennsylvania, Mylan Pharmaceuticals v. Warner-Chilcott et al., 2015 U.S. Dist. LEXIS 50026, 40; ebenso *Shepherd*, Deterring Innovation: NY v. Actavis and the Duty to Subsidize Competitors' Market Entry, (2016) 17 Minn. J.L. Sci. & Tech. 663, 667.

Gerichts gerade gesetzlich festgeschrieben und auch erklärtes Ziel der staatlichen *Aut-idem*-Regelungen.[327] Auch müsse das Kartellrecht immer die besonderen Marktgegebenheiten miteinbeziehen und gerade Marktdefekte, wie hier den Price-Disconnect, sowie die mögliche Manipulation des bestehenden Regulierungsrahmens berücksichtigen. Den generischen Wettbewerbern müsse demnach durch das Kartellrecht eine faire Chance eingeräumt werden, mittels der *Aut-idem*-Regelung mit den Originalpräparateherstellern in Wettbewerb zu treten.[328] Daher bleibe für eine derartige Rechtfertigung der Unterminierung des *Aut-idem*-Systems kein Raum.

C. Zwischenfazit

Die US-Rechtsprechung bietet derzeit kein einheitliches Bild, was die Bewertung der unterschiedlichen Spielweisen des Product-Switching betrifft. Klar wird jedoch, dass ein Hard-Switch vor Markteintritt der Generika zu einer Zwangslage der Abnehmer führen kann, in der es diesen nicht mehr möglich ist, frei zwischen dem Erwerb des Original- und des Folgepräparats zu entscheiden.

Insoweit gilt es jedoch, sich nicht von bloßen Begrifflichkeiten wie Hard- oder Soft-Switch leiten zu lassen, sondern die tatsächlichen Auswirkungen der jeweiligen Absatzstrategie auf die Wahlfreiheit der Abnehmer zu betrachten. Dies gilt insbesondere für auf einem Soft-Switch basierende, jedoch in funktionaler Hinsicht einem Hard-Switch gleichende Absatzstrategien. Hierzu zählen vor allem die Verknappung des Originalpräparats, bzw. die Erschwerung des Zugangs zu selbigem sowie auf die wahrheitswidrige Herabwürdigung des Originalpräparats abzielende Kommunikationsstrategien und prohibitive Preisdifferenzen zum Folgepräparat. Anstatt also anhand der Qualität und des Preises zwischen Original- und Folgepräparat abzuwägen, bleibt den Abnehmern in diesen Fällen praktisch keine andere Wahl, als das wiederum patentgeschützte Folgepräparat zu erwerben und sich so auf Dauer an die Produktlinie des markstarken Originalpräparateherstellers zu binden.

Absatzstrategien, durch die die Wahlfreiheit der Abnehmer eingeschränkt wird, sind unter Wettbewerbsgesichtspunkten problematisch, stehen jedoch im Einzelfall einer Rechtfertigung offen. Sobald jedoch vor dem Switch bereits Generika für das Originalpräparat legal auf dem Markt erhältlich sind, ist die Wahlfreiheit der Abnehmer nicht beeinträchtigt, sodass aus wettbewerblicher Sicht selbst ein anschließender Hard-Switch auf das Folgepräparat unbedenklich erscheint.

---

327 Siehe United States Court of Appeals for the Second Circuit, People of the State of New York v. Actavis PLC and Forest Laboratories LLC, Case 14-4624-cv, S. 45.

328 Siehe United States Court of Appeals for the Second Circuit, People of the State of New York v. Actavis PLC and Forest Laboratories LLC, Case 14-4624-cv, S. 46 f.

Wenn durch den Switch die *Aut-idem*-Regelung ihrer Wirksamkeit beraubt wird, führt dies ebenfalls zu einer Beschneidung der Marktchancen der Generikahersteller, da diesen das gesetzlich vorgesehene kosteneffiziente Wettbewerbsmittel genommen wird. Es spricht vieles dafür, auch hierin eine Beschränkung des Wettbewerbs zu sehen. Anders als bei der Herbeiführung einer Zwangslage durch die verschiedenen in Betracht kommenden Switching-Strategien, kann dies im Einzelfall sogar auch gelten, wenn kein Patentschutz für das jeweilige Originalpräparat besteht. Dies setzt jedoch voraus, dass wie in der *Doryx*-Entscheidung rasch aufeinanderfolgende Änderungen am gemeinfreien Originalpräparat vorgenommen werden. Dabei muss die *Aut-idem*-Regelung infolge der bei jeder Änderung notwendigen neuerlichen Prüfung der Bioäquivalenz ebenso wirksam außer Kraft gesetzt werden, als ob für das Folgepräparat wirksamer Patentschutz bestünde. Dies ist lediglich dann der Fall, wenn eine große Anzahl an Abnehmern auf das Folgepräparat wechselt und das Originalpräparat vollständig vom Markt genommen wird.

Wie die US-Judikatur zeigt, ist jedoch auch eine Rechtfertigung der verschiedenen Switching-Strategien möglich. Hierunter fallen vor allem Sicherheitsbedenken hinsichtlich des Originalpräparats, die eine Marktrücknahme nötig machen. Wichtiger Anhaltspunkt für eine mögliche Rechtfertigung des Switches ist, ob diesem legitime geschäftliche Absichten zugrunde liegen. Dies ist insbesondere dann nicht der Fall, wenn das Verhalten der Originalpräparatehersteller bei wirtschaftlicher Betrachtung nur deshalb sinnvoll ist, weil es den Wettbewerb beschränkt.

Teil 3: Marktmechanismen im regulierten Arzneimittelbereich

Bereits in der Betrachtung zum US-Recht wird deutlich, dass die Besonderheiten des Arzneimittelmarktes bei der wettbewerbsrechtlichen Bewertung des Product-Switchings eine entscheidende Rolle spielen. Insoweit ist zunächst festzuhalten, dass Originalpräparate- und Generikahersteller sowohl rechtlich als auch wirtschaftlich eng miteinander verknüpft agieren. Zudem werden die im Fokus stehenden Absatzstrategien überhaupt erst durch die ökonomischen und regulatorischen Besonderheiten des Arzneimittelmarktes ermöglicht bzw. zumindest erleichtert. Die Originalpräparatehersteller machen sich die Mechanismen der Arzneimittelregulierung für ihre Zwecke geschickt zunutze. Mitunter spricht man hier auch von sog. „regulatory gaming".[329] Allerdings existieren jedoch durchaus einige regulatorische Vorkehrungen, die zumindest potentiell dazu dienen könnten, unter Wettbewerbs- und Innovationsaspekten unerwünschtes Product-Switching merklich zu erschweren oder im Idealfall ganz zu unterbinden.

Trotz vielschichtiger nationaler und gemeinschaftsweiter Regulierungsmechanismen, die zu einem guten Stück zu vermehrtem Wettbewerb und erheblichen Kostensenkungen im Arzneimittelbereich beitragen, wird im Folgenden gezeigt, dass eine wettbewerbsrechtliche Kontrolle einzelner Product-Switching-Strategien nach Art. 102 AEUV jedoch nach wie vor unumgänglich ist.

A. Innovationsförderung und erschwingliche Arzneimittel

Ein zentrales Problem des Arzneimittelmarktes ist der augenscheinliche Zielkonflikt zwischen Kostenbegrenzung im öffentlichen Gesundheitswesen und dem Streben nach bzw. die Notwendigkeit medizinischer Innovation. Einerseits soll eine optimale Behandlung der Patienten mit neuartigen, therapeutisch bahnbrechenden Präparaten ermöglicht werden, andererseits soll ein Ansteigen der ohnehin bereits erheblichen Ausgaben der gesetzlichen Krankenversicherung für Arzneimittel verhindert werden.

---

329 Siehe *Gallasch*, A new dimension to EU pharma antitrust, product hopping and unilateral pay for delay, (2016) 12 European Competition Journal 137, 146; *Dogan/Lemley*, Antitrust Law and Regulatory Gaming, (2009) 87 Tex. L. Rev. 685, 708, 714; *Hovenkamp et al.*, Vol. 1, § 15.3c, 104, 114.

I. Das Spannungsfeld zwischen medizinischer Innovation und Kostensenkung

Speziell bezogen auf Arzneimittel besteht ein hohes gesellschaftliches Interesse an der Verfügbarkeit möglichst innovativer, sicherer und vor allem erschwinglicher Produkte.[330] Die Arzneimittelhersteller sind jedoch als private Wirtschaftssubjekte vor allem an der Gewinnerzielung bzw. Gewinnmaximierung interessiert, was sich auf den ersten Blick nur schwer mit der gesamtgesellschaftlich wünschenswerten Erschwinglichkeit von Arzneimitteln in Einklang bringen lässt.

1. *Die Nachfrage nach Arzneimitteln*

Die Arzneimittelhersteller profitieren beim Absatz ihrer Produkte von einigen Besonderheiten des von den Patienten letztlich angestrebten Gutes „körperliche Gesundheit". Die Nachfrage nach medizinischen Leistungen und Gütern steht oftmals im direkten Zusammenhang mit der Möglichkeit lebensbedrohlicher oder zumindest die Lebensqualität und Erwerbsfähigkeit einschränkenden Auswirkungen der zu behandelnden Krankheit.[331]

Anders als bei vielen anderen lebenswichtigen, jedoch herkömmlichen Gütern – wie bspw. Nahrung – kann das von den Patienten angestrebte Gut Gesundheit aufgrund der Unkalkulierbarkeit des Heilungsverlaufs selbst mit den nötigen finanziellen Mitteln nicht zwangsläufig erhalten bzw. wiederhergestellt werden.[332] Der Zustand der Krankheit stellt vielmehr eine menschliche Ausnahmesituation dar. Insbesondere bei lebensbedrohenden Krankheiten wird aus Patientensicht nahezu jeder beliebig hohe finanzielle Aufwand in Kauf genommen, solange dieser auch nur eine vage Aussicht auf Wiederherstellung der Gesundheit mit sich bringt. Das selbstbestimmte Handeln der Patienten ist also eingeschränkt, da diese kaum nach kostengünstigen Angeboten Ausschau halten werden, sofern damit ein (auch nur vermeintlich) größeres Risiko des Misserfolgs verbunden ist.[333] Gerade im Krankheitsfall kommt qualitativ hochwertigen Gesundheitsleistungen, und damit auch Arzneimitteln, aus Patientensicht also ein immens hoher Stellenwert zu.[334] Ökonomisch gesprochen ist die Nachfrage nach Arzneimitteln bis hin zu einem äußerst hohen Preisniveau also weitgehend

---

330 Siehe European Commission, Pharmaceutical Sector Inquiry – Final Report, Rz. 5.

331 Siehe *Arrow*, Uncertainty and the Welfare Economics of Medical Care, (1963) 53 The American Economic Review 941, 949.

332 Siehe *Arrow*, Uncertainty and the Welfare Economics of Medical Care, (1963) 53 The American Economic Review 941, 949.

333 Siehe *Breyer/Zweifel/Kifmann*, Gesundheitsökonomik, S. 189.

334 Vgl. *Becker/Schweitzer*, Wettbewerb im Gesundheitswesen, Gutachten B zum 69. Deutschen Juristentag, S. 16; in diese Richtung auch *Arnold*, NZS 1996, 193, 195, der von einer hohen privaten Zahlungsbereitschaft ausgeht.

unelastisch.[335] Notwendige Voraussetzung für eben jene qualitativ hochwertige Versorgung mit Arzneimitteln ist jedoch eine stetige Innovationstätigkeit der Arzneimittelhersteller, die nach neuartigen und verbesserten Behandlungsmethoden streben.[336]

2. Individueller Versorgungsbedarf vs. Kostendruck

Dabei folgt die Behandlung von Kranken zumindest unter ethischen Gesichtspunkten bis dato immer noch dem Grundsatz, dass alle Patienten, unabhängig von deren eigenen finanziellen Möglichkeiten, die zu einer Heilung bzw. Linderung der Krankheit notwendige Behandlung erfahren sollen.[337] Eines der Hauptprobleme der gesetzlichen Krankenversicherung ist daher das Spannungsverhältnis zwischen dem aus Sicht des einzelnen Patienten an sich nahezu unbegrenzten individuellen Mittelbedarf und der wirtschaftlichen Belastbarkeit der Beitragszahler bzw. der Leistungsfähigkeit der Gesamtvolkswirtschaft.[338]

a) Steigende Gesundheitskosten in der Gesetzlichen Krankenversicherung

Die gesetzlichen Krankenkassen sind angesichts der in den letzten Jahrzehnten stetig gestiegenen Gesundheitskosten und unter Druck stehender Budgets an der Geringhaltung der Kosten, insbesondere für die Versorgung mit Arzneimitteln, interessiert.[339] Seit den 1990er Jahren sind die Kosten für Arzneimittel überproportional stark angestiegen und sind mittlerweile neben den Kosten für stationäre und ambulante Behandlungen einer der Hauptkostenfaktoren im Gesundheitswesen.[340]

Zwischen 1970 und 2006 stieg der prozentuale Anteil der Gesamtkosten für die Gesundheitsfürsorge innerhalb der OECD im Schnitt von 5.1 % auf 8.9 % des Bruttoinlandsproduktes.[341] In Deutschland wurden mit insgesamt gut 327 Mrd. EUR im Jahr 2014[342] sogar 11, 2 % des Bruttoinlandsproduktes für Gesundheitsausgaben

---

335 Siehe *Scherer*, in: Handbook of Health Economics, Volume 1B, Chapter 25, The Pharmaceutical Industry, S. 1301.

336 *Sussmann*, in: Schöffski/Fricke/Guminski, Pharmabetriebslehre, S. 235 mwN.

337 Siehe *Arrow*, Uncertainty and the Welfare Economics of Medical Care, (1963) 53 The American Economic Review 941, 950.

338 Vgl. *Roters*, in: Kasseler Kommentar, SGB V, § 12, Rz. 2.

339 Vgl. European Commission, Pharmaceutical Sector Inquiry – Final Report, Rz. 11, 41 ff.

340 Vgl. European Commission, Pharmaceutical Sector Inquiry – Final Report, Rz. 42; ebenso *DiMasi/Hansen/Grabowski*, The Price of Innovation: New Estimates of Drug Development Costs, (2003) 22 Journal of Health Economics 151 ff.; *Chernew/May* in: Oxford Handbook of Health Economics, Health Care Cost Growth, S. 6.

341 Siehe *Chernew/May*, in: Oxford Handbook of Health Economics, Health Care Cost Growth, S. 2.

342 Siehe Statistisches Bundesamt, Gesundheitsausgaben in Deutschland nach Ausgabenträgern, Leistungsarten und Einrichtungen, S. 15.

verwendet.[343] Der Löwenanteil von gut 190 Mrd. EUR entfiel dabei auf die Gesetzliche Krankenversicherung (GKV).[344] Im gleichen Jahr wurden in Deutschland von den Trägern der Gesetzlichen Krankenversicherung davon insgesamt allein gut 37,3 Mrd. EUR für Arzneimittel aufgewandt.[345] Die steigenden Gesundheitskosten lassen sich in den Industriegesellschaften hauptsächlich mit dem technologischen Fortschritt sowie mit der zunehmenden Alterung der Gesellschaft erklären.

Einer der Hauptfaktoren für die stetig steigenden Gesundheitskosten ist der rasante technologische Fortschritt in der Medizin.[346] Arztbesuche und Krankenhausaufenthalte sind infolge der fortschrittlichen, jedoch gleichzeitig äußerst kostenintensiven Technologien, man denke hier bspw. an diagnostische Verfahren wie MRT, CT oder teure medikamentöse Therapien zur Behandlung von Autoimmunerkrankungen, deutlich teurer geworden, als dies noch vor einigen Jahrzehnten der Fall war.[347]

Diese Entwicklung wird durch den sich in den Industrieländern abzeichnenden demographischen Trend, hin zu immer älter werdenden Gesellschaften, begünstigt. Dieser geht vermehrt mit chronischen und behandlungsintensiven Alterskrankheiten wie Demenz, Osteoporose, Parkinson, Diabetes oder Herz-Kreislauf-Erkrankungen einher.[348] Die für diese Erkrankungen vorgesehenen Arzneimittel, die in erster Linie dem „Erhalt" des Wohlbefindens der Patienten bzw. der Linderung von Krankheitssymptomen dienen, werden meist über lange Zeiträume hinweg verabreicht und sind daher besonders umsatz- und gewinnträchtig.[349] Fortschritte in der Medizin führen zudem dazu, dass die Lebenserwartung der Menschen verlängert wird, sodass die Bedeutung der in medizinischer Hinsicht deutlich bedürftigeren Altersbevölkerung bei den Gesundheitsausgaben steigt.[350]

---

343 Siehe Statistisches Bundesamt, Gesundheitsausgaben in Deutschland nach Ausgabenträgern, Leistungsarten und Einrichtungen, S. 34.

344 Siehe Statistisches Bundesamt, Gesundheitsausgaben in Deutschland nach Ausgabenträgern, Leistungsarten und Einrichtungen, S. 19.

345 Siehe Statistisches Bundesamt, Gesundheitsausgaben in Deutschland nach Ausgabenträgern, Leistungsarten und Einrichtungen, S. 19.

346 Siehe *Chernew/May,* in: Oxford Handbook of Health Economics, Health Care Cost Growth, S. 3. mwN.

347 Vgl. *Fuchs*, Economics, Values, and Health Care Reform, (1996) 86 The American Economic Review 1, 19.

348 Vgl. *Thierolf*, in: Schöffski/Fricke/Guminski, Pharmabetriebslehre, S. 117f; *S. Schweitzer*, Pharmaceutical Economics and Policy, S. 33; *IMS Institute for Healthcare Informatics,* The Role of Generic Medicines in Sustaining Healthcare Systems: A European Perspective, June 2015, S. 3.

349 Siehe *S. Schweitzer*, Pharmaceutical Economics and Policy, S. 33.

350 Siehe *Breyer/Zweifel/Kifmann*, Gesundheitsökonomik, S. 541, 556; *Thierolf*, in: Schöffski/Fricke/Guminski, Pharmabetriebslehre, S. 118.

b) Das Primat des Wirtschaftlichkeitsgebots bei der Arzneimittelversorgung

Um die Kosten für die gesetzliche Krankenversicherung nicht unnötig ausufern zu lassen, erfolgt die Verordnung der Arzneimittel daher nach dem sog. Wirtschaftlichkeitsgebot. In Deutschland haben die gesetzlich Versicherten demzufolge grundsätzlich keinen schrankenlosen Versorgungsanspruch gegenüber den Krankenkassen, sondern laut § 12 Abs. 1 SGB V nur auf die Versorgung mit ausreichenden, zweckmäßigen und wirtschaftlichen Leistungen.[351] Das Wirtschaftlichkeitsgebot ist der Maßstab für jede medizinische Maßnahme nach dem SGB V und damit auch für jede Arzneimittelverordnung durch die Ärzteschaft.

Zur Konkretisierung des in § 12 Abs. 1 SGB V verankerten Wirtschaftlichkeitsgebots beschließt der Gemeinsame Bundesausschuss (G-BA) Richtlinien zur Sicherung der ärztlichen Versorgung nach § 92 Abs. 1 S. 2 Nr. 6 SGB V. So soll eine ausreichende, zweckmäßige und wirtschaftliche Versorgung der Versicherten gewährleistet werden. Laut §§ 4 ff. der Arzneimittelrichtlinien des G-BA haben die Versicherten grundsätzlich einen Anspruch auf die Versorgung mit allen nach dem Arzneimittelgesetz (AMG) verkehrsfähigen, verschreibungs- und apothekenpflichtigen Arzneimitteln, sofern sie nicht nach § 34 SGB V von der Leistungspflicht der gesetzlichen Krankenversicherung ausgeschlossen sind oder soweit sie nicht nach dem Wirtschaftlichkeitsgebot, wie es in diesen Richtlinien konkretisiert ist, nur eingeschränkt verordnet werden dürfen.[352] Das Wirtschaftlichkeitsgebot gibt insoweit nicht immer die billigste zweier notwendiger Leistungen vor, sondern diejenige mit der besten Kosten-Nutzen-Relation.[353] Gibt es jedoch keine Behandlungsalternative, kann eine notwendige Leistung grundsätzlich nicht wegen Unwirtschaftlichkeit versagt werden.[354] Da das Leben einen Höchstwert innerhalb der grundgesetzlichen Ordnung darstellt, führt eine grundrechtsorientierte Auslegung des Wirtschaftlichkeitsgebots, insbesondere bei der Behandlung lebensbedrohlicher oder regelmäßig tödlicher Erkrankungen, jedoch regelmäßig zu einem Leistungsanspruch der Patienten auf Maximalversorgung, soweit zumindest eine nicht ganz entfernt liegende Aussicht auf Heilung oder auf eine spürbare positive Einwirkung auf den Krankheitsverlauf

---

351 Siehe *Francke,* MedR 2006, 683, 686.

352 Siehe Richtlinien des Bundesausschusses der Ärzte und Krankenkassen über die Verordnung von Arzneimitteln in der vertragsärztlichen Versorgung („Arzneimittel-Richtlinien /AMR“) in der Fassung vom 18. Dezember 2008/22. Januar 2009 zuletzt geändert am 18.8. 2016, BAnz. 2006, Nr. 40, S. 1255; siehe auch *Francke,* MedR 2006, 683, 686.

353 Siehe *Scholz,* in: Becker/Kingreen, SGB V, § 12, Rz. 9; ebenso *von Langsdorff,* in: Sodan, Handbuch des Krankenversicherungsrechts, 3. Auflage 2018, § 9, Rz. 10.

354 Siehe *Joussen,* in: Beck-OK Sozialrecht, SGB V, § 12, Rz. 8; *Scholz,* in: Becker/Kingreen, SGB V, § 12, Rz. 9; *von Langsdorff,* in: Sodan, Handbuch des Krankenversicherungsrechts, 2. Auflage 2014, § 24, Rz. 11.

besteht.[355] Die Versorgung der Patienten mit Arzneimitteln richtet sich also nicht vorrangig nach Kostengesichtspunkten, sondern in erster Linie nach dem, was medizinisch notwendig ist.

II. Zielkonflikt zwischen Innovation und Kosteneinsparungen

Zwischen der gesellschaftlich gewünschten Erforschung und Entwicklung möglichst innovativer und wirksamer Arzneimittel einerseits und dem fiskalischen Zwang zur Kostensenkung – bei möglichst gleichbleibender Qualität der medizinischen Versorgung – andererseits, liegt ein offensichtlicher Zielkonflikt vor.

Die Arzneimittelhersteller sind als rational denkende Wirtschaftssubjekte in erster Linie im eigenen Interesse an der Gewinnmaximierung interessiert.[356] Aufgrund der hohen Kosten für Forschung und Entwicklung sind stetig fließende Gewinne aus dem Verkauf der Arzneimittel zugleich eine der Grundvoraussetzungen für eine effektive Innovationstätigkeit im Hinblick auf neuartige Wirkstoffe. Dies steht im Konflikt mit den verschiedenen gesetzgeberischen Bestrebungen, die Ausgaben der gesetzlichen Krankenversicherungssysteme für Arzneimittel zu reduzieren, da hiervon auch die Umsätze und Gewinne der Arzneimittelhersteller nachteilig betroffen sind. Insoweit ist jedoch zu beachten, dass hohe Umsätze und Gewinne jedoch kein zwangsläufiger Garant für eine erhöhte Innovationstätigkeit der Arzneimittelhersteller sind.[357] Beispielsweise ist in den USA trotz im Verhältnis zum Umsatz gestiegener Forschungs- und Entwicklungsausgaben kein entsprechender Anstieg von Marktzulassungen neuer Arzneimittel zu verzeichnen.[358]

Neben dem Gewinnerzielungsinteresse der Arzneimittelhersteller ist vor allem die drohende Konkurrenz durch Mitbewerber, der es durch neue und verbesserte Produkte entgegenzutreten gilt, eine der hauptsächlichen Triebfedern für Innovation. Zu den Mitbewerbern zählen insoweit nicht nur die anderen

---

355 Vgl. BVerfG Beschluss v. 26.2.2013 – 1 BvR 20145/12, NZS 2013, 500 f.; *Scholz* in: Becker/Kingreen, SGB V, § 12, Rz. 3.

356 *Feldman/Frondorf*, Drug Wars: A new Generation of Generic Pharmaceutical Delay, (2016) 53 Harv. J. on Legis. 499, 503 räumt den Arzneimittelherstellern gegenüber insoweit metaphorisch ein, dass sie bei der Durchführung ihrer Absatzstrategien streng an ihrem wirtschaftlichen Eigeninteresse orientieren: "One cannot expect the rats in the maze to run in the direction society wishes if the cheese is located at the other end."

357 Vgl. *Stiglitz*, Economic Foundations of Intellectual Property Rights, (2008) 56 Duke Law Journal 1693, 1713;
Scherer, The Link Between Gross Profitability and Pharmaceutical R&D Spending, (2001) 20 Health Affairs 216 ff; *Domeij*, Anticompetitive marketing in the context of pharmaceutical switching in Europe, in: Drexl/Lee, Pharmaceutical Innovation, Competition and Patent Law S. 278f.

358 Siehe *Thierolf*, in: Schöffski/Fricke/Guminski, Pharmabetriebslehre, S. 126 f.

Originalpräparatehersteller, sondern auch die Generikahersteller, die in puncto gemeinfreie Originalpräparate in Konkurrenz zu den Originalpräparateherstellern treten. Hieraus speist sich nicht zuletzt die wettbewerbsrechtliche Problematik des Product-Switching. Durch die beschriebenen Absatzstrategien wird im wirtschaftlichen Eigeninteresse versucht, kostengünstigen Generika den Marktzutritt zu erschweren, was im Ergebnis zu einer geringeren Wettbewerbsintensität, sinkenden Innovationsanreizen sowie einer deutlich höheren Kostenbelastung der gesetzlichen Gesundheitssysteme führen kann.

B. Ökonomische Besonderheiten des Arzneimittelsektors

Der Arzneimittelsektor ist eine hochgradig regulierte sowie äußerst forschungs- und kostenintensive Branche, deren ökonomische Besonderheiten es bei der Betrachtung der Product-Switching-Strategien zu beachten gilt. Einige dieser Besonderheiten, insbesondere bei der Arzneimittelnachfrage, erleichtern es den Originalpräparateherstellern erheblich, die beschriebenen Switching-Strategien in die Tat umzusetzen. An anderen Stellen werden jedoch die Generikahersteller durch das geltende Regelungsregime umfassend begünstigt, sodass sie vor allem beim Markteintritt von den zuvor getätigten Investitionen der Originalpräparatehersteller profitieren, die das sprichwörtliche Feld bereits für sie bestellt haben. Wie im weiteren Verlauf der Arbeit noch gezeigt wird, dienen diese Privilegierungen den Originalpräparateherstellern oftmals als Argument, um die von ihnen lancierten Product-Switching-Strategien als bloße Verteidigung gegen aus ihrer Sicht institutionalisiertes „Free-Riding" der Generikahersteller zu rechtfertigen.[359] Andererseits warten mittlerweile mehrere EU-Mitgliedstaaten – allen voran Deutschland – mit verschiedenen regulatorischen Mechanismen auf, die zumindest im Grundsatz dazu geeignet sind, Product-Switching-Strategien, die keinen signifikanten therapeutischen Mehrwert mit sich bringen, bereits weitgehend von vornherein zu unterbinden.

I. Der Price-Disconnect bei der Arzneimittelnachfrage

Aus der Vielzahl der meist regulatorisch bedingten Besonderheiten des Arzneimittelmarktes ragt vor allem das Auseinanderfallen von Konsumentscheidung, Konsum und Kostentragung bei der Arzneimittelnachfrage heraus. Während bei den meisten herkömmlichen Gütern ein und dieselbe Person über den Erwerb entscheidet, das Gut konsumiert und auch die Kosten hierfür trägt, sind beim Erwerb von Arzneimitteln in der Regel drei verschiedene Marktteilnehmer beteiligt: Die Patienten, die Ärzte und die gesetzlichen Krankenversicherungen.[360] Bei verschreibungspflichtigen Arzneimitteln wählt nicht der Endverbraucher, d.h.

359 Siehe hierzu im Detail: Teil 3, B., III., 3.
360 Siehe *Schäffner*, S. 43.

der Patient, sondern der Arzt das zur Behandlung eines Krankheitsbildes notwendige Produkt aus. Bestehenden Krankenversicherungsschutz des Patienten vorausgesetzt, tragen im Grundsatz letztlich jedoch weder der Patient, noch der das jeweilige Arzneimittel verordnende Arzt, die vollen Kosten des Arzneimittels, sondern die Krankenversicherung. Konsumentscheidung und Kostentragung fallen hier also, anders als auf herkömmlichen Märkten, auseinander.

Wie noch im Detail gezeigt wird, erleichtert dieser auch als „Price-Disconnect“ bezeichnete Umstand,[361] den Originalpräparateherstellern die Umsetzung der verschiedenen Product-Switching-Strategien erheblich, da auch bei therapeutisch nur wenig fortschrittlichen Folgepräparaten im Grundsatz eine vergleichsweise hohe Zahlungsbereitschaft besteht.

1. *Grundsatz: Auswahl der Arzneimittel durch die Ärzte*

Wettbewerb entsteht dort, wo Unternehmer oder Verbraucher von ihren Handlungsfreiheiten im Wirtschaftsverkehr Gebrauch machen.[362] Obwohl die vollständige Information der Marktteilnehmer über die Marktverhältnisse als theoretische Grundlage für funktionierenden Wettbewerb mittlerweile längst überholt ist,[363] folgt das wettbewerbstheoretische Leitbild in marktwirtschaftlich verfassten Gesellschaften weiterhin dem mündigen Konsumenten, der Entscheidungen eigenverantwortlich trifft[364]. Dieser bedarf zur effektiven Teilnahme am Markt zwar nicht vollständiger Information, jedoch ist zumindest ein gewisser Grad an Wissen um Preis- und Qualitätskriterien nötig. Bei der Beschaffung von verschreibungspflichtigen Arzneimitteln ist, anders als bei der Güterverteilung auf herkömmlichen Märkten, jedoch nicht von autonom und informiert handelnden (End-) Konsumenten auszugehen.[365]

---

361 Zum Begriff siehe United States Court of Appeals for the Second Circuit, People of the State of New York v. Actavis PLC and Forest Laboratories LLC, Case 14-4624-cv, S. 13; *Carrier/Shadowen,* Product Hopping: A New Framework, (2016) 92 Notre Dame L. Rev. 167, 179; *Klein,* Antitrust Enforcement against Pharmaceutical Product Hopping: Protecting Consumers or Reaching Too Far, (2016) 10 St. Louis U. J. Health L. & Pol'y 213, 217; *Shadowen/Leffler/Lukens,* Anticompetitive Product Changes in the Pharmaceutical Industry, (2009) 41 Rutgers Law Journal 1, 2.

362 Siehe *Mestmäcker/Schweitzer,* in: Mestmäcker/Schweitzer, Europäisches Wettbewerbsrecht, § 3, Rz. 4.

363 Siehe *Mestmäcker/Schweitzer,* in: Mestmäcker/Schweitzer, Europäisches Wettbewerbsrecht, § 3, Rz. 10 mwN., insbesondere auf *von Hayek,* Der Wettbewerb als Entdeckungsverfahren, S. 3 ff.

364 Siehe *Podszun,* in: Harte-Bavendamm/Henning-Bodewig, UWG, § 1, Rz. 52 mwN.

365 Siehe *Arnold,* NZS 1996, 193, 195; ebenso *Carrier/Shadowen,* Product Hopping: A New Framework, (2016) 92 Notre Dame L. Rev. 167, 180.

a) *Komplexität des Arzneimittelangebots*

Der durchschnittliche Patient ist bereits aufgrund seiner mangelnden medizinischen Vorbildung weder in der Lage, die meisten Krankheiten korrekt zu diagnostizieren, noch diese einer wirksamen, effizienten und vor allem risikoarmen Behandlung mit Arzneimitteln zu unterziehen. Gemessen an Packungsgröße, Wirkstärke oder Darreichungsform sind bspw. allein in Deutschland laut dem Bundesinstitut für Arzneimittel und Medizinprodukte 50.000 rezeptpflichtige Arzneimittel unter verschiedenen Handelsnamen zugelassen.[366] Angesichts dieser überbordenden Fülle dürfte es bereits den medizinisch geschulten und durch regelmäßige Fortbildungen, Fachpublikationen, Werbung und den Austausch mit Kollegen etc. informierten Ärzten schwerfallen, eine optimale Behandlung der Patienten mit Arzneimitteln abzustimmen. Das Verhältnis von Arzt und Patient ist also von einer starken Informationsasymmetrie gekennzeichnet, sodass sich der Patient generell auf die Expertise des Arztes verlassen muss.[367]

Dies mag in Zeiten von allgegenwärtigem Zugang zu medizinischen Informationen über das Internet und einer erhöhten Aufmerksamkeit vieler Patienten, was medizinische Entwicklungen anbelangt, vielleicht im Einzelfall anders zu bewerten sein,[368] spätestens jedoch bei komplexeren Krankheitsbildern, der Kombination mehrerer Arzneimittel oder möglichen Wechselwirkungen mit Vorerkrankungen und anderen Arzneimitteln, ist die fachliche Kompetenz eines Arztes bei der Auswahl der Arzneimittel jedoch unverzichtbar. Die medizinische Letztentscheidung über die Verordnung des einen oder anderen Arzneimittels liegt jedenfalls bei verschreibungspflichtigen Medikamenten immer beim Arzt, der die Entscheidung über die konkrete Verordnung aufgrund seiner fachlichen Kompetenz und entsprechend seinen von persönlichen Erfahrungen geprägten Präferenzen fällt.[369]

---

366 Siehe https://www.bfarm.de/DE/Service/Statistiken/AM_statistik/statistik-verkf-am-zustBfArM.html http://www.bfarm.de/DE/Service/Statistik/AM_statistik/statistik-verkf-am-zustBfArM.html (Stand 27. Oktober 2020).

367 Siehe European Commission, Pharmaceutical Sector Inquiry – Final Report, Rz. 120. Dies mag in Zeiten von allgegenwärtigem Zugang zu medizinischen Informationen über das Internet und einer erhöhten Aufmerksamkeit vieler Patienten, was medizinische Entwicklungen anbelangt, vielleicht im Einzelfall anders zu bewerten sein, (zur sich langsam wandelnden Rolle des Patienten als aufgeklärtem und gut informiertem Marktteilnehmer siehe *Ehrnstorfer*, in: Schöffski/Fricke/Guminski, Pharmabetriebslehre, S. 277) spätestens jedoch bei komplexeren Krankheitsbildern, der Kombination mehrerer Arzneimittel oder möglichen Wechselwirkungen mit Vorerkrankungen und anderen Arzneimitteln, ist die fachliche Kompetenz eines Arztes bei der Auswahl der Arzneimittel jedoch unverzichtbar.

368 Zur sich langsam wandelnden Rolle des Patienten als aufgeklärtem und gut informiertem Marktteilnehmer siehe *Ehrnstorfer*, in: Schöffski/Fricke/Guminski, Pharmabetriebslehre, S. 277.

369 Siehe *Arnold*, NZS 1996, 193, 195.

b) Abgabe der Arzneimittel durch die Apotheken

In diesem Zusammenhang ist hervorzuheben, dass die Ärzte zwar für die Verordnung der Arzneimittel zuständig sind, die finale Abgabe an die Patienten jedoch meist allein durch die Apotheken erfolgt. In Deutschland unterliegen diese dabei der gesetzlichen *Aut-idem*-Regelung nach § 129 Abs. 1 SGB V.[370]

2. Auseinanderfallen von Konsumentscheidung und Kostentragung

Neben dem Auseinanderfallen von tatsächlichem Konsum und Konsumentscheidung zeichnet sich der Arzneimittelmarkt jedoch vor allem durch ein Auseinanderfallen von Konsumentscheidung und Kostentragung aus. Dies führt dazu, dass die den Konsumenten im Marktgeschehen zukommende Abwägungsentscheidung zwischen Qualität und Preis verschiedener Güter gestört ist.[371]

a) Trübung der individuellen Preissensitivität durch Versicherungsschutz

Zumindest in entwickelten Industrieländern müssen die Patienten mittlerweile selten auch nur ansatzweise die vollen Kosten der medizinischen Behandlung selbst tragen.[372]

Die gesetzliche Krankenversicherung in Deutschland basiert auf dem sog. Sachleistungsprinzip. Anders als in der privaten Krankenversicherung müssen die Patienten bei der Inanspruchnahme von erstattungsfähigen Gesundheitsleistungen, d.h. auch beim Erwerb von Arzneimitteln in der Apotheke, in der Regel nicht in Vorleistung gehen. Die Abrechnung der Kosten für verschreibungspflichtige Arzneimittel erfolgt vielmehr grundsätzlich direkt zwischen den Leistungserbringern, d.h. hier den Apotheken und den Krankenkassen.[373] Der Patient geht daher als Kontrollinstanz verloren, da er in der Regel nicht weiß, was den Krankenkassen von den Leistungserbringern in Rechnung gestellt wird.[374] Die Patienten können deshalb auch kein Kostenbewusstsein entwickeln, das sie eventuell

---

370 Siehe hierzu im Detail: Teil 3, B., II., 1., a).

371 Siehe *Shadowen/Leffler/Lukens*, Anticompetitive Product Changes in the Pharmaceutical Industry, (2009) 41 Rutgers Law Journal 1, 2, *Gilbert*, Holding Innovation to an Antitrust Standard, (2007) 3 Competition Policy International 46, 67.

372 Selbst in den USA, wo lange Zeit kein flächendeckendes gesetzliches Krankenversicherungssystem bestand, fiel der Anteil der vom Patienten aus eigener Tasche zu tragenden Kosten für verschreibungspflichtige Arzneimittel zwischen 1980 und 2010 von 70 % auf etwa 8 %, siehe *Scott Morton/Kyle*, in: Handbook of Health Economics, Volume 2, Chapter 12, Markets for Pharmaceutical Products, S. 788; *Berndt/Aitken*, Brand Loyalty, Generic Entry and Price Competition in Pharmaceuticals in the Quarter Century after the 1984 Waxman-Hatch Legislation, (2010) NBER Working Paper Series 16431, S. 3.

373 Siehe *Schöffski*, in: Schöffski/Fricke/Guminski, Pharmabetriebslehre, S. 13.

374 Siehe *Schöffski*, in: Schöffski/Fricke/Guminski, Pharmabetriebslehre, S. 13.

von der Inanspruchnahme nicht notwendiger Leistungen abhalten würde.[375] Die Verordnung der Arzneimittel erfolgt vielmehr allein durch die behandelnden Ärzte, die jedoch auch nicht die unmittelbaren Kosten für die Arzneimittel tragen, sondern diese vollständig auf die gesetzliche Krankenversicherung abwälzen.[376] Somit kann verkürzt festgehalten werden, dass diejenigen, welche die Nachfrageentscheidung treffen, nicht bezahlen, wohingegen diejenigen, die bezahlen, nicht über die Nachfrage entscheiden.[377]

b) Geringe Preissensitivität bei der Arzneimittelnachfrage

Wie bereits ausgeführt, ist aufseiten der Patienten zumindest bei ernsthaften Erkrankungen ohnehin nahezu keinerlei Preisbewusstsein vorhanden.[378] Da die Kosten für die Arzneimittelversorgung jedoch letztlich auf die solidarisch finanzierten Krankenkassen abgewälzt werden, schenken nach allgemeiner Ansicht auch die Ärzte den Arzneimittelpreisen meist wenig Beachtung.[379] Hieraus folgt eine im Grundsatz geringe Preiselastizität der Arzneimittelnachfrage, da der Großteil der Arzneimittelkosten von den Kranken- bzw. Sozialversicherungsträgern beglichen wird.[380] Anders als auf herkömmlichen Märkten, soll es auf der

375 Siehe *Schöffski*, in: Schöffski/Fricke/Guminski, Pharmabetriebslehre, S. 13; das mangelnde Preisbewusstsein bei der Inanspruchnahme medizinischer Leistungen aufgrund bestehenden Versicherungsschutzes bemängelt bereits *Arrow*, Uncertainty and the Welfare Economics of Medical Care, (1963) 53 The American Economic Review 941, 962.

376 Siehe Kommission, Ent. v. 15.6.2005, COMP/A. 37.507/F3, Rz. 115 – *Astra Zeneca*.

377 Siehe *Carrier/Shadowen*, Product Hopping: A New Framework, (2016) 92 Notre Dame L. Rev. 167, 180.

378 Siehe Teil 2, A., I., 1.

379 Siehe *Shadowen/Leffler/Lukens*, Anticompetitive Product Changes in the Pharmaceutical Industry, (2009) 41 Rutgers Law Journal 1, 11; *Schäffner*, S. 45; *Scott Morton/Kyle*, in: Handbook of Health Economics, Volume 2, Chapter 12, Markets for Pharmaceutical Products, S. 769; *Scherer*, in: Handbook of Health Economics, Volume 1B, Chapter 25, The Pharmaceutical Industry, S. 1300; so bspw. auch als unstreitig von den Parteien in EuG, Urt. v. 1.7.2010, Rs. T-321/05, Slg. 2010 II-02805, Rz. 34, 178 – *Astra Zeneca/Kommission* zugrunde gelegt.

380 Vgl. *Cassel/Wille* in IGES/Cassel/Wille/WIdO, Steuerung der Arzneimittelausgaben und Stärkung des Forschungsstandortes für die pharmazeutische Industrie, Gutachten für das Bundesministerium für Gesundheit, 2.6.2006, S. 281, S. 385; *Schweitzer/Becker*, WRP 2012, 382; *Hovenkamp*, Sensible Antitrust Rules for Pharmeceutical Competition, (2004) 39 University of San Francisco L. Rev. 11; *Danzon*, in: Oxford Handbook of Health Economics, The Economics of the Biopharmaceutical Industry, S. 11; *Scherer*, in: Handbook of Health Economics, Volume 1B, Chapter 25, The Pharmaceutical Industry, S. 1301; so auch European Commission, Pharmaceutical Sector Inquiry – Final Report, Rz. 119.

Nachfrageseite daher kaum zu einer Abwägung zwischen Kosten und Nutzen von verschreibungspflichtigen Arzneimitteln kommen.

3. Erleichterung von Product-Switching-Strategien

Hieraus resultiert ein Markt, auf dem die Abnehmer die ihnen zentral zukommende Abwägung zwischen Qualität und Preis nicht ausüben können, bzw. hierfür keinen Anreiz haben.[381] Die Originalpräparatehersteller machen sich dieses Marktversagen bei den beschriebenen Product-Switching-Strategien zunächst vor allem bei der Einführung der Folgepräparate zunutze. Zudem wirkt sich dies auch auf das Nachfrageverhalten, d.h. die Verordnungspraxis, der Ärzte nach dem Markteintritt von Generika aus.

a) Erhöhte Wechselwilligkeit aufgrund geringer Preiselastizität

Abnehmer treffen Konsumentscheidungen zwischen verschieden bepreisten Gütern idealerweise nach dem Kriterium, ob der höhere Preis durch die Qualität und Eigenschaften eines Gutes aufgewogen werden. Aufgrund der im Kern geringen Preiselastizität bei der Arzneimittelnachfrage, sind die Ärzte verstärkt dazu bereit ein – was die therapeutische Wirksamkeit betrifft – nur marginal verbessertes, im Einzelfall auch teureres Folgepräparat zu verordnen, anstatt die Patienten mit dem noch parallel erhältlichen (günstigeren) Originalpräparat zu behandeln.[382] Somit wird bereits der Switch vom Originalpräparat hin zum Folgepräparat durch die geringe Preissensitivität der Ärzteschaft erheblich erleichtert. Voraussetzung hierfür ist jedoch ein äußerst intensives Marketing der Originalpräparatehersteller, das die Ärzte von der Überlegenheit des Folgepräparats überzeugt und so dazu bewegt, möglichst viele Patienten vom Originalpräparat auf das Folgepräparat umzustellen.[383] Unabhängig davon, ob das Originalpräparat im Zuge des Product-Switchs tatsächlich vom Markt genommen wird, besteht also trotz eines ggf. höheren Preises eine geringere Hürde, auf das medizinisch vermeintlich bessere Folgepräparat zu wechseln.

Wird das bislang verordnete Originalpräparat jedoch vor dem Patentauslauf vom Markt genommen, besteht für die Ärzte zunächst die Notwendigkeit, sich um alternative und ggf. günstigere Arzneimitteln für die Behandlung ihrer Patienten zu bemühen. Da jedoch das Originalpräparat nahtlos durch ein Folgepräparat ersetzt wird, besteht vor allem aufgrund des Price-Disconnects ein

---

381 Vgl. *Shadowen/Leffler/Lukens*, Anticompetitive Product Changes in the Pharmaceutical Industry, (2009) 41 Rutgers Law Journal 1, 9; ebenso *Carrier/Shadowen*, Product Hopping: A New Framework, (2016) 92 Notre Dame L. Rev. 167, 180.

382 Vgl. *Carrier/Shadowen*, Product Hopping: A New Framework, (2016) 92 Notre Dame L. Rev. 167, 180.

383 Siehe Commission, Pharmaceutical Sector Inquiry – Final Report, Rz. 1037; *Schäffner*, S. 173; *Fackelmann*, S. 99; *Shadowen/Leffler/Lukens*, IIC 2011, 698, 701.

deutlich größerer Anreiz, das vom gleichen Hersteller im Zuge des Switches bereits seit längerem intensiv beworbene Folgepräparat zu verordnen, als sich nach kostengünstigeren Alternativen anderer Hersteller umzusehen. Die geringe Preissensitivität der Ärzte verhilft also auch den auf den Switch gerichteten Marketingbemühungen der Originalpräparatehersteller oftmals zu größerem Erfolg, als dies unter herkömmlichen Marktbedingungen der Fall wäre.

b) Unflexibles Verordnungsverhalten der Ärzte

Dieser Effekt wird durch das relativ verkrustete Verordnungsverhalten der Ärzte begünstigt. Bereits aus Gründen der Risikoaversion verordnen diese vor allem ihnen bekannte und bereits bewährte Arzneimittel.[384] Daher wird der Anreiz, das vom gleichen Hersteller im Zuge des Switches seit längerem intensiv beworbene Folgepräparat zu verordnen, noch verstärkt, da hier bereits positive Erfahrungen mit dem Hersteller und dessen Produkten bestehen, auf die nicht zuletzt beim Marketing aufgebaut werden kann. Steht neben dem Originalpräparat ohnehin keine Behandlungsalternative zur Verfügung, wirkt sich der Price-Disconnect hingegen nicht aus, da die Ärzte im Fall der Marktrücknahme des Originalpräparats schlicht zur Verordnung des Folgepräparats gezwungen sind, um eine adäquate Behandlung der Patienten weiterhin sicherzustellen.

c) Erschwerter Switch-Back

Die im Grundsatz geringe Preissensitivität der Ärzte trägt darüber hinaus auch entscheidend dazu bei, dass nach dem erfolgreichen Switch vom Originalpräparat auf das Folgepräparat selten zurück auf die später in den Markt tretenden, preisgünstigeren Generika des Originalpräparats gewechselt wird. Ein sog. „Switch-Back“ auf die generischen Varianten des Originalpräparats findet also nur in geringem Maße statt.

Nach der Einführung eines Generikums stellt sich die Lage u.U. wie folgt dar: Obwohl mittlerweile ein dem ursprünglichen Originalpräparat gleichwertiges und im Vergleich zum kürzlich im Markt eingeführten Folgepräparat deutlich preisgünstigeres Arzneimittel erhältlich ist, sieht die Ärzteschaft überwiegend davon ab, nun wieder das ursprüngliche Originalpräparat zu verschreiben. Wenngleich eine kostensparende Substitution mit preisgünstigeren und ähnlich wirksamen generischen Arzneimitteln durch die Apotheken im Rahmen der *Aut-idem*-Regelung prinzipiell möglich wäre,[385] kommt der an sich zu erwartende

---

384 Siehe Brief for Intellectual Property and Antitrust Professors as Amicus Curiae in Support of Plaintiff-Appellee, United States Court of Appeals for the Second Circuit, People of the State of New York v. Actavis PLC and Forest Laboratories LLC, Case 14-4624-cv, S. 8 f. mwN.

385 Siehe hierzu im Detail: Teil 3, B., II., 1., a).

Switch-Back nicht oder nur in sehr geringem Maße zustande.[386] Die Gründe hierfür sind vielfältig. Genannt werden muss jedoch vor allem die Beeinflussung von Ärzten und Patienten durch das Marketing der Arzneimittelhersteller. Einerseits wird durch umfangreiche Marketingkampagnen der Originalpräparatehersteller eine qualitative bzw. therapeutische Überlegenheit des Folgepräparats suggeriert, die ggf. auch dessen Mehrkosten aufwiegt, andererseits mindert die vorrangig preisbasierte *Aut-idem*-Regelung den Anreiz für etwaige Marketingbestrebungen der Generikahersteller ganz entscheidend[387]. Hinzu kommt sicherlich auch, dass Ärzte insbesondere bei chronischen Krankheiten aus Gründen des Patientenwohls oftmals davon absehen, ein gut wirkendes Arzneimittel allein aus Kostenerwägungen durch ein anderes zu ersetzen.[388]

II. Kostendämpfung und Privilegierung der Generikahersteller durch verpflichtende Abgabe preisgünstiger Arzneimittel

In Deutschland findet die bereits im Zuge der Darstellung der Situation in den USA skizzierte[389] *Aut-idem*-Regelung in § 129 Abs. 1 SGB V Widerhall, der die Apotheken zur Abgabe preisgünstiger Arzneimittel an die Patienten verpflichtet. Die geringe Preissensitivität der Ärzte bei der Verordnung der Arzneimittel soll also auf Ebene der Arzneimittelabgabe durch die Apotheken ausgeglichen werden. Durch diese regulatorischen Maßnahmen wird auch bestimmten, vor allem durch das Marketing der Originalpräparatehersteller hervorgerufenen, verkrusteten Verordnungsgewohnheiten der Ärzteschaft entgegengesteuert. Infolge der umfangreichen Marketingbemühungen der Pharmabranche bauen diese im Laufe der Jahre oft eine Art Markenverbindung zu bestimmten Arzneimitteln auf, welche dann je nach Krankheitsbild oftmals reflexartig verordnet werden.[390]

---

386 Siehe US District Court for the Southern District of New York, The People of the State of New York v. Actavis PLC and Forest Laboratories LLC, Case 1:14-cv-07473-RWS, S. 84ff; United States Court of Appeals for the Second Circuit, People of State of New York v. Actavis PLC and Forest Laboratories LLC, Case 14-4624-cv, S. 40.

387 Zum Marketing und dessen Effekten im Arzneimittelbreich im Detail siehe: Teil 3. B., III., 3.

388 Vgl. *Domeij,* Anticompetitive marketing in the context of pharmaceutical switching in Europe, in: Drexl/Lee, Pharmaceutical Innovation, Competition and Patent Law, S. 281, ebenso Brief for Amicus Curiae Federal Trade Commission supporting Plaintiff-Appelant, United States Court of Appeals for the Third Circuit, Mylan Pharmaceuticals Inc v. Warner-Chilcott PLC et. al, Case: 15-2236, S. 9.

389 Siehe Teil 2, A., I., 1., b.).

390 Vgl. *Domeij,* Anticompetitive marketing in the context of pharmaceutical switching in Europe, in: Drexl/Lee, Pharmaceutical Innovation, Competition and Patent Law, S. 279; in diese Richtung auch Kommission, Ent. v. 15.6.2005, COMP/A. 37.507/F3, Rz. 115 mwN. – *Astra Zeneca.*

Durch die Möglichkeit der Substitution mit einem Generikum, wird die funktionierenden Märkten ureigene Abwägungsentscheidung der Nachfrager zwischen Kosten und Nutzen der nachgefragten Produkte, zumindest wieder ein Stück weit in Richtung der Abnehmer verschoben.[391] Was verschreibungspflichtige Arzneimittel anbelangt, wird hierdurch der bei der Verordnung der Arzneimittel bestehende Price-Disconnect ausgeglichen. Dieser Substitutions-Automatismus bei der Abgabe der Arzneimittel trägt auch dazu bei, die Transaktionskosten – namentlich die Marketingkosten der Generikahersteller – zu senken, die entstehen würden, wenn die Abnehmer statt des aufwendig beworbenen Originalpräparats ein preisgünstigeres Generikum nachfragen.

1. *Wiederbelebung des Preiselements durch Regulierung der Arzneimittelabgabe*

Durch das AMNOG[392] wurden in Deutschland im Jahr 2011 die Vorschriften zur Arzneimittelabgabe durch die Apotheken, insbesondere die Substitutionspflicht mit preisgünstigen Arzneimitteln, nochmals präzisiert.

a) Die Aut-idem-Regelung

Zentrales Element bei der Arzneimittelabgabe durch die Apotheken ist – ähnlich wie in den USA – die sog. *Aut-idem*-Regelung.[393] Die Apotheken sind gemäß § 17 Abs. 5 S. 1 ApBetrO dazu verpflichtet, grundsätzlich ausschließlich das vom Arzt verordnete Arzneimittel abzugeben. § 129 Abs. 1 S. 1 Nr. 1 SGB V verpflichtet die Apotheken jedoch zur Abgabe eines preisgünstigen – d.h. oftmals generischen – Arzneimittels, sofern ein Arzneimittel durch den Arzt nur unter seiner Wirkstoffbezeichnung verordnet wurde oder die Ersetzung des Arzneimittels durch ein wirkstoffgleiches Arzneimittel nicht ausgeschlossen ist. Grundvoraussetzung ist jedoch, dass das preisgünstigere Arzneimittel mit dem verordneten in Wirkstärke und Packungsgröße identisch ist, für ein gleiches Anwendungsgebiet zugelassen ist und die gleiche oder eine austauschbare Darreichungsform besitzt. Diese Voraussetzungen decken sich mit denen der vereinfachten Marktzulassung nach § 24b AMG. Maßgebliches Kriterium ist also die sog. „Bioäquivalenz" von Originalpräparat und generischem Arzneimittel. Hierdurch soll sichergestellt werden, dass diese generischen Arzneimittel sowohl mit dem Referenzarzneimittel, d.h. dem Originalpräparat, als auch untereinander austauschbar sind.[394]

---

391 Vgl. American Antitrust Institute Amicus Curiae, Unites States Court of Appeals for the Second Circuit, State of New York v. Actavis PLC and Forest Laboratories LLC, Case No. 14-CV-7473, S. 9.

392 Gesetz zur Neuordnung des Arzneimittelmarktes in der gesetzlichen Krankenversicherung (Arzneimittelmarktneuordnungsgesetz).

393 Vgl. *Axer*, in: Becker/Kingreen, SGB V, § 129, Rz. 17.

394 Siehe BT-Drucks. 17/2413, 29.

b) Vorrang von Rabattvereinbarungen

Dies gilt jedoch wie bereits erwähnt nur, solange keine individuelle Rabattvereinbarung zwischen der Krankenkasse des Versicherten bzw. deren Dachverband und einem Arzneimittelhersteller nach § 130a Abs. 8 SGB V besteht. In diesem Fall muss der Apotheker das verordnete Arzneimittel gemäß § 129 Abs. 1 S. 3 SGB V vorrangig durch ein wirkstoffgleiches Arzneimittel, das Gegenstand jener Rabattvereinbarung ist, austauschen. Hierdurch sollen die mittels der Rabattvereinbarungen zugunsten der Krankenkassen bewirkten Preisabschläge realisiert[395] und sichergestellt werden, dass Versicherte in den Fällen, in denen mehrere wirkstoffgleiche Arzneimittel zur Verfügung stehen, stets jenes erhalten, das für ihre jeweilige Krankenkasse das wirtschaftlichste ist.[396]

c) Wahlfreiheit der Patienten

Den versicherten Patienten steht es zudem unter der sog. Mehrkostenregelung nach wie vor frei, ein gleichwertiges Arzneimittel ihrer Wahl zu erhalten. Jedoch müssen die Versicherten in diesem Fall das gewünschte Arzneimittel gegen Bezahlung beim Apotheker käuflich erwerben und dann die Erstattung des Kaufpreises unter Vorlage der Quittung und der ärztlichen Verordnung bei ihrer Krankenkasse beantragen.[397] Die Höhe der Erstattung durch die Krankenkasse und somit auch der von den Patienten zu tragende Eigenanteil bemisst sich nach § 13 Abs. 2 SGB V.

2. Umgehung der Regelung durch den Switch

An diesem Punkt zeigt sich der unter Wettbewerbsaspekten problematische Kern des Product-Switchings. Durch den Product-Switch wird den Generikaherstellern der aus ihrer Sicht wirksamste Mechanismus, um mit den Originalpräparateherstellern auf Augenhöhe in Wettbewerb zu treten, genommen.

a) Ausschluss der Substitution wegen Änderungen am Originalpräparat

Wie bereits beispielhaft dargestellt, wird im Zuge der Entwicklung eines Folgepräparats nahezu immer die Wirkstoffzusammensetzung bzw. die Wirkstärke oder Darreichungsform des Originalpräparats geändert. Sobald die Patienten also das Folgepräparat von den Ärzten verordnet bekommen, ist die gesetzliche Substitution durch ein preisgünstigeres, jedoch auf dem ursprünglichen Originalpräparat basierendes Generikum in der Regel nicht mehr möglich.[398] Die Originalpräparatehersteller zielen bei der Kreierung des Folgepräparats gerade

395 Siehe *von Dewitz,* in: Beck-OK Sozialrecht, SGB V, § 129, Rz. 11.
396 Siehe BT-Drucks. 17/2413, 29.
397 Siehe *von Dewitz,* in: Beck-OK Sozialrecht, SGB V, § 129, Rz. 13.
398 Siehe *Schäffner,* S. 172; *Shadowen/Leffler/Lukens,* IIC 2011, 698, 699.

darauf ab, dass sich dieses so weit vom Originalpräparat unterscheidet, dass eine Substitution unter der *Aut-idem*-Regelung nicht mehr möglich ist. Hierzu reicht bei einem ansonsten gleichwertigen Folgepräparat bspw. schon eine vergleichsweise einfach zu bewerkstelligende Veränderung der Wirkstoffkonzentration oder eine Änderung der Darreichungsform gegenüber dem Originalpräparat aus.[399]

b) Auswirkungen auf den Markteintritt von Generika

Die Absatzstrategien der Originalpräparatehersteller stellen eine Umgehung bzw. Außerkraftsetzung des *Aut-idem*-Mechanismus dar, wodurch die gesetzgeberische Grundentscheidung für die Stützung des Absatzes preisgünstiger Generika konterkariert wird. Insbesondere ist festzuhalten, dass die Generikahersteller in ihrem Markteintritt durch ein Verhalten der Originalpräparatehersteller beeinträchtigt werden, dass diesen nur aufgrund einer vor dem Product-Switch bestehenden, leistungsschutzrechtlich abgesicherten Marktstellung möglich war.

III. Weitere Wettbewerbsvorteile der Generikahersteller

Neben der *Aut*-idem-Regelung verfügen die Generikahersteller im Vergleich zu den Originalpräparateherstellern vor allem in der Phase bis zur Markteinführung eines Arzneimittels über weitere umfangreiche, oftmals gesetzlich verankerte Wettbewerbsvorteile. Vor allem profitieren sie enorm von den bereits getätigten Investitionen der Originalpräparatehersteller in die Markteinführung und Etablierung neuer Arzneimittel. aufseiten der Originalpräparatehersteller setzt dies wiederum große Anreize, diese größtenteils regulatorisch bedingten Privilegien der Generikahersteller, durch Product-Switching-Strategien zu erschweren.

1. Kostenvorteile bei Forschung & Entwicklung

Bis ein neuartiges Arzneimittel auf dem Markt angeboten werden kann, durchläuft es in der Regel drei Phasen: Forschung, Entwicklung und Marktzulassung. Um die behördliche Marktzulassung zu erlangen, sind aufwendige vorklinische Versuchsreihen an Tieren sowie verschiedene klinische Versuchsreihen am Menschen nötig, um die Wirksamkeit und Sicherheit der Arzneimittel zu gewährleisten. Jede dieser Phasen wird im Folgenden kurz dargestellt und die bestehenden Privilegierungen der Generikahersteller im Vergleich zu den

---

399 Vgl. zur weitgehend gleichen Rechtslage in den USA: *Shadowen/Leffler/Lukens*, Anticompetitive Product Changes in the Pharmaceutical Industry, (2009) 41 Rutgers Law Journal 1, 5. Geringfügige Änderungen an der Packungsgröße des ursprünglichen Präparats, die ebenfalls zu den Kriterien für die Substituierbarkeit gehört, sollen jedoch nicht zum Ausschluss der *Aut-idem*-Regelung führen, siehe BT-Drucks. 17/2413, 30.

Originalpräparateherstellern aufgezeigt, die zu großen Kostenvorteilen der Generikahersteller beim Verkauf der Arzneimittel führen. Schematisch lässt sich der Prozess bis zur Markteinführung vereinfacht wie folgt darstellen:

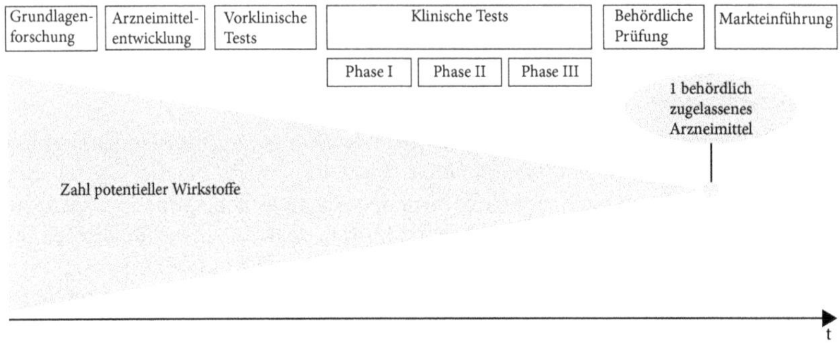

Abb. 2: *Prozess bis zur Marktzulassung. Vgl. PhRMA, Biopharmaceutical Research Industry Profile 2016, S. 48.*

Einen neuartigen Wirkstoff bis zur Marktreife zu bringen, verschlingt nicht zuletzt aufgrund der relativ hohen Fehlerquote bei der Erforschung und Entwicklung sowie der aufwendigen Marktzulassung potentieller Wirkstoffe erhebliche Summen.[400] Trotz der mittlerweile auf wissenschaftlichen Erkenntnissen basierenden sowie äußerst methodischen und technologiegetriebenen Herangehensweise der Arzneimittelhersteller[401], soll schließlich nur etwa 1 von 10.000 Substanzen, die im Labor synthetisiert und auf ihre medizinische Wirkung hin untersucht werden, zur Marktreife gelangen.[402] Neuere Quellen gehen mittlerweile von einer Erfolgsquote von 2 aus 10.000 Substanzen aus.[403] Dies ist zwar relativ gesehen ein merklicher Fortschritt, in absoluten Zahlen ist die Misserfolgsquote bei der

400 Siehe hierzu im Detail: *Thierolf*, in: Schöffski/Fricke/Guminski, Pharmabetriebslehre, S. 120.

401 Zur Historie der Arzneimittelforschung sowie den modernen Verfahren zur Identifizierung erfolgversprechender Wirkstoffe siehe *Scherer*, in: Handbook of Health Economics, Volume 1B, Chapter 25, The Pharmaceutical Industry, S. 1305 f.; *de la Haye/Gebauer* in: Schöffski/Fricke/Guminski, Pharmabetriebslehre, S. 105 ff.; mit Fokus auf die wirtschaftliche Notwendigkeit der Verwendung wissenschaftlicher Analyseverfahren: *Guminski*, in: Schöffski/Fricke/Guminski, Pharmabetriebslehre, S. 202.

402 Siehe *Raasch*, S. 19; *Breyer/Zweifel/Kifmann*, Gesundheitsökonomik, S. 487.

403 Siehe *EFPIA*, The Pharmaceutical Industry in Figures 2016, S. 5.

Entwicklung von Arzneimitteln jedoch nach wie vor äußerst hoch. Insoweit verwundert es nicht, dass selbst der moderne Entwicklungsprozess metaphorisch immer noch mit der breit streuenden Salve einer Schrotflinte, anstatt eines gezielten Schusses aus einem Gewehr gleichgesetzt wird.[404]

a) Hohe F&E-Kosten bis zur Markteinführung

Neben der Misserfolgsquote bei Forschung und Entwicklung ist die langwierige und im Laufe der Jahre unter Sicherheitsaspekten immer aufwendiger und teuerer gewordene Heranführung neuer Wirkstoffe zur Marktreife einer der Hauptkostentreiber.

Erhebungen von *DiMasi/Hansen/Grabowski* aus dem Jahr 2003 gingen bis zur endgültigen Marktzulassung eines Originalpräparats in den USA noch von kapitalisierten Gesamtkosten von 802 Mio. USD (bezogen auf den Wert des USD im Jahr 2000) aus.[405] Hierbei wurden insbesondere die Opportunitätskosten während der relativ langen Zeitspanne zwischen der Aufnahme der Forschungstätigkeit und der Markteinführung eines Wirkstoffs berücksichtigt, sodass Zinseffekte einen maßgeblichen Anteil zur Höhe der Gesamtkosten beitragen.[406] Zum anderen wurden bei der Kostenkalkulation die Kosten für all jene Wirkstoffe bedacht, die letztlich nicht zur Marktreife gelangen, weil sie während des Forschungs- und Entwicklungsprozesses oder im Rahmen der Marktzulassung ausscheiden.[407]

Von den Gesamtkosten entfielen dabei lediglich 335 Mio. USD auf die vorklinische Phase, d.h. auf Forschung und Entwicklung bis hin zum Beginn des auf Erprobungen am Menschen basierenden Marktzulassungsprozesses.[408] Im Schnitt wurden pro marktreifem Arzneimittel also 467 Mio. USD für die Durchführung klinischer Testreihen an Menschen aufgewendet.[409] Erhebungen aus dem Jahr 2006 bestätigen dieses Ergebnis, bzw. liegen mit einem Betrag von durchschnittlich 868 Mio. USD sogar noch darüber.[410] Im Laufe der letzten Jahre scheinen diese

---

404 Siehe *Scherer*, in: Handbook of Health Economics, Volume 1B, Chapter 25, The Pharmaceutical Industry, S. 1307.

405 *DiMasi/Hansen/Grabowski*, The Price of Innovation: New Estimates of Drug Development Costs, (2003) 22 Journal of Health Economics 166 f., basierend auf Datenmaterial aus den Jahren 1980 bis 2000.

406 *DiMasi/Hansen/Grabowski*, The Price of Innovation: New Estimates of Drug Development Costs, (2003) 22 Journal of Health Economics 151, 160 f.

407 Siehe *DiMasi/Hansen/Grabowski*, The Price of Innovation: New Estimates of Drug Development Costs, (2003) 22 Journal of Health Economics 151, 159 f.

408 Siehe *DiMasi/Hansen/Grabowski*, The Price of Innovation: New Estimates of Drug Development Costs, (2003) 22 Journal of Health Economics 151, 166 f.

409 Siehe *DiMasi/Hansen/Grabowski*, The Price of Innovation: New Estimates of Drug Development Costs, (2003) 22 Journal of Health Economics 151, 165.

410 Siehe *Adams/Brantner*, Estimating The Cost Of New Drug Development: Is It Really $802 Million?, (2006) 25 Health Affairs 420, 427, die im Einzelfall sogar noch von deutlich höheren Kosten ausgehen.

Kosten sprungartig angestiegen zu sein. Eine Nachfolgestudie aus dem Jahr 2016 geht bis zur Marktzulassung bereits von kapitalisierten Gesamtkosten von ca. 2,6 Mrd. USD (bezogen auf den Wert des USD im Jahr 2003) pro neuzugelassenem Arzneimittel aus.[411] Hiervon sollen mehr als 1,4 Mrd. USD allein auf die klinische Erprobung des neuen Wirkstoffs entfallen.[412] Sowohl der US-Branchenverband *PhRMA*[413] als auch dessen europäisches Pendant *EFPIA*[414] berufen sich in ihrer Öffentlichkeitsarbeit stets auf diese Summe.[415]

Derartig hoch gegriffene Kostenschätzungen werden jedoch zunehmend kritisiert. Bemängelt wird vor allem, dass diese zu einem erheblichen Teil auf den selbst verschuldeten Misserfolgen der Originalpräparatehersteller im Entwicklungsprozess, einer nicht repräsentativen Betrachtung besonders kostenintensiver neuer Arzneimittel, der Nichtberücksichtigung der steuerlichen Abzugsfähigkeit von Forschungs- und Entwicklungskosten sowie überzogenen Basiswerten für die Kapitalkosten der Originalpräparatehersteller beruhen.[416] Die tatsächlichen durchschnittlichen Kosten für die Entwicklung marktzugelassener Arzneimittel sollen daher deutlich niedriger liegen.[417] Annahmen basierend auf Datenmaterial aus den Jahren 1984 bis 1990 gehen – abhängig von der Art des Arzneimittels – bspw. von Kosten zwischen ca. 55 und 150 Mio. USD aus.[418]

---

411 Siehe *DiMasi/Grabowski/Hansen*, Innovation in the pharmaceutical industry: New estimates of R&D costs, (2016) 47 Journal of Health Economics, 20, 26, 31, basierend auf Datenmaterial aus den Jahren 1990 bis 2013.

412 Siehe *DiMasi/Grabowski/Hansen*, Innovation in the pharmaceutical industry: New estimates of R&D costs, (2016) 47 Journal of Health Economics, 20, 25.

413 The Pharmaceutical Research and Manufacturers of America.

414 European Federation of Pharmaceutical Industries and Associations.

415 *PhRMA*, Biopharmaceutical Research Industry Profile 2016, S. 47; *EFPIA*, The Pharmaceutical Industry in Figures 2016, S. 6.

416 Siehe *Young/Surrusco*, Rx R&D Myths: The Case Against The Drug Industry's R&D "Scare Card", (2001) Public Citizen, Congress Watch, S. 2 ff.; in dieselbe Richtung *Light/Warburton*, Extraordinary claims require extraordinary evidence, (2005) 24 Journal of Health Economics 1030, 1031 f.; *Schaufler/Telschow*, in: Schwabe/Paffrath, Arzneiverordnungsreport 2016, S. 147.

417 Siehe *Young/Surrusco*, Rx R&D Myths: The Case Against The Drug Industry's R&D "Scare Card", (2001) Public Citizen, Congress Watch; ebenso *The Economist*, Billion-dollar babies – Drug companies and research, 28 November 2015, S. 57; einen Überblick über die einzelnen Kritikpunkte bietet auch *Scherer*, R&D Costs and Productivity in Biopharmaceuticals, R&D Costs and Productivity in Biopharmaceuticals, (2011) Harvard Kennedy School of Government Faculty, Regulatory Policy Program Working Paper RPP-2011-10, S. 7 ff.

418 Siehe *Young/Surrusco*, Rx R&D Myths: The Case Against The Drug Industry's R&D "Scare Card", (2001) Public Citizen, Congress Watch, S. 6 f.

b) *Strukturell geringere Kosten der Generikahersteller bis zum Markteintritt*

Unabhängig von der exakten Höhe der Kosten, die von Arzneimittel zu Arzneimittel variieren, teils vom Grad der im Arzneimittel verkörperten medizinischen Innovation abhängen und die mangels einer einheitlichen Berechnungsmethodik auch nur schwer zu beziffern sind[419], ist jedoch Folgendes klar: Sobald der Patentschutz eines Arzneimittels abläuft, ist der Markteintritt für Wettbewerber ohne größere Hindernisse möglich. Dies liegt vor allem daran, dass die chemische Zusammensetzung des Arzneimittels, bzw. dessen Herstellung, durch die Offenlegung bei der Patentanmeldung bereits allgemein bekannt ist und die industriellen Herstellungsprozesse selbst in der Regel nicht übermäßig kompliziert und kostenintensiv sind.[420]

Die Kostenstruktur der Arzneimittelherstellung zeichnet sich folglich generell durch äußerst hohe Fixkosten – bzw. versunkene Kosten – für Forschung, Entwicklung und die Marktzulassung sowie geringe Grenzkosten bei der Produktion selbst aus.[421] Wie bereits gezeigt, machen es erst die gewerblichen Schutzrechte möglich, die Investitionen für Forschung und Entwicklung wieder einzuspielen. Der rechtliche Schutz vor unmittelbarer Konkurrenz ermöglicht es den Originalpräparateherstellern, Preise zu verlangen, die weit über den Grenzkosten liegen.[422] Die Generikahersteller können sich bei der Produktion eines generischen Arzneimittels schlicht der bei der Patentanmeldung offengelegten Informationen über die Zusammensetzung oder Herstellung des Wirkstoffs bedienen. Kosten für Forschung und Entwicklung des Arzneimittels fallen damit für die Generikahersteller nahezu nicht ins Gewicht.[423]

---

419 Siehe *Schaufler/Telschow*, in: Schwabe/Paffrath, Arzneiverordnungsreport 2016, S. 147 f.

420 Siehe *S. Schweitzer*, Pharmaceutical Economics and Policy, S. 150; ebenso *Scherer*, in: Handbook of Health Economics, Volume 1B, Chapter 25, The Pharmaceutical Industry, S. 1318; *Berndt et al.*, Information, Marketing, and Pricing in the U.S. Antiulcer Drug Market, (1995) 85 No. 2 The American Economic Review 100.

421 Vgl. *S. Schweitzer*, Pharmaceutical Economics and Policy, S. 144; *Scott Morton/Kyle*, in: Handbook of Health Economics, Volume 2, Chapter 12, Markets for Pharmaceutical Products, S. 772.

422 Vgl. *Danzon*, in: Oxford Handbook of Health Economics, The Economics of the Biopharmaceutical Industry, S. 2.

423 So geht bspw. *Scherer*, in: Handbook of Health Economics, Volume 1B, Chapter 25, The Pharmaceutical Industry, S. 1318 von Kosten für die Implementierung des Produktionsprozesses aus, die meist nicht mehr als einige Hunderttausend Dollar betragen.

2. *Kostenvorteile im Zulassungsverfahren*

Hinzu kommen erhebliche Einsparungen der Generikahersteller im Arzneimittelzulassungsverfahren. Neben der Entwicklung und Erforschung neuer Wirkstoffe, ist sowohl in der EU als auch in den USA die Zulassung eines Arzneimittels eine der größten Herausforderungen für die Arzneimittelhersteller. Generika werden daher auf beiden Seiten des Atlantiks seit geraumer Zeit bei der Marktzulassung umfassend begünstigt, um ihnen den Marktzugang zu erleichtern. Um sich die umfangreichen Privilegierungen der Generikahersteller bei der Arzneimittelzulassung vergegenwärtigen zu können, ist ein knapper Überblick über die einzelnen Schritte des Zulassungsverfahrens sowie dessen Kosten- und Zeitaufwand nötig.

a) Gestiegene Dauer und Kosten des Zulassungsverfahrens

Die mit dem wissenschaftlichen Fortschritt gestiegenen Anforderungen an Sicherheit und Wirksamkeit von Arzneimitteln führten dazu, dass sich die Entwicklungszeiten von der anfänglichen Synthese eines Wirkstoffs im Labor bis zu dessen Marktzulassung deutlich erhöht haben.[424] Daneben trugen sicherlich auch einige Skandale rund um die erst nach der Markteinführung publik gewordenen Risiken von Arzneimitteln, wie bspw. *Contergan*[425] oder *Vioxx*[426], zu einer höheren Risikoaversion der Zulassungsbehörden und damit zu intensiveren und längeren Zulassungsprozessen bei.

Die FDA ging bspw. in den USA noch im Jahr 1999 von einer durchschnittlichen Dauer bis zur Marktzulassung eines Arzneimittels von ca. achteinhalb Jahren aus.[427] Mittlerweile werden von Branchenverbänden in der EU Zeiträume von 10–13 Jahren[428], in den USA gar von 10–15 Jahren[429] kolportiert. Ein großer Teil dieses Anstiegs sowie der rasant gestiegenen Gesamtkosten für die Entwicklung und Erforschung neuer Wirkstoffe, liegt in der Verlängerung der klinischen Entwicklungszeiten – vor allem der klinischen Erprobung am Menschen – begründet.[430] Die klinische Erprobung ist daher sowohl sehr kosten- als auch zeitaufwendig und stellt eine der größten Hürden auf dem Weg zur Marktzulassung

---

424 Siehe *Thierolf*, in: Schöffski/Fricke/Guminski, Pharmabetriebslehre, S. 119 f.

425 Siehe *Breyer/Zweifel/Kifmann*, Gesundheitsökonomik, S. 487.

426 Siehe *DiMasi/Grabowski/Hansen*, Innovation in the pharmaceutical industry: New estimates of R&D costs, (2016) 47 Journal of Health Economics 20, 31.

427 US Food and Drug Administration – Center for Drug Evaluation and Research, From Test Tube to Patient: Improving Health through Human Drugs, Special Report, 1999, S. 24; *Yoshitani/Cooper*, Pharmaceutical Reformulation: The Growth of Life Cycle Management, (2007) 7 Hous. J. Health L. & Pol'y 379, 382.

428 Siehe *EFPIA*; The Pharmaceutical Industry in Figures 2016, S. 6.

429 Siehe *PhRMA*, Biopharmaceutical Research Industry Profile 2016, S. 48.

430 Vgl. *Thierolf*, in: Schöffski/Fricke/Guminski, Pharmabetriebslehre, S. 119f; *Scherer*, R&D Costs and Productivity in Biopharmaceuticals, R&D Costs and Productivity in Biopharmaceuticals, (2011) Harvard Kennedy School of Government Faculty,

eines Arzneimittels dar. Diese Entwicklung hin zu immer umfangreicheren und zeitintensiveren Untersuchungen wird nicht zuletzt unter Innovationsaspekten zunehmend kritisch gesehen. Den Behörden wird insbesondere vorgeworfen, dass sie sich bei der Marktzulassung deutlich mehr um hypothetische Risiken eines Arzneimittels sorgen, als um die deutlich akuteren und greifbaren Risiken der damit bekämpften Krankheiten.[431]

b) Grundzüge des Marktzulassungsverfahrens in Deutschland und der EU

Die freie Verkäuflichkeit sämtlicher auf dem Markt erhältlicher Arzneimittel setzt jedoch sowohl in der EU als auch deren einzelnen Mitgliedstaaten sowie in den USA die Absolvierung weitgehend standardisierter Zulassungsverfahren bei der jeweils zuständigen Arzneimittelbehörde voraus. Die Marktzulassung dient in erster Linie der Sicherheit des Verkehrs mit Arzneimitteln und damit dem Patienten- und Verbraucherschutz.[432] An die Marktzulassung selbst schließt sich eine sog. Nachmarktkontrolle oder „Pharmakovigilanz" an, die dazu dient, die erst nach der Markteinführung auftretenden Risiken sowie Wechsel- und Nebenwirkungen von Arzneimitteln im Auge zu behalten und ggf. auf diese reagieren zu können.[433]

aa) Anforderungen an die Arzneimittelzulassung in Deutschland

Arzneimittel dürfen in Deutschland generell nur nach Zulassung durch die zuständige Bundesoberbehörde[434] in den Verkehr gebracht werden. Das Zulassungsverfahren richtet sich nach §§ 21 ff. AMG. Maßgeblich ist hierfür in erster Linie, ob das Arzneimittel therapeutisch wirksam und was Neben- und Wechselwirkungen anbelangt, sicher ist. Für diesen Nachweis ist ein äußerst aufwendiges, zeit- und kostenintensives Zulassungsverfahren nötig.[435] Dieses umfasst umfangreiche pharmakologische und toxikologische Testreihen im Labor bzw. an Tieren sowie klinischen Studien am Menschen.

Regulatory Policy Program Working Paper RPP-2011-10, S. 13; *PhRMA,* Biopharmaceutical Research Industry Profile 2016, S. 35.

431 Siehe *Epstein,* Branded Versus Generic Competition? A Kind Word for the Branded Drugs, (2011) 3 Hastings Sci. & Tech. L.J. 459, 462.

432 Siehe *Winnands,* in: Kügel/Müller/Hofmann, AMG, § 21, Rz. 2.

433 Siehe hierzu im Detail: Teil 3, B., III., 2.

434 Zu diesen Bundesoberbehörden zählen je nach Arzneimitteltyp: Das *Bundesinstitut für Arzneimittel und Medizinprodukte* (BfArM), das *Paul-Ehrlich Institut* sowie das *Bundesamt für Verbraucherschutz und Lebensmittelsicherheit.*

435 Die Europäische Kommission geht in ihrer Sektoruntersuchung davon aus, dass die klinische Erprobung den größten Kostenfaktor bei der Entwicklung eines neuen Arzneimittels darstellt, vgl. European Commission, Pharmaceutical Sector Inquiry – Final Report, Rz. 860.

Wie bereits erwähnt, findet jedoch bei der Arzneimittelzulassung keine Bewertung der therapeutischen Wirksamkeit der Arzneimittel statt. Gemäß § 25 Abs. 2 S. 2 AMG reicht es aus, wenn dargelegt wird, dass sich mit dem Arzneimittel überhaupt therapeutische Ergebnisse erzielen lassen. Die Zulassung darf auch nicht deshalb versagt werden, weil therapeutische Ergebnisse nur in einer beschränkten Zahl von Fällen erzielt worden sind. Nur wenn tatsächlich keinerlei therapeutische Ergebnisse nachgewiesen werden, ist der Wirksamkeitsnachweis misslungen. Der absolute und relative therapeutische Wert eines Arzneimittels – auch im Vergleich zu Behandlungsalternativen – wird im Zulassungsverfahren also gerade nicht berücksichtigt.[436] Ausschlaggebend ist allein, dass sich das Arzneimittel zur Erzielung von konkreten Behandlungseffekten, die sich nach den Angaben zum Anwendungsgebiet als beabsichtigte und erwünschte Folge positiv auf das beanspruchte Krankheitsbild auswirken, eignet.[437] Den auf lediglich minimalinnovativen Folgepräparaten basierenden Product-Switching-Strategien wird also durch die Arzneimittelzulassung keine Hürde bereitet.

bb) Umsetzung der EU-weiten Arzneimittelzulassung

Innerhalb der EU existiert ein mehrgleisiges Zulassungsverfahren für Arzneimittel. Dieses richtet sich hauptsächlich nach VO 726/2004/EG[438] und RL 2001/83/EG.

Neben den verschiedenen nationalen Zulassungsverfahren, wie bspw. §§ 21 ff. AMG, die lediglich für das Inverkehrbringen von Arzneimitteln in dem jeweiligen Mitgliedstaat Gültigkeit haben, existiert für einige wenige Gruppen von Arzneimitteln ein obligatorisches zentralisiertes Zulassungsverfahren der *European Medicines Agency* (EMA)[439] nach Art. 3 VO 726/2004 EG, das wiederum unmittelbar in allen Mitgliedstaaten gültig ist.[440] Hinzu kommt gemäß Art. 3 Abs. 2 VO 726/2004/EG eine fakultative zentrale Zulassung für Arzneimittel, die einen neuen bislang noch nicht in der EU zugelassenen Wirkstoff enthalten. Gleiches

436 Siehe *Schäffner*, S. 267.

437 Siehe *Fuhrmann/Tehrani,* in: Fuhrmann/Klein/Fleischfresser, Arzneimittelrecht, § 10, Rz. 154.

438 Verordnung 26/2004/EG des Europäischen Parlaments und des Rates vom 31.3.2004 zur Festlegung von Gemeinschaftsverfahren für die Genehmigung und Überwachung von Human- und Tierarzneimitteln und zur Errichtung einer Europäischen Arzneimittel-Agentur, ABl. 2004 L 136/1.

439 Vormals *European Agency for the Evaluation of Medicinal Products* (EMEA).

440 Darunter fallen neben Arzneimitteln die unter Verwendung biotechnologischer Verfahren, wie bspw. rekombinierter DNS, hergestellt werden, vor allem solche mit neuartigen Wirkstoffen für die Behandlung von HIV/AIDS, Krebs, Diabetes, neurodegenerativen Erkrankungen, Viruserkrankungen, Autoimmunerkrankungen und anderen Immunschwächen, siehe Art. 3 Abs. 1 VO (EG) 726/2004 iVm Anhang Nr. 1–3.

gilt für Arzneimittel, die nachweislich eine bedeutende Innovation in therapeutischer, wissenschaftlicher oder technischer Hinsicht darstellen oder bei denen eine zentrale Zulassung im Interesse der Patienten ist. Mittlerweile wird ein Großteil der auf dem europäischen Markt neu zugelassenen Arzneimittel direkt durch die EMA zugelassen, sodass dem zentralisierten Zulassungsverfahren insbesondere im Bereich innovativer Arzneimittel eine überragende Bedeutung zukommt.[441]

Zum anderen kann in einem weitgehend vereinheitlichten und von der EMA koordinierten Verfahren ein Bündel nationaler Zulassungen im Wege der gegenseitigen Anerkennung bestehender nationaler Arzneimittelzulassungen oder des sog. dezentralen Zulassungsverfahrens erlangt werden. Bei diesen beiden Varianten handelt es sich streng genommen nicht um besondere Formen der Zulassung, sondern lediglich um verfahrensrechtliche und verfahrenstechnische Modifikation, die vor allem dem freien Warenverkehr innerhalb der Europäischen Union dienen.[442]

c) Ablauf der zulassungsrelevanten Versuchsreihen

Der eigentlichen Zulassung, d.h. der Entscheidung der zuständigen Arzneimittelbehörde über einen Antrag auf Marktzulassung, liegen umfangreiche vorklinische und klinische Versuchsreihen zugrunde, aufgrund derer die Entscheidung über die behördliche Marktzulassung getroffen wird. In den Grundzügen läuft dieses Verfahren in den Mitgliedstaaten der EU sowie den USA weitgehend gleich ab, sodass hier eine geraffte Darstellung erfolgt.

aa) Vorklinische Testreihen

Ganz zu Beginn des Forschungs- und Entwicklungsprozesses steht die Suche nach therapeutisch vielversprechenden Substanzen. Das Augenmerk liegt dabei auf Krankheiten, bei denen der Therapiestandard noch nicht ausreichend ist, also ein sogenannter „unmet medical need" besteht.[443] Die moderne Wissenschaft lässt es mittlerweile zu, exakt zu bestimmen, an welchem biologischen Prozess mit der neuen Therapie angesetzt werden soll.[444] Es werden systematisch einzelne Proteine bzw. Rezeptoren im Körper ausgemacht, die chemisch stimuliert bzw. an

---

441 Siehe *Fleischfresser*, in: Fuhrmann/Klein/Fleischfresser, Arzneimittelrecht, § 6, Rz. 39.

442 Siehe *Fleischfresser*, in: Fuhrmann/Klein/Fleischfresser, Arzneimittelrecht, § 6, Rz. 46.

443 Siehe *de la Haye/Gebauer*, in: Schöffski/Fricke/Guminski, Pharmabetriebslehre, S. 106.

444 Siehe *de la Haye/Gebauer*, in: Schöffski/Fricke/Guminski, Pharmabetriebslehre, S. 106.

denen Vorgänge gehemmt werden, um gesundheitsförderliche Prozesse im Körper auszulösen.[445]

In der sog. vorklinischen Phase werden diese als erfolgsversprechend ausgemachten Wirkstoffe in der Regel an Zellkulturen und Tieren getestet. Im Vordergrund steht hierbei die Gewinnung von Informationen über das Toxizitätspotential, etwaige toxikologische Wirkungen sowie die pharmakologischen und pharmakokinetischen Eigenschaften des Arzneimittels.[446] Die Wirkstoffe werden vor allem daraufhin untersucht, ob diese für die Anwendung beim Menschen überhaupt, bzw. in welcher Dosierung, geeignet sind. Ziel ist es giftige und gesundheitsschädliche Stoffe auszuschließen, bzw. einen Dosisbereich zu definieren, in welchem keine oder zumindest keine gravierenden toxikologischen Effekte nachweisbar sind.[447] Mittels Tierversuchen werden dabei zudem die sog. *ADME-Parameter* (Absorption, Verteilung, Metabolismus und Ausscheidung)[448] sowie der Wirkungsmechanismus des jeweiligen Wirkstoffs analysiert.[449] Im Anschluss daran wird ein Antrag bei der zuständigen Behörde auf den Übergang ins klinische Testverfahren und damit die Erprobung der Wirkstoffe am Menschen gestellt. In Deutschland ist hierzu nach §§ 40 Abs. 1, 42 Abs. 1, Abs. 2 AMG iVm § 77 Abs. 1 AMG die Genehmigung durch das Bundesinstitut für Arzneimittel und Medizinprodukte, sowie die Zustimmung der nach jeweiligem Landesrecht zuständigen Ethikkommission notwendig.

bb) Klinische Phase

Wird die Freigabe hierfür erteilt, schließt sich die in der Regel dreigliedrige klinische Phase an. Diese dient einerseits dazu, die Wirksamkeit, andererseits die Unbedenklichkeit des Arzneimittels auch bei längerfristigem Gebrauch nachzuweisen.[450]

---

445 Siehe *Scherer,* in: Handbook of Health Economics, Volume 1B, Chapter 25, The Pharmaceutical Industry, S. 1307; *de la Haye/Gebauer,* in: Schöffski/Fricke/Guminski, Pharmabetriebslehre, S. 106; anders als in der Vergangenheit, wo viele der im Entwicklungsprozess nötigen Schritte noch manuell erledigt wurden, werden mittlerweile im Wege der computer- und robotergestützten Analyse in relativ kurzer Zeit Millionen von Substanzen auf ihre mögliche Wirksamkeit gegen bestimmte Krankheitsbilder hin untersucht und auf eine Anzahl von einigen hundert Stoffen reduziert. Die verbleibenden Substanzen werden weiter analysiert, bis nur noch wenige, aber vielversprechende Wirkstoffe übrig bleiben, siehe *von Falck/Slopek/Thiermann*, GRUR 2015, 1050, 1051.

446 Siehe *Heil/Lützeler,* in: Dieners/Reese, Handbuch des Pharmarechts, § 4, Rz. 94.

447 Siehe *de la Haye/Gebauer,* in: Schöffski/Fricke/Guminski, Pharmabetriebslehre, S. 106; *Heil/Lützeler,* in: Dieners/Reese, Handbuch des Pharmarechts, § 4, Rz. 94.

448 Auf Englisch: absorption, distribution, metabolism, excretion.

449 Siehe *von Falck/Slopek/Thiermann*, GRUR 2015, 1050, 1051.

450 Siehe *Breyer/Zweifel/Kifmann*, Gesundheitsökonomik, S. 486.

Zu Beginn werden in Phase I die in der vorklinischen Phase als geeignet befundenen Wirkstoffe an freiwilligen gesunden Personen (Probanden) getestet. Meist werden hierzu insgesamt zwischen 60 und 80 Probanden ausgewählt.[451] Hierbei geht es lediglich darum, die Verträglichkeit der einzelnen Wirkstoffe nachzuweisen und herauszufinden, wie sich die Stoffe im menschlichen Körper verteilen, wie sie um- und abgebaut und ausgeschieden werden.[452] Oftmals scheiden bereits auf dieser Stufe schon gut die Hälfte der verabreichten Wirkstoffe aus.[453] Aufbauend auf den Daten aus den Phase-I-Studien wird meist die konkrete Darreichungsform entwickelt, mit der aus dem Wirkstoff das eigentliche Medikament wird.[454]

Ziel der Versuchsreihen in Phase II ist es, herauszufinden, ob das potentielle Arzneimittel wirksam ist, welche eventuellen Nebenwirkungen auftreten und wie die Substanz optimal zu dosieren ist.[455] Die in Phase I als für den menschlichen Organismus grundsätzlich verträglich festgestellten Wirkstoffe werden daher je nach Umfang der Studie an insgesamt 100 bis 500 Probanden[456] verabreicht, die das zu bekämpfende Krankheitsbild auch tatsächlich aufweisen. Parallel dazu wird oftmals auch die längerfristige Verträglichkeit an Tieren überprüft.[457] Auch hier scheiden in der Regel wiederum gut 50 % der noch verbliebenen Wirkstoffe aus.[458] Sofern die Nutzen-Risiko-Beurteilung am Ende der Phase II positiv verlaufen ist, d.h. das zu prüfende Medikament die gewünschte Wirkung, eine vertretbare Sicherheit und einen für die spätere Anwendung günstigen Dosisbereich aufweist, kann das Arzneimittel in der Phase III an größeren Patientenkollektiven, meist zwischen 2000 und 5000 Probanden, getestet werden.[459] Ziel ist es,

451 Siehe *de la Haye/Gebauer*, in: Schöffski/Fricke/Guminski, Pharmabetriebslehre, S. 112; ebenso https://www.vfa.de/de/arzneimittel-forschung/so-funktioniert-pharmaforschung/so-entsteht-ein-medikament.html.

452 Siehe https://www.vfa.de/de/arzneimittel-forschung/so-funktioniert-pharmaforschung/so-entsteht-ein-medikament.html; ebenso *Heil/Lützeler*, in: Dieners/Reese, Handbuch des Pharmarechts, § 4, Rz. 101; *de la Haye/Gebauer* in: Schöffski/Fricke/Guminski, Pharmabetriebslehre, S. 111.

453 Siehe *Breyer/Zweifel/Kifmann*, Gesundheitsökonomik, S. 487.

454 https://www.vfa.de/de/arzneimittel-forschung/so-funktioniert-pharmaforschung/so-entsteht-ein-medikament.html.

455 Siehe *de la Haye/Gebauer*, in: Schöffski/Fricke/Guminski, Pharmabetriebslehre, S. 112.

456 Siehe *de la Haye/Gebauer*, in: Schöffski/Fricke/Guminski, Pharmabetriebslehre, S. 110; ebenso https://www.vfa.de/de/arzneimittel-forschung/so-funktioniert-pharmaforschung/so-entsteht-ein-medikament.html.

457 Siehe *Breyer/Zweifel/Kifmann*, Gesundheitsökonomik, S. 487.

458 Siehe *Breyer/Zweifel/Kifmann*, Gesundheitsökonomik, S. 487.

459 Siehe *de la Haye/Gebauer*, in: Schöffski/Fricke/Guminski, Pharmabetriebslehre, S. 113; ebenso *Heil/Lützeler*, in: Dieners/Reese, Handbuch des Pharmarechts, § 4, Rz. 108.

Wirksamkeit, Nebenwirkungen und Risiken des Wirkstoffs statistisch zu erfassen.[460] Der Wirkstoff wird dabei unter Bedingungen getestet, die den späteren Anwendungen in der Praxis möglichst weitgehend entsprechen.[461] Insbesondere muss der Wirkstoff auch an spezifischen Patientengruppen wie Kindern, älteren Menschen etc. getestet werden. Auch sind Probanden zu untersuchen, die die für die jeweilige Krankheit typischen Begleiterkrankungen aufweisen. Zudem sind bei Wirkstoffen, die zur Dauertherapie vorgesehen sind, auch Langzeituntersuchungen nötig.[462]

Sämtliche Erkenntnisse, die man im Verlauf der vorklinischen und klinischen Entwicklung eines Medikaments gewonnen hat, werden zum Schluss in einem Dossier zusammengefasst, welches den Zulassungsbehörden als Basis für ihre Entscheidung über die Marktzulassung dient.[463]

d) Erleichterungen für Generika

Generikahersteller profitieren sowohl auf nationaler als auch auf europäischer Ebene von erheblichen Privilegierungen bei der Marktzulassung. Hierdurch kommt es zu großen Kostenersparnissen, die es den Generikaherstellern erlauben, ihre Produkte auch ohne immaterialgüterrechtlichen Schutz günstig anzubieten und dennoch profitabel arbeiten zu können. Hierdurch tragen die Generikahersteller entscheidend dazu bei, die Ausgaben der gesetzlichen Krankenversicherung für Arzneimittel zu reduzieren. Da innerhalb der EU das materielle Arzneimittelrecht, ebenso wie das Zulassungsverfahrensrecht, mittlerweile weitgehend vereinheitlicht ist[464], sind die Privilegierungen für Generika sowohl auf nationaler als auch auf europäischer Ebene nahezu gleich ausgestaltet. Exemplarisch wird in der Folge zunächst wieder die Situation in Deutschland betrachtet.

aa) Privilegierungen auf nationaler Ebene, § 24b AMG

Hierzu zählt zunächst die Möglichkeit, sich bei der Marktzulassung generischer Arzneimittel schlicht auf die Zulassungsunterlagen des zugrunde liegenden Originalpräparats (sog. Referenzarzneimittel) beziehen zu können, anstatt eigene vorklinische und klinische Testergebnisse vorlegen zu müssen. In Deutschland

---

460 Siehe *Heil/Lützeler*, in: Dieners/Reese, Handbuch des Pharmarechts, § 4, Rz. 108; *de la Haye/Gebauer*, in: Schöffski/Fricke/Guminski, Pharmabetriebslehre, S. 113.

461 Siehe *de la Haye/Gebauer*, in: Schöffski/Fricke/Guminski, Pharmabetriebslehre, S. 113.

462 Siehe *de la Haye/Gebauer*, in: Schöffski/Fricke/Guminski, Pharmabetriebslehre, S. 113.

463 Siehe *de la Haye/Gebauer*, in: Schöffski/Fricke/Guminski, Pharmabetriebslehre, S. 113.

464 Siehe *Kortland*, in: Kügel/Müller/Hofmann, AMG, Vor § 21, Rz. 8.

ist dies in § 24b Abs. 1 AMG bzw. Art. 6 Abs. 1 VO (EG) 726/2004 iVm Art. 10 Abs. 1 RL 2001/83/EG geregelt. Damit bleibt den Generikaherstellern die Durchführung der äußerst kosten- und zeitintensiven vorklinischen und klinischen Studien weitgehend erspart. Hierdurch soll es zu Kosteneinsparungen von bis zu 50 % gegenüber den Originalpräparateherstellern kommen.[465]

(1) Gleichartigkeit der Arzneimittel

Gemäß § 24b Abs. 2 S. 1 AMG erfordert die privilegierte Zulassung, dass das betreffende generische Arzneimittel die gleiche Zusammensetzung der Wirkstoffe nach Art und Menge sowie die gleiche Darreichungsform wie das Referenzarzneimittel aufweist. Zudem muss die Bioäquivalenz mit dem Referenzarzneimittel durch Bioverfügbarkeitsstudien nachgewiesen werden. Zwei Arzneimittel sind bioäquivalent, wenn sie pharmazeutisch äquivalent oder pharmazeutisch alternativ sind und sich nach Verabreichung derselben molaren Dosis in ihrer Bioverfügbarkeit so gleichen, dass sich im Hinblick auf Wirksamkeit und Unbedenklichkeit im Wesentlichen dieselben Wirkungen ergeben.[466] Die Bioverfügbarkeit gibt dabei an, wie schnell und in welchem Umfang ein Arzneimittel vom menschlichen Organismus resorbiert wird und am Wirkort zur Verfügung steht.[467]

Der letzte verbleibende größere Kostenfaktor sind also die zum Nachweis der Bioäquivalenz ggf. nötigen Bioverfügbarkeitsstudien nach § 24 Abs. 2 S. 1 AMG.[468]

(2) Fiktion hinsichtlich der Gleichartigkeit

Was die Gleichartigkeit von Generikum und Referenzarzneimittel angeht, greift der Gesetzgeber auf einige gesetzliche Fiktionen zurück. Gemäß § 24b Abs. 2 S. 2 AMG gelten die verschiedenen Salze, Ester, Ether, Isomere, Mischungen von Isomeren, Komplexe oder Derivate eines Wirkstoffs als ein und derselbe Wirkstoff, es sei denn, die Eigenschaften der verschiedenen Formen unterscheiden sich erheblich hinsichtlich der Unbedenklichkeit oder der Wirksamkeit. Nach § 24b

---

465 Siehe *Schäffner*, S. 241; bei der Arzneimittelzulassung in den USA wird hierbei von Kosten in Höhe von nur wenigen Millionen Dollar ausgegangen, siehe *Shepherd,* Deterring Innovation: NY v. Actavis and the Duty to Subsidize Competitors' Market Entry, (2016) 17 Minn. J.L. Sci. & Tech. 663, 664, Fn. 14.

466 Siehe *EMEA Committe for Medicinal Products for Human Use* (CHMP), Guidelines on the investigation of Bioequivalence (2010), S. 4; ebenso *Jahede/Radziwill/Kloft,* Klinische Pharmazie, S. 56.

467 Siehe *Jahede/Radziwill/Kloft,* Klinische Pharmazie, S. 54*; Kortland,* in: Kügel/Müller/Hofmann, AMG, § 24b, Rz. 69.

468 In der Zulassungspraxis bereitet dies nach wie vor einige Schwierigkeiten. So hat bspw. der überwiegende Teil der Schiedsverfahren nach Art. 29 RL 2001/83/EG, soweit sie Generika betreffen, die Plausibilität und Ergebnisse von Bioverfügbarkeitsstudien zum Gegenstand, siehe *Ambrosius,* in: Fuhrmann/Klein/Fleischfresser, Arzneimittelrecht, § 6, Rz. 208.

Abs. 2 S. 4 AMG gilt dies auch für die verschiedenen oralen Darreichungsformen mit sofortiger Wirkstofffreigabe. Insoweit fallen jedoch gerade die Formen mit modifizierter Wirkstofffreisetzung, d.h. die retardierten und magensaftresistenten Verabreichungsformen nicht unter die Fiktion. Dies hat zur Folge, dass in diesen Fällen geeignete vorklinische und klinische Versuche für die unterschiedlichen Darreichungsformen vorgelegt werden müssen.[469]

(3) Unschädlichkeit des Zulassungswiderrufs

Vor Erlass der RL 2001/83/EG reichte es der gerichtlichen Auslegung des damals geltenden Art. 4 Abs. 3 Nr. 8, lit. a, Ziff. iii der RL 65/65/EWG[470] zufolge aus, dass der Erstanmelder die Marktzulassung des Originalpräparats widerrief, um Generikaherstellern die Bezugnahme auf die Zulassungsunterlagen zu verwehren.[471] Um von dem abgekürzten Verfahren profitieren zu können, musste die Marktzulassung des Originalpräparats (Referenzarzneimittels) noch bestehen.

Der Gesetzgeber hat das Missbrauchspotential dieser Regelung jedoch erkannt und behoben. In Art. 10 Abs. 1 der RL 2001/83/EG wird daher nunmehr bestimmt, dass es genügt, wenn es sich bei dem Arzneimittel um ein Generikum eines Referenzarzneimittels handelt, das seit mindestens acht Jahren in einem Mitgliedstaat oder in der Gemeinschaft genehmigt ist oder genehmigt wurde. Für die Privilegierung genügt es also, wenn jemals für die Dauer von acht Jahren überhaupt eine Marktzulassung innerhalb der EU vorlag. Damit bleibt es den Generikaherstellern nicht mehr verwehrt, bei der Marktzulassung auch auf die Zulassungsunterlagen von Originalpräparaten zu verweisen, deren Marktzulassung vom Hersteller bereits widerrufen wurde.[472] Sinn und Zweck dieser Bestimmung besteht gerade darin, dass der Zulassungsinhaber für ein Referenzarzneimittel

---

469 Siehe *Kortland,* in: Kügel/Müller/Hofmann, AMG, § 24b, Rz. 75 mwN.

470 Richtlinie des Rates 65/65 EWG zur Angleichung der Rechts- und Verwaltungsvorschriften über Arzneispezialitäten, abgeändert durch Richtlinie 87/21/EWG des Rates vom 22. Dezember 1986 zur Änderung der Richtlinie 65/65/EWG zur Angleichung der Rechts- und Verwaltungsvorschriften über Arzneispezialitäten.

471 Vgl. EuGH, Urt. v. 16.10.2003, Rs. C-223/01, Slg. 2003 I-11809, Rz. 49, 58 – *AstraZeneca/ Laegemiddelstyrelsen*; EuG, Urt. v. 1.7.2010, Rs. T-321/05, Slg. 2010 II-02805, Rz. 669 – *Astra Zeneca/Kommission*; *Domeij,* Anticompetitive marketing in the context of pharmaceutical switching in Europe, in: Drexl/Lee, Pharmaceutical Innovation, Competition and Patent Law, S. 277.

472 Siehe *Kortland,* in: Kügel/Müller/Hofmann, AMG, § 24b, Rz. 29; ebenso European Commission, Pharmaceutical Sector Inquiry – Final Report, Rz. 315; In Deutschland reicht es daher laut § 24b Abs. 1 AMG aus, wenn das Originalpräparat bei Bezugnahme seit mindestens acht Jahren zugelassen ist oder vor mindestens acht Jahren zugelassen wurde.

nicht durch Verzicht auf die Zulassung generischen Wettbewerb verhindern bzw. erschweren kann.[473]

Hierdurch wird nochmals unterstrichen, dass die Erleichterungen bei der Marktzulassung essentiell für einen effektiven Marktzugang der Generika sind. Gleichzeitig bedeutet dies jedoch auch, dass der Antragsteller eines generischen Arzneimittels in allen Mitgliedstaaten eine Frist von acht Jahren ab dem Tag der Erstzulassung des Originalpräparats wahren muss, bevor er in seinem Dossier Bezug auf dessen Daten nehmen darf. In diesem Zusammenhang ist angesichts des auf Art. 10 Abs. 2, Abs. 4 VO 2001/83 EG fußenden § 24b Abs. 1 iVm Abs. 6 AMG zudem auch die bereits beschriebene Vermarktungsexklusivität unter der „8+2+1 Regel" zu beachten.[474] Eine Vermarktung des Generikums kann daher selbst nach dem Auslaufen eines Patents und der Bezugnahme auf die Zulassungsunterlagen des Originalpräparateherstellers im Einzelfall erst bis zu elf Jahre nach der Marktzulassung des Originalpräparats zulässig sein.

bb) Privilegierungen beim zentralen EU-Zulassungsverfahren

Auf europäischer Ebene existiert eine unmittelbare Privilegierung nur, was das zentrale EU-Zulassungsverfahren nach Art. 3 Abs. 1 VO 726/2004/EG angeht.[475]

(1) Gleichlauf zwischen zentralem und nationalen Zulassungsverfahren

Für das zentrale EU-Zulassungsverfahren verweist Art. 6 Abs. 1 VO 726/2004/EG zunächst auf die in Art. 8 Abs. 3 RL 2001/83/EG niedergelegten sowie die im Anhang der RL 2001/83 präzisierten Zulassungsvoraussetzungen. Diese decken sich daher weitgehend mit den in §§ 21 ff. AMG normierten Anforderungen an die Marktzulassung in Deutschland und den anderen Mitgliedstaaten, die ebenfalls auf Art. 8 Abs. 3 RL 2001/83/EG basieren.

(2) Deckungsgleichheit bei der Privilegierung von Generika

Dementsprechend gelten auch die umfangreichen Privilegierungen für generische Arzneimittel in Art. 10 RL 2001/83/EG. Der Antragssteller ist daher nicht verpflichtet, die Ergebnisse der vorklinischen und klinischen Versuche vorzulegen, wenn er nachweisen kann, dass es sich bei dem Arzneimittel um ein Generikum eines Referenzarzneimittels handelt, das seit mindestens acht Jahren entweder in der EU oder in einem Mitgliedstaat genehmigt ist oder wurde.

---

473 Siehe *Ambrosius,* in: Fuhrmann/Klein/Fleischfresser, Arzneimittelrecht, § 6, Rz. 202.

474 Siehe hierzu im Detail: Teil 1, B., III., 2., f).

475 Da sowohl die dezentrale Zulassung als auch das Verfahren der gegenseitigen Anerkennung auf nationalen Zulassungen durch die Mitgliedstaaten basiert, kommt in diesen Fällen allein die Privilegierung nach Art. 10 RL 2001/83/EG, bzw. vielmehr dessen Umsetzung in das jeweilige nationale Recht, zum Tragen.

Gemäß Art. 10 Abs. 2 VO 726/2004/EG handelt es sich bei einem Generikum um ein Arzneimittel, das die gleiche qualitative und quantitative Zusammensetzung aus Wirkstoffen und die gleiche Darreichungsform wie das Referenzarzneimittel aufweist und dessen Bioäquivalenz mit dem Referenzarzneimittel durch geeignete Bioverfügbarkeitsstudien nachgewiesen wurde. Ebenso wie beim nahezu wortlautgleichen § 24b Abs. 2 AMG gelten die verschiedenen Salze, Ester, Ether, Isomere, Mischungen von Isomeren, Komplexe oder Derivate eines Wirkstoffs als ein und derselbe Wirkstoff, es sei denn, ihre Eigenschaften unterscheiden sich erheblich hinsichtlich der Sicherheit und/oder Wirksamkeit. Die verschiedenen oralen Darreichungsformen mit sofortiger Wirkstofffreigabe gelten ebenfalls als ein und dieselbe Darreichungsform. Die Privilegierung im zentralen Zulassungsverfahren nach Art. 3 Abs. 1 VO 726/2004/EG deckt sich damit weitgehend mit den auf Art. 10 Abs. 1 RL 2001/83/EG basierenden Vorteilen auf nationaler Ebene, sodass Generikahersteller unabhängig vom konkret anwendbaren Zulassungsregime innerhalb der gesamten EU von spürbaren Kosteneinsparungen bei der Marktzulassung generischer Arzneimittel profitieren. Diese Kostenvorteile werden auch teils an die Endverbraucher weitergegeben, da die Generikahersteller ihre Produkte am Markt in der Regel weitaus günstiger anbieten als die Originalpräparatehersteller.

e) Auswirkungen von Product-Switching-Strategien

Durch die bloße Einführung eines Folgepräparats wird den Generikaherstellern nicht die Möglichkeit genommen, von den Erleichterungen bei der Arzneimittelzulassung nach Art. 10 Abs. 2 VO 726/2004/EG oder § 24b Abs. 2 AMG Gebrauch zu machen. Wie bereits dargestellt, ändert hieran auch der Widerruf der Marktzulassung oder die vollständige Marktrücknahme des Originalpräparats nichts. Allein maßgeblich ist, dass das Originalpräparat für mindestens acht Jahre auf dem europäischen Markt zugelassen war.[476]

Insoweit ist jedoch festzuhalten, dass dies nur hinsichtlich des Originalpräparats gilt. Aufgrund der schon aus patentrechtlichen Gesichtspunkten notwendigen Abweichungen des Folgepräparats im Verhältnis zum zugrunde liegenden Originalpräparat[477] handelt es sich beim Generikum in aller Regel nicht mehr um ein „gleichartiges" Arzneimittel iSv Art. 10 Abs. 2 VO 726/2004/EG und § 24b Abs. 2 AMG. Eine Bezugnahme auf die Zulassungsunterlagen des Folgepräparats ist damit trotz einer u.U. vergleichbaren Wirksamkeit und Wirkweise von Generikum und Folgepräparat nicht möglich.

---

476 Siehe hierzu im Detail: Teil 3, B., III., 2., d), aa), (3).

477 Siehe hierzu im Detail: Teil 1, B., III., 3.

3. *Kostenvorteile der Generikahersteller beim Marketing*

Wie in fast jeder Branche werden auch im Arzneimittelbereich zahlreiche Werbestrategien verfolgt, um den Bekanntheitsgrad sowie die Reputation einzelner Arzneimittel oder der Hersteller selbst zu steigern. Die Originalpräparatehersteller versuchen sich von ihren Wettbewerbern und deren Produkten möglichst weit abzuheben und vor allem den Handelsnamen ihrer Arzneimittel zu hoher Marktbekanntheit zu verhelfen. Über den gesamten Produktlebenszyklus eines Arzneimittels, d.h. vom Beginn des Forschungs- und Entwicklungsprozesses hin zu dem Zeitpunkt, in dem das Originalpräparat schließlich vom Markt genommen wird, stellen die Kosten für die Bewerbung der Arzneimittel, noch vor Forschung, Entwicklung und Marktzulassung, den mit Abstand größten Kostenfaktor dar.[478] Der Marketingaufwand ist auch im Vergleich zu anderen Branchen relativ hoch.[479] Im Pharmabereich geht man davon aus, dass die Marketingausgaben bei Originalpräparateherstellern ca. 15–20 % des Gesamtumsatzes ausmachen.[480] Die Europäische Kommission ermittelte in ihrer Sektoruntersuchung im Zeitraum zwischen 2000 und 2007 sogar Marketingausgaben der Originalpräparatehersteller in Höhe von 20–25 % des Umsatzes.[481]

a) *Bedeutung und Notwendigkeit des Marketings im Arzneimittelbereich*

In Zeiten allgegenwärtiger Kosteneinsparungsbestrebungen im Gesundheitswesen und einer Vielzahl verschiedener Präparate für die Behandlung bestimmter Krankheiten, kommt dem Marketing aus Sicht der pharmazeutischen Industrie eine Schlüsselrolle zu. Da es innerhalb der EU nach Art. 88 Abs. 1 RL 2001/83/EG bzw. § 11 Heilmittelwerbegesetz (HWG) weitgehend untersagt ist, verschreibungspflichtige Arzneimittel direkt gegenüber den Endabnehmern, d.h. den Patienten, zu bewerben, konzentrieren sich die Werbemaßnahmen der Arzneimittelhersteller in der EU vor allem auf die Ärzteschaft.[482] Ein anderes Bild bietet sich in den USA, wo derartige Restriktionen seit Ende der 1980er Jahren

---

478 Siehe *S. Schweitzer*, Pharmaceutical Economics and Policy, S. 82 f.

479 Zahlreiche Beispiele für andere Branchen bei: *Berndt*, Pharmaceuticals in U.S. Health Care: Determinants of Quantity and Price, (2002) 16 Journal of Economic Perspectives, 45, 52.

480 Siehe *Goldmann/Lakdawalla*, in: Handbook of Health Economics, Volume 2, Chapter 13, Intellectual Property, Information Technology, Biomedical Research, and Marketing of Patented Products, S. 857; *Berndt*, Pharmaceuticals in U.S. Health Care: Determinants of Quantity and Price, (2002) 16 Journal of Economic Perspectives 45, 52.

481 Siehe European Commission, Pharmaceutical Sector Inquiry – Final Report, Rz. 74, 927.

482 Vgl. European Commission, Pharmaceutical Sector Inquiry – Final Report, Rz. 73.

sukzessive abgebaut wurden und daher Werbung verstärkt auch direkt an die Patienten gerichtet wird.[483]

aa) Marketing als Mittel zur raschen Marktdurchdringung neuer Arzneimittel

Bei Arzneimitteln handelt es sich um sog. Erfahrungsgüter. Anders als Produkte, bei denen anhand bestimmter technischer Spezifikationen von vornherein feststellbar ist, dass sie für den vom Abnehmer verfolgten Zweck tauglich sind, ist es bei Arzneimitteln nötig, diese selbst auszuprobieren, um die erwünschte Wirkung feststellen zu können.[484] Das neue Arzneimittel hat daher zunächst mit einigen Kaufwiderständen zu rechnen.[485] Die erste Hürde besteht darin, möglichst schnell Bekanntheit im Markt zu erlangen.[486] Angesichts der meist sehr kurzen effektiven Schutzdauer eines patentierten Arzneimittels[487], der relativ kurzen Verweildauer der meisten Produkte auf dem Markt sowie stetig hinzukommender potentiell konkurrierender Präparate, ist es von größter Wichtigkeit, noch vor dem tatsächlichen Markteintritt proaktives Marketing zu betreiben, um möglichst von Beginn an auf eine große Abnehmerbasis zählen zu können.[488] Eine möglichst rasche Etablierung im Markt ist umso wichtiger, da der Erfolg eines Arzneimittels während des ersten Jahres nach Markteinführung, gemessen an Wachstumsrate und erobertem Marktanteil, entscheidend für den Gesamterfolg des Produktes ist.[489] Folglich besteht ein hoher wirtschaftlicher Anreiz potentielle Abnehmer – vorrangig die Ärzte – durch Werbung auf das Produkt aufmerksam zu machen und von seiner Wirksamkeit sowie den Vorteilen gegenüber Konkurrenzprodukten zu überzeugen.[490]

---

483 Siehe *Cheng*, An Antitrust Analysis of Product Hopping in the Pharmaceutical Industry, (2008) 108 Columbia L. Rev. 1471, 1481 f.

484 Siehe *Goldmann/Lakdawalla*, in: Handbook of Health Economics, Volume 2, Chapter 13, Intellectual Property, Information Technology, Biomedical Research, and Marketing of Patented Products, S. 857; ebenso *Scott Morton/Kyle*, in: Handbook of Health Economics, Volume 2, Chapter 12, Markets for Pharmaceutical Products, S. 765.

485 Siehe *Guminski*, in: Schöffski/Fricke/Guminski, Pharmabetriebslehre, S. 200.

486 Siehe *Guminski*, in: Schöffski/Fricke/Guminski, Pharmabetriebslehre, S. 200.

487 Siehe Teil 1, B., III., 2., e) aa).

488 Vgl. *Guminski*, in: Schöffski/Fricke/Guminski, Pharmabetriebslehre, S. 203 ff.

489 Siehe *Schäffner*, S. 71; *Raasch*, S. 25 mwN.

490 Siehe *Raasch*, S. 25 mwN.

bb) Marketing als Informationskanal zwischen Arzneimittelherstellern und Abnehmern

Darüber hinaus dient das Marketing aber auch der Information der Abnehmer. Gegenwärtig sind in der Medizin mehr als 30.000 verschiedene Krankheiten bekannt.[491] Angesichts dieser unüberschaubaren Bandbreite an Krankheitsbildern und der damit korrespondierenden Zahl an Behandlungsoptionen sowie einer Vielzahl an ständig neu auf den Markt tretenden Arzneimitteln, dient die Bewerbung der Arzneimittel ein gutes Stück weit auch dazu, Informationsasymmetrien zwischen den Arzneimittelherstellern und der Ärzteschaft, bzw. den Patienten, zu überwinden.[492] Insbesondere was die Erhältlichkeit neuer Arzneimittel und Behandlungsmethoden sowie die Aufklärung über deren Chancen und Risiken anbelangt, ist die Herstellung eines Kommunikationsflusses zwischen den Ärzten und den Arzneimittelherstellern unerlässlich, um eine angemessene Behandlung der Patienten zu ermöglichen.[493] Aus Sicht der Ärzte tragen vor allem Marketing und Vertrieb der Arzneimittelhersteller zur Aufbereitung und Vermittlung produktspezifischer Informationen bei, die zum richtigen Einsatz der Arzneimittel benötigt werden.[494] Unter Informationsaspekten muss das Pharmamarketing also durch geeignete Informationsträger vor allem Informationen enthalten, die dem behandelnden Arzt die für die Behandlungsentscheidung relevanten Fragen beantworten.[495]

cc) Aufbau von Markenloyalität bei den Abnehmern

Die Originalpräparatehersteller versuchen sich durch Marketing von ihren Wettbewerbern und deren Produkten möglichst weit abzuheben und dabei den Handelsnamen ihrer Arzneimittel zu hoher Marktbekanntheit zu verhelfen. Beim Handelsnamen handelt es sich um einen vom Originalpräparatehersteller vergebenen, in der Regel markenrechtlich geschützten, Namen für ein bestimmtes Arzneimittel. Im Gegensatz zu komplizierten chemischen Bezeichnungen ist dieser leicht einprägsam und auch im allgemeinen Sprachgebrauch ohne größere

---

491 Siehe *Witzel*, Relationship Marketing in der pharmazeutischen Industrie, S. 19; *Fischer/Breitenbach*, Die Pharmaindustrie, S. 8.

492 Siehe *Goldmann/Lakdawalla*, in: Handbook of Health Economics, Volume 2, Chapter 13, Intellectual Property, Information Technology, Biomedical Research, and Marketing of Patented Products, S. 857; ebenso *Danzon*, in: Oxford Handbook of Health Economics, The Economics of the Biopharmaceutical Industry, S. 25; *Caves/Whinston/Hurwitz*, Patent Expiration, Entry, and Competition in the U.S. Pharmaceutical Industry, (1991) Brookings Papers: Microeconomics, S. 2.

493 Vgl. *Danzon*, in: Oxford Handbook of Health Economics, The Economics of the Biopharmaceutical Industry, S. 25; ebenso *Sussmann*, in: Schöffski/Fricke/Guminski, Pharmabetriebslehre, S. 236.

494 Siehe *Raasch*, S. 55.

495 Vgl. *Sussmann*, in: Schöffski/Fricke/Guminski, Pharmabetriebslehre, S. 236.

Schwierigkeiten verwendbar.[496] Man denke hier nur an die von der *Bayer AG* seit mehr als 115 Jahren unter dem Namen „Aspirin" vermarktete Acetylsalicylsäure. Die Marktbekanntheit von Handelsnamen sowie die emotionale Bindung der Abnehmer an ein bestimmtes Arzneimittel eines bestimmten Herstellers kann vor allem auch noch nach dem Auslaufen etwaiger Patente dazu genutzt werden, um den Konkurrenzdruck durch Generikahersteller zumindest abzumildern.[497]

(1) Anreiz zur Verschreibung des Folgepräparats anstelle des Originalpräparats

Im Rahmen von Product-Switching-Strategien dient das Marketing vor allem dazu, die Ärzte von der therapeutischen Überlegenheit des Folgepräparats im Vergleich zum Originalpräparat zu überzeugen. Diese sollen so dazu bewegt werden, möglichst viele Patienten auf das Folgepräparat umzustellen und die Verordnung auch dann beizubehalten, wenn Generika für das ursprüngliche Originalpräparat zur Verfügung stehen.[498] Dazu muss der durch das Marketing vermittelte qualitative, d.h. therapeutische, Vorteil des Folgepräparats jedoch die Differenz zum in der Regel günstigeren Preis des Originalpräparats aufwiegen.[499] Sämtliche Ärzte hingegen, die bis zum Patentauslauf nicht überzeugt werden konnten, ihre Patienten auf das Folgepräparat umzustellen, werden nach dem Markteintritt günstigerer Konkurrenzprodukte kaum noch umzustimmen sein und meist kostengünstigere Generika des Originalpräparates verordnen.[500]

(2) Anreiz zum Ausschluss der Aut-idem-Regelung bei der Arzneimittelverordnung

Wenn die Ärzte ein Arzneimittel entweder anhand der bloßen Wirkstoffbezeichnung oder unter einem bestimmten Produktnamen verordnen, muss der Apotheker grundsätzlich das Originalpräparat durch ein gleichwertiges Generikum ersetzen.[501] Gemäß § 129 Abs. 1 Nr. 1 lit. b) SGB V können die verordnenden Ärzte die Ersetzung des Arzneimittels durch ein wirkstoffgleiches Arzneimittel jedoch ausschließen. Hierzu müssen sie schlicht das sog. *Aut-idem*-Feld auf dem Rezeptformular ankreuzen.[502]

Durch intensives, zielgerichtetes Marketing kann es den Originalpräparateherstellern gelingen, den Handelsnamen eines von ihnen vertriebenen Wirkstoffs

---

496 Siehe *Caves/Whinston/Hurwitz*, Patent Expiration, Entry, and Competition in the U.S. Pharmaceutical Industry, (1991) Brookings Papers: Microeconomics, S. 5.
497 Vgl. *S. Schweitzer*, Pharmaceutical Economics and Policy, S. 84.
498 Siehe *Raasch*, S. 136.
499 Siehe *Raasch*, S. 138.
500 Siehe *Raasch*, S. 137.
501 Siehe *Barth*, in: Spickhoff, Medizinrecht, § 129 SGB V, Rz. 5.
502 Siehe *Barth*, in: Spickhoff, Medizinrecht, § 129 SGB V, Rz. 5.

derart in den medizinischen Alltagsgebrauch zu überführen, dass er auch von der Ärzteschaft als Synonym für den Wirkstoff angesehen wird[503] und sich so eine Markenloyalität verfestigt[504]. Damit steigt im Grundsatz auch die Bereitschaft der Ärzte, trotz bestehender *Aut-idem*-Regelungen weiterhin anstelle von Generika ausschließlich das Originalpräparat zu verordnen, d.h. die Ersetzung nach der *Aut-idem*-Regelung auszuschließen.

b) Detailing

Exemplarisch sei an dieser Stelle die direkte Ansprache der Ärzte im Wege des sog. Detailing dargestellt. Hierbei handelt es sich nach allgemeiner Ansicht sowohl um eine der erfolgversprechendsten Marketingmaßnahmen, als auch um die, mit dem am Abstand größten Anteil am Werbebudget der Originalpräparatehersteller.[505] Neben herkömmlichen Werbeformen, wie bspw. Anzeigen in Fachpublikationen, der Ausrichtung von Konferenzen oder Weiterbildungsseminaren etc., konzentrieren sich die Werbebestrebungen der Originalpräparatehersteller vor allem auf die persönliche Ansprache der Ärzte durch Außendienstmitarbeiter, umgangssprachlich auch bekannt als sog. „Pharmareferenten". Nach dem Willen des deutschen Gesetzgebers sollen Pharmareferenten in erster Linie den wissenschaftlichen Informationsaustausch zwischen Arzneimittelherstellern und Arzneimittelanwendern gewährleisten und so für den dringend benötigten Kommunikationsfluss zwischen Arzneimittelindustrie und den Anwendern, d.h. den Ärzten, sorgen.[506] Die wissenschaftlichen Ergebnisse der Arzneimittelforschung sollen dabei objektiv und kritisch an die behandelnden Ärzte gelangen, um diesen eine sachgerechte Anwendung insbesondere der neu entwickelten Arzneimittel zu ermöglichen.[507] Inhalt und Umfang der an die Ärzteschaft weitergegebenen Information über die einzelnen Arzneimittel werden jedoch regelmäßig von den auftraggebenden Arzneimittelherstellern vorgegeben.[508]

---

503 *Domeij*, Anticompetitive marketing in the context of pharmaceutical switching in Europe, in: Drexl/Lee, Pharmaceutical Innovation, Competition and Patent Law, S. 280, spricht hier vom sog. „brand-name recall".

504 Siehe *Schäffner*, S. 176 f.

505 Vgl. European Commission, Pharmaceutical Sector Inquiry – Final Report, Rz. 931; *Goldmann/Lakdawalla*, in: Handbook of Health Economics, Volume 2, Chapter 13, Intellectual Property, Information Technology, Biomedical Research, and Marketing of Patented Products, S. 857; *Shadowen/Leffler/Lukens*, Anticompetitive Product Changes in the Pharmaceutical Industry, (2009) 41 Rutgers Law Journal 1, 11, 46 mwN.

506 Vgl. BT-Drucks. 7/3060, 60.

507 Siehe BT-Drucks. 7/3060, 60; ebenso *Follmer/Fleischfresser*, in: Fuhrmann/Klein/Fleischfresser, Arzneimittelrecht, § 29, Rz. 16.

508 Siehe *Follmer/Fleischfresser*, in: Fuhrmann/Klein/Fleischfresser, Arzneimittelrecht, § 29, Rz. 16.

Das Detailing oder auch „Relationship Marketing“[509] über Pharmareferenten dient vor allem dazu, die Ärzte über neue Arzneimittel zu informieren, sie von deren Wirksamkeit und Sicherheit zu überzeugen und schließlich eine Berücksichtigung der beworbenen Produkte in ihrer Verschreibungspraxis durchzusetzen. Insbesondere Ärzte mit hohem Verordnungspotential sollen durch Informations- und Schulungsmaterial sowie im persönlichen Gespräch von den Vorzügen der Produkte des Herstellers überzeugt werden. Ziel ist es aus Sicht der Arzneimittelhersteller vor allem, das Verschreibungsverhalten des Arztes für die eigenen Präparate zu fördern und zur emotionalen Bindung an den Arzneimittelhersteller beizutragen.[510] Dabei werden nicht nur niedergelassene Ärzte angesprochen, sondern vor allem auch sog. *„Key-Opinion-Leader“*. Diese sind meist in klinischen und universitären Forschungseinrichtungen sowie in der Lehre tätig.[511] Ihr Verschreibungs- bzw. Empfehlungsverhalten hinsichtlich einzelner Arzneimittel hat aufgrund ihrer hohen Expertise und Reputation meist eine große Breiten- und Sogwirkung auf das Verschreibungsverhalten der übrigen Ärzteschaft.[512] Um am Markt erfolgreich zu sein, ist eine enge Zusammenarbeit mit ihnen aus Sicht der Arzneimittelhersteller daher unabdingbar.[513] Allein in Deutschland sollen noch im Jahr 2006 zwischen 30.000 und 40.000 Pharmareferenten tätig gewesen sein.[514] Dies entspricht einem Verhältnis von einem Pharmareferenten auf etwa 10 Ärzte.[515] Angesichts dieser Zahlen verwundert es nicht, dass Detailing den mit Abstand größten Kostenfaktor im Marketingmix der Pharmaunternehmen darstellt und der Sektoruntersuchung der Kommission zufolge im Jahr 2007 nahezu 50 % der Marketinggesamtausgaben ausmachte.[516]

c) Geringfügige Marketingaktivitäten der Generikahersteller

Im Gegensatz dazu wenden die Generikahersteller verschwindend geringe Beträge für das Marketing ihrer Produkte auf.[517] Sie profitieren vielmehr von den bereits von den Originalpräparateherstellern getätigten Investitionen in die

509 *Sussmann*, in: Schöffski/Fricke/Guminski, Pharmabetriebslehre, S. 236.

510 Siehe *Guminski*, in: Schöffski/Fricke/Guminski, Pharmabetriebslehre, S. 211 f.

511 Siehe *Sussmann*, in: Schöffski/Fricke/Guminski, Pharmabetriebslehre, S. 242.

512 Siehe *Sussmann*, in: Schöffski/Fricke/Guminski, Pharmabetriebslehre, S. 242.

513 Siehe *Sussmann*, in: Schöffski/Fricke/Guminski, Pharmabetriebslehre, S. 242.

514 Siehe *Witzel*, Relationship Marketing in der pharmazeutischen Industrie, S. 35; *Sussmann*, in: Schöffski/Fricke/Guminski, Pharmabetriebslehre, S. 237.

515 Siehe *Sussmann*, in: Schöffski/Fricke/Guminski, Pharmabetriebslehre, S. 237.

516 European Commission, Pharmaceutical Sector Inquiry – Final Report, Rz. 73. Anderen Erhebungen zufolge, soll der Anteil des Detailing sogar bei ca. 90 % des Gesamtmarketingbudgets der Pharmaunternehmen liegen, siehe *Sussmann*, in: Schöffski/Fricke/Guminski, Pharmabetriebslehre, S. 236.

517 Vgl. *Fialkoff*, Pay-For-Delay Settlements in the Wake of Actavis, (2014) 20 Mich. Telecomm. &Tech. L. Rev. 523, 530 mwN.

Bekanntheit und Marktdurchdringung des dem Generikum zugrunde liegenden Originalpräparats.

aa) Preisgesteuerte Nachfrage nach Generika

Aufgrund der verpflichtenden Abgabe preisgünstiger verschreibungspflichtiger Arzneimittel durch die Apotheken nach § 129 Abs. 1 S. 1 SGB V[518] wird die Nachfrage nach verschreibungspflichtigen Arzneimitteln, bei denen der Patentschutz ausgelaufen ist, nahezu ausschließlich über den Preis anstatt über die Marktbekanntheit bzw. die Reputation des jeweiligen Präparats gesteuert. Lediglich in Fällen, in denen der verordnende Arzt die Abgabe eines wirkstoffgleichen Arzneimittels – d.h. meist eines Generikums – explizit ausschließt, ist eine Abgabe des meist deutlich höher bepreisten und entsprechend beworbenen Originalpräparats möglich.

bb) Free-Riding der Generikahersteller beim Marketing

Dennoch profitieren die Generikahersteller weiterhin in großem Maße von den bereits in der Vergangenheit getätigten Marketingausgaben der Originalpräparatehersteller. Die durch intensive Bewerbung herbeigeführte habituelle Bindung der Abnehmer an das Originalpräparat endet nicht mit dem Markteintritt der Generika oder der nachlassenden Bewerbung des Originalpräparats. Vielmehr wird das mittlerweile im Markt wohlbekannte Arzneimittel weiterhin unter seinem Handelsnamen oder zumindest anhand seines Wirkstoffs von den Ärzten verordnet. Angesichts der grundsätzlich allein am Preis des verordneten Präparats orientierten *Aut-idem*-Regelung und der aufgezeigten Kostenvorteile der Generikahersteller wird daher zum größten Teil der Absatz der preisgünstigeren Generika gefördert.[519]

Die Generikahersteller machen sich also sog. Free-Riding zunutze, d.h. sie profitieren von der Investition des mit ihnen im Wettbewerb stehenden Originalpräparateherstellers, ohne dafür eigene Kosten aufwenden zu müssen.[520] Genau aus diesem Grund stellen die Originalpräparatehersteller mit dem Markteintritt von Generika das Marketing für die den Generika zugrunde liegenden

---

518 Siehe hierzu im Detail: Teil 2, B., II., 1.

519 Siehe *Cheng,* An Antitrust Analysis of Product Hopping in the Pharmaceutical Industry, (2008) 108 Columbia L. Rev. 1471, Fn. 191.

520 Siehe *Cheng,* An Antitrust Analysis of Product Hopping in the Pharmaceutical Industry, (2008) 108 Columbia L. Rev. 1471, 1500 f.; *Shepherd,* Deterring Innovation: NY v. Actavis and the Duty to Subsidize Competitors' Market Entry, (2016) 17 Minn. J.L. Sci. & Tech. 663, 688; ähnlich *Carlton/Flyer/Shefi,* Does the FTC's Theory of Product Hopping Promote Competition?, (2016) 12 Journal of Competition Law & Economics 495, 501.

Originalpräparate in der Regel ein, da sich dieses letztlich zu einem Großteil nur in erhöhten Absatzzahlen der generischen Wettbewerber niederschlagen würde.[521]

Dennoch hallen die Marketingbemühungen der Originalpräparatehersteller im Markt selbst nach deren Minimierung oder kompletten Einstellung nach, wovon wie gezeigt auch die Generikahersteller profitieren. Nach Patentauslauf und dem Markteintritt von Generika besteht jedoch auch aus Sicht des einzelnen Generikaherstellers kaum Anreiz, zusätzlich Werbung für seine verschreibungspflichtigen Produkte zu machen.[522] Die Kosten für Werbung würden sich kalkulatorisch negativ auf den Endpreis und damit auf die preisabhängige Substitutionsrate des jeweiligen Produktes auswirken. Insbesondere das kostenaufwendige Detailing ergibt aus Sicht der Generikahersteller wirtschaftlich keinen Sinn, weil das bei den Ärzten als besonders vorteilhaft angepriesene Generikum aufgrund der *Aut-idem*-Regelung durch die Apotheken ohne weiteres durch ein gleichwertiges, wenn auch nur marginal günstigeres, Generikum ersetzt werden kann. Anders als das vormals heftig beworbene Originalpräparat genießt das einzelne Generikum zudem keinerlei Schutz durch das Patentrecht. Im Unterschied zur Bewerbung patentgeschützter Originalpräparate ist es mangels Exklusivität und der fast ausschließlich preisgetriebenen Nachfrage also keineswegs sicher, dass die eigenen Werbeanstrengungen auch zu einer Abgabe der eigenen Produkte durch die Apotheken führt.[523] Daher würden durch die Bewerbung von Generika u.U. letztlich die anderen Generikahersteller übermäßig von den Werbeausgaben profitieren, was wiederum zu unerwünschten Free-Riding-Effekten zugunsten der eigenen Wettbewerber führen würde.[524] Weder die

521 Siehe *Shadowen/Leffler/Lukens*, Anticompetitive Product Changes in the Pharmaceutical Industry, (2009) 41 Rutgers Law Journal 1, 15; *Cheng*, An Antitrust Analysis of Product Hopping in the Pharmaceutical Industry, (2008) 108 Columbia L. Rev. 1471, 1500 f.; *Carrier*, Provigil: A Case Study of Anticompetitive Behavior, (2011) 3 Hastings Science & Technology Law Journal 441, 447; so bereits *Caves/Whinston/Hurwitz*, Patent Expiration, Entry, and Competition in the U.S. Pharmaceutical Industry, (1991) Brookings Papers: Microeconomics, S. 45 f.

522 Siehe *Domeij*, Anticompetitive marketing in the context of pharmaceutical switching in Europe, in: Drexl/Lee, Pharmaceutical Innovation, Competition and Patent Law S. 278.

523 Siehe *Cheng*, An Antitrust Analysis of Product Hopping in the Pharmaceutical Industry, (2008) 108 Columbia L. Rev. 1471, 1500 f.; *Shadowen/Leffler/Lukens*, Anticompetitive Product Changes in the Pharmaceutical Industry, (2009) 41 Rutgers Law Journal 1, 15.

524 Siehe *Shadowen/Leffler/Lukens*, Anticompetitive Product Changes in the Pharmaceutical Industry, (2009) 41 Rutgers Law Journal 1, 15; so auch *Domeij*, Anticompetitive marketing in the context of pharmaceutical switching in Europe, in: Drexl/Lee, Pharmaceutical Innovation, Competition and Patent Law S. 282; *Carrier*, Provigil: A Case Study of Anticompetitive Behavior, (2011) 3 Hastings Science & Technology Law Journal 441, 447.

Originalpräparate- noch die Generikahersteller sind also nach dem Patentauslauf dazu in der Lage, das Originalpräparat mittels anderer Faktoren als dem Preis effektiv zu bewerben und abzusetzen.[525]

IV. Zwischenfazit

Von diesen grundlegenden Betrachtungen ausgehend führt die Privilegierung der Generikahersteller bei der Arzneimittelzulassung und bei der Abgabe von Arzneimitteln auf mehreren Ebenen zu nicht unerheblichen Free-Riding-Effekten zulasten der Originalpräparatehersteller. Andererseits ist jedoch festzustellen, dass den Generikaherstellern der Marktzugang durch Product-Switching-Strategien merklich erschwert werden kann.

1. Indirekte Förderung des generischen Wettbewerbs

Vor allem profitieren die Generikahersteller durch die gesetzlichen Privilegierungen bei der Marktzulassung und der Arzneimittelabgabe zumindest indirekt ganz erheblich von den Ausgaben der Originalpräparatehersteller für Forschung- und Entwicklung sowie deren Marketingbemühungen für das Originalpräparat. Trotz der vielfältigen Privilegierungen beim Marktzugang von Generika besteht jedoch nach wie vor auch bei äußerst profitablen Originalpräparaten eine erhebliche Zeitverzögerung zwischen dem Patentauslauf des Originalpräparats und dem tatsächlichen Markteintritt konkurrierender generischer Präparate. Die Sektoruntersuchung der Europäischen Kommission ermittelte bspw. eine Differenz von durchschnittlich 13 Monaten zwischen Patentauslauf und tatsächlichem Markteintritt der Generika.[526]

2. Faktisch erschwerter Marktzugang

In Bezug auf die wettbewerblichen Folgen des Product-Switching ist festzuhalten, dass den Generikaherstellern der Zugang zum Arzneimittelmarkt in jedem Fall prinzipiell erhalten bleibt. Es steht ihnen auch bei einer erfolgreichen Etablierung des Folgepräparats im Markt jederzeit frei, mit den Originalpräparateherstellern in Wettbewerb um die Gunst der Abnehmer zu treten. Dies freilich weitgehend ohne die Unterstützung durch die vom regulatorischen System vorgesehenen Mechanismen. Soweit die Ärzte nach geglücktem Switch nun das Folgepräparat

---

525 Siehe *Carrier/Shadowen,* Product Hopping: A New Framework, (2016) 92 Notre Dame L. Rev. 167, 203.

526 Siehe European Commission, Pharmaceutical Sector Inquiry – Final Report, Rz. 192; mögliche Gründe für diese Verzögerung sollen hauptsächlich in den nationalen Zulassungs- und Kostenerstattungsverfahren liegen, siehe *European Generic Medicines Association Health Economics Committee,* How to Increase Patient Access to Generic Medicines in European Healthcare Systems (2009), S. 19 ff.

anstatt des Originalpräparats verordnen, greift zugunsten der für das Originalpräparat erhältlichen Generika die *Aut-idem*-Regelung nicht. Zudem können die Generikahersteller von den Erleichterungen bei der Arzneimittelzulassung nur im Hinblick auf das Originalpräparat Gebrauch machen.

Trotz allem bleibt es ihnen jedoch grundsätzlich nicht verwehrt, auch gegenüber dem Folgepräparat durch eigenes Marketing um Abnehmer für ihre auf dem Originalpräparat basierenden Generika zu werben.[527] Bildlich gesprochen seien die Generikahersteller insoweit „Opfer" ihrer eigenen Geschäftsstrategie, die in der Regel auf kostenintensives Marketing und Produktinnovationen verzichtet, und nicht eines marktmissbräuchlichen Verhaltens der Originalpräparatehersteller.[528]Allerdings gilt es insoweit zu bedenken, dass gerade wegen der regulatorischen Privilegierungen sowie dem weitgehenden Verzicht auf Produktinnovationen und Marketing, erhebliche Kostenvorteile der Generikahersteller gegenüber den Originalpräparateherstellern bestehen. Diese tragen dazu bei, dass deren Produkte nach Ablauf der Patentschutzdauer kostengünstig erhältlich sind, sodass die gesetzliche Krankenversicherung und damit letztlich auch die Verbraucher von den Kosteneinsparungen profitieren.

Hinzu kommt, dass insbesondere die Bewerbung des individuellen Generikums nach Auslauf des Patentschutzes wirtschaftlich wenig sinnvoll erscheint, da dies neben dem eigenen Absatz vor allem der der übrigen Generikahersteller anfachen würde.[529] Da also weder die Originalpräparatehersteller noch die Generikahersteller Anreize dazu haben, Werbung für das Originalpräparat zu machen, sehen sich die Ärzte zudem mit einer völlig einseitigen Darstellung des Für und Wider von Original- und Folgepräparat konfrontiert.[530] Dies trägt auf der einen Seite dazu bei, die Wechselfreudigkeit der Ärzteschaft auf Folgepräparate zu befeuern, auf der anderen Seite wird so ein Switch-Back zurück auf das gemeinfreie Originalpräparat zusätzlich erschwert. Erfolgreich umgesetzte Product-Switching-Strategien stellen daher eine erhebliche Hürde für den Marktzutritt von Generika dar.

---

527 Vgl. US District Court for the Eastern District of Pennsylvania, Mylan Pharmaceuticals v. Warner-Chilcott et al., 2015 U.S. Dist. LEXIS 50026, 36–40.

528 Vgl. US District Court for the Eastern District of Pennsylvania, Mylan Pharmaceuticals v. Warner-Chilcott et al., 2015 U.S. Dist. LEXIS 50026, 37; in diese Richtung auch *Cheng*, An Antitrust Analysis of Product Hopping in the Pharmaceutical Industry, (2008) 108 Columbia L. Rev. 1471, 1580 ff.

529 Siehe Teil 3, B., III., 3., c).

530 Siehe *Carrier*, Provigil: A Case Study of Anticompetitive Behavior, (2011) 3 Hastings Science & Technology Law Journal 441, 447.

C. Regulatorische Mechanismen zur Verhinderung von Product-Switching-Strategien

Eine umfassende wettbewerbsrechtliche Bewertung der in Rede stehenden Absatzstrategien gebietet es in einem vorherigen Schritt zu untersuchen, wie sich spezielle Instrumente der Arzneimittelregulierung auf die Umsetzbarkeit sowie die negativen Folgen der Absatzstrategien auswirken. Vor allem ist zu klären, inwieweit sich Product-Switching durch bestimmte Regulierungsmechanismen zumindest erschweren oder gar von vornherein unterbinden lässt. In diesem Fall bliebe für ein wettbewerbswidriges Verhalten nach Art. 102 AEUV wenig bis kein Raum. Zu klären ist, ob es daher unter Umständen – anders als bspw. in den USA – keines oder eines weniger umfangreichen Rückgriffs auf das Kartellrecht bedarf, um derartiges Verhalten zu unterbinden.

Als Beispiel dient hier die Rechtslage in Deutschland. Die Bundesrepublik verfügt sowohl im europäischen als auch im internationalen Vergleich seit einigen Jahren über ein äußerst ausdifferenziertes regulatorisches System zur Kostensenkung und Innovationssicherung bei der Arzneimittelnachfrage. Auffällig ist insoweit, dass es in Deutschland, im Gegensatz zu einigen anderen Staaten, trotz der großen Bedeutung des hiesigen Arzneimittelmarktes bislang nicht zur Implementierung von Product-Switching-Strategien kam. Im Fokus stehen hierbei zwei Instrumente: Das gesetzliche verankerte Ausgabenvolumen der Ärzte für Arzneimittel nach § 84 Abs. 1 Nr. 1 SGB V – die sog. Budgetierung bzw. die daran anknüpfende Wirtschaftlichkeitsprüfung nach §§ 106 ff. SGB V sowie die Nutzenbewertung von Arzneimitteln mit neuen Wirkstoffen nach § 35a SGB V.

I. Budgetierung: Auswirkungen der gesetzlichen Kostenkontrolle auf das Nachfrageverhalten

Angesichts des in § 84 Abs. 1 Nr. 1 SGB V gesetzlich festgeschriebenen Ausgabenvolumens bei der Arzneimittelverordnung ist fraglich, ob das skizzierte Price-Disconnect-Szenario in Deutschland als belastbare Grundlage für eine wettbewerbsrechtliche Bewertung der Vermarktungsstrategien dienen kann. Durch die Budgetierung werden Anreize für eine kostengünstige Versorgung der Patienten mit Arzneimitteln durch die Ärzte gesetzt.[531] Vor allem aufgrund drohender (teils monetärer) Sanktionen gegen die Ärzteschaft wird – wider den Price-Disconnect – erstmals ein merkliches Preisbewusstsein bei der Verordnung der Arzneimittel geschaffen.

Zumindest dann, wenn das Originalpräparat noch parallel zu einem deutlich teureren Folgepräparat auf dem Markt erhältlich ist oder therapeutisch ähnlich wirksame, jedoch kostengünstigere Ausweichmöglichkeiten für die Ärzte

---

531 Siehe *A. Becker*, Die Steuerung der Arzneimittelversorgung im Recht der GKV, S. 138.

bestehen, sinkt durch die Budgetierung unter Umständen auch die Wechselwilligkeit auf das Folgepräparat. Hierdurch könnte zumindest Soft-Switch-Strategien ein wirksamer Riegel vorgeschoben werden. Auch im Fall einer (erzwungenen) Umstellung des Marktes auf das Folgepräparat besteht zumindest theoretisch ein deutlich größerer Anreiz, selbst nach dem Patentauslauf des Originalpräparats auf ein entsprechendes Generikum zu wechseln, um so bei vergleichbarem therapeutischen Effekt die Belastung für das Arzneimittelbudget so gering wie möglich zu halten.

Die Budgetierung fußte bislang auf einem bundesweit einheitlichen, an fixen fallabhängigen Richtgrößen orientierten, strengen Kontroll- und Sanktionsmechanismus. Im Extremfall drohte den Ärzten bei Überschreitung ihres individuellen Kostenbudgets für die Verordnung von Arzneimitteln eine Rückzahlung an die Krankenkassen. Zum 1. Januar 2017 wurde durch das GKV-Versorgungsstärkungsgesetz[532] jedoch ein flexibleres, auf regionalen Vereinbarungen zwischen den Krankenkassen und den jeweiligen kassenärztlichen Vereinigungen beruhendes System eingeführt. Dieses verschiebt den Fokus von der Einhaltung bestimmter Kostengrenzen bei der Arzneimittelverordnung hin zur Beachtung bestimmter Wirkstoffvorgaben. Die Wirtschaftlichkeitsprüfung wird also verstärkt von untergesetzlichen Normen geprägt.[533]

1. *Rechtslage bis zum 1.1.2017: Wirtschaftlichkeit durch Einhaltung von Richtgrößen und Wirkstoffvorgaben*

Um dem Wirtschaftlichkeitsgebot Genüge zu tun, galten für Ärzte mit Kassenzulassung bei der Verordnung von Arzneimitteln bis zum Jahr 2017 sog. Richtgrößenvolumina. Hierbei handelte es sich um ein zwischen den Landesverbänden der Krankenkassen, den Verbänden der Ersatzkassen und den kassenärztlichen Vereinigungen arztgruppenspezifisch vereinbartes Verordnungsvolumen pro typisiertem Behandlungsfall.[534]

a) Die Arzneimittelvereinbarung nach § 84 Abs. 1 SGB V als Basis der Budgetierung

Die richtgrößenabhängige Budgetierung der Ärzte basierte wiederum auf einer im Jahresturnus zwischen den Landesverbänden der Krankenkassen und den Ersatzkassen sowie der regional zuständigen kassenärztlichen Vereinigung ausgehandelten Arzneimittelvereinbarungen nach § 84 Abs. 1 SGB V. Diese Vereinbarungen umfassen gemäß § 84 Abs. 1 Nr. 1 SGB V ein Gesamtausgabenvolumen

---

532 Gesetz zur Stärkung der Versorgung in der gesetzlichen Krankenversicherung.

533 Vgl. *von Langsdorff*, in: Sodan, Handbuch des Krankenversicherungsrechts, 3. Auflage 2018, § 24, Rz. 3.

534 Siehe *Hampe/Mohammadi*, NZS 2012, 568.

für die von sämtlichen im Bereich der jeweiligen kassenärztlichen Vereinigung kassenzugelassenen Ärzten verordneten Arznei- und Verbandmittel iSv § 31 SGB V.

Neben dem Gesamtausgabenvolumen werden laut § 84 Abs. 1 S. 2 Nr. 2 SGB V auch Versorgungs- und Wirtschaftlichkeitsziele bei der Arzneimittelverordnung festgelegt. Hierdurch sollen vorhandene Wirtschaftlichkeitsreserven aufgezeigt und realisiert werden. Ebenso soll vor allem bei chronischen und schweren Erkrankungen die Qualität der Verordnung von Arzneimitteln verbessert werden, indem die Verordnung auf Grundlage von Hinweisen der Arzneimittelkommission der Deutschen Ärzteschaft erfolgt.[535] Insbesondere was Arzneimittel mit vergleichbarer therapeutischer Zielsetzung anbelangt, soll auf eine vorrangige Verordnung bewährter und preisgünstiger Präparate hingewirkt werden.[536] Dies geschieht durch konkrete, indikations- bzw. arzneimittelgruppenbezogene Versorgungs- oder Wirtschaftlichkeitsziele.[537] Die Wirtschaftlichkeitsziele sollen für eine kostengünstige Versorgung mit Arzneimitteln sorgen. Hierunter fallen insbesondere die Stärkung der generell preiswerteren generischen Arzneimittel sowie die Senkung des Verordnungsanteils kostenträchtiger Arzneimittel, die nur einen geringen therapeutischen Mehrwert mit sich bringen – sog. „Me-too"- oder „Analogpräparate".[538] Bei den Versorgungs- und Wirtschaftlichkeitszielen handelt es sich jedoch nicht um verbindliche Vorgaben für die Vertragsärzte, ihnen steht grundsätzlich die gesamte Palette aller verordnungsfähigen Arzneimittel offen. Die Ärzte sollen in ihrem Verordnungsverhalten vielmehr durch die an Erfahrungswerten ausgerichtete Typisierung unwirtschaftlicher Verordnungen beeinflusst werden.[539]

b) Bemessung der jeweiligen Verordnungsgrenzen

Nach der alten Rechtslage bemaß sich das jeweilige von den Ärzten einzuhaltende Budget nach den Verordnungskosten der Arzneimittel. Seit Inkrafttreten des AMNOG[540] im Jahr 2011, konnten stattdessen auch auf Landesebene vorgegebene Verordnungsanteile und Wirkstoffmengen bestimmter Wirkstoffe und Wirkstoffgruppen zwischen den Verhandlungspartnern vereinbart werden.

---

535 Siehe BT-Drucks. 14/6309, 7.

536 Siehe BT-Drucks. 14/6309, 7.

537 Siehe *Hess,* in: Kasseler Kommentar, SGB V, § 84 Rz. 16.

538 Siehe *Hess,* in: Kasseler Kommentar, SGB V, § 84 Rz. 18.

539 Vgl. *A. Becker,* Die Steuerung der Arzneimittelversorgung im Recht der GKV, S. 281, der in diesem Zusammenhang von „influenzierender Steuerung" spricht.

540 Arzneimittelmarktneuordnungsgesetz.

aa) Fallabhängige Richtgrößen

Ausgehend vom jährlichen Gesamtbudget für Arzneimittel wurden bis zum 1.1.2017 nach § 84 Abs. 6 SGB V a.F. zwischen den Verhandlungspartnern, je nach Arztgruppe, für den einzelnen Arzt pro Behandlungsfall eine bestimmte Richtgröße vereinbart. Die Richtgröße ist der Durchschnittswert der je Arzt einer Arztgruppe in einem (indikationsunabhängigen) Behandlungsfall verordneten Leistungen.[541] Es handelt sich also um die Geldsumme, die dem Arzt entsprechend seiner Arztgruppe für jeden Patienten pro Quartal zur Verfügung steht.[542] Multipliziert mit der Zahl der jährlichen Behandlungsfälle des jeweiligen Arztes ergab sich daraus das arztspezifische Richtgrößenvolumen.[543] Nach § 84 Abs. 6 S. 3 SGB V a.F. stellten die Richtgrößen jedoch lediglich eine Sollvorgabe dar, die den Arzt bei seinen Entscheidungen über die Verordnung von Arzneimitteln nach dem Wirtschaftlichkeitsgebot leiten sollte. Eine Überschreitung des Richtgrößenvolumens führte nach § 84 Abs. 6 Nr. 4 SGB V a.F. für die Ärzte u.U. zu einer sanktionsbewehrten Wirtschaftlichkeitsprüfung nach § 106 Abs. 5a SGB V a.F. Effektiv stellte die Richtgröße also nicht nur eine lediglich unverbindliche Orientierungsgröße, sondern eine individuelle Ausgabenbegrenzung dar. Hierbei handelte es sich jedoch um ein Gesamtverordnungskontingent, das dem Arzt für die Behandlung aller Patienten zur Verfügung stand. Deswegen konnte in manchen Behandlungsfällen die Richtgröße überschritten werden, wenn im Gegenzug in anderen Behandlungsfällen entsprechend weniger verordnet wurde.[544]

bb) Wirkstoffzielvorgaben

Seit der Reformierung der Arzneimittelregulierung durch das AMNOG konnten zwischen den regionalen Verhandlungspartnern anstelle der Richtgrößen laut § 106 Abs. 3b S. 2 SGB V a.F. für Wirkstoffe und Wirkstoffgruppen Verordnungsanteile und Wirkstoffmengen in den einzelnen Anwendungsgebieten vereinbart werden.

Anstelle der Prüfung auf Einhaltung der Verordnungskosten sollte dann gemäß § 106 Abs. 3b S. 1, S. 6 SGB V a.F. eine regionale Vereinbarung der kassenärztlichen Vereinigung mit den Landesverbänden der Krankenkassen und den Ersatzkassen über die Prüfung von Wirkstoffauswahl und Wirkstoffmenge

---

541 Siehe *Hess,* in: Kasseler Kommentar, SGB V, § 84 Rz. 30; *Sproll,* in: Krauskopf, Soziale Krankenversicherung, SGB V § 84, Rz. 42.

542 *Von Langsdorff,* in: Sodan, Handbuch des Krankenversicherungsrechts, 2. Auflage 2014, § 24, Rz. 9; *Hampe/Mohammadi,* NZS 2012, 568.

543 Siehe *Scholz,* in: Becker/Kingreen, SGB V, § 84, Rz. 12.

544 Siehe *Hess,* in: Kasseler Kommentar, SGB V, § 106b, Rz. 10; ebenso *von Langsdorff,* in: Sodan, Handbuch des Krankenversicherungsrechts, 2. Auflage 2014, § 24, Rz. 10; *Hofmeister,* KVH-Journal, 2/2017, 10 spricht bei Krankheitsfällen, in denen zugunsten behandlungsintensiverer Patienten weniger bzw. preisgünstigere Arzneimittel verordnet werden, von sog. „Verdünnerfällen".

treten. Diese Zielvorgaben waren in erster Linie in den auf Bundes- und Landesebene getroffenen Arzneimittelvereinbarungen nach § 84 Abs. 7 SGB V a.F. und § 84 Abs. 1 S. 2 Nr. 2 SGB V a.F. festzulegen.[545] Bei der indikationsbasierten Festsetzung der zu verordneten Wirkstoffe und deren Menge waren die Parteien jedoch nicht völlig frei. Sie hatten nach § 106 Abs. 3b S. 4 SGB V a.F. auf Bundesebene getroffene Vorgaben zu beachten. Darunter fielen insbesondere die Richtlinien des G-BA zur Arzneimittelverordnung und die zwischen den Krankenkassen und Arzneimittelherstellern getroffenen Individual- oder Kollektivvereinbarungen über die Höhe der Erstattungsbeiträge nach §§ 130b, 130c SGB V. Gleiches galt für die Hinweise der kassenärztlichen Vereinigungen und der kassenärztlichen Bundesvereinigung zu Arzneimittelpreisen, Indikation und therapeutischem Nutzen nach § 73 Abs. 8 S. 1 SGB V.

Laut der Gesetzesbegründung zum AMNOG sollte hierdurch die Verantwortung des Arztes auf die Einhaltung medizinisch begründeter Regelungen beschränkt werden und die Verantwortung für die Niedrighaltung der Arzneimittelpreise sowie das individuelle Erkrankungsrisiko wieder auf die Krankenkassen übertragen werden.[546] Die Verantwortung der Vertragsärzte reduziert sich damit auf die Einhaltung der vorab im Zusammenspiel zwischen Krankenkassenverbänden, Ärzten, Arzneimittelherstellern sowie dem G-BA aufgestellten medizinischen Vorgaben.[547] Hierbei handelte es sich vor allem um sog. „Leitsubstanzen". Diese in erster Linie bei chronischen Erkrankungen verordneten Wirkstoffe sollten anstelle von Präparaten mit nicht ausreichend nachgewiesener Wirksamkeit verordnet werden und sicherstellen, dass die jeweils kostengünstigste Therapiealternative verordnet wird.[548] Für bestimmte Wirkstoffgruppen wurden daher durch die Verhandlungspartner Zielquoten für Leitsubstanzen bei der Verordnung definiert.[549] Diese prozentual zu bemessenden Verordnungsziele ließen oftmals nur geringen Verordnungsspielraum für die Ärzte, was die Wirkstoffauswahl bei bestimmten Krankheitsbildern angeht.[550]

c) Sanktionen bei Überschreitung der Richtgrößen

Überschritt der einzelne Arzt die vereinbarten Richtgrößenvolumina, war nach § 106 Abs. 2 S. 2 Nr. 1 SGB V a.F. bspw. eine gemeinsame Überprüfung durch die kassenärztliche Vereinigung und die Krankenkassen vorgesehen. Die

---

545 Siehe BT-Drucks. 17/2413, 28 f.; *Scholz,* in: Becker/Kingreen, SGB V, § 106 (in der bis 31.12.2016 geltenden Fassung), Rz. 17.

546 Siehe BT-Drucks. 17/2413, 28.

547 Vgl. *Hess,* in: Kasseler Kommentar, SGB V (Stand 88. EL Dezember 2015), § 106, Rz. 32b.

548 Siehe *Scholz,* in: Becker/Kingreen, SGB V, § 84, Rz. 6.

549 Siehe *Uwer/Tschammler,* PharmR 2016, 69.

550 Siehe *Schickert/Schulz,* PharmR 2007, 492, 493 mit Beispielen aus der bundeseinheitlichen Rahmenvorgabe für das Jahr 2008.

Landesverbände der Krankenkasse, die Ersatzkassen sowie die jeweilige zuständige örtliche kassenärztliche Vereinigung bildeten hierzu im Wege der Selbstverwaltung eine paritätisch besetzte gemeinsame Prüfungsstelle sowie einen gemeinsamen Beschwerdeausschuss, § 106 Abs. 4 SGB V a.F.

aa) Auffälligkeitsprüfung

Wurden die Richtgrößenvolumina überschritten, war bis zum 31.12.2016 die sog. Auffälligkeitsprüfung nach § 106 Abs. 2 S. 1 Nr. 1 SGB V a.F. der Regelfall. Laut § 106 Abs. 2 S. 7 1. Hs. SGB V a.F. sollten jedoch höchstens 5 % der Vertragsärzte überhaupt der Auffälligkeitsprüfung unterzogen werden. Die Prüfung zerfiel wiederum in zwei Stufen und folgte dem Prinzip „Beratung vor Regress“.[551]

(1) Zweistufige Prüfung

Überschritt das Verordnungsvolumen eines Arztes in einem Kalenderjahr das festgelegte Richtgrößenvolumen um mehr als 15 % und war dieser Mehraufwand nicht wiederum durch Praxisbesonderheiten begründet, beriet die gemeinsame Prüfungsstelle den Arzt nach § 106 Abs. 1a, Abs. 5a SGB V a.F., wie eine wirtschaftliche und qualitativ hochwertige Versorgung auch unter Wahrung des Richtgrößenvolumens zu gewährleisten ist. Letztlich ging es darum, dem Arzt aufzuzeigen, wie in Zukunft das Richtgrößenvolumen eingehalten werden kann.[552]

Wurde das Richtgrößenvolumen jedoch um mehr als 25 % überschritten, hatte der Arzt den Krankenkassen die Differenz des Verordnungsvolumens zum Richtgrößenvolumen zu erstatten, soweit dieser Mehraufwand nicht wiederum durch Praxisbesonderheiten begründet war. Hierbei handelt es sich vor allem aus dem Patientenstamm des Arztes bzw. dessen spezifischer Morbidität herrührende Umstände, die in der Regel in Wechselbeziehung zu einer besonderen Qualifikation des Arztes stehen, somit für die Fachgruppe von der Art oder dem Umfang her atypisch sind und daher einen erhöhten Verordnungsaufwand hervorrufen.[553] Als typischer Beispielsfall wird hier vor allem ein überproportional hoher Anteil älterer sowie chronisch kranker Patienten genannt, die einen weit höheren Verordnungsbedarf als durchschnittliche Patienten aufweisen.[554]

---

551 Siehe *Hampe/Mohammadi*, NZS 2012, 568, 571; insoweit auch BT-Drucks. 18/4095, 111.

552 Siehe auch *Filler/Hermanns*, Wirtschaftlichkeitsprüfung, S. 56.

553 Siehe *Scholz*, in: Becker/Kingreen, SGB V, § 106 (in der bis 31.12.2016 geltenden Fassung), Rz. 8.

554 Siehe *Scholz*, in: Becker/Kingreen, SGB V, § 106 (in der bis 31.12.2016 geltenden Fassung), Rz. 9.

(2) Nachsicht bei erstmaligen Verstößen

Eine Überschreitung der Richtgrößen führte jedoch nicht zwangsläufig zu einer umfassenden Rückzahlungspflicht. Durch das AMNOG und das GKV-Versorgungsstrukturgesetz kam es zu einigen entscheidenden Lockerungen. Anstatt der Festsetzung eines Erstattungsbetrags wurde bei erstmaliger Überschreitung der 25 %-Schwelle laut § 106 Abs. 5e S. 1 SGB V a.F. zunächst eine individuelle Beratung des Arztes, wie sie bei Überschreiten der 15 %-Schwelle nach § 106 Abs. 1a, Abs. 5a SGB V vorgesehen ist, durchgeführt.

Bei einem erstmaligen Überschreiten der Richtgrößenvolumina um mehr als 25 %, durfte nach § 106 Abs. 5c S. 7 SGB V a.F. der festgesetzte Rückerstattungsbetrag in den ersten beiden Jahren zudem 25.000 EUR nicht übersteigen. Hierdurch sollten insbesondere Ärzte, die ihre Tätigkeit in der vertragsärztlichen Versorgung aufnehmen oder die neue Versorgungsaufgaben übernehmen, mehr Zeit erhalten, sich auf die Anforderungen des Wirtschaftlichkeitsgebots einzustellen.[555]

bb) Zufälligkeitsprüfung

Hinzu trat eine unabhängig von der Überschreitung von Richtgrößen oder anderen Parametern durchzuführende Zufälligkeitsprüfung. Diese bestand gemäß § 106 Abs. 2 S. 1 Nr. 2 SGB V aus stichprobenartigen Prüfungen der Arzneimittelverordnungen von 2 % aller Ärzte pro Quartal. Anders als die Auffälligkeitsprüfung knüpfte sie nicht an die Überschreitung von Schwellenwerten an und erfasste nicht nur die Überprüfung von Arzneimittelverordnungen, sondern die gesamte Praxistätigkeit.[556] Die Prüfung unterlag laut § 106 Abs. 2b SGB V a.F. den zwischen dem Spitzenverband Bund der Krankenkassen und der kassenärztlichen Bundesvereinigung vereinbarten Prüfrichtlinien. Sie konzentrierte sich gemäß § 106 Abs. 2a Nr. 1–4 SGB V a.F. auf die Indikation für die Leistung, die Effektivität zur Erreichung des Therapieziels, die Einhaltung gewisser Qualitätskriterien sowie die Angemessenheit der Kosten der Leistung im Hinblick auf das beabsichtigte Behandlungsziel.

d) Sanktion bei Verstoß gegen die Wirkstoffzielvorgaben

Die Überprüfung von Wirkstoffzielvorgaben basierte auf stichprobenartigen Prüfungen einzelner Ärzte. Dabei konnten laut §§ 106 Abs. 3b, S. 10, 2. Hs. iVm. 106 Abs. 2 S. 7 1. Hs. SGB V a.F., ebenso wie bei der Auffälligkeitsprüfung, jährlich höchstens 5 % der Vertragsärzte in einer Stichprobe geprüft werden. Die Prüfung erstreckte sich darauf, ob die Menge und der Anteil der von der

---

555 Siehe BT-Drucks. 17/2413, 29.

556 Siehe *Hess,* in: Kasseler Kommentar, SGB V (Stand 88. EL Dezember 2015), § 106 Rz. 33.

Vereinbarung vorgesehenen Substanzen, bezogen auf bestimmte Krankheiten, den Zielvorgaben entsprach. Bei Nichteinhaltung der Zielvorgaben war nach § 106 Abs. 3b S. 8 SGB V a.F. ein Ausgleichsbetrag an die Krankenkassen zu entrichten. Die genauen Modalitäten und die Höhe dieses Regresses waren, anders als der Regress bei der Auffälligkeitsprüfung, jedoch wiederum abhängig von der jeweiligen lokalen Prüfvereinbarung.[557]

2. *Rechtslage seit dem 1.1.2017: Regionalisierung der Wirtschaftlichkeitsprüfung*

Vor allem wegen der für die Ärzte bei der Verordnung größtenteils intransparenten Arzneimittelerstattungspreise sowie des allein von den Ärzten zu tragenden wirtschaftlichen Risikos bei mehrmaligen Erkrankungen von Patienten pro Abrechnungsquartal, wurde die teils heftig kritisierte[558] Richtgrößenprüfung mit dem GKV-Versorgungsstärkungsgesetz jedoch zum 1.1.2017 abgeschafft.

Anstelle der bundesgesetzlich zumindest in materiell-rechtlicher Hinsicht vereinheitlichten Richtgrößenprüfung treten laut § 106b Abs. 1 SGB V nun regionale Prüfvereinbarungen auf Landesebene. Die Arzneimittelvereinbarungen nach § 84 Abs. 1 SGB V wurden jedoch beibehalten. Die Prüfvereinbarungen werden zwischen den Landesverbänden der Krankenkassen, den Ersatzkassen sowie einer der bundesweit 17 kassenärztlichen Vereinigungen ausgehandelt. Es handelt sich also um Vereinbarungen zwischen den lokalen Selbstverwaltungspartnern.[559] Diese haben bei der Gestaltung des Prüfverfahrens und der dabei zugrunde liegenden Ziel- und Prüfkriterien weitgehend freie Hand.[560] Hierdurch sollen passgenauere Lösungen für das jeweilige regionale Gebiet ermöglicht werden.[561] Die als Alternative zur Richtgrößenprüfung eingeführte wirkstoffbasierte Prüfung nach § 106 Abs. 3b SGB V a.F. wurde ebenfalls abgeschafft. Elemente beider Prüfungsarten finden sich jedoch zumindest in Teilen in den nunmehr geltenden regionalen Prüfvereinbarungen wieder.

557 Siehe *Scholz*, in: Becker/Kingreen, SGB V, § 106 (in der bis 31.12.2016 geltenden Fassung), Rz 18.

558 Siehe *Scholz*, in: Becker/Kingreen, SGB V, § 106 (in der bis 31.12.2016 geltenden Fassung), Rz 16; *Hess*, in: Kasseler Kommentar, SGB V (Stand 88. EL Dezember 2015), § 106 Rz. 32b; *Reuter/Volmering/Weinrich*, GesR 2015, 449, 452; *Korzilius*; Deutsches Ärzteblatt 2015 (33–34), A 1357 ff.; *dies.* Deutsches Ärzteblatt 2011 (45), A 2371 ff.; *Hofmeister*, KVH-Journal, 2/2017, 8.

559 Siehe BT-Drucks. 18/4095, 110.

560 Siehe BT-Drucks. 18/4095, 110; BR-Drucks. 641/14, 72, 176; *Wehebrink*, in: Beck-OK Sozialrecht, SGB V, § 106b, Rz. 1.

561 Siehe BT-Drucks. 18/4095, 111.

a) Festlegung der Zielkriterien

Sämtliche Prüfvereinbarungen basieren § 106b Abs. 2 S. 1 SGB V zufolge, auf einer zwischen kassenärztlichen Bundesvereinigungen und dem Spitzenverband Bund der Krankenkassen (GKV-Spitzenverband) getroffenen Rahmenvorgaben, die einen Mindeststandard für die Wirtschaftlichkeitsprüfung vorgibt.[562]

Trotz dieser Rahmenvorgabe herrscht momentan eine große Bandbreite an Mechanismen, die zu einer wirtschaftlichen Verordnung von Arzneimitteln führen sollen. Nach dem derzeitigen Stand haben sich noch nicht alle regionalen Verhandlungspartner auf eine Prüfvereinbarung geeinigt bzw. diese der Öffentlichkeit zugänglich gemacht. Jedoch lassen sich aus den bislang verfügbaren Prüfvereinbarungen einige Trends ablesen. Anstelle von Einzelheiten der 17 im Detail abweichenden Prüfvereinbarungen, die ohne Weiteres eine separate wissenschaftliche Arbeit füllen würden, seien hier stellvertretend einige der Kernmechanismen herausgegriffen, um die dominierenden Regelungsmuster in ihren Grundstrukturen zu erfassen.

Einerseits werden Vereinbarungen geschlossen, die den unter § 106 Abs. 3b S. 2 SGB V a.F. normierten Vorgaben hinsichtlich Wirkstoffauswahl und Wirkstoffmenge stark ähneln, andererseits existieren Vereinbarungen, die im Gewand einer (modifizierten) Richtgrößenprüfung daherkommen und im Grundsatz weiterhin allein an monetär zu bemessenden Faktoren festhalten. Kommt es zu keiner regionalen Vereinbarung über die Wirtschaftlichkeitsprüfung nach § 106 Abs. 1 SGB V, gelten jedoch laut § 106b Abs. 3 S. 3 SGB V die Regelungen der § 84 SGB V und § 106 SGB V in der am 31. Dezember 2016 gültigen Fassung und damit auch die von den Ärzten einzuhaltenden Richtgrößen fort.

aa) Wirkstoffbasierte Modelle

Die nunmehr häufig anzutreffenden wirkstoffbasierten Prüfungsmethoden knüpfen zur Bestimmung der Wirtschaftlichkeit des Verordnungsverhaltens nicht mehr an den Preis der verordneten Arzneimittel, sondern genau wie § 106 Abs. 3b S. 2 SGB V a.F. an die Wirkstoffauswahl an. Anstelle der allein monetär messbaren Richtgrößen treten nun wirkstoffbasierte Versorgungs- und Wirtschaftlichkeitsziele. Diese fußen auf der mengenmäßig vorgegebenen Verordnung der als *per se* wirtschaftlich eingestufte Wirkstoffe einer indikationsbasierten Wirkstoffgruppe. Die Ärzte sollen so verstärkt zur Verordnung rabattierter bzw. preisgünstiger Arzneimittel angehalten werden.[563] Insbesondere können sich die Vereinbarungen auf die spezifischen Versorgungs- und Wirtschaftlichkeitsziele der lokalen Arzneimittelvereinbarung nach § 84 Abs. 1 SGB V beziehen.[564] Diese

---

562 Rahmenvorgaben nach § 106b Abs. 2 SGB V für die Wirtschaftlichkeitsprüfung ärztlich verordneter Leistungen v. 30.11.2015.

563 Siehe Rahmenvorgaben nach § 84 Abs. 7 SGB V a.F. für das Jahr 2017 v. 30.9.2016, S. 3.

564 Siehe Rahmenvorgaben nach § 106 b Abs. 2 SGB V v. 30.11.2015, Anlage 1, § 1; ebenso *Scholz*, in: Becker/Kingreen, SGB V, § 106b, Rz. 5.

dienen wiederum vor allem dazu, Wirtschaftlichkeitsreserven zu erschließen, indem die Verordnung von Präparaten, die lediglich therapeutisch geringfügige Innovationen mit sich bringen, minimiert wird.[565] Die regionalen Verhandlungspartner können zu diesem Zweck sog. Zielvereinbarungen über Verordnungsanteile für Wirkstoffe und Wirkstoffgruppen im jeweiligen Anwendungsgebiet, zur Verordnung wirtschaftlicher Einzelmengen sowie zur Information und Beratung treffen.

(1) Stufenmodell und Leitsubstanzen

Im Rahmen dieser Zielvereinbarung kann bei häufig verordneten Wirkstoffen und Indikationen bspw. ein Stufenmodell, das innerhalb einer Wirkstoffgruppe nach Standard-, Reserve- und nachrangig zu verordnenden Wirkstoffen unterscheidet, eingeführt werden.[566] Meist einigen sich die lokalen Verhandlungspartner dabei auf prozentuale Verordnungsquoten einzelner empfohlener Wirkstoffe, d.h. Leitsubstanzen, am Gesamtverordnungsvolumen einer Wirkstoffgruppe.[567] Ein Verordnungsziel wird erreicht, indem der Arzt den für seine Vergleichsgruppe vorgegebenen Zielwert je Wirkstoffgruppe erreicht bzw. überschreitet.[568] Hierbei wird in der Regel nach Fachrichtungen zwischen verschiedenen Ärztegruppen unterschieden.[569] Die Verordnungsziele werden meist nach der ATC-(Anatomisch-Therapeutisch-Chemischen) Klassifikation definierten Tagesdosen bestimmt. Wirkstoffe werden hierzu nach dem Organ oder Organsystem, auf das sie einwirken und nach ihren chemischen, pharmakologischen

565 Siehe *Scholz,* in: Becker/Kingreen, SGB V, § 84, Rz. 6; *Nebendahl,* in: Spickhoff, Medizinrecht, § 84 SGB V, Rz. 10.

566 Siehe auch *Korzilius*; Deutsches Ärzteblatt 2015 (33–34), A 1357.

567 Siehe bspw. Prüfvereinbarungen zwischen der Kassenärztlichen Vereinigung Bremen und den Kranken- und Ersatzkassen 2017; Prüfungsvereinbarungen zwischen der Kassenärztlichen Vereinigung Bayern und den Kranken- und Ersatzkassen 2017 iVm Wirkstoffvereinbarung zwischen der Kassenärztlichen Vereinigung Bayern und den Kranken- und Ersatzkassen 2016, §§ 3, 10 Abs. 2; Prüfungsvereinbarungen zwischen der Kassenärztlichen Vereinigung Hamburg und den Kranken- und Ersatzkassen 2017, § 17 Nr. 2, iVm Wirkstoffvereinbarung zwischen der Kassenärztlichen Vereinigung Hamburg und den Kranken- und Ersatzkassen 2017; Prüfvereinbarung zwischen der Kassenärztlichen Vereinigung Sachsen und den Kranken- und Ersatzkassen 2017, § 8 Abs. 2 a) iVm Arzneimittelvereinbarung gemäß § 84 SGB V zwischen der Kassenärztlichen Vereinigung Sachsen und den Kranken und Ersatzkassen 2017, Art. 2, § 1.

568 Siehe Wirkstoffvereinbarung zwischen der Kassenärztlichen Vereinigung Bayern und den Kranken- und Ersatzkassen 2016, § 5 Abs. 2; Wirkstoffvereinbarung zwischen der Kassenärztlichen Vereinigung Hamburg und den Kranken- und Ersatzkassen 2017, § 3 Abs. 2.

569 Statt vieler: Wirkstoffvereinbarung zwischen der Kassenärztlichen Vereinigung Bayern und den Kranken- und Ersatzkassen 2016, Anlage 1.

und therapeutischen Eigenschaften in verschiedene Gruppen eingeteilt.[570] Den so klassifizierten Wirkstoffen ist jeweils eine sog. DDD (Defined Daily Dose)[571] zugeordnet.[572] Die Tagesdosenangaben dienen hierbei als Durchschnittsgröße, die nicht notwendigerweise die im Einzelfall angewendete Dosierung eines Arzneimittels wiedergibt.[573] Zur Bestimmung der Zielerreichung werden innerhalb einer Wirkstoffgruppe sämtliche verordnete DDDs addiert und dann relativ dazu die prozentualen Leitsubstanzquoten ermittelt.

(2) Generika-Ziele

Oftmals werden zudem in bestimmten Wirkstoffgruppen auch Verordnungsquoten für generische Wirkstoffe vereinbart, um so den übermäßigen Ausschluss der *Aut-idem-Regelung* durch die Ärzte zu verhindern.[574] In die gleiche Richtung geht die Regelung, dass bei der Verordnung generischer Arzneimittel, deren Preis unter der jeweiligen Festbetragsgrenze nach § 35 Abs. 1 SGB V liegt, stets das Wirtschaftlichkeitsziel erfüllt ist.[575] Ebenfalls präsent sind etwas weniger strikt gefasste Regelungen. Die regionalen Verhandlungspartner im Freistaat Sachsen halten die Ärzte lediglich dazu an, ihre bisherige Verordnungspraxis zu überdenken und, soweit möglich, durch wirtschaftliche Behandlungsalternativen, wie bspw. Generika und rabattierte Arzneimittel zu ersetzen.[576] Zudem wird darauf hingewiesen, dass ein genereller Ausschluss der *Aut-idem-Regelung* zu erheblichen Mehrkosten führen kann.[577] Durch alle Regelungsansätze wird jedoch die bevorzugte Verordnung von Generika durch die Ärzte honoriert bzw. angeregt.

---

570 Siehe https://www.dimdi.de/dynamic/de/arzneimittel/atc-klassifikation/index.html. http://www.dimdi.de/static/de/klassi/atcddd/index.htm.

571 Hierbei handelt es sich um die vom Deutschen Institut für Medizinische Dokumentation und Information (DIMDI) nach § 73 Abs. 8 S. 5 SGB V publizierte und amtlich herausgegebene Fassung des Systems der durchschnittlichen Tagesdosen.

572 Es handelt sich dabei nicht um eine Dosierungsempfehlung, sondern eine rein rechnerische Größe. Mit der DDD lassen sich Wirkstoffmengen auf der Basis von Dosen vergleichen, indem die Milligramm (mg) oder Gramm (g) des Wirkstoffs in Dosen (DDD) umgerechnet werden, siehe *Kassenärztliche Vereinigung Nordrhein*, KVNO extra – Arznei-und Heilmittelregresse 2011, S. 8.

573 Siehe *DIMDI*, Anatomisch-therapeutisch chemische Klassifikation mit Tagesdosen, Amtliche Fassung des ATC-Index mit DDD-Angaben für Deutschland im Jahre 2018, Vorwort.

574 Siehe Wirkstoffvereinbarung zwischen der Kassenärztlichen Vereinigung Bayern und den Kranken- und Ersatzkassen 2016, § 3, Abs. 2.

575 Siehe Wirkstoffvereinbarung zwischen der Kassenärztlichen Vereinigung Bayern und den Kranken- und Ersatzkassen 2016, Anlage 2.

576 Siehe Arzneimittelvereinbarung gemäß § 84 SGB V zwischen der Kassenärztlichen Vereinigung Sachsen und den Kranken- und Ersatzkassen 2017, Art. 2, § 2 Abs. 1.

577 Siehe Arzneimittelvereinbarung gemäß § 84 SGB V zwischen der Kassenärztlichen Vereinigung Sachsen und den Kranken- und Ersatzkassen 2017, Art. 2, § 2 Abs. 3 lit. (d).

Der Arzt stellt also zukünftig die medizinische Diagnose, wählt im Idealfall einen von der Zielvereinbarung als wirtschaftlich klassifizierten Wirkstoff für die Behandlung aus und legt die Therapiedauer fest. Die Abgabe der auf diesem Wirkstoff basierenden Arzneimittel erfolgt wiederum durch die Apotheken unter Beachtung der *Aut-idem-Regelung* bzw. der individuellen Rabattverträge zwischen der jeweiligen Krankenkasse und den Arzneimittelherstellern nach § 130 Abs. 8a SGB V. Solange der Arzt den für seine Vergleichsgruppe je nach Wirkstoffgruppe vorgegebenen Verordnungsanteil der als wirtschaftlich eingestuften Wirkstoffe erreicht bzw. überschreitet, trägt er also kein wirtschaftliches Risiko.

bb) Beibehaltung der Richtgrößenprüfung

In einigen regionalen Vereinbarungen wurde jedoch auch schlicht die von § 106 Abs. 2 S. 1 Nr. 1 SGB V a.F. eingeführte Richtgrößenprüfung inklusive der hierbei zu beachtenden 15 %- und 25 %-Schwellen beibehalten.[578] Andere Vereinbarungen halten zwar prinzipiell auch an den Richtgrößen fest, sehen jedoch wiederum erst bei einer Überschreitung des Richtgrößen- bzw. Richtwertvolumens von 25 % Anlass für eine Wirtschaftlichkeitsprüfung.[579] Überschreitet der jeweilige Arzt in diesen Gebieten sein Richtgrößenvolumen, droht ebenfalls eine Erstattung der Mehrkosten an die Krankenkassen. Grundlage für diese Richtgrößenprüfungen sind weiterhin zwischen den regionalen Partnern geschlossene Richtgrößenvereinbarungen.

cc) MRG-Werte

Teilweise werden auch richtgrößenbasierte Modelle verwendet, die zumindest das individuelle Erkrankungsrisiko der Patienten berücksichtigen. In Schleswig-Holstein erfolgt die Prüfung bspw. auf Basis sog. MRG-Werte (Morbidity Related Groups = Morbiditätsbezogene Gruppen). Bei sämtlichen Patienten werden quartalsmäßig die Kosten der bislang für sie verordneten Arzneimittel nach verschiedenen Wirkstoffgruppen geordnet erfasst. Abhängig von der Kostendominanz einzelner Wirkstoffgruppen werden die Patienten dann in eine vorher bestimmte MRG eingeteilt.[580] In einem weiteren Schritt werden je nach Wirkstoff- und

578 Siehe Prüfvereinbarungen zwischen der Kassenärztlichen Vereinigung Bremen und den Kranken- und Ersatzkassen 2017, Stand 28.12.2016, §§ 13ff; Prüfvereinbarungen zwischen der Kassenärztlichen Vereinigung des Saarlandes und den Kranken- und Ersatzkassen 2017, § 17; vgl. insoweit auch *von Langsdorff*, in: Sodan, Handbuch des Krankenversicherungsrechts, 3. Auflage 2018, § 24, Rz. 34.

579 Arzneimittel Richtwertvereinbarung zwischen der Kassenärztlichen Vereinigung Baden-Württemberg und den Kranken- und Ersatzkassen 2017, § 5 Abs. 3.

580 Siehe MRG-Vereinbarung 2017 über Arznei- und Verbandmittel zwischen der Kassenärztlichen Vereinigung Schleswig-Holstein und den Kranken- und Ersatzkassen, Anlage 2, S. 8.

Fachgruppe des jeweiligen Arztes die durchschnittlichen Brutto-Gesamtkosten pro Patient ermittelt. Abhängig von variierenden patientenspezifischen Schweregraden, werden diese Basis-MRG an das individuelle Krankheitsrisiko und damit die Kostenintensivität jedes Patienten angepasst. Die Aufsummierung dieser patientenbezogenen Sollwerte ergibt das arztspezifische MRG-Sollvolumen für ein Quartal.[581] Dieses wird dann wie bei der Richtgrößenprüfung mit dem tatsächlichen Verordnungsvolumen des Arztes abgeglichen.

b) Sanktion bei Nichteinhaltung der Verordnungsziele

Werden die von den Prüf- und Wirkstoffvereinbarungen aufgestellten Verordnungsziele nicht eingehalten, sollen laut den Vorgaben des § 106 Abs. 3, SGB V „Maßnahmen" zu treffen sein. Gemäß §§ 106b Abs. 1 S. 2, 106 Abs. 3 S. 2 SGB V „kann" in der jeweils anwendbaren Prüfvereinbarung insbesondere eine Nachforderung der Krankenkassen an die individuellen Ärzte vorgesehen werden. Wie bei der überkommenen Richtgrößenprüfung soll eine gezielte Beratung sämtlichen zu treffenden Maßnahmen in der Regel vorangehen, § 106 Abs. 3 S. 3 SGB V. In einigen Vereinbarungen wird bei der Erreichung gesamtregionaler, vergleichsgruppenübergreifender Verordnungsziele bei sämtlichen Ärzten im Prüfgebiet sogar pauschal auf eine Wirkstoffprüfung verzichtet.[582]

aa) Auffälligkeitsprüfung

Von der gesetzlich eingeräumten Regressmöglichkeit haben dennoch die meisten der Verhandlungspartner Gebrauch gemacht. In Bayern kann bspw. bei Nichteinhaltung der Verordnungsziele durch die Prüfungsstelle eine Nachforderung zugunsten der Krankenkassen festgesetzt werden. Bei einer erstmaligen Auffälligkeit hat zuvor jedoch eine individuelle Beratung des Arztes nach § 106b Abs. 2 S. 3 SGB V zu erfolgen.[583] Das altbekannte Prinzip „Beratung vor Regress" soll schließlich auch unter dem regionalisierten Prüfregime beibehalten werden.[584]

Anders als unter der vorher praktizierten Richtgrößenprüfung, bei der sich die Höhe der Nachforderung im Grunde schlicht anhand der Differenz zwischen Richtgrößenvolumen und Verordnungsvolumen bemessen ließ, geben die

---

581 Siehe MRG-Vereinbarung 2017 über Arznei- und Verbandmittel zwischen der Kassenärztlichen Vereinigung Schleswig-Holstein und den Kranken- und Ersatzkassen, Anlage 2, S. 9.

582 Siehe Wirkstoffvereinbarung zwischen der Kassenärztlichen Vereinigung Bayern und den Kranken- und Ersatzkassen 2016, § 4 Abs. 1, Abs. 3; Wirkstoffvereinbarung zwischen der Kassenärztlichen Vereinigung Hamburg und den Kranken- und Ersatzkassen 2017, § 4 Abs. 1.

583 Siehe Prüfungsvereinbarungen zwischen der Kassenärztlichen Vereinigung Bayern und den Kranken- und Ersatzkassen 2017, § 25 Abs. 1.

584 Siehe BT-Drucks. 18/4095, 111.

Prüfungsvereinbarung jedoch überwiegend keinerlei Aufschluss über die konkrete Berechnung der Nachforderung.

bb) Sanktion bei Überschreitung der Richtgrößen bzw. der MRG-Werte

Insoweit an Richtgrößen bzw. MRG-Werten festgehalten wird, bleibt es bei deren Überschreiten beim Regress gegenüber den Krankenkassen. Hervorzuheben ist hier, dass bei einem Überschreiten des Richtgrößenvolumens um mehr als 25 % – anders als noch unter dem bundeseinheitlichen Prüfungsregime – teilweise auch bei erstmaligen Verstößen keine Deckelung der Rückzahlungsverpflichtung vorgesehen ist.[585] Eine der wesentlichen Privilegierungen der Ärzte fällt demnach unter Umständen weg, sodass die regionalen Prüfregime letztlich sogar strenger als das vormals weitgehend vereinheitliche System ausfallen können.

c) Anhaltende Disziplinierung des Verordnungsverhaltens durch Regressdrohung

Die bis 2017 gültige Arzneimittelbudgetierung verfehlte, zumindest was die Disziplinierung des Verordnungsverhaltens der Ärzte anging, ihren Zweck offensichtlich nicht. Leider veröffentlichen in der Regel weder die kassenärztlichen Vereinigungen noch die Krankenversicherungen genaue Fallzahlen zu Wirtschaftlichkeitsprüfungen bzw. Regressforderungen. Zahlen aus der jüngeren Vergangenheit lassen jedoch darauf schließen, dass die Ärzte sich in ihrer Verordnungspraxis seit der Einführung der verschiedenen Budgetierungsmechanismen um eine möglichst wirtschaftliche Verordnungspraxis bemühen.

aa) Geringfügige Anzahl von Sanktionsfällen bis 2017

Aus einer kleinen Anfrage an die Bundesregierung aus dem Jahr 2011 geht hervor, dass zumindest im Jahr 2007 bei lediglich 2,7 % der niedergelassenen Ärzte ein Verfahren wegen Überschreitung der Richtgrößen eingeleitet wurde.[586] Im Schnitt wurden in den Jahren 2007 und 2008 bundesweit (ohne Bayern und

---

585 Siehe Prüfvereinbarungen zwischen der Kassenärztlichen Vereinigung Bremen und den Kranken- und Ersatzkassen 2017, Stand 28.12.2016, §§ 13ff; anders die Prüfvereinbarungen zwischen der Kassenärztlichen Vereinigung des Saarlandes und den Kranken- und Ersatzkassen 2017, die bei einem erstmaligen Überschreiten der 25 %-Schwelle ebenfalls eine Beratung des Arztes durch die Kassenärztliche Vereinigung sowie eine Deckelung bei der Erstattung der Mehrkosten in den ersten beiden Fällen auf 25.000 EUR vorsieht, § 17 Abs. 10, Abs. 16; in die gleiche Richtung geht die Prüfvereinbarung zwischen der Kassenärztlichen Vereinigung Baden-Württemberg und den Kranken- und Ersatzkassen 2017, die bei erstmaligen Verstößen eine Begrenzung der Nachforderung auf maximal 10 % des Gesamthonorars sowie bei wiederholten Verstößen auf 25 % des Gesamthonorars, vorsieht, § 15 Abs. 4.

586 Siehe BT-Drucks. 17/6879, 1.

Niedersachsen) letztlich weniger als 1 % der Ärzte tatsächlich wegen ihrer unwirtschaftlichen Verordnungspraxis zu einer Erstattung an die Krankenkassen verpflichtet.[587] Die Anzahl der Prüfverfahren wegen der Überschreitung von Richtgrößenvolumina nahm über die Jahre in der Regel auch kontinuierlich ab. Im Bereich der kassenärztlichen Vereinigung Westfalen-Lippe gab es bei ca. 8.800 verordnenden Arztpraxen im Jahr 2005 noch 696 Prüfverfahren, im Jahr 2006 nur 284 und im Jahr 2007 lediglich 178 Prüfverfahren. Dabei kam es respektive in 266, 102 und 47 Fällen zur Festsetzung eines Regresses.[588] Im Jahr 2008 mussten sich dort gar nur 69 Ärzte überhaupt einem Prüfverfahren unterziehen, wobei es nur in 26 Fällen tatsächlich zur Feststellung eines Regresses kam.[589] Dies entspricht einer Regressquote von weniger als 1 % aller dort ansässigen Vertragsärzte. Die kassenärztliche Vereinigung Nordrhein verzeichnete im Jahr 2009 bei ca. 16.500 niedergelassenen Vertragsärzten lediglich 49 kritische Richtgrößenüberschreitungen, mithin eine Regressquote von weniger als 0,5 %.[590] Im Prüfjahr 2013 kam es dort nur noch in einem einzigen Fall zu einer Inanspruchnahme von Ärzten im Wege des Regresses.[591] In Hessen gab es im gleichen Zeitraum nicht einen Fall, in dem Ärzte tatsächlich Geld an die Krankenkassen zurückerstatten mussten.[592] Diese äußerst geringen Zahlen in bevölkerungsreichen Bundesländern weisen auf eine bundesweit durchgängig hohe Bereitschaft der Ärzte hin, sich bei der Verordnung der Arzneimittel innerhalb des ihnen zur Verfügung stehenden finanziellen bzw. sachlichen Rahmens zu bewegen und für eine Verordnung preiswerter Arzneimittel einzustehen.

bb) Verlagerung der Bestimmung der Wirtschaftlichkeit ab 2017

Nach derzeitigem Stand dürfte sich hieran auch unter der neuen Gesetzeslage wenig ändern. Sofern die regionalen Prüfvereinbarungen weiterhin an monetär zu bemessende Grenzwerte für die Verordnung anknüpfen, besteht für die Ärzte weiterhin ein hoher Anreiz vor allem preisgünstige Arzneimittel zu verordnen.

Soweit sich die regionalen Verhandlungspartner auf eine wirkstoff- bzw. verordnungsquotenbasierte Wirtschaftlichkeitsprüfung einigen, wird die generelle Abwägung zwischen therapeutischem Nutzen und den Kosten des jeweiligen Arzneimittels lediglich vom individuellen Arzt auf die nächsthöhere Stufe, nämlich

587 Siehe BT-Drucks. 17/6879, 4.

588 Siehe *Kassenärztliche Vereinigung Westfalen-Lippe*, pluspunkt – Amtliche Bekanntmachungen der Kassenärztliche Vereinigung Westfalen-Lippe, Nr. 41, März 2010, 19.

589 Siehe *Korzilius*, Deutsches Ärzteblatt 2011 (19), A 984.

590 Siehe http://www.medical-tribune.de/meinung-und-dialog/artikel/arzneimittel-regress-unterm-strich-stehen-eher-kleine-zahlen/.

591 Siehe *Kassenärztliche Vereinigung Nordrhein*, KVNO aktuell – Magazin der kassenärztlichen Vereinigung Nordrhein, Ausgabe 9&10 2014, S. 16.

592 Siehe Pressemitteilung der Kassenärztlichen Vereinigung Hessen v. 24.11.2015.

auf die regionalen Verhandlungspartner, verlagert. Im Gegensatz zu individuellen Ärzten verfügen diese tendenziell über einen besseren Marktüberblick und größere Expertise, was die therapeutische Wirksamkeit und die Preisgestaltung der verschiedenen Arzneimittel anbelangt. Von ihnen ist auch zu erwarten, dass sie aufgrund dieser höheren Sachkenntnis für die gezielten Marketingbemühungen der Originalpräparatehersteller weit weniger empfänglich als die einzelnen niedergelassenen Ärzte sind. Da sich die regionalen Verhandlungspartner bei der Festlegung der Wirkstoffziele im Rahmen der Prüfvereinbarungen von § 106b Abs. 1 SGB V naturgemäß an den ohnehin zwischen ihnen vereinbarten Versorgungs- und Wirtschaftlichkeitszielen nach § 84 Abs. 1 S. 2 Nr. 2 SGB V orientieren, ist zu erwarten, dass die Verordnung von teureren Folgepräparaten, die nur einen geringfügigen therapeutischen Mehrwert mit sich bringen, abnimmt. Nicht zuletzt aufgrund der nach wie vor bestehenden Möglichkeit bei Nichteinhaltung der Verordnungsquoten dem Regress durch die Krankenkassen anheimzufallen, ist davon auszugehen, dass die Ärzte weiterhin ganz überwiegend darauf bedacht sind, die Verordnungsquoten zu erfüllen.

cc) Stärkung der Verordnung von Generika

Insbesondere die vorgegebenen Quoten für die Verordnung von Generika, sowie die Höchstquoten für den Ausschluss der *Aut-idem*-Regelung dürften entscheidend dazu beitragen, dass die Ärzte, wo immer möglich, von sich aus preiswerte Generika anstatt der deutlich teureren Originalpräparate verordnen und auf einen Ausschluss der *Aut-idem-Regelung* verzichten. Der Spielraum der Ärzte für die Verordnung nicht medizinisch indizierter bzw. von der Prüfvereinbarung nicht empfohlener Folgepräparate wird hierdurch verkleinert. Hinzu kommt, dass der Sanktionsmechanismus durch den teilweisen Wegfall der Deckelung der Erstattungsbeträge bei erstmaligen Verstößen regional stellenweise sogar noch verschärft wurde.[593] Soweit die Originalpräparatehersteller also den Ausschluss der *Aut-idem-Regelung* bei der Verordnung des Originalpräparats durch die Ärzte anstreben, um so ihre Markstellung gegenüber den Generika zu sichern, stehen dem die Generikaquoten bzw. die Höchstausschlussquoten entgegen.

3. Potentielle Auswirkungen auf die Wechselwilligkeit zum Folgepräparat

Sowohl die Budgetierung mittels Richtgrößen, als auch das seit 2017 bestehende regionale Prüfsystem, setzt bei den Ärzten Anreize, vor allem kostengünstige Arzneimittel zu verordnen bzw. sich weitgehend an den Verordnungsvorgaben der regionalen Prüfvereinbarungen zu orientieren. Der für Arzneimittelmärkte sonst prägende Price-Disconnect wird also entscheidend abgemildert. Hierdurch

593 So auch *Brochnow*, Praxis Freiberufler Beratung 1/2016, 26.

werden zumindest Soft-Switching-Strategien der Originalpräparatehersteller erschwert.

a) Auswirkungen der Richtgrößenprüfung

Soweit Original- und Folgepräparat im Rahmen eines Soft-Switch gleichzeitig auf dem Markt verfügbar sind, ist unter dem Richtgrößenprüfregime zu erwarten, dass die Bereitschaft der Ärzte, den Wechsel vom Originalpräparat auf ein teureres, aber therapeutisch nur minimal verbessertes Folgepräparat mitzugehen, gering bleibt. Auch intensive Marketingbemühungen der Originalpräparatehersteller vermögen hieran aufgrund der durch die Budgetierung hervorgerufenen Preissensitivität der Ärzte aller Voraussicht nichts zu ändern. Sofern kein signifikanter qualitativer, d.h. in erster Linie therapeutischer, Vorsprung des Folgepräparats besteht, der den im Vergleich zum Originalpräparat höheren Preis aufwiegt, ist davon auszugehen, dass die Ärzte an der Verordnung des Originalpräparats festhalten werden.

Angesichts des sich im Zeitpunkt des Switches meist abzeichnenden Patentauslaufs des Originalpräparats besteht auch bei einer vergleichsweise moderaten Bepreisung des Folgepräparats wenig Anlass, das in absehbarer Zeit als deutlich günstigeres Generikum erhältliche Originalpräparat durch ein minimal verbessertes oder nur gleich wirksames Folgepräparat zu ersetzen. Wenn nach Patentauslauf die Patienten einen Wechsel zurück auf das nunmehr günstigere generische Originalpräparat ablehnen und ein solcher daher vonseiten der Ärzte letztlich nur schwer vermittelbar wäre, zöge ein Wechsel nämlich auf Jahre hin eine deutlich höhere Belastung des individuellen Richtgrößen- bzw. MRG-Volumens nach sich.

b) Auswirkungen der wirkstoffbasierten Prüfung

Sofern die regionalen Prüfvereinbarungen seit dem Jahr 2017 eine Abkehr von starren Richtgrößenvolumina hin zu wirkstoffbasierten Prüfregimen vollzogen haben, richtet sich die Wechselbereitschaft entscheidend danach, inwieweit das Folgepräparat in den Vorgaben der jeweiligen Prüfvereinbarung berücksichtigt wird. Das hängt wiederum zu einem großen Teil vom Grad der therapeutischen Wirksamkeit des Folgepräparats im Verhältnis zum bereits bekannten Originalpräparat ab. Nur dann, wenn das Folgepräparat und nicht das Originalpräparat im Wirkstoffkatalog der Prüfvereinbarung als bevorzugt zu verordnende Substanz vorgegeben wird, besteht ein Anreiz der Ärzte den vom Originalpräparatehersteller initiierten Wechsel auf das Folgepräparat mitzumachen. Anderenfalls sähen sich die Ärzte mit einer Unterschreitung der vorgegebenen Wirkstoffziele hinsichtlich des Originalpräparats und in der Folge mit einer Wirtschaftlichkeitsprüfung sowie einem eventuellen finanziellen Regress konfrontiert.

All dies gilt jedoch nur solange Original- und Folgepräparat parallel und ohne Einschränkungen auf dem Markt erhältlich sind. In Fällen des Hard-Switch oder wenn es zu erheblichen Einschränkungen bei der Verfügbarkeit des Originalpräparats kommt, bliebe den Ärzten schlicht keine andere Wahl als – unter Umständen auch entgegen des von der jeweiligen Prüfvereinbarung vorgegebenen Wirkstoffkatalogs – das Folgepräparat zu verordnen, um eine ausreichende Versorgung der Patienten zu gewährleisten. Der vom Gesetzgeber vorgegebene Regulierungsmechanismus wird insoweit seiner Wirksamkeit vollständig beraubt.

4. Potentielle Auswirkungen auf die Verordnung von Originalpräparaten

Das System der Wirtschaftlichkeitsprüfung hat nicht nur Auswirkungen auf den mit dem Switch angestrebten Wechsel auf das Folgepräparat. Es führt auch mit Blick auf den Switch-Back zum generisch erhältlichen Originalpräparat zu einer veränderten Bewertung der Lage. Der zu Beginn geschilderte Price-Disconnect wirkt sich aufgrund der Regulierung auch in dieser Hinsicht nämlich deutlich weniger auf das Verordnungsverhalten der Ärzte aus.

a) Auswirkungen der Richtgrößenprüfung

Insbesondere die drohende Rückerstattung des Mehraufwands bei der Überschreitung von Richtgrößen führt dazu, dass Ärzte bei der Verordnung von Arzneimitteln deutlich preisbewusster agieren und bei vergleichbarem therapeutischen Nutzen ggf. günstigeren Generika eines vermeintlich überholten „Altarzneimittels“ den Vorzug vor einem marginal verbesserten Folgepräparat geben. Demzufolge besteht ein direkter wirtschaftlicher Anreiz selbst im Fall eines vorangegangenen Hard-Switch nach Patentauslauf des Originalpräparats bei der Verordnung zurück auf das nunmehr als Generikum erhältliche Originalpräparat zu wechseln. Voraussetzung hierfür ist allerdings, dass aufseiten der Patienten nur geringe Vorbehalte gegen den Wechsel auf ein in ihren Augen „veraltetes“ Präparat bestehen, bzw. diese durch Information und Aufklärung vonseiten der Ärzte bzw. der Krankenkassen oder der Generikahersteller überwunden werden können.

b) Auswirkungen der wirkstoffbasierten Prüfung

Angesichts der nunmehr veränderten Rechtslage, die größtenteils nicht mehr die Einhaltung finanzieller Obergrenzen von den Ärzten verlangt, sondern anhand von Wirkstoffzielvorgaben das Verordnungsverhalten der Ärzte steuert, gestaltet sich die Bewertung differenzierter.

Die Bereitschaft bspw. nach einem forcierten Hard-Switch bei Patentauslauf wieder auf das preisgünstigere Originalpräparat zurückzuwechseln, wird entscheidend davon beeinflusst, inwieweit Original- und Folgepräparat in den Wirkstoffvorgaben der jeweiligen Prüfvereinbarung berücksichtigt werden. Das hängt wiederum zu einem großen Teil vom Grad der therapeutischen Wirksamkeit des Folgepräparats im Verhältnis zum bereits bekannten Originalpräparat ab. Nur dann, wenn das Originalpräparat im Wirkstoffkatalog der Prüfvereinbarung als bevorzugt zu verordnende Substanz vorgegeben wird, besteht ein Anreiz, die Patienten vom Folgepräparat zu lösen und das deutlich preisgünstigere, weil generisch verfügbare, Originalpräparat zu verordnen. Stehen bspw. beide Substanzen in einer indikationsbasierten Wirkstoffgruppe gleichberechtigt nebeneinander, besteht aus Sicht der Ärzteschaft jedoch kein Anreiz, zurück auf das Originalpräparat zu wechseln. Die Wechselfreudigkeit der Ärzte hängt in diesem Fall also ebenfalls entscheidend von der Einordnung von Original- und Folgepräparat durch die jeweilige Prüfvereinbarung der regionalen Verhandlungspartner bzw. der Arzneimittelvereinbarung nach § 84 Abs. 1 SGB V ab. Sowohl bei der Festlegung der Wirkstoffziele in den Arzneimittelvereinbarungen nach § 84 Abs. 1 S. 2 Nr. 2 SGB V als auch in den lokalen Prüfvereinbarungen ist jedoch zu erwarten, dass kostenträchtigere Folgepräparate, die keinen oder nur einen äußerst geringen therapeutischen Mehrwert mit sich bringen, allenfalls nachrangig berücksichtigt werden.[594] Nichtsdestotrotz stehen die Ärzte auch in diesem Fall vor der Herausforderung, einen Wechsel zurück auf das nun generisch verfügbare Originalpräparat bei den betroffenen Patienten entsprechend zu kommunizieren und durchzusetzen.

Die oben aufgeworfene These vom strukturell bedingt unzureichenden Switch-Back auf generisch erhältliche Originalpräparate nach Patentauslauf ist sowohl unter der bis zum 1.1.2017 gültigen als auch unter der aktuellen Wirtschaftlichkeitsprüfung der Arzneimittelverordnung nicht in vollem Umfang haltbar. Beide Prüfregime sind im Grundsatz also durchaus dazu imstande, einen klaren Impuls bei der Ärzteschaft zu setzen, auch nach vorübergehender (erzwungener) Verordnung eines Folgepräparats die Patienten wieder auf das generisch erhältliche Originalpräparat umzustellen.

II. Eindämmung von Product-Switching-Strategien durch Nutzenbewertung und Festbetragsregelung

Eine weiterer wesentlicher Aspekt, der bei der regulatorischen Einordnung des Product-Switching zu berücksichtigen ist, ist die im Zuge des Gesetzes zur Neuordnung des Arzneimittelmarktes (AMNOG) zu Beginn des Jahres 2011 eingeführte Nutzenbewertung nach § 35a SGB V.[595] Neben der Arzneimittelbudgetierung ist sie eine der Hauptursachen dafür, warum klassische Product-Switching-Strategien in Deutschland bislang keine Verbreitung gefunden haben.

Die Nutzenbewertung ist vom G-BA grundsätzlich für alle erstattungsfähigen Arzneimittel mit neuartigen Wirkstoffen verpflichtend durchzuführen und fungiert als Dreh- und Angelpunkt für die Festlegung der Kostenübernahme durch die gesetzliche Krankenversicherung. Sie vergleicht den therapeutischen Mehrwert neuer Wirkstoffe mit dem medizinisch-therapeutischen *status quo* und

---

594 Siehe Teil 3, C., I., 1., a) und Teil 3, C., I., 2., a).

595 Hierzu im Detail: *Köhler*, S. 76 ff.

ist damit die entscheidende Weichenstellung für die Bestimmung des Betrags, den die Arzneimittelhersteller für ein neu zugelassenes Arzneimittel von den Krankenkassen erstattet bekommen. Durch die Nutzenbewertung wird Product-Switching-Strategien, die auf therapeutisch nicht bis wenig fortschrittlichen Folgepräparaten beruhen, vor allem in wirtschaftlicher Hinsicht ein Riegel vorgeschoben. Die Nutzenbewertung führt insbesondere dazu, dass die Kosten für neuartige, jedoch aus therapeutischer Sicht lediglich minimalinnovative Arzneimittel, nur in einem vergleichsweise begrenzten Umfang von den Krankenkassen getragen werden. Hierdurch wird die Perpetuierung der eigenen Marktstellung mittels Product-Switching-Strategien aus Sicht der Originalpräparatehersteller wirtschaftlich unattraktiv und damit – insbesondere was Soft-Switching-Strategien anbelangt – schwieriger umsetzbar.

1. Preisbildung und Kostentragung auf dem deutschen Arzneimittelmarkt

Bis auf die gesetzlich vorgeschriebenen Zwangsrabatte des § 130a SGB V zugunsten der Krankenkassen wird in Deutschland von der direkten staatlichen Einflussnahme auf die Herstellerabgabepreise für Arzneimittel weitgehend abgesehen.[596] Die Arzneimittelhersteller können ihre Abgabepreise an die Arzneimittelgroßhändler und Apotheken also selbstständig setzen. Die Steuerung der Kosten für das staatliche Gesundheitssystem erfolgt über den Betrag, der von den Krankenkassen im Verhältnis zum Versicherten für ein bestimmtes Arzneimittel übernommen wird. Der Umfang der Kostenübernahme durch die Krankenkassen für verschreibungspflichtige Arzneimittel richtet sich dabei in erster Linie danach, ob das jeweilige Arzneimittel in eine Festbetragsgruppe eingeordnet wird und daher die Krankenkassen die Kosten des Arzneimittels nur bis zu einer gewissen Höhe übernehmen, oder ob eine Kostenübernahme in Form eines individuellen Erstattungsbetrags nach § 130b SGB V zwischen den Krankenkassen und dem jeweiligen Arzneimittelhersteller vereinbart werden kann. Letztlich soll hierdurch vor allem der Preiswettbewerb zwischen den Arzneimittelherstellern verstärkt werden, sodass es sich also um eine Form der indirekten Steuerung der Arzneimittelpreise handelt.[597]

a) Einheitlicher Apothekenverkaufspreis als Grundlage für die Kostenübernahme

Für die Kostenübernahme durch die Krankenkassen ist grundsätzlich der Apothekenverkaufspreis, d.h. der Preis zu dem das jeweilige Arzneimittel an die

---

596 *Francke*, MedR 2006, 683; *Drabinski/Eschweiler/Schmidt*, Preisbildung von Arzneimitteln im internationalen Vergleich, S. 45.

597 Siehe *Drabinski/Eschweiler/Schmidt*, Preisbildung von Arzneimitteln im internationalen Vergleich, S. 45; *Schaufler/Telschow*, in: Schwabe/Paffrath, Arzneiverordnungsreport 2016, S. 153.

Patienten in der Apotheke ausgegeben wird, ausschlaggebend. Die Abgabe verschreibungspflichtiger Fertigarzneimittel an die Patienten erfolgt nicht direkt durch die Hersteller, sondern über den pharmazeutischen Großhandel bzw. die Apotheken. Der Herstellerabgabepreis verschreibungspflichtiger Arzneimittel wird von den Herstellern grundsätzlich freigesetzt, ist jedoch nach § 78 Abs. 3 S. 1 AMG bundesweit zu vereinheitlichen. Ziel ist, dass alle verschreibungspflichtigen Arzneimittel deutschlandweit in jeder Apotheke zum gleichen Preis erhältlich sind.[598] Um den erstrebten Gleichlauf der Apothekenverkaufspreise in Deutschland zu gewährleisten, werden die an den einheitlichen Herstellerabgabepreis anknüpfenden Handelsspannen des pharmazeutischen Großhandels und der Apotheken für verschreibungspflichtige Arzneimittel bundeseinheitlich durch die Arzneimittelpreisverordnung (AmPreisV) festgelegt.[599]

b) Kostentragung bei Festbetragsarzneimitteln

Seit Erlass des Gesundheitsreformgesetzes (GRG) im Jahr 1989 wird das in § 12 Abs. 1 SGB V verankertes Wirtschaftlichkeitsgebot für eine Vielzahl von Arzneimitteln[600] mittels sog. Festbeträge konkretisiert. Die Krankenkassen übernehmen den Apothekenverkaufspreis von Festbetragsarzneimitteln nur bis zu einer vorab für eine ganze Gruppe von Arzneimitteln bestimmten Höhe. Hierdurch wird jedoch kein Ausschluss bestimmter Arzneimittel aus dem Leistungsspektrum der gesetzlichen Krankenversicherung bewirkt, sondern lediglich unter Kostengesichtspunkten eine Beschränkung der Höhe der Leistungsübernahme vorgenommen.[601] Jenseits der Einordnung in eine Festbetragsgruppe erfolgt eine tendenziell umfangreichere Kostentragung durch die Krankenkassen aufgrund eines im Zusammenspiel mit dem jeweiligen Hersteller vereinbarten Erstattungsbetrags nach § 130b SGB V.

---

598 Siehe *Rehmann*, in: Rehmann, AMG, § 78, Rz. 1.

599 Der Großhandelszuschlag beträgt momentan 3,15 % des Herstellerabgabepreises, höchstens jedoch 37,80 EUR, plus zusätzlich 70 Cent, § 2 Abs. 1 AmPreisV. Die Apotheken dürfen auf diesen Bezugspreis bei der Abgabe an die Patienten 3 % aufschlagen, wobei zudem ein pauschaler Aufschlag von 8,51 EUR pro Packung anfällt, § 3 Abs. 1 AmPreisV. Auf diesen Bruttopreis wird zuletzt die Mehrwertsteuer aufgeschlagen, woraus sich schließlich der für die Kostenübernahme relevante Apothekenverkaufspreis ergibt.

600 Laut *Schaufler/Telschow*, in: Schwabe/Paffrath, Arzneiverordnungsreport 2016, S. 153 fielen zum 1. Juni 2016 35.574 einzelne Produkte auf Basis von 803 Wirkstoffen bzw. Wirkstoffkombinationen unter die Festbetragsregelung.

601 Vgl. *Axer*, in: Becker/Kingreen, SGB V, § 35, Rz. 1; *von Dewitz*, in: Beck-OK Sozialrecht, SGB V, § 35, Rz. 3.

aa) Kriterien für die Einordnung in Festbetragsgruppen

Die für die Kostenübernahme relevanten Festbeträge werden in einem zweistufigen Verfahren festgesetzt. Zunächst werden Arzneimittel anhand ihrer pharmakologisch-therapeutischen Eigenschaften in einzelne Festbetragsgruppen zusammengefasst. Gemäß § 35 Abs. 1 S. 2 Nr. 1–3 SGB V können Arzneimittel mit denselben Wirkstoffen (Nr. 1), pharmakologisch-therapeutisch vergleichbaren Wirkstoffen oder chemisch verwandten Wirkstoffen (Nr. 2) oder Arzneimittel mit therapeutisch vergleichbarer Wirkung sowie Arzneimittelkombinationen (Nr. 3) vom G-BA mittels Richtlinien nach § 35 Abs. 1 iVm § 92 Abs. 1 Satz 2 Nr. 6 SGB V in Festbetragsgruppen eingeordnet werden. Diese Regelung betrifft vor allem Arzneimittel bzw. Wirkstoffe, die bereits seit geraumer Zeit auf dem Markt verfügbar sind. Arzneimittel mit neuartigen Wirkstoffen, für die im Rahmen der verpflichtenden Nutzenbewertung nach § 35a SGB V keine therapeutische Verbesserung festgestellt wird, werden hingegen durch Beschluss des G-BA gemäß § 35a IV SGB V direkt in eine Festbetragsgruppe mit pharmakologisch-therapeutisch vergleichbaren Arzneimitteln eingeordnet.

bb) Bestimmung der Festbeträge

Der Spitzenverband Bund der Krankenkassen setzt dann in einem zweiten Schritt den jeweiligen gruppenbezogenen Festbetrag fest. Dies geschieht auf der Grundlage von rechnerischen mittleren Tages- oder Einzeldosen oder anderen geeigneten Vergleichsgrößen nach § 35 Abs. 3 SGB V. Für alle Arzneimittel innerhalb einer Festbetragsgruppe wird unterschiedslos lediglich derselbe Betrag von den Krankenkassen übernommen. Aufgrund des gesetzlichen Zuschnitts der möglichen drei Kategorien von Festbetragsgruppen gelten einheitliche Festbeträge jeweils nur für therapeutisch vergleichbare Arzneimittel, sodass die Patienten durch die Auswahl eines Arzneimittels einer Festbetragsgruppe keine Einbußen in der Qualität der Versorgung hinnehmen müssen.[602] In der Regel steht für ein Arzneimittel innerhalb einer Festbetragsgruppe also immer eine therapeutische Alternative zur Verfügung. Anders als bei der *Aut-idem-Regelung* werden jedoch Arzneimittel, die einer gemeinsamen Festbetragsgruppe zugeordnet sind, nicht automatisch von den Apotheken ersetzt, sondern können nur durch den Arzt in Absprache mit dem Patienten durch Rezept ausgetauscht werden.

cc) Festbetragsbedingte Zuzahlung und Preiswettbewerb

Übersteigt der Apothekenverkaufspreis jedoch den von den Krankenkassen vorgesehenen Festbetrag, müssen die Patienten die Differenz aus eigener Tasche

---

602 Siehe *A. Becker*, Die Steuerung der Arzneimittelversorgung im Recht der GKV, S. 240; so auch der G-BA unter https://www.g-ba.de/institution/themenschwerpunkte/arzneimittel/festbetrag/.

begleichen, vgl. § 31 Abs. 2 SGB V.[603] Die Krankenkassen haben gemäß § 12 Abs. 2 SGB V also mit der Übernahme dieser Festbeträge ihre Schuldigkeit im Hinblick auf den Versorgungsanspruch der Patienten nach § 2 Abs. 1 SGB V getan. Gemäß § 75 Abs. 5 S. 3 SGB V müssen die Ärzte bei der Verordnung der Arzneimittel die Versicherten jedoch auf diese sog. festbetragsbedingte Zuzahlungspflicht[604] hinweisen.

Durch die Festbetragsregelung soll das latent vorhandene Preisbewusstsein der Patienten aktiviert werden.[605] Sie soll einen Anreiz für die Versorgung mit Arzneimitteln zum bzw. unterhalb des Festbetrags setzen, da die Patienten nur in diesen Fällen keine festbetragsbedingten Zuzahlungen leisten müssen.[606] Die Festbetragsregelung hat demzufolge den Charakter einer an die Versicherten gewendeten Selbstbeteiligungsregelung, durch die der Preiswettbewerb zwischen den Arzneimittelherstellern angeregt und letztlich die Kosten der Arzneimittelverordnung gesenkt werden sollen.[607]

dd) Ausnahme für neuartige Wirkstoffe

Arzneimittel mit neuartigen patentgeschützten Wirkstoffen sind jedoch unter gewissen Voraussetzungen der Einteilung in Festbetragsgruppen entzogen. Hierdurch soll den Versicherten der Zugang zu innovativen patentgeschützten Arzneimitteln auch ohne drohende hohe festbetragsbedingte Zuzahlungen gesichert werden.[608] Außerdem kommt hier abermals die gesetzgeberische Grundentscheidung zum Ausdruck, bei der Kostenerstattung innovativen und therapeutisch fortschrittlichen Arzneimitteln – aber auch nur diesen – den Vorzug zu geben.

Laut § 35 Abs. 1, S. 6 SGB V sind Arzneimittel mit patentgeschützten Wirkstoffen, deren Wirkungsweise neuartig ist oder die eine therapeutische Verbesserung mit sich bringen, von der Festbetragsregelung ausgenommen. Gemäß § 35 Abs. 1b, S. 1 SGB V liegt eine solche therapeutische Verbesserung vor, wenn das Arzneimittel einen therapierelevanten höheren Nutzen als andere Arzneimittel dieser Wirkstoffgruppe hat und deshalb als zweckmäßige Therapie regelmäßig, oder auch für relevante Patientengruppen und Indikationsbereiche, den anderen Arzneimitteln dieser Gruppe vorzuziehen ist. Insoweit stellen auch geringere Nebenwirkungen eine therapeutische Verbesserung dar. Als neuartig gilt nach § 35 Abs. 1 S. 7 SGB V ein Wirkstoff, solange derjenige Wirkstoff, der als erster

603 Siehe *Axer*, in: Becker/Kingreen, SGB V, § 31, Rz. 36.

604 *A. Becker*, Die Steuerung der Arzneimittelversorgung im Recht der GKV, S. 240.

605 Siehe BT-Drucks. 11/3480, 24 f.

606 Die davon unabhängige, obligatorische Zuzahlungspflicht der Patienten für sämtliche Arzneimittel nach §§ 31 Abs. 3 iVm 61 S. 1 SGB V beträgt derzeit minimal 5 und maximal 10 EUR.

607 Siehe *A. Becker*, Die Steuerung der Arzneimittelversorgung im Recht der GKV, S. 240.

608 Siehe BT-Drucks. 11/3480, 24.

dieser Gruppe in Verkehr gebracht worden ist, unter Patentschutz steht. Dem sachlichen Regelungsgehalt nach folgt das Regelungsregime also dem Grundsatz, dass innovative patentgeschützte Arzneimittel, die eine therapeutische Verbesserung darstellen, generell festbetragsfrei bleiben sollen.[609] Die Entscheidung über die Erfüllung der Ausnahmekriterien trifft der G-BA.[610] Durch die Aussicht auf eine umfangreichere Kostenübernahme durch die Krankenkassen sollen so wiederum Anreize zur Entwicklung therapeutisch innovativer Arzneimittel gesetzt werden.[611]

ee) Auswirkungen der Festbetragsregelung auf die Preisentwicklung

Aufgrund des hohen Anteils der in der GKV versicherten Patienten wird das Nachfrageverhalten nach Arzneimitteln entschieden in Richtung preiswerter Arzneimittel gelenkt, wodurch letztlich die Arzneimittelhersteller zu Preissenkungen angespornt werden.[612] Ein über dem Festbetrag liegender Abgabepreis und damit eine festbetragsbedingte Zuzahlung durch die Patienten, ist insbesondere bei Arzneimitteln, für die es eine aufzahlungsfreie und damit kostengünstigere Alternative gibt, ein erheblicher Marktnachteil für den Arzneimittelhersteller.[613] Dies ist zu einem großen Teil darauf zurückzuführen, dass die Nachfrage im Bereich oberhalb des Referenzpreises durch die Selbstbeteiligung der Patienten eine erhöhte Preiselastizität aufweist.[614] Steht also bei Festbetragsarzneimitteln eine preisgünstigere, d.h. aufzahlungsfreie, Verordnungsalternative zur Verfügung, ist der Anreiz bei den Patienten hoch, zukünftig diese bei der Verordnung durch den Arzt einzufordern. Demzufolge senken die Hersteller bei steigender Konkurrenz ihren Abgabepreis oftmals auf den Festbetrag ab.[615] Festbetragsbedingte Zuzahlungen stellen daher die Ausnahme dar. Im Januar 2017 wurden bspw. nur 16,8 % aller Festbetragsarzneimittel bzw. 8,2 % aller Verordnungen zu einem Preis über dem Festbetrag angeboten.[616]

---

609 Siehe *Reese/Posser*, NZS 2005, 244, 245.

610 Siehe *Hess*, in: Kasseler Kommentar, SGB V, § 35, Rz. 6.

611 Siehe BT-Drucks. 15/1525, 87; *Axer*, in: Becker/Kingreen, SGB V, § 35, Rz. 11; insoweit kritisch zur Erreichung dieses Ziels *Wagner*, in: Krauskopf, Soziale Krankenversicherung, SGB V § 35, Rz. 12.

612 Siehe *A. Becker*, Die Steuerung der Arzneimittelversorgung im Recht der GKV, S. 241; ebenso *Köhler*, S. 49; so auch *Breyer/Zweifel/Kifmann*, Gesundheitsökonomik, S. 492, die sogar von einer Absenkung der Preise bis auf Grenzkostenniveau ausgehen.

613 Siehe *Köhler*, S. 51.

614 Siehe *Breyer/Zweifel/Kifmann*, Gesundheitsökonomik, S. 503 mit Verweis auf eine Untersuchung von *Zweifel/Crivelli*, Price Regulation of Drugs: Lessons from Germany, (1996) 10 Journal of Regulatory Economics 257, 270 ff.

615 Siehe *Köhler*, S. 51.

616 Siehe Bundesgesundheitsministerium, Zuzahlung und Erstattung, die wichtigsten Regelungen.

c) *Kostentragung bei Erstattungsbeträgen*

Für Nicht-Festbetragsarzneimittel sind dagegen die Kosten grundsätzlich in vollem Umfang von der Krankenkasse zu tragen, § 31 Abs. 2 SGB V. Die Vereinbarung von Erstattungsbeträgen erfolgt anders als die Bestimmung der Festbeträge nicht über den Kopf der Originalpräparatehersteller hinweg, sondern ist gemeinsame Aufgabe der Krankenkassen und Arzneimittelhersteller. Gemäß § 130b Abs. 1 SGB V vereinbart der Spitzenverband Bund der Krankenkassen mit den Arzneimittelherstellern die Höhe von Erstattungsbeträgen für einzelne Arzneimittel, soweit diese nicht infolge der Nutzenbewertung in eine Festbetragsgruppe eingeordnet worden sind.

Wenn für ein Arzneimittel im Anschluss an die Nutzenbewertung des § 35a SGB V ein individueller Erstattungsbetrag nach § 130b SGB V vereinbart wurde, ist der Hersteller gesetzlich dazu verpflichtet das Arzneimittel gemäß § 78 Abs. 3a SGB V auch zu diesem oder einem niedrigeren Preis an Großhandel und Apotheken abzugeben. Mit der Vereinbarung eines Erstattungsbetrags für ein Arzneimittel ist keine Auswahlentscheidung für das einzelne Arzneimittel verbunden. Sie hat ebenso wenig eine verordnungslenkende Wirkung wie die Festsetzung von Festbeträgen.[617]

2. *Funktionsweise und Bedeutung der Nutzenbewertung*

Aus Sicht der Pharmahersteller ist es für den wirtschaftlichen Erfolg ihrer neu auf den Markt geworfenen Arzneimittel also entscheidend, ob für Arzneimittel mit neuen Wirkstoffen ein individueller Erstattungsbetrag mit den Krankenkassen vereinbart werden kann, oder ob eine pauschale Einordnung in eine Festbetragsgruppe erfolgt. Ob ein Arzneimittel mit einem neuen Wirkstoff direkt in eine Festbetragsgruppe eingeordnet wird, oder ob der Weg zur individuellen Verhandlung eines Erstattungsbetrags nach § 130b SGBV offen steht, hängt nach der aktuellen Gesetzeslage zunächst maßgeblich vom Ergebnis der Nutzenbewertung nach § 35a SGB V ab. Im Unterschied zur bereits thematisierten Marktzulassung handelt es sich dabei nicht um eine zusätzliche Marktzugangsregelung, da die Arzneimittel auch ohne die Nutzenbewertung weiterhin verordnungsfähig bleiben.[618]

Die Bewertung wird auf Basis eines Dossiers des Arzneimittelherstellers vorgenommen, das dieser beim G-BA spätestens zum Zeitpunkt des erstmaligen Inverkehrbringens bzw. vier Wochen nach Zulassung neuer Anwendungsgebiete des Arzneimittels verpflichtend vorzulegen hat. Die wesentlichen Verfahrensschritte sind in der Arzneimittel-Nutzenbewertungsverordnung (AM-NutzenV)[619]

617 Siehe BT-Drucks. 17/2413, 31.

618 Siehe *Axer*, in: Becker/Kingreen, SGB V, § 35a, Rz. 6; *Hess*, GGW 2011, 8 (9).

619 Verordnung über die Nutzenbewertung von Arzneimitteln nach § 35a Absatz 1 SGB V für Erstattungsvereinbarungen nach § 130b SGB V.

festgelegt. Der G-BA kann die Bewertung gemäß § 35a Abs. 2 S. 1 SGB V grundsätzlich selbst durchführen. In aller Regel wird dieser jedoch das unter anderem eigens hierfür eingerichtete Institut für Qualität und Wirtschaftlichkeit im Gesundheitswesen (IQWiG) oder vereinzelt auch Dritte mit der Bewertung des Dossiers beauftragen.[620] Ausweislich der Gesetzesbegründung stellt die Bewertung des Dossiers zunächst eine gutachterliche Stellungnahme dar und ist rechtlich nicht bindend.[621] Die Nutzenbewertung ist spätestens innerhalb von drei Monaten nach der Einreichung des Dossiers abzuschließen und im Internet zu veröffentlichen.

Gemäß § 35a Abs. 3 S. 1 SGB V entscheidet der G-BA innerhalb von drei Monaten nach der Veröffentlichung endgültig über die Nutzenbewertung und damit das Schicksal des Arzneimittels hinsichtlich der Bestimmung der Kostenübernahme durch die gesetzliche Krankenversicherung. Vor der endgültigen Beschlussfassung sind Stellungnahmen und Anhörungen der Fachkreise einzuholen, insbesondere der medizinischen und pharmazeutischen Wissenschaft und Praxis, der Berufsvertretungen der Apotheker sowie der pharmazeutischen Unternehmer und ihrer Spitzenorganisationen.[622] Die endgültige Nutzenbewertung wird schließlich vom G-BA beschlossen und dient vor allem als Grundlage für die Vereinbarung eines Erstattungsbetrags zwischen dem Spitzenverband Bund der Krankenkassen und dem Arzneimittelhersteller auf Bundesebene nach § 130b SGB V.

a) Neuartigkeit des Wirkstoffs

Arzneimittel mit „neuen Wirkstoffen" sind nach § 2 AM-NutzenV Arzneimittel, die Wirkstoffe enthalten, deren Wirkungen bei der erstmaligen Zulassung in der medizinischen Wissenschaft nicht allgemein bekannt sind. Ein Arzneimittel gilt solange als Arzneimittel mit neuem Wirkstoff, wie für das erstmalig zugelassene Arzneimittel mit dem Wirkstoff Unterlagenschutz besteht. Nach Kap. 5 § 2 Abs. 1 S. 3 Verfahrensordnung des Gemeinsamen Bundesausschusses (VerfO G-BA) gelten als Arzneimittel mit neuen Wirkstoffen auch Kombinationen von Wirkstoffen, sofern sie mindestens einen neuen Wirkstoff enthalten. Die Nutzenbewertung gilt damit nur für Originalpräparate mit neuen Wirkstoffen, aber nicht für deren Generika.[623]

b) Die maßgebliche Vergleichstherapie

Der Nachweis des Zusatznutzens erfolgt gegenüber der vom G-BA festgelegten Vergleichstherapie. Vergleichstherapie ist nach § 6 Abs. 2 Abs. 2 AM-NutzenV

---

620 Siehe BT-Drucks. 17/2413, 21.
621 Siehe BT-Drucks. 17/2413, 22.
622 Siehe BT-Drucks. 17/2413, 22.
623 Siehe *Hauck*, GesR 2011, 69, 72.

diejenige Behandlung, die nach dem anerkannten Stand der wissenschaftlichen Erkenntnis bei einer Indikation zweckmäßig und wirtschaftlich ist. Vorzugsweise handelt es sich dabei um eine Therapie, für die Eckpunktstudien vorliegen und die sich in der praktischen Anwendung bewährt hat.[624] Wenn das Arzneimittel mit dem neuartigen Wirkstoff pharmakologisch-therapeutisch vergleichbar mit Festbetragsarzneimitteln ist, sind diese nach § 5 Abs. 2, Abs. 3 AM-NutzenV vorrangig als Vergleichstherapie heranzuziehen. Das Vergleichspräparat muss eine Zulassung für das jeweilige Anwendungsgebiet des neuartigen Wirkstoffs haben, zudem sollte der patientenrelevante Nutzen der Vergleichstherapie durch den G-BA nach Möglichkeit bereits festgestellt sein.[625] Für Arzneimittel einer Wirkstoffklasse ist laut § 6 Abs. 3 AM-NutzenV die gleiche zweckmäßige Vergleichstherapie heranzuziehen, um eine einheitliche Bewertung zu gewährleisten. § 35a Abs. 7 SGB V iVm § 8 AM-NutzenV sieht insoweit bereits während des Marktzulassungsprozesses die Möglichkeit einer behördlichen Beratung vor, die auch dazu dienen soll, bereits frühzeitig die zweckmäßige Vergleichstherapie zu bestimmen, um die vom Arzneimittelhersteller durchzuführenden klinischen Studien daran ausrichten zu können.[626]

c) Konzept des Zusatznutzens

Die Nutzenbewertung ist eine wissenschaftliche Begutachtung zur Zweckmäßigkeit eines Arzneimittels und beschreibt, welchen therapierelevanten medizinischen Nutzen ein Arzneimittel bei Anwendung in einem bestimmten Indikationsgebiet für bestimmte Gruppen von Patienten hat.[627] Obwohl dies der Gesetzeswortlaut nicht explizit vorgibt, handelt es sich bei der Nutzenbewertung in erster Linie um eine Bewertung des Zusatznutzens gegenüber bereits bekannten Vergleichstherapien.[628] Es wird also nicht der absolute Nutzen eines Arzneimittels für den Patienten, sondern der Zusatznutzen an der zweckmäßigen Vergleichstherapie gemessen.[629] Nur wenn ein solcher festgestellt wird, steht den Arzneimittelherstellern das Tor zu Verhandlungen mit den Spitzenverbänden der Krankenkassen über einen Erstattungsbetrag offen.

„Zusatznutzen" ist nach § 2 Abs. 4 iVm. Abs. 3 AM-NutzenV ein patientenrelevanter therapeutischer Effekt insbesondere hinsichtlich der Verbesserung des Gesundheitszustands, der Verkürzung der Krankheitsdauer, der Verlängerung des Überlebens, der Verringerung von Nebenwirkungen oder einer Verbesserung der Lebensqualität, der quantitativ oder qualitativ höher ist als der Nutzen, den die zweckmäßige Vergleichstherapie aufweist.

---

624 Siehe *Hess,* in: Kasseler Kommentar, SGB V, § 35a, Rz. 33.
625 Siehe *Luthe,* PharmR 2011, 193, 202.
626 Siehe *Hess,* GGW 2011, 8, 12; vgl. BT-Drucks. 17/3698, 51.
627 Siehe BT-Drucks. 17/2413, 20.
628 Siehe *Axer,* in: Becker/Kingreen, SGB V, § 35a, Rz. 3.
629 Siehe *Schäffner*, S. 259.

aa) Zusatznutzen gegenüber pharmakologisch-therapeutisch vergleichbaren Festbetragsarzneimitteln

Bei neuartigen Arzneimitteln, die pharmakologisch-therapeutisch vergleichbar mit existierenden Festbetragsarzneimitteln sind, ist der Zusatznutzen als therapeutische Verbesserung gegenüber den anderen Festbetragsarzneimitteln nach § 35 Abs. 1b S. 1 bis 6 SGB V nachzuweisen. Neben der pharmakologisch-therapeutischen Vergleichbarkeit[630] muss das neuartige Arzneimittel insbesondere chemisch verwandt mit Arzneimitteln der Festbetragsgruppe sein.[631] Eine solche therapeutische Verbesserung liegt nach § 35 Abs. 1b S. 1 SGB V vor, wenn das Arzneimittel einen therapierelevanten höheren Nutzen als andere Arzneimittel dieser Wirkstoffgruppe hat und deshalb als zweckmäßige Therapie regelmäßig oder auch für relevante Patientengruppen oder Indikationsbereiche den anderen Arzneimitteln dieser Gruppe vorzuziehen ist. Ein höherer Nutzen kann dabei nach § 35 Abs. 1b S. 3 SGB V insbesondere in einer Verringerung der Häufigkeit oder des Schweregrads therapierelevanter Nebenwirkungen bestehen.

bb) Zusatznutzen gegenüber der zweckmäßigen Vergleichstherapie

Soweit der neuartige Wirkstoff nicht pharmakologisch-therapeutisch vergleichbar mit existierenden Festbetragsarzneimitteln ist, kommt es wie eingangs beschrieben auf den Zusatznutzen im Verhältnis zur zweckmäßigen Vergleichstherapie an.

d) Folgen für die Kostenübernahme durch die GKV

Bei den beispielhaft dargestellten Minimalinnovationen auf Basis bereits bekannter und bewährter Originalpräparate handelt es sich oftmals lediglich um „kosmetische" und in erster Linie patentrechtlich motivierte Veränderungen. Diese dienen vor allem dazu, ein hinsichtlich Wirkweise und therapeutischem Effekt altbekanntes Originalpräparat abermals mit Patentschutz zu versehen. In diesen Fällen wird oftmals kein oder nur ein relativ geringer therapeutischer Zusatznutzen gegenüber der maßgeblichen Vergleichstherapie feststellbar sein.

aa) Kein Zusatznutzen feststellbar

Lässt das neue Arzneimittel, das pharmakologisch-therapeutisch vergleichbar mit existierenden Festbetragsarzneimitteln ist, gegenüber diesen keine therapeutische Verbesserung erkennen, wird es gemäß § 35a Abs. 3, Abs. 4 SGB V durch

---

630 Ob ein Arzneimittel pharmakologisch-therapeutisch vergleichbar mit Arzneimitteln in einer bestehenden Festbetragsgruppe ist, ergibt sich laut BT-Drucks. 17/2413, 21 unmittelbar aus der amtlichen ATC-Klassifikation nach § 73 Abs. 8 S. 5 SGB V.

631 Siehe BT-Drucks. 17/2413, 22.

Beschluss des G-BA direkt in die entsprechende Festbetragsgruppe nach § 35 Abs. 1 SGB V eingeordnet. Für ein Arzneimittel, das gegenüber der zweckmäßigen Vergleichstherapie keinen Zusatznutzen aufweist und keiner Festbetragsgruppe zugeordnet werden kann, ist gemäß § 130b Abs. 3 SGB V ein Erstattungsbetrag zu vereinbaren, der nicht zu höheren Jahrestherapiekosten führt, als die zugrunde gelegte zweckmäßige Vergleichstherapie. Hierdurch soll sichergestellt werden, dass durch das therapeutisch ohne Zusatznutzen gebliebene neue Arzneimittel keine Mehrkosten gegenüber gleichwertigen Arzneimitteln entstehen.[632]

bb) Zusatznutzen und dessen Gewichtung

Wird jedoch eine therapeutische Verbesserung festgestellt, kommt es zu Verhandlungen zwischen dem GKV-Spitzenverband und dem Arzneimittelhersteller über einheitlich geltende Erstattungsbeträge nach § 130b Abs. 1 SGB V. Den Verhandlungspartnern obliegt es insoweit, den Zusatznutzen zu bewerten und zu gewichten und schließlich in einem Erstattungsbetrag auszudrücken.[633] Hierzu wird nach § 130b Abs. 9 SGB V eine Rahmenvereinbarung zwischen dem GKV-Spitzenverband und der Spitzenorganisationen der pharmazeutischen Unternehmer getroffen, die neben dem Verhandlungsprozedere insbesondere Kriterien festlegt, die bei der Vereinbarung des Erstattungsbetrags nach § 35a SGB V heranzuziehen sind.[634] Bei den Verhandlungen soll in erster Linie der Grad des im Beschluss des G-BA festgestellten Zusatznutzens den Ausschlag geben und bei der Höhe des Erstattungsbetrags entsprechend berücksichtigt werden.[635] Um genügend Spielraum bei der Vereinbarung des Erstattungsbetrags zu lassen, gibt das Gesetz insoweit zwar keine starren Maßstäbe vor, dem Beschluss über die Nutzenbewertung und seinen Inhalten kommt jedoch eine zentrale und maßgebende Bedeutung für die Bestimmung des Erstattungsbetrags zu.[636]

Das Resultat der Nutzenbewertung basiert auf einer sechsstufigen Klassifizierung nach § 5 Abs. 7 Nr. 1–6 AM-NutzenV, die als Anhaltspunkt für die Verhandlungen über die Höhe des Erstattungsbetrags dient: (i) Erheblicher Zusatznutzen, (ii) Beträchtlicher Zusatznutzen (iii) Geringer Zusatznutzen (iv) Mangels wissenschaftlicher Datengrundlage nicht quantifizierbarer Zusatznutzen (v) Kein Zusatznutzen und (vi) Geringerer Nutzen als die zweckmäßige Vergleichstherapie. Von dieser Klassifizierung kann auch durch die Verhandlungspartner nicht abgewichen werden.[637] Ergänzend können entsprechend § 130b Abs. 9 SGB V bzw. § 6 Abs. 3, Abs. 4 der Rahmenvereinbarung auch die tatsächlichen,

---

632 Siehe *Axer*, in: Becker/Kingreen, SGB V, § 130b, Rz. 11.
633 Siehe *Axer*, in: Becker/Kingreen, SGB V, § 130b, Rz. 6.
634 Siehe GKV-Spitzenverband, Rahmenvereinbarung nach § 130b Abs. 9 SGB V (2016).
635 Siehe BT-Drucks. 17/2413, 32; GKV-Spitzenverband, Rahmenvereinbarung nach § 130b Abs. 9 SGB V (2016), § 6 Abs. 1.
636 Siehe *Axer*, in: Becker/Kingreen, SGB V, § 130b, Rz. 6.
637 Siehe *Axer*, in: Becker/Kingreen, SGB V, § 130b, Rz. 6.

kaufkraftbereinigten Abgabepreise in 15 anderen europäischen Ländern sowie die Jahrestherapiekosten vergleichbarer Arzneimittel zur Bestimmung des Erstattungsbetrags herangezogen werden.

Kommt innerhalb von sechs Monaten nach Veröffentlichung des Beschlusses über die Nutzenbewertung keine Vereinbarung zustande, setzt eine vom Bund der Krankenkassen und der Spitzenorganisationen der pharmazeutischen Unternehmen auf Bundesebene gebildete Schiedsstelle binnen drei Monaten den Erstattungsbetrag fest, § 130b Abs. 4 iVm Abs. 5 SGB V.

e) Bedeutung für die Zweckmäßigkeit des Arzneimittels nach § 12 SGB V

Gegenüber den verordnenden Ärzten sind die im Beschluss über die Nutzenbewertung getroffenen Feststellungen zudem als Therapiehinweise gemäß § 92 Abs. 2 S. 1, S. 7 iVm Abs. 1 S. 2 Nr. 6 SGB V zu werten, die für die an der vertragsärztlichen Versorgung teilnehmenden Leistungserbringer das Wirtschaftlichkeitsgebot des § 12 SGB V verbindlich interpretieren.[638]

Bei diesen Therapiehinweisen handelt es sich um Empfehlungen zur wirtschaftlichen Verordnungsweise von Arzneimitteln.[639] Sie dienen als Filter für unwirtschaftliche, insbesondere nutzenschwache Arzneimittel.[640] Ein kompletter Verordnungsausschluss eines neuartigen Festbetragsarzneimittels kommt jedoch auch bei fehlendem Zusatznutzen in der Regel nicht in Betracht, da der G-BA die Verordnung eines Arzneimittels laut § 92 Abs. 2 S. 11 SGB V nur einschränken oder ausschließen kann, wenn die Wirtschaftlichkeit nicht durch einen Festbetrag nach § 35 SGB V oder durch die Vereinbarung eines Erstattungsbetrags nach § 130b SGB V hergestellt werden kann.

Soweit das Folgepräparat und die übrigen Festbetragsarzneimittel jedoch therapeutisch vergleichbar sind und bei identischer Preissetzung ein therapeutischer Vorteil weder auf der einen noch auf der anderen Seite besteht, wird keine Präferenz hinsichtlich der Verordnung vorgegeben. Lediglich dann, wenn der Herstellerabgabepreis für den neuartigen Wirkstoff über dem pharmakologisch oder therapeutisch gleich wirksamer Behandlungsalternativen (meist der zweckmäßigen Vergleichstherapie) liegt und das neuartige Arzneimittel damit

---

638 Siehe BSG Urt. v. 31.05.2006 – B 6 KA 13/05 R, BeckRs 2006, 43912, Rz. 49; *Hess*, in: Kasseler Kommentar, SGB V, § 35a, Rz. 52b.

639 Siehe *Schmidt-De Caluwe*, in: Becker/Kingreen, SGB V, § 92, Rz. 22.

640 Siehe *Koch/Tschammler*, PharmR 2014, 445, 446. Die als Anlage zur Arzneimittelrichtlinie ausgestalteten Therapiehinweise bestehen derzeit in erster Linie für eine überschaubare Anzahl neuartiger, meist hochpreisiger Arzneimittel. Sie geben äußerst detailliert Hinweise zu Indikation, Wirkung, Wirksamkeit, Dosierung, Kosten und Risiken der einzelnen Arzneimittel sowie Empfehlungen zu deren wirtschaftlicher Verordnungsweise, vgl. Gemeinsamer Bundesausschuss, Therapiehinweise gemäß § 92 Abs. 2 Satz 7 SGB V i. V. m. § 17 AM-RL zur wirtschaftlichen Verordnungsweise von Arzneimitteln.

unwirtschaftlicher ist, wird ersterem bei der Verordnung in der Regel der Vorzug zu geben sein.[641] Bei einem therapeutischen Zusatznutzen des neuartigen Präparats wird dieses im Rahmen der Therapiehinweise unabhängig von der Preisgestaltung also in der Regel präferiert werden.

3. Auswirkungen auf Minimalinnovationen bei Folgepräparaten

Wie bereits dargestellt, wird weder auf der Patentierungsebene noch auf Ebene der Marktzulassung nach dem therapeutischen Mehrwert eines neuen Arzneimittels gefragt.[642] Die Tragweite der tatsächlichen therapeutischen Verbesserung durch das Folgepräparat wird mittels der Nutzenbewertung erstmals bei der Bestimmung der Kostenübernahme durch die Krankenkassen entsprechend berücksichtigt.

Die jüngsten Resultate der Nutzenbewertung lassen auf eine erhebliche Filterwirkung für die therapeutische Fortschrittlichkeit neuartiger Wirkstoffe schließen: Im Jahr 2017 wurden in Deutschland insgesamt 34 Arzneimittel mit neuartigen Wirkstoffen auf den Markt gebracht. Die Nutzenbewertung nach § 35a SGB V zeigte lediglich bei 19 der insgesamt 34 bewerteten Wirkstoffe überhaupt einen Zusatznutzen gegenüber der zweckmäßigen Vergleichstherapie, wobei dieser bei neun dieser Wirkstoffe lediglich im nicht quantifizierbaren Bereich lag.[643]

Gerade wegen dieser Filterfunktion wird die Nutzenbewertung als Instrument gesehen, das dazu dient, Product-Switching-Strategien für die Arzneimittelhersteller uninteressant zu machen.[644] Sie sorgt dafür, dass minimalinnovative Folgepräparate im Vergleich zum Originalpräparat patentrechtlich zwar nach wie vor möglich, wirtschaftlich jedoch auf den ersten Blick wenig lukrativ sind. Da die dargestellten Product-Switching-Strategien in aller Regel auf unter therapeutischen Gesichtspunkten wenig fortschrittlichen Minimalinnovationen rund um das Originalpräparat basieren, steht in den meisten Fällen am Ende eine lediglich eingeschränkte Kostenübernahme durch die Krankenkassen. Die Migration der Patienten vom Originalpräparat auf ein Folgepräparat, bei dem nur eine vergleichsweise geringe Kostenübernahme durch die Krankenkassen erfolgt, ist aufgrund der Nutzenbewertung wirtschaftlich also oftmals weit

641 Bspw. führt der G-BA in den Therapiehinweisen zu *Cilostazol*, einem Medikament zur Linderung der Symptome arterieller Verschlusskrankheiten („Raucherbein") aus: „Eine Überlegenheit von *Cilostazol* gegenüber *Naftidrofuryl* ist nicht belegt. Unter dem Aspekt der Wirtschaftlichkeit ist daher die kostengünstigere Therapie zu bevorzugen", siehe Gemeinsamer Bundesausschuss, Therapiehinweise gemäß § 92 Abs. 2 Satz 7 SGB V i. V. m. § 17 AM-RL zur wirtschaftlichen Verordnungsweise von Arzneimitteln, S. 39.

642 Siehe Teil 1, B., III., 2., c) sowie Teil 3, B., III., 2., b), aa).

643 Siehe *Fricke/Hein/Schwabe*, in: Schwabe/Paffrath/Ludwig/Klauber, Arzneiverordnungsreport 2018, S. 54 ff.

644 Siehe *Schäffner*, S. 257.

weniger rentabel als vom Originalpräparatehersteller erhofft. Wie in der Folge gezeigt wird, kann die derzeitige Ausgestaltung der Nutzenbewertung und der sich ggf. daran anschließenden Verhandlungen über den konkreten Erstattungsbetrag, Product-Switching-Strategien jedoch zumindest strukturell nicht vollständig verhindern. Sie trägt im Gegenteil stellenweise sogar dazu bei, diese zu erleichtern und ist bei Hard-Switching-Strategien zunächst wirkungslos.

a) Kein therapeutischer Zusatznutzen des Folgepräparats

Soweit kein therapeutischer Zusatznutzen gegenüber der zweckmäßigen Vergleichstherapie mit dem Altarzneimittel besteht, erfolgt aufgrund der Einordnung in eine der Festbetragsgruppen eine vergleichsweise geringe Kompensation auf Ebene der Kostenerstattung.

aa) Product-Switch auch ohne Zusatznutzen weiterhin möglich

Die infolge der Nutzenbewertung eingeschränkte Kostenübernahme durch die Krankenkassen kann jedoch die Originalpräparatehersteller *per se* nicht davon abhalten, ein Folgepräparat durch einen Hard-Switch oder einen Soft-Switch auf dem Markt zu platzieren.[645] Den Herstellern steht es nach wie vor frei, das vom Patentauslauf bedrohte Originalpräparat durch ein neuartiges patentgeschütztes Folgepräparat zu ersetzen, das im Extremfall keinerlei therapeutischen Zusatznutzen mit sich bringt. In diesem Fall winkt zumindest die Aussicht auf die Erstattung des einheitlichen Festbetrags bzw. eines Erstattungsbetrags, der gemäß § 130b Abs. 3 SGB V bis zur Höhe der Jahrestherapiekosten der zweckmäßigen Vergleichstherapie reichen kann.

(1) Kostensensitivität der Verordnungsebene als Hemmnis?

Voraussetzung für einen Erfolg des Switches ist es jedoch, die Ärzte von einer Verordnung des Folgepräparats zu überzeugen, sodass die Migration der Patienten auf das Folgepräparat erfolgt. Ist dies erst einmal geschehen, bleibt die *Aut-idem-Regelung* beim nachfolgenden Markteintritt generischer Wettbewerber bezogen auf das Originalpräparat, wie gezeigt, in den meisten Fällen wirkungslos[646], sodass die Patienten bei einer entsprechenden Verordnung durch die Ärzte statt des Originalpräparats nun das in eine Festbetragsgruppe fallende Folgepräparat abnehmen.

Die maßgebliche Hürde, die es insoweit jedoch auf der Verordnungsebene zu überwinden gilt, ist die jeweilige lokale Prüfvereinbarung nach § 106b Abs. 1 SGB V. Soweit diese auf wirkstoffbasierten Versorgungs- und Wirtschaftlichkeitszielen beruht und das Folgepräparat aufgrund mangelnder therapeutischer

645 In diese Richtung für Line-Extensions auch *Schäffner*, S. 267 f.

646 Siehe Teil 2, B., II., 2.

Überlegenheit oder höherer Kostenbelastung der Krankenkassen nicht unter die bevorzugt zu verordnenden Substanzen fällt, werden die Ärzte weitgehend davon absehen, dieses anstatt des Originalpräparats oder anderer gleich wirksamer Präparate zu verordnen, um so einen etwaigen Regress durch die Krankenkassen zu vermeiden. Gleiches gilt auch für Prüfvereinbarungen, die an vorgegebenen starren Kostenbudgets festhalten. Hier wirkt sich eine auf Dauer tendenziell höhere Kostenbelastung durch das Folgepräparat negativ auf das Budget des individuellen Arztes aus und lässt diesen mit Blick auf den bevorstehenden Preisrutsch durch generische Versionen des Originalpräparats von einem Wechsel auf das Folgepräparat absehen.[647] Letzterem kann jedoch wie gezeigt durch einen Hard-Switch beigekommen werden, da dieser dem Arzt u.U. keine andere Wahl lässt, als künftig das Folgepräparat zu verordnen.[648]

Mit Blick auf die mittlerweile hauptsächlich wirkstoffbasierten lokalen Prüfvereinbarungen nach § 106b Abs. 1 SGB V kann jedoch auch bei mehreren therapeutisch vergleichbaren Behandlungsalternativen zum Originalpräparat durch die moderate Bepreisung des Folgepräparats ein Switch ohne größere Hindernisse durchgeführt werden. Insoweit ist es jedoch nötig, dass die Originalpräparatehersteller dazu bereit sind, bei der Markteinführung eines Folgepräparats ohne Zusatznutzen auf eine umfassende Kostentragung durch die Krankenkassen zu verzichten. Das Folgepräparat muss in diesem Fall zu einem Preis, der unter dem der therapeutisch vergleichbaren Konkurrenzpräparate liegt bzw. diesem gleicht, auf dem Markt angeboten werden.

Dies gilt umso mehr, sobald nach dem Patentauslauf des Originalpräparats Wettbewerber mit kostengünstigen, therapeutisch jedoch vergleichbaren Generika auf den Markt drängen. Um ein Zurückfallen hinter die Generika in der von den Prüfvereinbarungen vorgegebenen Verordnungspraxis zu vermeiden und einem Switch-Back auf therapeutisch ebenso wirksame Generika des Originalpräparats zuvorzukommen, müssen die Originalpräparatehersteller ihre Preise für das Folgepräparat auf das Niveau der Generika angleichen. Anderenfalls drohen sie aufgrund des schlechteren Kosten-Nutzen Verhältnisses des Folgepräparats im Vergleich zum generischen Originalpräparat bei der Verordnung durch die Ärzte ins Hintertreffen zu geraten.

Einzig bei lokalen Prüfvereinbarungen, die weiterhin an starre Richtgrößen anknüpfen, besteht aus Sicht der Ärzte angesichts des sich im Zeitpunkt des Switches meist abzeichnenden Patentauslaufs des Originalpräparats, bei einer vergleichsweise moderaten Bepreisung des Folgepräparats, wenig Anlass das in absehbarer Zeit als deutlich günstigeres Generikum erhältliche Originalpräparat durch ein minimal verbessertes Folgepräparat zu ersetzen. Dem kann jedoch ebenfalls durch einen Hard-Switch beigekommen werden, sodass den Ärzten u.U. keine andere Wahl bleibt als zunächst auf das Folgepräparat zu wechseln.

---

647 Siehe Teil 3, C., I., 3., a).
648 Siehe Teil 3, C., I., 3., b).

Frei nach dem Motto „Lieber den Spatz in der Hand, als die Taube auf dem Dach" steht es den Originalpräparateherstellern also trotz der Budgetierung weitgehend frei, sich dem Wettbewerb durch die später auf den Markt drängenden Generika durch ihre Preisgestaltung zu entziehen. Sofern sie bereit sind, eine geringere Kostentragung für das Folgepräparat in Kauf zu nehmen, ist es ihnen trotz der Regulierung grundsätzlich möglich, sich durch einen Switch ihre Marktposition auch nach Ablauf des Patentschutzes für das Originalpräparat dauerhaft zu sichern. Da die Forschungs- und Entwicklungskosten für das Folgepräparat angesichts der relativ einfach zu bewerkstelligenden Veränderungen des Originalpräparats[649] tendenziell deutlich unter den Kosten für das innovative Originalpräparat liegen dürften, kann im Einzelfall eine weit geringere Vergütung ausreichend sein, um diese zu amortisieren bzw. über die Patentschutzdauer des Folgepräparats hinweg in die Gewinnzone zu gelangen.

Der für das Folgepräparat zu entrichtende Preis mag daher zunächst zwar verhältnismäßig gering sein – auf längere Sicht besteht jedoch die Gefahr, dass Wettbewerber durch eine erfolgreiche Etablierung des Folgepräparats bis auf Weiteres an einem effektiven Marktzugang gehindert werden. Somit droht eine sich strukturell verfestigende Verringerung der Wettbewerbsintensität, was ersichtlich nicht mit den Zielvorstellungen des Wettbewerbsrechts in Einklang steht.

(2) Erleichterter Switch bei therapeutischer Singularität des Originalpräparats

Noch deutlicher fällt die Bewertung aus, wenn man von einer therapeutischen Alleinstellung des Originalpräparats ausgeht. Ist dieses für die Therapie einzelner Krankheiten als einziges Präparat wirksam oder verfügt es über einen großen therapeutischen Vorteil gegenüber Konkurrenzprodukten, ist zumindest ein Hard-Switch auf ein therapeutisch gleichwertiges Folgepräparat denkbar einfach. Die Ärzte sähen sich in diesem Fall bei Nichtverfügbarkeit des Originalpräparats dazu gezwungen, die Patienten mangels vorhandener therapeutisch gleichwertiger Alternativen auf das Folgepräparat umzustellen. Ein Switch-Back wird ebenfalls dadurch vermieden, dass nach dem Markteintritt der Generikahersteller der Preis für das Folgepräparat auf den des Originalpräparats abgesenkt wird, um in den Prüfvereinbarungen nach § 106b Abs. 1 SGB V nicht dem gleich wirksamen Originalpräparat bei der Verordnung den Vorzug lassen zu müssen.

bb) Lukrativitätssteigerung durch festbetragsbedingte Zuzahlung

Soweit die Einordnung in eine Festbetragsgruppe erfolgt, ist es den Herstellern zudem möglich einen Abgabepreis für das Arzneimittel zu setzen, der die Kostenübernahme durch die Krankenkassen übersteigt. Durch die daraus resultierenden

649 Siehe hierzu im Detail: Teil 1, B., III., 3.

festbetragsbedingten Zuzahlungen der Patienten wird der Product-Switch trotz der an sich geringen Kostenübernahme u.U. wirtschaftlich lukrativer. Je größer allerdings die Differenz zwischen Kostenübernahme und Apothekenverkaufspreis des Arzneimittels – also die festbetragsbedingte Zuzahlung der Patienten – desto größer müssen auch die Marketingbemühungen ausfallen, um die Patienten von einer höheren Zuzahlung zu überzeugen.[650]

cc) Keine strukturelle Einschränkung durch nutzenbewertungsabhängige Zweckmäßigkeit und Therapiehinweise des G-BA

Solange sich das Folgepräparat im Vergleich zu den existierenden Behandlungsalternativen trotz mangelndem Zusatznutzen als zumindest gleich wirksam erweist und sich preislich an den therapeutisch vergleichbaren Arzneimitteln orientiert, wird das Folgepräparat tendenziell weder durch die Therapiehinweise noch durch die lokalen Prüfvereinbarungen nach § 106b Abs. 1 SGB V hinter konkurrierende Produkte zurückgesetzt. Insoweit ist es insbesondere bei einer moderaten und vorausschauenden Preissetzung sogar durchaus möglich, dass einem minimalinnovativen Folgepräparat auch ohne Zusatznutzen vom G-BA in Therapiehinweisen und lokalen Prüfvereinbarungen der Vorzug gegeben wird. Eine teilweise Abwälzung der Kosten auf die Patienten zur Gewinnoptimierung mittels festbetragsbedingter Zuzahlung ist in diesem Fall allerdings wohl kaum möglich, da dies den Preisvergleich zu den (generischen) Konkurrenzpräparaten negativ beeinflussen würde.

Lediglich bei Folgepräparaten ohne Zusatznutzen, deren Herstellerabgabepreis über dem der Behandlungsalternativen liegt, kann es also aufgrund der Therapiehinweise und der lokalen Prüfvereinbarungen zu einer Einschränkung bei der Verordnung durch die Ärzte kommen. Damit ist allenfalls im Einzelfall gewährleistet, dass Product-Switching-Strategien gänzlich verhindert oder zumindest erschwert werden. Rein strukturell wird jedoch nicht ausreichend verhindert, dass Originalpräparatehersteller Folgepräparate ohne Zusatznutzen erfolgreich im Markt platzieren können und so ggf. den Markteintritt generischer Produkte hemmen.

b) Geringer therapeutischer Zusatznutzen

Auch bei einem geringen therapeutischen Zusatznutzen erweist sich eine Platzierung minimalinnovativer Folgepräparate auf dem Markt auf den ersten Blick als wirtschaftlich wenig erfolgversprechend. Die Tragweite der tatsächlichen therapeutischen Verbesserung durch das Folgepräparat wird aufgrund der Nutzenbewertung bei den Verhandlungen über den Erstattungsbetrag nach § 130b Abs. 1 SGB V entsprechend berücksichtigt. Laut § 5 Abs. 2 der zwischen dem

650 Siehe *Schäffner*, S. 268.

GKV-Spitzenverband und den Verbänden der pharmazeutischen Unternehmer geschlossenen Rahmenvereinbarung nach § 130b Abs. 9 SGB V, wird bei einem Arzneimittel, das einen Zusatznutzen gegenüber der zweckmäßigen Vergleichstherapie aufweist, der Erstattungsbetrag durch einen Zuschlag auf die Jahrestherapiekosten der zweckmäßigen Vergleichstherapie vereinbart. Im Ergebnis ist daher bei einem Folgepräparat mit geringem Zusatznutzen eine leicht über dem Niveau der Vergleichstherapie liegende Kostenübernahme durch die Krankenkassen zu erwarten.

Anders als bei der Einordnung in einer Festbetragsgruppe, bleibt es dem Originalpräparatehersteller jedoch nach § 78 Abs. 3a SGB V verwehrt, das Folgepräparat zu einem Preis an Großhandel und Apotheken abzugeben, der über dem ausgehandelten Erstattungsbetrag liegt. Daher kann der Originalpräparatehersteller Product-Switching-Strategien auch nicht durch eine teilweise Abwälzung der Kostenlast auf die Patienten profitabler gestalten. Nichtsdestotrotz bleibt auch in diesem Szenario entsprechend der Situation bei neuartigen Wirkstoffen ohne Zusatznutzen ein erfolgreicher Switch auf ein minimalinnovatives Arzneimittel im Grunde weiterhin möglich.

aa) Therapeutisch herausgehobene Stellung des Originalpräparats

Sofern das dem Folgepräparat zugrunde liegende Originalpräparat eine therapeutisch herausgehobene Stellung innehat, es also keine therapeutisch gleichwertigen Konkurrenzprodukte gibt, ist vor allem ein Hard-Switch besonders erfolgversprechend. Die Ärzte sähen sich – ebenso wie bei einem Folgepräparat ohne Zusatznutzen – dazu gezwungen, die Patienten mangels vorhandener therapeutisch gleichwertiger Alternativen auf das Folgepräparat umzustellen.

bb) Kaum Hemmung durch Prüfvereinbarungen

Aufgrund des Zusatznutzens ist auch mit Blick auf die Wirtschaftlichkeitsprüfung bei der Arzneimittelverordnung nicht zu erwarten, dass anderen weniger wirksamen Präparaten der Vorzug bei wirkstoffbasierten Prüfvereinbarungen nach Art. 106b Abs. 1 SGB V zu geben ist. Lediglich dann, wenn der Preis des Folgepräparats deutlich über dem ähnlich wirksamer Behandlungsalternativen liegt, kann es u.U. im Rahmen lokaler Prüfvereinbarungen, die weiterhin an starren Richtgrößen festhalten, zu einer bevorzugten Verordnung anderer kostengünstigerer Präparate kommen.

c) Anreize für Switching-Strategien durch einjährige „Karenzfrist" bei der Kostenübernahme

Zudem steht zu befürchten, dass durch die derzeitige Ausgestaltung des Verfahrens der Nutzenbewertung und die sich daran anschließenden Verhandlungen über den Erstattungsbetrag nach § 130b Abs. 1 SGB V den Originalpräparateherstellern die Durchführung eines Switches mit minimalinnovativen

Folgepräparaten sogar erleichtert wird. Die Ausgestaltung des Verfahrens führt zumindest bei neuartigen Wirkstoffen mit Zusatznutzen nämlich zu einer einjährigen Karenzfrist ab Markteinführung, während der den Arzneimittelherstellern eine beliebig hohe Preissetzung bei vollständiger Kostenübernahme durch die GKV zugesichert wird.

aa) Volle Kostenübernahme bis zur Aushandlung des Erstattungsbetrags

Solange weder eine finale Einigung über einen Erstattungsbetrag nach § 130b SGB V noch eine Einstufung in eine Festbetragsgruppe nach § 35 SGB V erfolgt ist, sind die Krankenversicherungen zur Übernahme der vollen Kosten eines neuartigen Arzneimittels verpflichtet. Addiert man die davor vom Gesetzgeber vorgesehenen Prüffristen nach § 35a SGB V sowie die Fristen bei der Aushandlung des Erstattungsbetrags unter Einbeziehung der Anrufung der Schiedsstelle nach § 130b Abs. 4 SGB V, ergibt sich für Arzneimittel mit denkbar geringem Zusatznutzen ein Zeitraum von fünfzehn Monaten, in dem die gesetzlichen Krankenkassen zunächst den vollen vom Hersteller festgesetzten Abgabepreis des Folgepräparats übernehmen müssen. Dieser Effekt ist durchaus gewollt und war so auch explizit bereits in der Gesetzesbegründung zum AMNOG vorgesehen.[651]

bb) Rückwirkung des festgesetzten Erstattungsbetrags

Da der von der Schiedsstelle schließlich festgesetzte Erstattungsbetrag jedoch rückwirkend bereits ab dem 13. Monat nach Beginn des jeweiligen Nutzenbewertungsverfahrens gilt, müssen die gesetzlichen Krankenkassen den vollen vom Hersteller festgesetzten Abverkaufspreis des minimalinnovativen Folgepräparats jedoch letztlich nur für den Zeitraum von zwölf Monaten übernehmen.[652] Soweit zwischen dem von der Schiedsstelle festgelegten Erstattungsbetrag und dem tatsächlich von den Krankenversicherungen erstatteten Abgabepreis eine Differenz besteht, ist diese ab dem 13. Monat bei der Festsetzung des Erstattungsbetrags rückwirkend auszugleichen. Auch wenn es vor oder während der Anrufung der Schiedsstelle zu einer Vereinbarung zwischen dem Spitzenverband des Bundes der Krankenkassen und dem jeweiligen Arzneimittelhersteller über einen Erstattungsbetrag kommt, gilt dieser jedoch auch erst ab dem 13. Monat nach dem erstmaligen Inverkehrbringen des Arzneimittels, § 130b Abs. 3a S. 2 SGB V.

---

651 Siehe BT-Drucks. 17/2413, 15.

652 So auch *Kingreen*, NZS 2011, 441, 444, 447; vgl. auch *Hess*, in: Kasseler Kommentar, SGB V (Stand 88. EL Dezember 2015), § 130b, Rz. 11.

cc) Goldene Brücke für Product-Switching-Strategien

Die Preisunterschiede sind dabei beachtlich. Im Jahr 2015 waren patentgeschützte Arzneimittel während dieser einjährigen Periode durchschnittlich doppelt so teuer wie patentgeschützte Arzneimittel, die bereits seit mehr als einem Jahr auf dem Markt erhältlich waren.[653]

Die Originalpräparatehersteller können also im Zuge des Product-Switches auch bei Folgepräparaten ohne oder mit lediglich geringem Zusatznutzen zumindest während des ersten Jahres nach Markteintritt auf eine volle Kostenübernahme durch die GKV bauen. Das Folgepräparat kann in dieser Zeit also beliebig hoch bepreist werden, um so die infolge vergleichsweise geringer Erstattungsbeiträge niedriger ausfallende Kostenübernahme zumindest teilweise auszugleichen. Diese einjährige Karenzfrist lässt den Originalpräparateherstellern zudem genug Zeit, um die Patienten vom Altarzneimittel auf das Folgepräparat umzustellen, ohne dabei zunächst größere Abschläge bei der Kostenübernahme durch die Krankenkassen infolge der Nutzenbewertung befürchten zu müssen. Die garantierte volle Kostenübernahme für minimalinnovative Folgepräparate während des ersten Jahres ab Markteinführung baut den Originalpräparateherstellern also förmlich eine goldene Brücke, um etwaige Product-Switching-Strategien erfolgreich zu lancieren.

III. Zwischenfazit

Wie gezeigt, kann weder die Budgetierung der Ärzte noch die Nutzenbewertung die Umsetzung wettbewerbsbeeinträchtigender Product-Switching-Strategien vollständig verhindern.

1. Verbesserung der Kosten-Nutzen-Relation von Folgepräparaten ohne Zusatznutzen

Beide Mechanismen führen in erster Linie zu einer Verbesserung der oftmals unausgeglichenen Kosten-Nutzen-Bilanz minimalinnovativer Folgepräparate. Dies ist sowohl aus Sicht der Krankenkassen als auch der Patienten unter Kostenaspekten äußerst begrüßenswert.

Im Ergebnis sind beide jedoch lediglich dazu geeignet, Product-Switching-Strategien zu unterbinden, die auf Folgepräparaten ohne therapeutischen Zusatznutzen iSv § 35a SGB V beruhen und bei ihrer Markteinführung zu einer höheren Kostenbelastung der Krankenkassen führen als bestehende, gleich wirksame therapeutische Alternativen. Was den Wechsel vom Originalpräparat auf teurere Folgepräparate ohne Zusatznutzen anbelangt, führt insbesondere die (mittlerweile weitgehend abgeschaffte) richtgrößenbasierte Budgetierung – zumindest

---

653 Siehe *Schaufler/Telschow,* in: Schwabe/Paffrath, Arzneiverordnungsreport 2016, S. 138.

im Fall eines Soft-Switch – tendenziell zu einer Wechselunwilligkeit der Ärzte. Durch die neuen wirkstoffbasierten lokalen Prüfvereinbarungen nach § 106b SGB V, werden die Originalpräparatehersteller nach dem Patentauslauf des Originalpräparats zudem dazu angehalten, die Preise für zusatznutzenfreie Folgepräparate auf dem Niveau therapeutisch gleich wirksamer generischer Originalpräparate zu halten. Insoweit ist festzuhalten, dass durch die Prüfvereinbarungen zumindest ein Anreiz für die Ärzte geschaffen wird, bei therapeutisch vergleichbaren Original- und Folgepräparaten nach Patentauslauf einen Switch-Back auf günstigere, wenn auch vermeintlich „überholte", Originalpräparate zu veranlassen.

2. *Keine umfassende strukturelle Eindämmung von Product-Switching-Strategien*

Dennoch bleiben zahlreiche der skizzierten Product-Switching-Strategien auch unter dem derzeit geltenden Regulierungsregime im Grundsatz möglich. Gerade bei fehlenden therapeutisch gleichwertigen Behandlungsalternativen zum Originalpräparat, ist ein Switch auch im Lichte der Regulierung relativ einfach zu bewerkstelligen. Insbesondere einem erzwungenen Hard-Switch, basierend auf einem Folgepräparat mit geringem Zusatznutzen, hat die Regulierung in diesem Fall derzeit kaum etwas entgegenzusetzen. Wegen der Pflicht zur Vereinbarung eines Erstattungsbetrags nach § 130b Abs. 1 SGB V ist in diesen Fällen aus Sicht der Arzneimittelhersteller u.U. auch eine Kostenerstattung durch die Krankenkassen in durchaus erklecklicher Höhe zu erwarten. In diesem Fall greift außerdem die einjährige volle Kostentragung durch die Krankenkassen bis zum Abschluss der Verhandlungen über den Erstattungsbetrag und trägt so dazu bei, den Switch auch in wirtschaftlicher Hinsicht zusätzlich zu erleichtern.

Wenn das Folgepräparat im Vergleich zu Behandlungsalternativen eine identische, bzw. leicht verbesserte Wirksamkeit aufweist, ist ein dauerhafter Switch einer großen Zahl von Patienten durch eine moderate und flexible Preisgestaltung des Folgepräparats, ohne das Risiko eines umfangreichen Switch-Back zum generischen Originalpräparat nach Patentauslauf, also durchaus möglich. Insbesondere wird hierdurch die automatische Ersetzung mit preisgünstigen Arzneimitteln im Zuge der *Aut-idem-Regelung* bereits aufgrund der in den meisten Fällen unterschiedlichen Wirkstoffzusammensetzung oder Darreichungsform verhindert. Insoweit laufen auch zusätzliche Bestrebungen zur Stärkung der *Aut-idem-Regelung* in lokalen Prüfvereinbarungen, durch die die Ärzte dazu angehalten werden sollen, auf den Ausschluss der *Aut-idem-Regelung* grundsätzlich zu verzichten, leer, da die *Aut-idem-Regelung* im Verhältnis zwischen Folge- und (generischem) Originalpräparat hier bereits dem Grundsatz nach nicht greift.

3. Praktisch deutliche Abschreckungswirkung

Die bisherigen Erfahrungen in Deutschland zeigen jedoch auch, dass das Zusammenspiel von Budgetierung bei der Arzneimittelverordnung und innovationsabhängiger Kostentragung durch die Krankenkassen, die Originalpräparatehersteller momentan weitgehend von der Implementierung klassischer Product-Switching-Strategien abzuhalten scheint.

Die wirtschaftlichen Nachteile und Risiken eines auf nicht- bzw. minimalinnovativen Folgepräparaten basierenden Product-Switch scheinen infolge der Regulierung zu überwiegen, sodass dieser sich für die Originalpräparatehersteller als unattraktiv erweist. Bei einem bevorstehenden Patentauslauf des Originalpräparats ließen sich einerseits durch einen erfolgreichen Switch auf ein Folgepräparat ohne Zusatznutzen nach § 35a Abs. 1 SGB V zumindest Marktanteile bezogen auf die absolute Zahl der Verordnungen auch auf längere Zeit hin stabilisieren.

Die wegen der Ausgestaltung der Arzneimittelbudgetierung nach § 106b Abs. 1 SGB V oftmals nötige Preisangleichung auf das Niveau etwaiger therapeutisch vergleichbarer Konkurrenzprodukte, würde jedoch andererseits zu einem Absinken des Preisniveaus sowie des Umsatzes führen, da sich das Folgepräparat ohne Zusatznutzen gegenüber den anderen auf dem Markt erhältlichen Präparaten vor allem über den Preis beweisen müsste. Dieser Umstand scheint einer der Hauptgründe dafür zu sein, warum die Originalpräparatehersteller zumindest in Deutschland vor Product-Switching-Strategien bislang weitgehend absehen. Bei der Entwicklung minimalinnovativer Folgepräparate ist zudem wahrscheinlich das Risiko zu hoch, vom G-BA anstatt des erstrebten zumindest geringen Zusatznutzens keinerlei Zusatznutzen attestiert zu bekommen. Die Originalpräparatehersteller scheinen in diesen Fällen davor zurückzuschrecken, aufgrund der Ausgestaltung der lokalen Prüfvereinbarungen nach § 106b Abs. 1 SGB V wieder in aktiven Preiswettbewerb mit den Generikaherstellern und anderen Wettbewerbern treten zu müssen.

4. Regulierung kein Garant für Offenhaltung der Märkte

Dies ändert jedoch nichts an der Bestandsaufnahme, dass sich bei geschickter Durchführung eines Product-Switch und entsprechender Bepreisung der Folgepräparate der derzeitigen Regulierungsmechanismen so bedient werden kann, dass dennoch eine große Zahl an Patienten dauerhaft unter der schützenden Hand des Patentrechts vom Originalpräparat auf das Folgepräparat transferiert wird, ohne dass die Generikahersteller auch nur ernsthaft dazu in der Lage wären, nach dem Patentauslauf des Originalpräparats in Wettbewerb um die Patienten zu treten.

Weder die Nutzenbewertung noch die Wirtschaftlichkeitsprüfung sind in ihrer derzeitigen Ausgestaltung dafür geeignet, den Wettbewerb um die Patienten, über das Auslaufen des Patents an einem bestimmten Arzneimittel hinaus, gänzlich offenzuhalten. Sie legen ihr Augenmerk in erster Linie auf Kosten-Nutzen Aspekte verschiedener Präparate und sollen zu Kosteneinsparungen für die Krankenkassen beitragen. Beide Instrumente sorgen jedoch zumindest indirekt dafür, dass die Implementierung des Switches im Einzelfall erschwert oder Anreize dafür geschaffen werden, nach einem erfolgten Switch wieder zurück auf ein günstigeres, meist generisches, Präparat zu wechseln. Für wettbewerbliche Erwägungen, wie etwa die strukturelle Offenhaltung des Marktzutritts von Generikaherstellern nach Patentauslauf, sind beide Mechanismen jedoch blind. Aus Sicht der Originalpräparatehersteller stellen sie daher bei entsprechender chemisch-biologischer Gestaltung der Folgepräparate sowie der damit verknüpften Vertriebs- und Preisstrategien im Grunde kein Hindernis für die unter Wettbewerbsaspekten bedenklichen Product-Switching-Strategien dar.

Teil 4: Wettbewerbsrechtliche Bewertung unter Art. 102 AEUV

Unter regulierungsrechtlichen Gesichtspunkten erweist sich weder die Nutzenbewertung nach § 35a SGB V noch die Budgetierung der Ärzte als wirksamer Hemmschuh gegen potentiell wettbewerbsbeeinträchtigende Product-Switching-Strategien. Ähnlich wie in den USA fällt es daher in erster Linie dem Kartellrecht zu, derartigen Strategien zwar nicht kategorisch, aber zumindest im Einzelfall Einhalt zu gebieten. Ausgehend von der bisherigen spärlichen Entscheidungspraxis der europäischen Gerichte und Behörden sowie anhand der im Zuge der Betrachtung zum US-Antitrustrecht aufgestellten Kriterien, soll im folgenden Teil der Arbeit ein eigenes kohärentes Schema für die Bewertung von Product-Switching-Strategien nach Art. 102 AEUV herausgearbeitet werden.

Die Herausforderung besteht darin, Regelungen zu finden, die Originalpräparatehersteller einerseits weiterhin in die Lage versetzen, für die Entwicklung therapeutisch innovativer Arzneimittel zu sorgen. Andererseits gilt es, Absatzstrategien marktbeherrschender Unternehmen zu unterbinden, die unter dem Feigenblatt der Innovation allein darauf abzielen, den effektiven Markteintritt generischer Wettbewerber und damit den Wettbewerb als solchen strukturell zu behindern. Hierbei sind vor allem die Besonderheiten des regulierten Arzneimittelmarktes zu berücksichtigen. Die Betrachtung orientiert sich exemplarisch an der Arzneimittelregulierung in Deutschland. Da die wesentlichen Handlungen im Zuge eines Product-Switchs meist unilateraler Natur sind, erfolgt eine wettbewerbsrechtliche Bewertung der geschilderten Vermarktungsstrategien allein unter dem Gesichtspunkt des Art. 102 AEUV. Eine marktbeherrschende Stellung des Originalpräparateherstellers hängt dabei ganz entscheidend von der Marktabgrenzung im Einzelfall ab. Für die hiesige Betrachtung wird eine marktbeherrschende Stellung unterstellt.

A. Grundlagen

I. Bewertung der Missbräuchlichkeit mittels Interessenabwägung

Derzeit fehlt es an sicher handhabbaren Kriterien, um nach Art. 102 AEUV missbräuchliches Product-Switching von marktkonformen Absatzstrategien zu unterscheiden. Der in Art. 102 AEUV verankerte Missbrauchsbegriff ist gesetzlich definiert. Der Wortlaut der Norm selbst bietet wiederum kaum Anhaltspunkte dafür, wie der Begriff auszulegen ist.[654] Laut EuGH erfasst der Begriff

654 Siehe EuGH, Urt. v. 2.4.2009, Rs. C-202/07 P, ECLI:EU:C:2009:214, Rz. 105 – *France Télécom*; EuGH, Urt. v. 27.3.2012, Rs. C-209/10, ECLI:EU:C:2012:172, Rz. 23 – *Post*

der missbräuchlichen Ausnutzung die Verhaltensweisen eines Unternehmens in beherrschender Stellung, die die Struktur des Marktes beeinflussen können, auf dem der Wettbewerb gerade wegen der Anwesenheit des fraglichen Unternehmens bereits geschwächt ist, und die die Aufrechterhaltung des auf dem Markt noch bestehenden Wettbewerbs oder dessen Entwicklung durch die Verwendung von Mitteln behindern, welche von den Mitteln eines normalen Produkt- oder Dienstleistungswettbewerbs abweichen.[655]

Die Grenzziehung zwischen zulässigem, wenngleich aggressiven, Wettbewerbsverhalten und der missbräuchlichen Ausnutzung einer marktbeherrschenden Stellung ist jedoch auch unter den Maßgaben des EuGH gemeinhin schwierig.[656] Hinzu kommt, dass im Gegensatz zum klassischen Kartellverstoß nach Art. 101 AEUV die Mittel der marktbeherrschenden Unternehmen zur weiteren Beschränkung des Wettbewerbs nicht auf Anhieb als solche erkennbar sind, sondern oftmals unselbstständige Teile der Einkaufs- und Absatzorganisation darstellen.[657] Wie bereits gezeigt, wirkt sich dies zunächst unmittelbar nachteilig auf die Marktchancen der mit den Originalpräparateherstellern in direktem Wettbewerb stehenden Generikahersteller aus.[658] Beim Product-Switching steht vor allem der Behinderungsmissbrauch im Fokus, der auf dem jeweiligen Markt eine horizontale Verdrängungswirkung zulasten der Wettbewerber entfaltet. Hier besteht die Schwierigkeit vor allem darin, den Behinderungsmissbrauch vom legitimen Wettbewerbsverhalten des Marktbeherrschers abzugrenzen, das ebenfalls zum Ausscheiden leistungsschwächerer Konkurrenten führen kann.[659]

Insoweit hilft es, sich Sinn und Zweck des Marktmachtmissbrauchsverbotes zu vergegenwärtigen. Art. 102 AEUV versucht weder ökonomisch effiziente Marktergebnisse herbeizuführen noch schützt er allein unmittelbar die Interessen einzelner Wettbewerber oder Verbraucher, sondern konzentriert sich auf den Schutz der Struktur des Marktes und damit des Wettbewerbs als solchem.[660] Ziel ist die

---

Danmark; Siehe EuGH, Urt. v. 6.12.2012, Rs. C-457/10 P, EU:C:2012:770, Rz. 98 – *Astra Zeneca/Kommission; Brand,* in: Frankfurter Kommentar zum Kartellrecht, Art. 102 AEUV, Rz. 139; *Bulst,* in: Langen/Bunte, Band 2, Art. 102 AEUV, Rz. 83.

655 St. Rspr., siehe EuGH, Urt. v. 13.2.1979, Rs. 85/76, Slg. 1979, 00461, Rz. 91 – *Hoffmann-La Roche/Kommission; EuGH, Urt. v. 3.7.1991, Rs. C-62/86, Slg. 1991 I-3439, 3455, Rz. 69 – AKZO;* EuGH, Urt. v. 17.2.2011, Rs. C-52/09, Slg. 2011 I-00527, Rz. 27 – *TeliaSonera; Bechtold/Bosch/Brinker,* EU-Kartellrecht, Art. 102 AEUV, Rz. 31; *Bulst,* in: Langen/Bunte, Band 2, Art. 102 AEUV, Rz. 85.

656 Vgl. *Schweitzer/Haucap/Kerber/Welker,* Modernisierung der Missbrauchsaufsicht für marktmächtige Unternehmen, S. 62 f.

657 *Mestmäcker/Schweitzer,* in: Mestmäcker/Schweitzer, Europäisches Wettbewerbsrecht, § 16, Rz. 48.

658 Siehe Teil 2, B., IV.

659 Siehe *Fuchs/Möschel,* in: Immenga/Mestmäcker, EU-Wettbewerbsrecht, Art. 102 AEUV, Rz. 5.

660 Siehe EuGH, Urt. v. 4.6.2009, Rs. C-8/08, Slg. 2009 I-04529, Rz. 38 – *T-Mobile Netherlands*; EuGH, Urt. v. 6.10.2009, Verb. Rs. C-501/06 P, C-513/06 P, C-515/06 P und

Aufrechterhaltung wirksamen Wettbewerbs im EU-Binnenmarkt,[661] letztlich also die Öffnung und Sicherung des Zugangs zu den Märkten zwischen Mitgliedstaaten unter Bedingungen unverfälschten Wettbewerbs.[662] Marktbeherrschende Unternehmen trifft dabei eine besondere Verantwortung für die Aufrechterhaltung des Wettbewerbs.[663] Wie sich der o.g. Definition des EuGH entnehmen lässt, schützt Art. 102 AEUV unter anderem den Restwettbewerb auf dem beherrschten oder einem benachbarten Markt vor Behinderungen durch einseitiges Verhalten des marktbeherrschenden Unternehmens. Behinderungen des Restwettbewerbs dienen vor allem dem Ziel, die eigene beherrschende Stellung auszubauen, zu verfestigen oder auf andere, bislang nicht beherrschte Märkte auszudehnen.[664] Das Missbrauchsverbot dient also in erster Linie dazu, offene Märkte unter Bedingungen unverfälschten Wettbewerbs zu sichern.[665]

Jenseit der in Art. 102 lit. a-d AEUV genannten, nicht abschließenden Regelbeispiele wird die Missbräuchlichkeit bestimmter Absatzstrategien daher auf Grundlage einer Interessenabwägung zwischen den Interessen des marktbeherrschenden Unternehmens und der von seiner Marktmacht Betroffenen ermittelt. Dabei ist insbesondere die auf freien und unverfälschten Wettbewerb gerichtete Zielsetzung des Vertrages zu berücksichtigen.[666]

Eng mit der Frage der Missbräuchlichkeit verknüpft ist die Frage, ob und wann derartige Missbrauchshandlungen gerechtfertigt werden können. Anders als Art. 101 Abs. 3 AEUV enthält Art. 102 AEUV keinen expliziten

---

C-519/06 P, Slg. 2009 I-09291, Rz. 63 – *GlaxoSmithKline*; ebenso *Bulst,* in: Langen/Bunte, Europäisches Kartellrecht, Art. 102 AEUV, Rz. 9; insoweit kritisch zum Schutz von Wettbewerbern in der Praxis der Europäischen Kommission und der Europäischen Gerichte: *Forrester,* Article 82: Remedies in Search of Theories?, (2004) 28 Fordham Int'l L.J. 919 ff.

661 So schon EuGH, Urt. v. 21.2.1973, Rs. 6/72, Slg. 1973, 0215, Rz. 25 – *Continental Can*; bestätigt durch EuGH, Urt. v. 17.2.2011, Rs. C-52/09, Slg. 2011 I-00527, Rz. 20 – *TeliaSonera;* kritisch zum Schutz des Binnenmarktes durch Art. 102 AEUV hierzu *Bechtold/Bosch/Brinker,* EU-Kartellrecht, Art. 102 AEUV, Rz. 29 ff. mwN.

662 Siehe *Mestmäcker/Schweitzer,* in: Mestmäcker/Schweitzer, Europäisches Wettbewerbsrecht, § 16, Rz. 6.

663 Siehe *Mestmäcker/Schweitzer,* in: Mestmäcker/Schweitzer, Europäisches Wettbewerbsrecht, § 16, Rz. 5; *Bulst,* in: Langen/Bunte, Band 2, Art. 102 AEUV, Rz. 86.

664 Siehe *Fuchs/Möschel,* in: Immenga/Mestmäcker, EU-Wettbewerbsrecht, Art. 102 AEUV, Rz. 5.

665 Siehe *Mestmäcker/Schweitzer,* in: Mestmäcker/Schweitzer, Europäisches Wettbewerbsrecht, § 16, Rz. 6; *Wurmnest,* Marktmacht und Verdrängungsmissbrauch S. 370.

666 Siehe *Brand,* in: Frankfurter Kommentar zum Kartellrecht, Art. 102 AEUV, Rz. 142; *Mestmäcker/Schweitzer,* in: Mestmäcker/Schweitzer, Europäisches Wettbewerbsrecht, § 3, Rz. 63, § 16, Rz. 46; *Schweitzer/Haucap/Kerber/Welker,* Modernisierung der Missbrauchsaufsicht für marktmächtige Unternehmen, S. 63; ebenso für §§ 19, 20 GWB: BGH, Urt. v. 6.10.2015. KZR 87/13 – *Porsche Tuning,* Rz. 54, Rz. 92, Rz. 102.

Ausnahmetatbestand. Dennoch ist allgemein anerkannt, dass die Möglichkeit besteht, ein an sich missbräuchliches Verhalten objektiv zu rechtfertigen.[667] Mögliche Rechtfertigungsgründe speisen sich mangels fester gesetzlicher Voraussetzungen hauptsächlich aus einer reichhaltigen, wenn auch thematisch verstreuten Kasuistik. Hauptsächlich dreht es sich hierbei um die Wahrnehmung berechtigter wirtschaftlicher Interessen.[668] Zunehmend werden jedoch auch Effizienzvorteile, die sich aus dem Verhalten der Marktbeherrscher ergeben, berücksichtigt.[669]

II. Analyse der bisherigen Rechtsprechung zu Art. 102 AEUV

Bevor anhand eines Blick ins US-Antitrust Law eigene Überlegungen zur Bestimmung der Missbräuchlichkeit des Product Switching angestellt werden, ist jedoch zunächst die europäische Entscheidungspraxis zur Anwendbarkeit des Art. 102 AEUV auf Product-Switching-Strategien zu untersuchen. Diese beschränkt sich derzeit auf lediglich zwei Entscheidungen bzw. Entscheidungszyklen. Anhand dieser Entscheidungen können erste Eckpunkte für eine Bewertung der Absatzstrategien herausgearbeitet werden.

1. *AstraZeneca*

Auf europäischer Ebene klangen ähnliche Töne wie in den USA bereits in der *AstraZeneca* Entscheidung der Kommission aus dem Jahr 2005[670] sowie den daraufhin

667 St. Rspr. EuGH, Urt. v. 14.2.1978, Rs. 27/76, Slg. 1978, 207, Rz. 184 – *United Brands*; EuGH, Urt. v. 6.4.1995, Verb. Rs. C-241/91 P und C-242/91 P, Slg. 1995 I-00743, Rz. 54–55 – *Magill*; EuGH, Urt. v. 27.3.2012, Rs. C-209/10, ECLI:EU:C:2012:172, Rz. 41 – *Post Danmark;* siehe ebenso *Fuchs/Möschel*, in: Immenga/Mestmäcker, EU-Wettbewerbsrecht, Art. 102 AEUV, Rz. 152 ff.; *Huttenlauch/Lübbig*, in: Loewenheim/Meessen/Riesenkampff/Kersting/Meyer-Lindemann, Kartellrecht, AEUV, Art. 102, Rz. 294 ff.; *Mestmäcker/Schweitzer*, in: Mestmäcker/Schweitzer, Europäisches Wettbewerbsrecht, § 16, Rz, 50 ff.; *O'Donoghue/Padilla,* The Law and Economics of Article 102 TFEU, S. 282 ff.; *Rousseva*, Rethinking Exclusionary Abuses in EU Competition Law, S. 259.

668 Statt vieler: *Fuchs/Möschel*, in: Immenga/Mestmäcker, EU-Wettbewerbsrecht, Art. 102 AEUV, Rz. 154 mwN. aus der umfangreichen Rechtsprechung der europäischen Gerichte.

669 Siehe EuGH, Urt. v. 15.3.2007, Rs. C-95/04 P, Slg. 2007 I-02331, Rz. 86 – *British Airways/Kommission;* EuGH, Urt. v. 27.3.2012, Rs. C-209/10, ECLI:EU:C:2012:172, Rz. 41 – *Post Danmark;* EuGH, Urt. v. 17.2.2011, Rs. C-52/09, Slg. 2011 I-00527, Rz. 76 – *TeliaSonera;* ebenso *Mestmäcker/Schweitzer*, in: Mestmäcker/Schweitzer, Europäisches Wettbewerbsrecht, § 16, Rz. 59; *Bulst*, in: Langen/Bunte, Band 2, Art. 102 AEUV, Rz. 141 ff.; *Wurmnest*, Marktmacht und Verdrängungsmissbrauch, S. 228; kritisch *Rousseva*, Rethinking Exclusionary Abuses in EU Competition Law, S. 281 ff.

670 Siehe Kommission, Ent. v. 15.6.2005, COMP/A. 37.507/F3 – *Astra Zeneca.*

ergangenen Entscheidungen des EuG[671] und des EuGH[672] an. *AstraZeneca* wird zur Last gelegt, in zweierlei Hinsicht gegen Art. 102 AEUV verstoßen zu haben. Zum einen soll *AstraZeneca* durch irreführende Angaben zu Unrecht schutzrechtsverlängernde SPCs für den Magensäureregulator *Losec* erhalten haben. Dieser separate Verstoß, der sich vor allem um die Frage dreht, inwieweit durch Irreführung erlangte gewerbliche Schutzrechte als marktmachtmissbräuchlich anzusehen sind, wird jedoch für die hiesige Betrachtung ausgeklammert. Zum anderen habe *AstraZeneca* durch einen, mit der Einführung eines minimalinnovativen Folgepräparats verknüpften, Widerruf der Marktzulassung von Losec seine marktbeherrschende Stellung missbraucht. Für beide Verstöße wurde *AstraZeneca* von der Kommission mit einem Bußgeld von zunächst insgesamt 60 Mio. EUR belegt.[673]

a) Sachverhalt

Der Protonenpumpeninhibitor *Losec* basiert auf dem durch ein Erzeugnispatent geschützten Wirkstoff Omeprazol und wird zur Behandlung von verschiedenen, durch Übersäuerung des Verdauungstraktes hervorgerufenen, Magen-Darm-Erkrankungen eingesetzt.[674] Seit seiner Markteinführung im Jahre 1988, entwickelte sich *Losec* (bzw. die unter verschiedenen anderen Handelsnamen global erhältlichen Produkte) zwischenzeitlich zu einem der meistverkauften verschreibungspflichtigen Arzneimittel der Welt, mit einem jährlichen Gesamtumsatz von bis zu 6,3 Mrd. USD.[675]

aa) Zulassungswiderruf

Zwischen 1998 und 1999 hatte *AstraZeneca* in mehreren, dem EU-Wettbewerbsrecht unterworfenen, skandinavischen Staaten (Dänemark, Norwegen und Schweden) die arzneimittelrechtliche Zulassung des kapselförmig verabreichten *Losec* noch vor Ablauf der eigentlichen Zulassungsdauer widerrufen.[676] Die Zulassungen in

---

671 Siehe EuG, Urt. v. 1.7.2010, Rs. T-321/05, Slg. 2010 II-02805 – *Astra Zeneca/Kommission.*

672 Siehe EuGH, Urt. v. 6.12.2012, Rs. C-457/10 P, EU:C:2012:770 – *Astra Zeneca/Kommission.*

673 Neben dem hier behandelten forcierten Product-Switch hatte *AstraZeneca* durch die Einreichung falscher bzw. irreführender Informationen bei verschiedenen Patentämtern versucht, die Schutzfrist für ergänzende Schutzzertifikate zu verlängern, um so Generikahersteller vom Markt fernzuhalten oder zumindest deren Markteintritt zu verzögern, was einen gesonderten Verstoß gegen Art. 102 AEUV darstellt, siehe Kommission, Ent. v. 15.6.2005, COMP/A. 37.507/F3, Rz. 773 – *Astra Zeneca.*

674 Siehe EuGH, Urt. v. 6.12.2012, Rs. C-457/10 P, EU:C:2012:770, Rz. 15 – *Astra Zeneca/Kommission*; EuG, Urt. v. 1.7.2010, Rs. T-321/05, Slg. 2010 II-02805, Rz. 37 – *Astra Zeneca/Kommission.*

675 Siehe Kommission, Ent. v. 15.6.2005, COMP/A. 37.507/F3, Rz. 9 – *Astra Zeneca.*

676 Siehe Kommission, Ent. v. 15.6.2005, COMP/A. 37.507/F3, Rz. 303 – *Astra Zeneca.*

zahlreichen EU-Mitgliedstaaten, wie bspw. Deutschland, Spanien, Frankreich oder Italien und den Niederlanden, blieben jedoch bestehen.[677] Die verschiedenen Patente für *Losec* in den skandinavischen Staaten sowie in den (übrigen) EU-Mitgliedstaaten sollten jeweils während des Jahres 1999 auslaufen.[678] Der sechs- bzw. zehnjährige Unterlagenschutz der zur Marktzulassung eingereichten präklinischen und klinischen Informationen nach Art. 4 Abs. 3 Nr. 8, lit. a, Ziff. iii der damals einschlägigen RL 65/65/EWG war bereits abgelaufen.[679] *AstraZeneca* war im Zeitpunkt des Zulassungswiderrufs also bereits nicht mehr Inhaberin der Rechte an den Unterlagen und Informationen über die im Rahmen der Marktzulassung von *Losec* durchgeführten pharmakologischen, toxikologischen sowie ärztlichen und klinischen Versuche.[680]

Nach der damaligen europäischen Rechtslage konnte bei der sog. „abgekürzten Zulassung" von Generika nach Art. 4 Abs. 3 Nr. 8, lit. a, Ziff. iii der RL 65/65/EWG jedoch nur dann auf die Zulassungsunterlagen eines Originalpräparats Bezug genommen werden, wenn dieses selbst noch zugelassen war.[681] Obwohl die Zulassungsunterlagen nach Ablauf des Unterlagenschutzes allgemein zugänglich waren, wurde durch den Widerruf der Zulassung für kapselförmiges *Losec* den Generikaherstellern diese Erleichterung beim arzneimittelrechtlichen Zulassungsverfahren abgeschnitten. Für den Marktzutritt wäre nun ein deutlich zeit- und kostenaufwendigeres „ordentliches" Zulassungsverfahren nötig gewesen, was den Markteintritt von Generika zeitlich erheblich verzögert.

bb) Marktrücknahme von Losec

Im Zuge des Zulassungswiderrufs nahm *AstraZeneca* Ende 1998 das kapselförmige *Losec* in Deutschland, den Niederlanden sowie den drei skandinavischen Ländern vom Markt und ersetzte es durch ein tablettenförmiges Nachfolgeprodukt, sog. *Losec MUPS (Multi-Unit-Pellet-System)*.[682] Beim pharmazeutisch aktiven Bestandteil von *Losec MUPS* handelt es sich lediglich um das Magnesiumsalz des seit Langem bekannten Wirkstoffs Omeprazol.[683] Den Ermittlungen der

---

677 Siehe EuGH, Urt. v. 6.12.2012, Rs. C-457/10 P, EU:C:2012:770, Rz. 138 – *Astra Zeneca/Kommission*; EuG, Urt. v. 1.7.2010, Rs. T-321/05, Slg. 2010 II-02805, Rz. 689 – *Astra Zeneca/Kommission.*

678 Siehe Kommission, Ent. v. 15.6.2005, COMP/A. 37.507/F3, Rz. 20–21 – *Astra Zeneca.*

679 Siehe EuG, Urt. v. 1.7.2010, Rs. T-321/05, Slg. 2010 II-02805, Rz. 666 ff. – *Astra Zeneca/Kommission.*

680 Siehe EuG, Urt. v. 1.7.2010, Rs. T-321/05, Slg. 2010 II-02805, Rz. 670 – *Astra Zeneca/Kommission.*

681 Siehe EuG, Urt. v. 1.7.2010, Rs. T-321/05, Slg. 2010 II-02805, Rz. 669 – *Astra Zeneca/Kommission.*; ebenso im Detail: Teil 3, B., III., 2., d), (3).

682 Siehe Kommission, Ent. v. 15.6.2005, COMP/A. 37.507/F3, Rz. 17, 805 – *Astra Zeneca.*

683 Siehe Kommission, Ent. v. 15.6.2005, COMP/A. 37.507/F3, Rz. 17 – *Astra Zeneca*; obwohl es sich hier um einen Switch vom Originalpräparat auf ein derivatives Salz des Wirkstoffs und nicht auf ein Enantiomer handelt, weist der Fall große

Kommission zufolge waren sowohl die Marktrücknahme als auch der Zulassungswiderruf Teil einer konzertierten Strategie *AstraZenecas* zur Minimierung der wirtschaftlichen Nachteile des Patentauslaufs von Omeprazol.[684] Die Einführung von *Losec MUPS* sollte in erster Linie dazu dienen, die Zeitspanne zwischen dem Patentauslauf für Omeprazol und der Markteinführung des patentierten Nachfolgeproduktes (S)-Omeprazol zu überbrücken, um schließlich eine möglichst große Zahl der Patienten bei gleichbleibend hohem Preisniveau von Omeprazol auf das patentgeschützte (S)-Omeprazol zu migrieren. Hierzu musste jedoch generisches Omeprazol so lange wie möglich von den jeweiligen Märkten fern gehalten werden bzw. die Patienten davon abgehalten werden auf *Losec*-Generika zu wechseln.[685]

b) Rechtliche Würdigung

Die Gerichte setzen sich in ihren Entscheidungen vor allem detailliert mit der Frage nach der Missbräuchlichkeit des Verhaltens von *AstraZeneca* auseinander.

aa) Missbräuchlichkeit des Verhaltens

Kommission und EuG waren sich einig, dass die bloße Marktrücknahme von *Losec* und die Einführung von *Losec MUPS* alleine nicht für einen Verstoß gegen Art. 102 AEUV genügen. Die wettbewerbswidrige Wirkung soll sich hier erst aus der Kopplung des Produktwechsels mit dem Zulassungswiderruf ergeben.[686] Das zentrale Element des Missbrauchs ist nach Ansicht des EuG die Errichtung regulatorischer Hindernisse für das Inverkehrbringen der Produkte der Generikahersteller, namentlich die wegen des Zulassungswiderrufs erschwerte Marktzulassung generischen Omeprazols.[687]

Das EuG unterstreicht, dass das Vorliegen einer marktbeherrschenden Stellung einem Unternehmen nicht das Recht nimmt, seine eigenen geschäftlichen

---

Ähnlichkeit zu den Geschehnissen des im Ausgangspunkt ebenfalls auf dem Wirkstoff Omeprazol basierenden *Prilosec*-Falls in den USA auf.

684 Siehe Kommission, Ent. v. 15.6.2005, COMP/A. 37.507/F3, Rz. 255, 266 ff. – *Astra Zeneca*; EuG, Urt. v. 1.7.2010, Rs. T-321/05, Slg. 2010 II-02805, Rz. 803 – *Astra Zeneca/ Kommission.*

685 Siehe Kommission, Ent. v. 15.6.2005, COMP/A. 37.507/F3, Rz. 807 – *Astra Zeneca*; ebenso EuG, Urt. v. 1.7.2010, Rs. T- 321/05, Slg. 2010 II-02805, Rz. 803, 834 – *Astra Zeneca/Kommission.*

686 Siehe EuGH, Urt. v. 6.12.2012, Rs. C-457/10 P, EU:C:2012:770, Rz. 134, Rz. 140 – *Astra Zeneca/Kommission;* EuG, Urt. v. 1.7.2010, Rs. T-321/05, Slg. 2010 II-02805, Rz. 807 ff. – *Astra Zeneca/Kommission*; Kommission, Ent. v. 15.6.2005, COMP/A. 37.507/F3, Rz. 793, 860 – *Astra Zeneca.*

687 Siehe EuG, Urt. v. 1.7.2010, Rs. T-321/05, Slg. 2010 II-02805, Rz. 807 ff. – *Astra Zeneca/ Kommission*; Kommission, Ent. v. 15.6.2005, COMP/A. 37.507/F3, Rz. 807, 811, 842 – *Astra Zeneca.*

Interessen zu wahren, wenn diese bedroht sind. Einem marktbeherrschenden Unternehmen kommt jedoch insoweit eine besondere Verantwortung zu. Es darf die regulatorischen Verfahren nicht in einer Weise in Anspruch nehmen, durch die der Marktzutritt für Wettbewerber vereitelt oder erschwert wird, wenn es weder Gründe gibt, die mit der Verteidigung der berechtigten Interessen eines im Leistungswettbewerb stehenden Unternehmens zusammenhängen, noch objektive Rechtfertigungen bestehen.[688]

(1) Competition on the merits

Einem Unternehmen in marktbeherrschender Stellung ist es also verboten, einen Mitbewerber zu verdrängen und damit seine eigene Stellung zu stärken, indem es zu anderen Mitteln als denjenigen des Leistungswettbewerbs greift.[689] Das EuG spricht insoweit von „dem Leistungswettbewerb fremden Verhaltensweisen" (in der englischen Sprachfassung von „practices falling outside the scope of competition on the merits").[690] Die Entwicklung einer Strategie, die den Absatzeinbruch eines marktbeherrschenden Unternehmens minimieren und es in die Lage versetzen soll, dem durch Generika verursachten Wettbewerb zu begegnen, ist dabei legitim und Teil des normalen Wettbewerbs, sofern das ins Auge gefasste Verhalten nicht von den Praktiken abweicht, die zum Leistungswettbewerb gehören.[691] Der Zulassungswiderruf fand laut dem EuG jedoch keine Grundlage im legitimen Schutz einer Investition, die zum Leistungswettbewerb beitragen soll.[692] *AstraZeneca* verfügte nämlich wegen des Zeitablaufs nicht mehr über das ausschließliche Recht zur Verwertung der Ergebnisse der von ihr durchgeführten pharmakologischen, toxikologischen, ärztlichen und klinischen Versuche, das es zu schützen gegolten hätte. Außerdem war der Zulassungswiderruf für die Umstellung von *Losec* auf *Losec MUPS* objektiv nicht erforderlich.[693] Der an die Marktrücknahme gekoppelte Zulassungswiderruf war somit geeignet, *AstraZeneca* die Möglichkeit eines zumindest vorübergehenden Aufschubs des durch die

688 Siehe EuGH, Urt. v. 6.12.2012, Rs. C-457/10 P, EU:C:2012:770, Rz. 134 – *Astra Zeneca/Kommission*; EuG, Urt. v. 1.7.2010, Rs. T-321/05, Slg. 2010 II-02805, Rz. 672, 817 – *Astra Zeneca/Kommission.*

689 Siehe EuG, Urt. v. 1.7.2010, Rs. T-321/05, Slg. 2010 II-02805, Rz. 354 – *Astra Zeneca/Kommission.*

690 Siehe EuG, Urt. v. 1.7.2010, Rs. T-321/05, Slg. 2010 II-02805, Rz. 816 – *Astra Zeneca/Kommission.*

691 Siehe EuGH, Urt. v. 6.12.2012, Rs. C-457/10 P, EU:C:2012:770, Rz. 129 – *Astra Zeneca/Kommission*; EuG, Urt. v. 1.7.2010, Rs. T-321/05, Slg. 2010 II-02805, Rz. 804 – *Astra Zeneca/Kommission.*

692 Siehe EuG, Urt. v. 1.7.2010, Rs. T-321/05, Slg. 2010 II-02805, Rz. 830 – *Astra Zeneca/Kommission.*

693 Siehe EuG, Urt. v. 1.7.2010, Rs. T-321/05, Slg. 2010 II-02805, Rz. 830 – *Astra Zeneca/Kommission.*

Generika ausgeübten erheblichen Wettbewerbsdrucks zu geben und im Hinblick auf die bevorstehende Markteinführung von Esomeprazol ein möglichst hohes Preisniveau zu gewährleisten.[694]

(2) Per-se-Legalität der Ausübung von Rechten?

Entgegen der Auffassung *AstraZenecas* hat die Rechtswidrigkeit eines missbräuchlichen Verhaltens im Sinne von Art. 102 AEUV nichts mit der Frage zu tun, ob der Zulassungswiderruf mit anderen Rechtsvorschriften im Einklang steht oder nicht. Die Gerichte unterstreichen insoweit, dass der Missbrauch einer beherrschenden Stellung meist in Verhaltensweisen liegt, die – in anderen Rechtsgebieten als dem Wettbewerbsrecht – sonst rechtmäßig sind.[695]

(3) Alternative Wege zur generischen Marktzulassung

EuGH und EuG hielten zudem alternative Wege, um auch ohne die Bezugnahme auf *AstraZeneca*s Unterlagen zu einer beschleunigten Marktzulassung zu kommen, für unerheblich. *AstraZeneca* verwies darauf, dass die Wettbewerber, anstatt auf die *Losec* Zulassungsunterlagen Bezug zu nehmen, das Verfahren nach Art. 4 Abs. 3 Nr. 8, lit. a, Ziff. ii der RL 65/65 hätten durchlaufen können. Hierbei kann ebenfalls ohne die Durchführung klinischer Testverfahren allein durch Bezugnahme auf wissenschaftliche Veröffentlichungen nachgewiesen werden, dass das zu genehmigende Arzneimittel anerkanntermaßen wirksam ist und einen annehmbaren Grad an Sicherheit aufweist.

Die Gerichte stellen jedoch klar, dass das Verhalten eines marktbeherrschenden Unternehmens, dessen alleiniges Ziel bei objektiver Beurteilung darin besteht, den Rückgriff auf das vom Gesetzgeber vorgesehene abgekürzte Zulassungsverfahren auszuschließen und so die Generikahersteller so lang wie möglich vom Markt fernzuhalten und ihre Kosten für die Überwindung der Marktzutrittshindernisse zu steigern, seinen missbräuchlichen Charakter nicht dadurch verliert, dass der rechtliche Rahmen – zudem kostspieligere und langwierigere – alternative Wege zur Marktzulassung bereithält.[696]

---

694 Siehe EuG, Urt. v. 1.7.2010, Rs. T-321/05, Slg. 2010 II-02805, Rz. 834 – *Astra Zeneca/Kommission.*

695 Siehe EuGH, Urt. v. 6.12.2012, Rs. C-457/10 P, EU:C:2012:770, Rz. 132 – *Astra Zeneca/Kommission*; EuG, Urt. v. 1.7.2010, Rs. T-321/05, Slg. 2010 II-02805, Rz. 677 – *Astra Zeneca/Kommission.*

696 Siehe EuGH, Urt. v. 6.12.2012, Rs. C-457/10 P, EU:C:2012:770, Rz. 154 – *Astra Zeneca/Kommission*; EuG, Urt. v. 1.7.2010, Rs. T-321/05, Slg. 2010 II-02805, Rz. 829 – *Astra Zeneca/Kommission.*

(4) „Parasitärer Wettbewerb“

Ähnlich wie in den USA, wo in diesem Zusammenhang von Free-Riding gesprochen wird[697], wurde den Generikaherstellern von *AstraZeneca* zudem vorgeworfen, dass ihr Wettbewerb geradezu „parasitär“ sei.[698] Dies zielt erkennbar darauf ab, dass die Generikahersteller insbesondere bei der Marktzulassung und dem Absatz ihrer Produkte von den bereits getätigten Investitionen der Originalpräparatehersteller profitieren.

Obwohl das Gericht selbst nicht weiter auf diese Argumentation einging, machte die EU- Kommission im Verfahren deutlich, wie sie das Wettbewerbsverhältnis zwischen den Originalpräparateherstellern und deren Wettbewerbern beurteilt: Innovation wird nach Ansicht der Kommission im Wesentlichen durch das System der Patente und ergänzenden Schutzzertifikate gewährleistet, das dem Hersteller eines Originalpräparates ein zeitlich begrenztes Monopol für die wirtschaftliche Verwertung seiner Erfindung einräumt. Erst das drohende Auftauchen der Generika zwinge die Originalpräparatehersteller zu Innovationen, für die sie in Form von Patenten, ergänzenden Schutzzertifikaten und Ausschließlichkeitszeiträumen für die Daten belohnt würden.[699] Der Widerruf der Marktzulassung unterminiere den gerade hierzu geschaffenen regulatorischen Mechanismus, der darauf abzielt, den Generikaherstellern eine abgekürzte Marktzulassung zu ermöglichen.[700]

(5) Keine Wettbewerbsförderungspflicht des Marktbeherrschers

Marktbeherrschende Originalpräparatehersteller können nach *AstraZenecas* Dafürhalten überdies nicht dazu verpflichtet werden, die Interessen der Generikahersteller zu schützen, indem sie die Genehmigungen für das Inverkehrbringen aufrechterhalten.[701] Das EuG erkennt dies dem Grundsatz nach auch an.[702] Das Fehlen einer solchen Verpflichtung führt jedoch nicht dazu, dass Verhaltensweisen, die nur dazu dienen, Wettbewerber auszuschließen, mit Art. 102 AEUV vereinbar sind. Die bloße Absicht eines marktbeherrschenden Unternehmens, die eigenen Geschäftsinteressen zu wahren und sich vor dem Wettbewerb durch

---

697 Siehe Teil 2, A., I., 2., b), cc).

698 Siehe EuG, Urt. v. 1.7.2010, Rs. T-321/05, Slg. 2010 II-02805, Rz. 644 – *Astra Zeneca/ Kommission.*

699 Siehe EuG, Urt. v. 1.7.2010, Rs. T-321/05, Slg. 2010 II-02805, Rz. 644 – *Astra Zeneca/ Kommission.*

700 Siehe EuG, Urt. v. 1.7.2010, Rs. T-321/05, Slg. 2010 II-02805, Rz. 645 – *Astra Zeneca/ Kommission.*

701 Siehe EuG, Urt. v. 1.7.2010, Rs. T-321/05, Slg. 2010 II-02805, Rz. 815 – *Astra Zeneca/ Kommission.*

702 Siehe EuG, Urt. v. 1.7.2010, Rs. T-321/05, Slg. 2010 II-02805, Rz. 816 – *Astra Zeneca/ Kommission.*

Generika und Paralleleinfuhren zu schützen, rechtfertigt nämlich nicht den Rückgriff auf dem Leistungswettbewerb fremde Verhaltensweisen.[703]

bb) Objektive Rechtfertigung

Die Gerichte lassen dabei jedoch ausdrücklich eine objektive Rechtfertigung der Absatzstrategien zu.[704] Beispielsweise wurde die Verpflichtung zur laufenden Überwachung der Sicherheit eines Altarzneimittels im Rahmen der Pharmakovigilanz als Rechtfertigung für den Widerruf der Zulassung eines Altarzneimittels prinzipiell anerkannt.[705] Diese besteht hauptsächlich aus der Überwachung der Nebenwirkungen eines Arzneimittels und in der Erstellung von Unterlagen, die den zuständigen Behörden unter Beifügung wissenschaftlicher Beurteilungen regelmäßig vorzulegen sind.[706]

AstraZeneca scheiterte im vorliegenden Verfahren jedoch daran, dass die Zulassung für *Losec* und damit auch die Verpflichtung zur Pharmakovigilanz in zahlreichen anderen EU-Mitgliedstaaten, wie Deutschland, Spanien, Frankreich oder Italien und den Niederlanden weiter bestand. *AstraZeneca* hat es insoweit versäumt darzulegen, dass der zu bewältigende Mehraufwand ohne den Widerruf ihrer Zulassungen in Dänemark, Schweden und Norwegen so groß gewesen wäre, dass er einen objektiven Rechtfertigungsgrund dargestellt hätte.[707]

2. Die Gaviscon Entscheidung des Office of Fair Trading

Soweit ersichtlich, wurde die bislang einzige nationale Entscheidungen zur Einordnung des Product-Switching unter Art. 102 AEUV im Jahr 2011 vom britischen Office of Fair Trading (OFT)[708] in Sachen *Reckitt Benckiser Healthcare Limited and Reckitt Benckiser Group plc (Reckitt Benckiser)* erlassen.[709] Das OFT erachtete die Marktrücknahme des gegen Sodbrennen verabreichten Präparats *Gaviscon*

---

703 Siehe EuG, Urt. v. 1.7.2010, Rs. T-321/05, Slg. 2010 II-02805, Rz. 816 – *Astra Zeneca/ Kommission.*

704 Siehe EuGH, Urt. v. 6.12.2012, Rs. C-457/10 P, EU:C:2012:770, Rz. 130, 134 – *Astra Zeneca/Kommission*; EuG, Urt. v. 1.7.2010, Rs. T-321/05, Slg. 2010 II-02805, Rz. 817 – *Astra Zeneca/Kommission.*

705 Siehe EuGH, Urt. v. 6.12.2012, Rs. C-457/10 P, EU:C:2012:770, Rz. 135 ff. – *Astra Zeneca/Kommission*; EuG, Urt. v. 1.7.2010, Rs. T-321/05, Slg. 2010 II-02805, Rz. 685 ff. – *Astra Zeneca/Kommission.*

706 Siehe EuG, Urt. v. 1.7.2010, Rs. T-321/05, Slg. 2010 II-02805, Rz. 619 – *Astra Zeneca/ Kommission.*

707 Siehe EuGH, Urt. v. 6.12.2012, Rs. C-457/10 P, EU:C:2012:770, Rz. 137 – *Astra Zeneca/ Kommission*; EuG, Urt. v. 1.7.2010, Rs. T-321/05, Slg. 2010 II-02805, Rz. 689 – *Astra Zeneca/Kommission.*

708 Das OFT wurde im Jahr 2014 durch die Competition and Markets Authority (CMA) ersetzt.

709 OFT, Decision No. CA 98/02/2011 v. 12.4.2011, Case CE/8931/08 – *Reckitt Benckiser.*

Original Liquid (GL) vom britischen Markt als Verstoß gegen Art. 102 AEUV. Es wurde daraufhin ein Bußgeld von 10,1 Mio GBP verhängt.[710]

a) Sachverhalt

Im Zeitpunkt der Rücknahme im Juni 2005 produzierte und verkaufte *Reckitt Benckiser* neben GL, dessen Patent bereits im Jahr 1997 auslief, auch das Präparat *Gaviscon Advance Liquid* (GA). Letzteres sollte noch bis zum Jahr 2016 dem Patentschutz unterliegen.[711]

Bei GL handelt es sich um einen Wirkstoff auf Algenbasis. Die aktiven Hauptwirkstoffe sind Natriumalginat, Calciumcarbonat und Natriumbicarbonat. Bei oraler Einnahme bildet das Natriumalginat in Verbindung mit den anderen Inhaltsstoffen eine Art „Floß", das nach Mahlzeiten auf dem Mageninhalt schwimmt. Dieses Floß verhindert als physische Barriere das Aufströmen von Magensäure in die Speiseröhre und damit schmerzhaftes Sodbrennen.[712] GA basiert ebenfalls hauptsächlich auf Natriumalginat. Anstatt Calciumcarbonat und Natriumbicarbonat kommt jedoch Kaliumbicarbonat zum Einsatz. Die Funktionsweise gleicht dennoch der von GL.[713] Für GL existieren nach dessen Patentauslauf seit dem Jahr 1998 bereits einige wirkstoffgleiche Generika.[714] Diesen fiel es jedoch äußerst schwer, im Markt Fuß zu fassen, d.h. dem GL-Originalpräparat Marktanteile abzunehmen. Während die *Gaviscon*-Produktlinie von *Reckitt Benckiser* bspw. zwischen 2004 und 2008 konstant hohe Marktanteile von mehr als 80 % hielt, kamen die generischen Wettbewerber kaum über 10 % Markanteil hinaus.[715] Die Einführung eines sog. British Approved Name (BAN) im Jahr 2005 bzw. 2006, sollte diesen mit GL korrespondierenden Generika den Marktzugang erleichtern. Beim BAN handelt es sich um einen von der British Pharmacopoeia Commission (BPC) vergebenen, offiziellen generischen Namen für einen bestimmten Wirkstoff.[716] Nur wenn ein BAN existiert, können Ärzte problemlos die für ein Originalpräparat unter dem BAN erhältlichen Generika über die von

---

710 Siehe OFT, Decision No. CA 98/02/2011 v. 12.4.2011, Case CE/8931/08 – *Reckitt Benckiser*, S. 337.

711 Siehe OFT, Decision No. CA 98/02/2011 v. 12.4.2011, Case CE/8931/08 – *Reckitt Benckiser*, S. 10, 25.

712 Siehe OFT, Decision No. CA 98/02/2011 v. 12.4.2011, Case CE/8931/08 – *Reckitt Benckiser*, S. 23.

713 Siehe OFT, Decision No. CA 98/02/2011 v. 12.4.2011, Case CE/8931/08 – *Reckitt Benckiser*, S. 25.

714 Siehe OFT, Decision No. CA 98/02/2011 v. 12.4.2011, Case CE/8931/08 – *Reckitt Benckiser*, S. 28 f., S. 68.

715 Siehe OFT, Decision No. CA 98/02/2011 v. 12.4.2011, Case CE/8931/08 – *Reckitt Benckiser*, S. 231.

716 Siehe OFT, Decision No. CA 98/02/2011 v. 12.4.2011, Case CE/8931/08 – *Reckitt Benckiser*, S. 52.

ihnen verwendeten Datenbanken ausfindig machen und unter diesem generischen Namen verschreiben.[717] Existiert jedoch kein BAN, verschreiben die Ärzte Arzneimittel in Großbritannien schlicht unter dem ihnen bekannten Handelsnamen. In diesem Fall können Apotheken diese allerdings nicht durch wirkstoffgleiche Generika ersetzen.[718] *Reckitt Benckiser* war sich bewusst, dass die Vergabe eines BAN für GL nicht länger abgewendet werden konnte und entschloss sich dazu, Maßnahmen zu ergreifen, um den Generika dennoch den Marktzugang bzw. den Absatz zu erschweren.

Internen Dokumenten zufolge entschied sich *Reckitt Benckiser*, GL vom Markt zu nehmen. Ziel dieser Strategie war es die Ärzte dazu zu bewegen, fortan das patentgeschützte GA, für das kein BAN existierte, zu verschreiben. Mangels für GA erhältlicher Generika, wurde so sichergestellt, dass keine generische Substitution durch die Ärzte bzw. Apotheken erfolgen konnte.[719] Insbesondere sollte so verhindert werden, dass die Ärzte über ihre elektronischen Arzneimitteldatenbanken entsprechende mit einem BAN versehene Präparate auffinden können. Bei der Anzeige des Originalpräparats werden nämlich zusätzlich auf simplen Knopfdruck hin sämtliche verfügbare Generika angezeigt, sodass die Verordnung eines Präparats unter seinem generischen BAN-Namen denkbar einfach ist.[720] Hierdurch sollten die bisher mit GL erzielten Umsätze geschützt werden, die bei der bevorstehenden Veröffentlichung eines BAN vollauf dem Wettbewerb durch Generika ausgesetzt gewesen wären.[721] Internen Erhebungen *Reckitt Benckisers* zufolge sollte mit der Marktrücknahme von GL jedoch auch ein Rückgang des Marktanteils der *Gaviscon*-Produktpalette von 92 % im Februar 2004 auf ca. 70 % im Januar 2006 verbunden sein.[722]

b) Rechtliche Würdigung

Wie bereits ausgeführt sah das OFT in der Rücknahme von GL vom britischen Markt einen Verstoß gegen Art. 102 AEUV.

---

717 Siehe OFT, Decision No. CA 98/02/2011 v. 12.4.2011, Case CE/8931/08 – *Reckitt Benckiser*, S. 10.
718 Siehe OFT, Decision No. CA 98/02/2011 v. 12.4.2011, Case CE/8931/08 – *Reckitt Benckiser*, S. 46.
719 Siehe OFT, Decision No. CA 98/02/2011 v. 12.4.2011, Case CE/8931/08 – *Reckitt Benckiser*, S. 87 ff.
720 Siehe OFT, Decision No. CA 98/02/2011 v. 12.4.2011, Case CE/8931/08 – *Reckitt Benckiser*, S. 90 ff.
721 Siehe OFT, Decision No. CA 98/02/2011 v. 12.4.2011, Case CE/8931/08 – *Reckitt Benckiser*, S. 87.
722 Siehe OFT, Decision No. CA 98/02/2011 v. 12.4.2011, Case CE/8931/08 – *Reckitt Benckiser*, S. 117 ff.

aa) Competition on the merits

Das OFT betont zunächst den Ausnahmecharakter von Art 102 AEUV. Ein Verhalten, das Unternehmen unter normalen Wettbewerbsbedingungen durchaus erlaubt ist, kann jedoch dann gegen Art. 102 AEUV verstoßen, wenn es von einem marktbeherrschenden Unternehmen an den Tag gelegt wird.[723] Unter Verweis auf die Entscheidungspraxis der Kommission und der europäischen Gerichte im *AstraZeneca*-Verfahren knüpft auch das OFT bei der wettbewerbsrechtlichen Einordnung unter Art. 102 AEUV entscheidend an die Frage an, ob es sich bei dem in Rede stehenden Wettbewerbsverhalten noch um „competition on the merits" handelt.[724] Das OFT sieht zunächst in den Beweggründen des marktbeherrschenden Unternehmens den Schlüssel zur Antwort auf diese Frage.[725] Obwohl der Missbrauchsbegriff objektiven Charakter hat und keinen Vorsatz des Marktbeherrschers voraussetzt[726], sollen die subjektiven Motive des marktbeherrschenden Unternehmens eine entscheidende Rolle dabei spielen, die wettbewerbsbeschränkende Natur des Verhaltens zu belegen.[727] Laut dem OFT ist hierbei vor allem relevant, ob der Marktbeherrscher durch sein Verhalten beabsichtigte den Wettbewerb zu beschränken und ob dieses Verhalten jenseits der Vorteile, die mit einer Beschränkung des Wettbewerbs potentiell einhergehen, wirtschaftlich Sinn ergibt.[728]

---

723 Siehe OFT, Decision No. CA 98/02/2011 v. 12.4.2011, Case CE/8931/08 – *Reckitt Benckiser*, S. 134.

724 Siehe OFT, Decision No. CA 98/02/2011 v. 12.4.2011, Case CE/8931/08 – *Reckitt Benckiser*, S. 135.

725 Siehe OFT, Decision No. CA 98/02/2011 v. 12.4.2011, Case CE/8931/08 – *Reckitt Benckiser*, S. 135.

726 Siehe EuG, Urt. v. 1.7.2010, Rs. T-321/05, Slg. 2010 II-02805, Rz. 356 – *Astra Zeneca/ Kommission* mit Verweis auf EuGH, Urt. v. 13.2.1979, Rs. 85/76, Slg. 1979, 00461, Rz. 91 – *Hoffmann-La Roche/Kommission*; ebenso EuGH, Urt. v. 17.2.2011, Rs. C-52/09, Slg. 2011 I-00527, Rz. 27 – *TeliaSonera*; EuGH, Urt. v. 3.7.1991, Rs. C-62/86, Slg. 1991 I-3439, 3455, Rz. 69 – *AKZO*; EuG, Urt. v. 12.12.2000, Rs. T-128/98, Slg. 2000 II-03929, Rz. 173 – *Aéroports de Paris/Kommission.*

727 Siehe OFT Decision No. CA 98/02/2011 v. 12.4.2011, Case CE/8931/08 – *Reckitt Benckiser*, S. 137; mit Verweis auf EuG, Urt. v. 1.7.2010, Rs. T-321/05, Slg. 2010 II-02805, Rz. 359 – *Astra Zeneca/Kommission*; sowie Mitteilung der Kommission (2009/C 45/02), Erläuterungen zu den Prioritäten der Kommission bei der Anwendung von Artikel 82 des EG-Vertrags auf Fälle von Behinderungsmissbrauch durch marktbeherrschende Unternehmen, Rz. 20.

728 Siehe OFT Decision No. CA 98/02/2011 v. 12.4.2011, Case CE/8931/08 – *Reckitt Benckiser*, S. 254.

bb) Wettbewerbsbeschränkende Absicht

Anhand dem OFT vorliegender interner Dokumente ließ sich unzweifelhaft nachweisen, dass *Reckitt Benckiser* mit der Marktrücknahme von GL allein beabsichtigte, den Absatz der Gaviscon-Produktpalette vor generischem Wettbewerb im britischen Markt zu schützen.[729] Insbesondere erwartete *Reckitt Benckiser*, dass nach der Marktrücknahme viele Ärzte bzw. Patienten auf das patentgeschützte GA wechseln würden, welches trotz der Vergabe eines BAN für GL nicht dem Wettbewerb durch Generika ausgesetzt ist.[730]

cc) Wirtschaftliche Sinnhaftigkeit

Aus den internen Dokumenten geht ebenfalls hervor, dass die Rücknahme von GL, ohne die Aussicht darauf effektiven Wettbewerb für das *Gaviscon*-Produktportfolio durch Generika zu verhindern, Verluste einbringen würde. Insbesondere war abzusehen, dass *Reckitt Benckiser* durch die Marktrücknahme von GL Marktanteile an generische Wettbewerber verlieren würde und sowohl Umsatz- als auch Profitabilitätseinbußen hinzunehmen hätte.[731] Wenn man den Verdrängungseffekt zulasten der Wettbewerber außer Acht lässt, war die Marktrücknahme deshalb unter wirtschaftlichen Gesichtspunkten irrational. Derartige Verluste konnten aus Sicht des OFT nur hingenommen werden, da *Reckitt Benckiser* voraussah, dass sie im Nachgang davon profitieren würde, dass sich effektiver generischer Wettbewerb zu GA wegen des anhaltenden Patentschutzes nicht vollständig ausbilden kann.[732]

Betrachtet man also die bisherige europäische Entscheidungspraxis, ist maßgebliches Kriterium für die Missbräuchlichkeit nach Art. 102 AEUV, ob es sich beim jeweiligen Product-Switch um eine dem Leistungswettbewerb fremde Verhaltensweise handelt. Leistungswettbewerb bedeutet Wettbewerb, in dem überlegene unternehmerische Leistung und überlegene unternehmerische Leistungskraft die den Markterfolg determinierenden Faktoren sind.[733]

---

729 Siehe OFT Decision No. CA 98/02/2011 v. 12.4.2011, Case CE/8931/08 – *Reckitt Benckiser*, S. 254 ff.

730 Siehe OFT Decision No. CA 98/02/2011 v. 12.4.2011, Case CE/8931/08 – *Reckitt Benckiser*, S. 255.

731 Siehe OFT Decision No. CA 98/02/2011 v. 12.4.2011, Case CE/8931/08 – *Reckitt Benckiser*, S. 265 f.

732 Siehe OFT Decision No. CA 98/02/2011 v. 12.4.2011, Case CE/8931/08 – *Reckitt Benckiser*, S. 266.

733 Siehe *Eilmansberger/Bien*, in: Münchener Kommentar, Band 1, Art. 102, Rz. 3; *Dreher/Adam*, ZWeR 2006, 259, 261.

B. Kriterien für die Feststellung eines Missbrauchs nach Art. 102 AEUV

Aufgrund der bislang äußerst begrenzten Zahl an Entscheidungen bleibt jedoch in vielerlei Hinsicht unklar, welche Kriterien für die Bewertung der zentralen Frage, ob es sich bei der jeweiligen Absatzstrategie noch um ein Mittel des Leistungswettbewerbs handelt, herangezogen werden können. Die bisherige Entscheidungspraxis in der EU legt hierbei auf den ersten Blick gänzlich andere Parameter an als die US-Judikatur. Trotz der bereits skizzierten substanziellen Unterschiede von Art. 102 AEUV und Section 2 Sherman Act hinsichtlich der Schutzrichtung und Auslegungstradition beider Normen, gleicht sich die Vorgehensweise der Originalpräparathersteller beim Product Switch dies- und jenseits des Atlantiks weitgehend.

Für eine weitere Konturierung der Missbräuchlichkeit von Product-Switching-Strategien marktbeherrschender Unternehmen lohnt es sich daher, den Blick ins US-Recht zu wenden. Wie im Folgenden gezeigt wird, können die von den US-Gerichten als wettbewerbsfremd klassifizierten Verhaltensweisen bzw. die rechtfertigenden Elemente von Product-Switching-Strategien im Rahmen der unter Art. 102 AEUV gebotenen Interessenabwägung als Anhaltspunkte herangezogen werden.

I. Wettbewerbsbeschränkende Absicht beim Product-Switch

Die *Gaviscon*-Entscheidung knüpft bei der Bewertung daran an, ob der Marktbeherrscher durch die Einführung des Folgepräparats beabsichtigte, den von den Generikaherstellern ausgehenden Wettbewerb zu beschränken. Das OFT scheint davon auszugehen, dass dieser Aspekt dann im Vordergrund steht, wenn es dem Originalpräparatehersteller in subjektiver Hinsicht nicht auf die Verbesserung der eigenen Wettbewerbschancen durch Produktinnovation ankommt, sondern allein darauf, dass das patentgeschützte Folgepräparat auf absehbare Zeit nicht mit Generika substituierbar ist und so ein Großteil der Patienten an die Produkte des Originalpräparateherstellers gebunden wird.

1. Gegenläufige „objektive Linie"

Diese Ansicht ist prinzipiell zu begrüßen, da sie an klare, dem Beweis zugängliche Anhaltspunkte für die wettbewerbsbeschränkende Absicht des Marktbeherrschers anknüpft.

Dennoch befindet sich das OFT mit seinem Fokus auf die subjektive Absicht des Marktbeherrschers in erheblichem Gegensatz zur mittlerweile allgemein eingeschlagenen objektiven Linie, wenn es um die Bestimmung des Missbrauchsbegriffs geht. „Missbrauch" iSv Art. 102 AEUV ist, wie bereits ausgeführt, ein objektiver Begriff.[734] Die bloße Absicht, Wettbewerber aus dem Markt zu drängen,

---

734 So schon EuGH, Urt. v. 13.2.1979, Rs. 85/76, Slg. 1979, 00461, Rz. 91 – *Hoffmann-La Roche/Kommission;* EuG, Urt. v. 12.12.2000, Rs. T-128/98, Slg. 2000 II-03929,

ist für sich genommen ein durchaus legitimer Bestandteil normalen Wettbewerbs und bedeutet nicht zwingend, dass die Verdrängung auch tatsächlich mit wettbewerbsfremden Mitteln verfolgt wird.[735] Es besteht insoweit kein Bedürfnis, den untauglichen Versuch, also ein Verhalten, das zwar subjektiv aber nicht objektiv einen Missbrauch darstellt, zu sanktionieren.[736] Ein bestimmtes Verhalten kann daher nicht allein wegen der damit verfolgten Absicht zum Missbrauch werden. Die subjektive Absicht kann jedoch ein Indiz für die Missbräuchlichkeit des jeweiligen Marktverhaltens sein.[737]

2. Beweisproblematik

Auch in der praktischen Durchsetzung erweist sich das alleinige Festhalten an der Absicht eines Unternehmens als äußerst schwierig, da es dazu in der Regel des Zugriffs auf (idealerweise verschriftlichte) unternehmensinterne Kommunikation bedarf. Das OFT wurde im *Gaviscon*-Fall bspw. auch erst nach einer ausführlichen Berichterstattung durch die BBC tätig. Die BBC stützte sich wiederum hauptsächlich auf durch einen „Whistleblower" nach außen gedrungene unternehmensinterne Informationen zum Switch von GL auf GA.[738] Knüpft man allein an die mit dem Switch verbundenen Absichten des marktbeherrschenden Originalpräparateherstellers an, ist zu einer effektiven Verfolgung also in der Regel die sprichwörtliche „smoking gun" nötig, was die Durchsetzung des Missbrauchsverbotes erheblich erschwert.[739]

Rz. 173 – *Aéroports de Paris/Kommission;* EuGH, Urt. v. 3.7.1991, Rs. C-62/86, Slg. 1991, I-3439, 3455, Rz. 69 – *AKZO*; EuGH, Urt. v. 17.2.2011, Rs. C-52/09, Slg. 2011 I-00527, Rz. 27 – *TeliaSonera*; EuG, Urt. v. 9.9.2009, Rs. T-301/04, ECLI:EU:T:2009:317, Rz. 140 – *Clearstream*; ebenso *Bechtold/Bosch/Brinker*, EU-Kartellrecht, Art. 102 AEUV, Rz. 32; *Huttenlauch/Lübbig*, in: Loewenheim/Meessen/Riesenkampff/Kersting/Meyer-Lindemann, Kartellrecht, AEUV, Art. 102, Rz. 178; *Mestmäcker/Schweitzer*, in: Mestmäcker/Schweitzer, Europäisches Wettbewerbsrecht, § 16, Rz. 9.

735 Siehe *Fleischer*, Behinderungsmissbrauch durch Produktinnovation, S. 112.

736 Siehe *de Bronett*, in: Wiedemann, Handbuch des Kartellrechts, § 22, Rz. 47.

737 Siehe EuGH, Urt. v. 19.4.2012, Rs. C-549/10 P, ECLI:EU:C:2012:221, Rz. 19, 20 – *Tomra;* ebenso EuG, Urt. v. 9.9.2009, Rs. T-301/04, ECLI:EU:T:2009:317, Rz. 142 – *Clearstream; Mestmäcker/Schweitzer*, in: Mestmäcker/Schweitzer, Europäisches Wettbewerbsrecht, § 16, Rz. 9.

738 Siehe OFT Decision No. CA 98/02/2011 v. 12.4.2011, Case CE/8931/08 – *Reckitt Benckiser*, S. 18 f.

739 So auch *Fleischer*, Behinderungsmissbrauch durch Produktinnovation, S. 113; ebenso für das US-Antitrust Recht: *Areeda/Hovenkamp*, Antitrust Law, Vol. III, para. 651c.

3. Gefahr der Missbrauchsverschleierung

Bei geschickter, vorausschauender Steuerung der unternehmensinternen Kommunikation kann der Markbeherrscher den Nachweis des Missbrauchs sogar gänzlich vermeiden oder erheblich erschweren. Die subjektive Absicht, durch den Switch hauptsächlich dafür Sorge zu tragen, die Substituierbarkeit des Folgepräparats mit Generika auszuschließen und so einen Großteil der Patienten dauerhaft an die Produkte des Originalpräparateherstellers zu binden, ist daher als alleiniges Kriterium ungeeignet, um auf eine Missbräuchlichkeit des Verhaltens nach Art. 102 AEUV zu schließen. Dennoch können die subjektiven Motive des marktbeherrschenden Unternehmens sicherlich als wichtiger Anhaltspunkt bei der Abgrenzung zwischen wettbewerbskonformen und wettbewerbswidrigen Absatzstrategien dienen. Wie im weiteren Verlauf der Untersuchung dargelegt wird, existieren jedoch weit besser geeignete Anhaltspunkte, anhand derer sich die Missbräuchlichkeit des Switches im Einzelfall bemessen lässt.

II. „Coercion" – Ausübung von Zwang auf die Abnehmer

Der in *AstraZeneca* und *Gaviscon* aufgestellte Grundsatz, dass die marktbeherrschenden Originalpräparatehersteller nicht zu Mitteln greifen dürfen, die jenseits des Leistungswettbewerbs liegen, deckt sich zumindest dem Wortlaut nach mit der Auffassung der US-Gerichte. Bei der Frage nach einem Verstoß gegen Section 2 Sherman Act stellen diese ebenfalls darauf ab, ob angesichts des Verhaltens des marktstarken Unternehmens bzw. des Monopolisten, noch von „competition on the merits" gesprochen werden kann.[740]

Ein zentrales Element, das sich der US-Rechtsprechung mit Blick auf die unter Art. 102 AEUV gebotene Interessenabwägung entnehmen lässt, ist das „Coercion"-Argument. Maßgeblich ist danach, ob bei der Implementierung des Folgepräparats die Schwelle zwischen „Überzeugen" und „Zwingen" der Abnehmer überschritten wurde.[741] Eine Diskussion über mögliche Zwangswirkungen des Switches klingt jedoch weder in den *AstraZeneca*-Urteilen der Unionsgerichte noch in der *Gaviscon*-Entscheidung des OFT an. Folgt man den Unionsgerichten in *AstraZeneca*, ergibt sich die wettbewerbswidrige Wirkung nicht aus dem Product-Switch selbst, sondern erst in Verbindung mit der Errichtung regulatorischer Hindernisse für den Marktzutritt der Generika.[742] Nach dieser engen

740 Siehe United States Court of Appeals for the Second Circuit, People of the State of New York v. Actavis PLC and Forest Laboratories LLC, Case 14-4624-cv, S. 32 ff. mwN.

741 Siehe United States Court of Appeals for the Second Circuit, People of the State of New York v. Actavis PLC and Forest Laboratories LLC, Case 14-4624-cv, S. 37; ebenso United States District Court for the District of Delaware, Abott v. Teva Pharmaceuticals USA Inc., 432 F.Supp.2d 408 (2006).

742 Siehe EuGH, Urt. v. 6.12.2012, Rs. C-457/10 P, EU:C:2012:770, Rz. 134, Rz. 140 – *Astra Zeneca/Kommission*; EuG, Urt. v. 1.7.2010, Rs. T-321/05, Slg. 2010 II-02805,

Lesart bedarf es also neben der Marktrücknahme des Originalpräparats und der Implementierung des Folgepräparats zusätzlicher „regulatorischer Plusfaktoren“, wie bspw. des Widerrufs der Marktzulassung des Originalpräparats.

1. Kritik am Erfordernis regulatorischer Plusfaktoren

Mit Blick auf das grundlegende Interesse der Patienten bzw. der Ärzteschaft in ihrer Wahl des Arzneimittels frei von Zwang durch marketbeherschende Unternehmen zu sein, greift diese Ansatz jedoch zu kurz.[743]

Bei einer derart engen Betrachtung würde der erzwungene Wechsel der Patienten auf das Folgepräparat als legitimes unternehmerisches Interesse des Marktbeherrschers, mithin als Teil des Leistungswettbewerbs, angesehen werden. Die erfolgreiche Migration der Patienten sowie die Behinderung der Marktbestrebungen der (generischen) Wettbewerber sind bereits allein durch die schlichte Marktrücknahme des Originalpräparats möglich. Einer aktiven Errichtung zusätzlicher regulatorischer Hindernisse durch den Marktbeherrscher bedarf es für einen erfolgreichen Switch gerade nicht. Die Abnehmer sind wiederum in der Regel auf eine kontinuierliche Versorgung mit bewährten und wirksamen Arzneimitteln angewiesen. Nicht zuletzt aufgrund des im Zeitpunkt des Switches bestehenden Patentschutzes des Originalpräparats, der es Wettbewerbern verwehrt, vor oder während der erzwungenen Migration der Patienten mit Konkurrenzpräparaten in den Markt einzutreten, bleibt ihnen oftmals zunächst keine veritable Ausweichmöglichkeit auf andere gleich wirksame Produkte.

Insoweit erscheint es nur wenig überzeugend, anzunehmen, dass der Markterfolg der Originalpräparatehersteller, d.h. der Wechsel vom Originalpräparat auf das (minimalinnovative) Folgepräparat und die langfristige Bindung der Abnehmer an dieses, allein auf der überlegenen unternehmerischen Leistung und

---

Rz. 807 ff. – *Astra Zeneca/Kommission*; Kommission, Ent. v. 15.6.2005, COMP/A. 37.507/F3, Rz. 793, 860 – *Astra Zeneca*. Siehe EuG, Urt. v. 1.7.2010, Rs. T-321/05, Slg. 2010 II-02805, Rz. 807 ff. – *Astra Zeneca/Kommission*; Kommission, Ent. v. 15.6.2005, COMP/A. 37.507/F3, Rz. 807, 811, 842 – *Astra Zeneca*; siehe auch *Nordlander/Harrison*, Abuse of Regulatory Procedures in the Pharmaceutical Sector – Developments Since the General Court's Judgment in AstraZeneca, (2012) CPL Antitrust Chronicle 2, 5; *Gallasch*, A new dimension to EU pharma antitrust, product hopping and unilateral pay for delay, (2016) 12 European Competition Journal 137, 147 f.

743 Die von AstraZeneca seinerzeit geschickt genutzte Lücke im System der beschleunigten Marktzulassung von Generika wurde mittlerweile geschlossen. Marktbeherrschenden Unternehmen ist es nach Ablauf des Unterlagenschutzes nunmehr nicht mehr möglich, ihren Wettbewerbern durch einen schlichten Widerruf der Marktzulassung des Originalpräparats die beschleunigte Marktzulassung zu verbauen. So reicht es laut Art. 10 Abs. 1 der RL 2001/83/EG nunmehr aus, dass das Originalpräparat seit mindestens acht Jahren in einem Mitgliedstaat oder in der Gemeinschaft genehmigt ist oder genehmigt wurde, siehe Teil 3, B., III., 2., d), (3)..

überlegenen Leistungskraft des Marktbeherrschers beruht, sodass die notwendige Interessenabwägung zu dessen Gunsten ausfällt. Vielmehr wird die mit dem Switch angestrebte langfristige Bindung der Abnehmer an die Produktpalette des Originalpräparateherstellers erst durch die patentrechtlich gefestigte marktbeherrschende Stellung, die unter dem Schutzschirm des Patents erzwungene Migration der Patienten, den Price-Disconnect sowie die mit dem Switch im Regelfall automatisch einhergehende Außerkraftsetzung des *Aut-idem*-Mechanismus, herbeigeführt. Daher kommt man nicht umhin, den Missbrauchsbegriff in diesen Fällen – wie von der US-Rechtsprechung vertreten – grundsätzlich daran festzumachen, ob durch den Switch eine Zwangswirkung auf die Abnehmer zum Wechsel auf das Folgepräparat ausgeübt wurde. Eine solche Zwangswirkung soll insbesondere dann vorliegen, wenn Ärzte und Patienten nicht mehr frei sind, Für und Wider von Original- und Folgepräparat abzuwägen.[744]

2. *Zwangswirkung des Hard-Switch*

Die Zwangswirkung eines klassischen Hard-Switch liegt dabei auf der Hand.[745] Bei der forcierten Durchsetzung des Produktwechsels ist insoweit jedoch zu unterscheiden, ob vor der Marktrücknahme des Originalpräparats bereits Generika erhältlich waren oder nicht.

a) Keine Generika vor Switch erhältlich

Hierunter fallen vor allem Strategien, bei denen im Zeitpunkt der Marktrücknahme des Originalpräparats noch keine korrespondierenden Generika auf dem Markt erhältlich sind und das Originalpräparat noch unter Patentschutz steht. Den Ärzten bzw. Patienten bleibt aufgrund der vollständigen Marktrücknahme des Originalpräparats nahezu keine andere Wahl, als die Medikation vom Original- auf das Folgepräparat umzustellen. Das im Wesentlichen auf dem Originalpräparat basierenden Folgepräparat ist in der Regel auch nicht unter der *Aut-idem-Regelung* mit dem ursprünglichen Originalpräparat bzw. dessen Generika substituierbar.

b) Generika vor Switch erhältlich

Wenn jedoch bereits vor der Marktrücknahme des Originalpräparats entsprechende Generika auf dem Markt erhältlich sind, steht den Abnehmern auch nach erfolgtem Switch immer noch die Wahl zwischen dem Folgepräparat und den Generika des Originalpräparats offen. Anstatt den Abnehmern also eine Wahlmöglichkeit zu nehmen, wird durch die Markteinführung des Folgepräparats

744 Siehe United States Court of Appeals for the Second Circuit, People of the State of New York v. Actavis PLC and Forest Laboratories LLC, Case 14-4624-cv, S. 37 ff.

745 So die Bewertung nach dem US-Recht siehe Teil 2, B., I. 1.

die Produktvielfalt letztlich sogar erhöht.[746] Aus Abnehmersicht besteht der für den Missbrauchsbegriff zentrale Zwang vom Original- auf das Folgepräparat zu wechseln, in diesen Fällen nicht. Zumindest unter dem „Coercion"-Gesichtspunkt fehlt es hier also an der Missbräuchlichkeit des Product-Switch.

c) Keine alleinige Fokussierung auf die Marketingbemühungen

Vereinzelt wird sogar vertreten, dass ein Hard-Switch generell keinen Marktmachtmissbrauch nach Art. 102 AEUV darstellt, sondern allein das zur Durchsetzung der Patientenmigration nötige Marketing einen Verstoß gemäß Art. 102 AEUV nach sich ziehen kann.[747]

Dieser Ansicht ist insoweit beizupflichten, als bestimmte Marketingstrategien zur Einführung eines Folgepräparats als Marktmachtmissbrauch eingestuft werden können.[748] Ähnlich wie das im *Losec*-Verfahren aufgestellte Erfordernis der regulatorischen Hürden, greift diese Ansicht jedoch beim Hard-Switch vor der Erhältlichkeit von Generika zu kurz. Bereits die Marktrücknahme des patentgeschützten Originalpräparats führt hier zu einem erzwungenen Wechsel auf das nahezu konkurrenzlose Folgepräparat. Weiterer Plusfaktoren, wie bspw. die Herabwürdigung des Originalpräparats, vorgeschobene Sicherheitsbedenken oder die Warnung vor generischen Konkurrenzprodukten etc., bedarf es also nicht, um einen Wechsel des Großteils der Patienten auf das patentgeschützte Folgepräparat zu bewirken. Allein die Migration der Patienten auf das Folgepräparat führt bereits zum Ausschluss der *Aut-idem*-Regelung und damit auch zu einer Verlängerung des Produktlebenszyklus, d.h. zu einer Perpetuierung der Marktstellung des Originalpräparateherstellers. Da auch nach Patentauslauf ein Switch-Back auf die nunmehr frei verfügbaren Generika des Originalpräparats unwahrscheinlich ist, bleibt den Wettbewerbern ein effektiver Marktzugang versagt. Dies gilt insbesondere auch dann, wenn die zur Durchsetzung des Switches verwendeten Marketingstrategien selbst nicht missbräuchlich sind. Der wettbewerbsbeschränkende Effekt und damit die Missbräuchlichkeit des Verhaltens speist sich also bereits aus der Durchführung des Hard-Switch selbst.

d) Funktionale Äquivalente

Bei der wettbewerbsrechtlichen Bewertung wird vielerorts eine klare Trennung zwischen Hard-Switch und Soft-Switch gefordert.[749] Im Gegensatz zum

---

746 So die Bewertung nach dem US-Recht siehe Teil 2, B., I. 1.

747 Siehe *Domeij*, Anticompetitive marketing in the context of pharmaceutical switching in Europe, in: Drexl/Lee, Pharmaceutical Innovation, Competition and Patent Law, S. 285 ff.

748 So die Bewertung nach dem US-Recht siehe Teil 2, C.

749 Siehe *Carlton/Flyer/Shefi*, Does the FTC's Theory of Product Hopping Promote Competition?, (2016) 12 Journal of Competition Law & Economics 495, 501; *Gallasch*, A new dimension to EU pharma antitrust, product hopping and unilateral pay

Hard-Switch bleibt das Originalpräparat beim Soft-Switch parallel zum Folgepräparat auf dem Markt erhältlich. Den Abnehmern bleibt also weiterhin die freie Wahl zwischen den verschiedenen Arzneimitteln, sodass man zunächst annehmen könnte, dass die Schwelle zur Zwangswirkung hier noch nicht überschritten sei.[750]

Im Interesse eines umfassenden Wettbewerbsschutzes gilt es jedoch dem Credo der US-Entscheidungspraxis zu folgen und sich nicht von bloßen Begrifflichkeiten wie Hard- oder Soft-Switch leiten zu lassen, sondern die tatsächlichen Auswirkungen der jeweiligen Absatzstrategie auf die Wahlfreiheit der Abnehmer zu betrachten.[751] Dies gilt insbesondere für auf einem Soft-Switch basierende, jedoch in funktionaler Hinsicht äquivalente Absatzstrategien. Hierzu zählen vor allem die Verknappung des Originalpräparats bzw. die Erschwerung des Zugangs zu selbigem sowie auf die wahrheitswidrige Herabwürdigung des Originalpräparats abzielende Kommunikationsstrategien. Gleiches muss auch für prohibitive Preisdifferenzen im Verhältnis zum Folgepräparat und sog. Delisting-Strategien gelten. Ärzte und Patienten sind in diesen Fällen in ihrer Entscheidung nicht mehr gänzlich frei, das Für und Wider zwischen Original- und Folgepräparat abzuwägen, sodass die gebotene Interessenabwägung hier zulasten der marktbeherrschenden Originalpräparatehersteller ausfällt und sich die konkrete Absatzstrategie als missbräuchlich erweist.

aa) Verknappung und Zugangserschwerung

Soweit der Zugang zu Originalpräparaten erschwert wird, gilt das Diktum der US-Rechtsprechung, dass dies unter dem Gesichtspunkt der Zwangswirkung zum Wechsel auf das Folgepräparat nahezu ebenso wirksam ist, wie die vollständige Marktrücknahme des Originalpräparats.[752] Hierzu zählen neben der Verknappung der Produktionsmenge auch Beschränkungen beim Vertrieb des Originalpräparats, die dazu führen, dass die Abnehmer bzw. die Zwischenhändler nicht mehr ungehindert Zugang zu den Originalpräparaten haben und sich daher veranlasst sehen, künftig das Folgepräparat abzunehmen.

---

for delay, (2016) 12 European Competition Journal 137, 153; *Ginsburg/Wong-Ervin/Wright*, Product Hopping and the Limits of Antitrust: The Danger of Micromanaging Innovation, CPI Antitrust Chronicle, December 2015 (1) 1, 3; *Klein*, Antitrust Enforcement against Pharmaceutical Product Hopping: Protecting Consumers or Reaching Too Far, (2016) 10 St. Louis U. J. Health L. & Pol'y 213, 221 ff.

750 Siehe Teil 2, B., II., 1.

751 Siehe Teil 2, C.

752 Siehe insoweit zur Argumentation im *Namdena*-Verfahren: US District Court for the Southern District of New York, The People of the State of New York v. Actavis PLC and Forest Laboratories LLC, Case 1:14-cv-07473-RWS, S. 66, S. 69; sowie Teil 2, A., I., 2., a).

bb) Kommunikationsstrategien

Die Effektivität von Kommunikationsstrategien liegt vor allem am signifikanten Informationsvorsprung der Originalpräparatehersteller hinsichtlich der Original- und Folgepräparate. Ebenso wie in den USA gilt hier, dass den Originalpräparateherstellern bei der Bewerbung ihrer Produkte ein großer Handlungsspielraum zusteht. Vor allem darf das Folgepräparat im bestmöglichen Licht dargestellt werden, d.h. seine Vorzüge heraus- und seine Nachteile zurückgestellt werden.[753]

Nicht missbräuchlich ist daher auch die schlichte Einstellung der Marketingbemühungen für das Originalpräparat und die damit verbundene Verlagerung der Marketingbemühungen auf das Folgepräparat. Insoweit kann nicht von einer Zwangswirkung auf die Abnehmer gesprochen werden, da diese prinzipiell immer noch die freie Wahl zwischen dem bereits etablierten Originalpräparat und dem Folgepräparat haben.

Wie bereits gezeigt, verlassen sich die Abnehmer jedoch auf die Richtigkeit der von den Originalpräparateherstellern propagierten Informationen über deren Arzneimittel.[754] Mit Blick auf die unter Art. 102 AEUV gebotene Abwägung der Interessen der Abnehmer mit denen der Originalpräparatehersteller ist die Grenze zum missbräuchlichen Zwang daher dann überschritten, wenn mit wahrheitswidrigen Aussagen über die therapeutische Wirksamkeit von Original- oder Folgepräparat oder deren mögliche Risiken geworben wird. Dies gilt insbesondere für lediglich vorgeschobene Sicherheitsbedenken hinsichtlich des Originalpräparats, aufgrund derer die Abnehmer zum Wechsel auf das vermeintlich unbedenklichere Folgepräparat veranlasst werden sollen.[755]

Dieser Grundgedanke kommt auch in § 63b Abs. 3 AMG zum Ausdruck, der es den Arzneimittelherstellern versagt, Pharmakovigilanzinformationen, also vor allem mit dem Arzneimittel verbundene Risiken, Nebenwirkungen und Wechselwirkungen, ohne die vorherige oder gleichzeitige Mitteilung an die zuständigen Zulassungsbehörden öffentlich bekannt zu machen. Zudem ist sicherzustellen, dass solche Informationen in objektiver und nicht irreführender Weise verbreitet werden. Diese Einschränkung des Rechts der Information der Öffentlichkeit beruht darauf, dass nach § 62 Abs. 1 S. 3 AMG die zuständige Bundesoberbehörde zur Information der Öffentlichkeit über Arzneimittelrisiken und beabsichtigte Maßnahmen befugt ist und der Informationsfluss primär über die Bundesoberbehörden zu erfolgen hat.[756] Derartige Handlungen der Originalpräparatehersteller sind darüber hinaus in aller Regel auch bereits durch das Lauterkeitsrecht

---

753 Siehe US District Court for the District of Columbia, Walgreen Company et al v. AstraZeneca Pharmaceuticals 534 F. Supp. 2d 146, 151.

754 Siehe Teil 1, C., II., 2.

755 Vgl. hierzu United States District Court for the Eastern District of Pennsylvania, In Re: Suboxone Antitrust Litigation, F. Supp. 3d 665, 682.

756 Siehe *Schickert,* in: Kügel/Müller/Hofmann, AMG, § 63b, Rz. 39.

erfasst und entsprechend sanktioniert.[757] Letztlich bedarf es hier jedoch einer sowohl breiteren als auch tieferen Ausprägung der Kasuistik durch die Gerichte und Wettbewerbsbehörden.

cc) Preisstrategien

Da bei den Abnehmern im Zuge der Einführung eines Folgepräparats eine berechtigte Erwartungshaltung besteht, dass das Folgepräparat zumindest genauso wirksam ist, wie das parallel erhältliche Originalpräparat, führt eine erhebliche Preisdifferenz zwischen Original- und Folgepräparat ebenfalls zu einer Sogwirkung in Richtung Folgepräparat. Wie bereits konstatiert, ist insoweit entscheidend, ob eine Preisdifferenz zwischen Originalpräparat und Folgepräparat besteht, die den fortgesetzten Erwerb des Originalpräparats als wirtschaftlich widersinnig erscheinen lässt.[758]

Auf dem deutschen Markt wird diese Sogwirkung durch die hauptsächlich preisorientierte Arzneimittelregulierung zusätzlich verstärkt.[759] Bei gleicher bzw. vergleichbarer therapeutischer Wirksamkeit ist abzusehen, dass dem kostengünstigeren Folgepräparat bei den Versorgungs- und Wirtschaftlichkeitszielen nach § 106 Abs. 1 SGB V und den Arzneimittelvereinbarungen nach § 84 Abs. 1 SGB V der Vorzug eingeräumt werden wird.[760] Hierdurch wird die freie Abwägungsentscheidung der sich einem Marktbeherrscher gegenübersehenden Abnehmer erheblich beeinträchtigt, was die Interessenabwägung zulasten der unternehmerischen Freiheit des Marktbeherrschers ausfällt und die mit einer erheblichen Preisspreizung verbundende Absatzstrategie als missbräuchlich erscheinen lässt.

dd) Delisting

Wie der US *Tricor*-Fall[761] zeigt, kann sich das Delisting eines Originalpräparats im Einzelfall beinahe ebenso schwerwiegend auf die Entscheidungsfreiheit der Abnehmer auswirken, wie eine Marktrücknahme des Originalpräparats. Die *Gaviscon*-Entscheidung des OFT dreht sich allerdings nur indirekt um die Effekte des Delisting, da hier das in Rede stehende Produkt ohnehin gänzlich vom Markt genommen wurde.[762] Sie belegt jedoch die elementare Wichtigkeit elektronischer

---

757 Siehe das Verbot irreführender geschäftlicher Handlungen in § 5 Abs. 1 UWG bzw. das Irreführungsverbot in § 3 HWG.

758 Siehe Teil 2, B., II., 3.

759 Wenngleich eine Preiserhöhung des Originalpräparates bei den Krankenkassen bzw. Patienten aufgrund der durch Fest- und Erstattungsbeträge langfristig gedeckelten Kostentragungspflichten nur mit größeren Schwierigkeiten durchzusetzen sein dürfte.

760 Siehe Teil 3, C., II., 3., a), aa), (1).

761 Siehe hierzu im Detail: Teil 2, A., III.

762 Siehe hierzu im Detail: Teil 4, A., II., 2.

Datenbanksysteme und die unbedingte Auffindbarkeit von Originalpräparaten für den Marktzugang korrespondierender generischer Arzneimittel.

Insoweit bestehen einige Parallelen zur Zugangserschwerung. Durch eine Löschung des Originalpräparats aus elektronischen Verzeichnissen und Datenbanken, die auch der Auffindbarkeit alternativer generischer Produkte dienen, wird einerseits verhindert, dass Ärzte bzw. Apotheker das Originalpräparat selbst bei der Verordnung angezeigt bekommen. Zudem – und hierauf kommt es den Originalpräparateherstellern bei derartigen Strategien letztlich an – wird die Substitution durch ein entsprechendes Generikum nach der *Aut-idem-Regelung* erschwert oder gar vollständig unterbunden.

e) Soft-Switch

Reine Soft-Switch-Strategien stellen unter Wettbewerbsgesichtspunkten grundsätzlich kein Problem dar, da hier die Interessen der Abnehmer an einer freien Konsumentscheidung sowie das Interesse der Wettbewerber an einem effektiven Marktzugang ohne durch den Marktbeherrscher künstlich errichtete Hürden gewahrt bleiben. Wie dargelegt, fallen hierunter nicht pauschal sämtliche Absatzstrategien, bei denen Original- und Folgepräparat zunächst parallel auf dem Markt erhältlich bleiben. Sämtliche in funktionaler Hinsicht zu einem Hard-Switch äquivalente Absatzstrategien sind bei wirkungsbasierter Betrachtungsweise auch als solche zu behandeln. Solange Patienten und Ärzte mit Blick auf den Markteintritt von Generika unbehelligt über Für und Wider des Originalpräparats im Vergleich zum Folgepräparat entscheiden können, liegt jedoch kein Verstoß gegen das Wettbewerbsrecht vor. Die Einführung eines zusätzlichen Präparats führt zu einer Erweiterung des Angebots und damit zu größeren Wahlmöglichkeiten der Abnehmer. Auch in diesem Fall bedarf es einer weiteren Ausprägung der Kasuistik durch die Gerichte und Wettbewerbsbehörden.

III. Unterlaufen der *Aut-idem-Regelung*

Anders als die US-Judikatur klammert die europäische Entscheidungspraxis die mit dem Product-Switch in der Regel verbundene Außerkraftsetzung der *Aut-idem-Regelung* bislang weitgehend aus. Dennoch wird sowohl in den USA als auch in der EU das Missbrauchspotential der Beeinflussung arzneimittelspezifischer Regulierungsmechanismen prinzipiell erkannt.

1. Ausschaltung des „kosteneffizienten Wettbewerbsmittels"

Der US-Rechtsprechung zufolge soll es für einen Verstoß gegen Section 2 Sherman Act ausreichen, wenn den Wettbewerbern durch den Switch das kosteneffiziente Wettbewerbsmittel – mithin die *Aut-idem-Regelung* – abgeschnitten wird.[763]

763 Siehe United States District Court for the Eastern District of Pennsylvania, In Re: Suboxone Antitrust Litigation, F. Supp. 3d 665, 682. Der insoweit abweichenden

Dabei knüpft sie nicht an eine etwaige Zwangswirkung des vorhergehenden Switchs an, sondern lässt sich allein davon leiten, ob die *Aut-idem-Regelung* im Hinblick auf das Folgepräparat außer Kraft gesetzt wird.

Die *Aut-idem-Regelung* dient, wie gezeigt, dazu, den auf dem Arzneimittelmarkt vorherrschenden Price-Disconnect zu überwinden und damit für mehr Wettbewerb zwischen den Herstellern sowie für insgesamt niedrigere Abgabepreise zu sorgen.[764] Angesichts der ausschließlichen Preisbasiertheit des gesetzlich verankerten *Aut-idem*-Mechanismus ergibt es für die Generikahersteller – anders als für die Originalpräparatehersteller – wirtschaftlich nahezu keinen Sinn, die von ihnen produzierten Arzneimittel durch kostenintensive Werbung bei den Abnehmern bekannt zu machen.[765] Der Markt ist damit ohne die *Aut-idem-Regelung* für die Generikahersteller nicht effektiv bestreitbar, sodass die Außerkraftsetzung der Regelung definitiv wettbewerbsverzerrende Effekte nach sich zieht, was einer Kartellrechtskonformität des Switchings auf den ersten Blick entgegensteht.

Die bisherige europäische Entscheidungspraxis geht explizit nicht weiter auf die Außerkraftsetzung der *Aut-idem-Regelung* ein. Die *AstraZeneca*-Entscheidung nimmt sich jedoch der Frage nach der Missbräuchlichkeit der Außerkraftsetzung einer anderen regulatorischen Privilegierung, nämlich der abgekürzten Marktzulassung nach Art. 4 Abs. 3 Nr. 8, lit. a, Ziff. iii der RL 65/65/EWG, an. Nach Ansicht der europäischen Gerichte dürfen Marktbeherrscher regulatorische Verfahren nicht in einer Weise in Anspruch nehmen, durch die der Marktzutritt für Wettbewerber vereitelt oder erschwert wird, wenn es keine Gründe gibt, die mit der Verteidigung der berechtigten Interessen eines im Leistungswettbewerb stehenden Unternehmens zusammenhängen.[766]

a) Parallelität der Beeinflussung des Regulierungsmechanismus

Ebenso wie durch den Product-Switch in der Regel auch der *Aut-idem*-Mechanismus außer Kraft gesetzt und den Generikaherstellern damit sowohl der Marktzugang als auch der Absatz ihrer Produkte erschwert wird, wurde durch den im *AstraZeneca*-Fall geschilderten Zulassungswiderruf die Möglichkeit der beschleunigten Marktzulassung vereitelt, wodurch es zu Hindernissen beim Markteintritt der Generika kam.[767]

Doryx-Entscheidung wird indess entgegengehalten, dass sie sowohl die zentrale Rolle des *Aut-idem*-Mechanismus beim Absatz von Arzneimitteln als auch den systembedingten Verzicht der Generikahersteller auf Werbemaßnahmen verkennt, vgl. Siehe *Hovenkamp et al.*, Vol. 1, § 15.3c, 107.

764 Siehe Teil 3, B., II., 1.

765 Siehe Teil 3, B., III., 3., c).

766 Siehe EuGH, Urt. v. 6.12.2012, Rs. C-457/10 P, EU:C:2012:770, Rz. 134 – *Astra Zeneca/ Kommission*; EuG, Urt. v. 1.7.2010, Rs. T-321/05, Slg. 2010 II-02805, Rz. 672, 817 – *Astra Zeneca/Kommission.*

767 Siehe hierzu im Detail: Teil 4, A., II., 1.

Konzentriert man sich also auf die Errichtung von Marktzutrittshindernissen durch die geschickte Beeinflussung bzw. Ausnutzung des Regulierungsrahmens, besteht eine deutliche Parallele zwischen der US-Rechtsprechung und der europäischen Judikatur. Im *AstraZeneca* Fall wurde versucht, durch den Zulassungswiderruf des Originalpräparats die gesetzlich vorgesehene Privilegierung der Generikahersteller bei der Marktzulassung zu verhindern. Die *Aut-idem-Regelung* stellt im Ergebnis ebenfalls eine gesetzliche Privilegierung gleichwertiger generischer Konkurrenzprodukte dar. Nach dem Ablauf des Patentschutzes des Originalpräparats wird den Generikaherstellern durch den Substitutionsmechanismus sowohl der Marktzugang als auch der Absatz ihrer gleichwertigen Arzneimittel erleichtert. In beiden Situationen stehen also die wettbewerbsschädlichen Auswirkungen des – streng für sich genommen legalen – Handelns der Originalpräparatehersteller auf die Regulierungsmechanismen im Vordergrund.

b) Vergleichbare Wettbewerbseffekte

Die Beeinflussung des Regulierungsmechanismus führt also in beiden Fällen zu erheblichem Mehraufwand und Mehrkosten beim Marktzutritt potentieller Konkurrenten, wenn sie diese nicht sogar gänzlich vom Marktzutritt abhält. Angesichts der sich ähnelnden Beeinflussung des Regulierungsmechanismus sowie der vergleichbaren Effekte auf die Marktchancen der Wettbewerber des marktbeherrschenden Originalpräparateherstellers, erscheint es angebracht, die Ausschaltung des *Aut-idem*-Mechanismus durch den Product-Switch genauso zu behandeln, wie den in *AstraZeneca* als missbräuchlich eingestuften Widerruf der Marktzulassung. Demnach bietet sich auch unter Art. 102 AEUV die Frage, ob durch den Switch die *Aut-idem-Regelung* beeinträchtigt und so den Wettbewerbern des marktbeherrschenden Originalpräparateherstellers ihr kosteneffizientes Wettbewerbsmittel genommen wird, als zentrales Kriterium für die Bewertung der Missbräuchlichkeit von Product-Switching-Strategien an.

c) Irrelevante Ausweichmöglichkeiten

Wie dargelegt, profitieren die Generikahersteller in erheblichem Umfang sowohl von regulatorischen Erleichterungen bei der Marktzulassung als auch von den (meist in der Vergangenheit liegenden) Marketingbestrebungen der Originalpräparatehersteller zur Etablierung des Originalpräparats bei den Abnehmern.[768] Daran anknüpfend wird kritisiert, dass es den Generikaherstellern trotz der Umgehung des *Aut-idem-Mechanismus* zumindest nach dem Patentauslauf des Originalpräparats ohne Weiteres möglich sei, mit eigenen Produkten in Wettbewerb mit dem Folgepräparat zu treten.[769] Die Ausschaltung des *Aut-idem-Mechanismus* beraube die Generikahersteller zwar eines äußerst wirkungsvollen

768 Siehe Teil 3, B. III.
769 Siehe Teil 3, B., IV.

Wettbewerbsmittels, jedoch diene das Wettbewerbsrecht nicht dazu, Wettbewerber zu begünstigen, die es vorziehen, lediglich von den Absatzanstrengungen der Originalpräparatehersteller zu profitieren und daher weitgehend auf eigenes Marketing verzichten. Die Außerkraftsetzung *der Aut-idem-Regelung* zulasten der generischen Wettbewerber soll daher nicht missbräuchlich sein, weil auch durch eigene Werbung der Generikahersteller Wettbewerbsdruck auf die Produkte der Originalpräparatehersteller ausgeübt werden könne.[770]

aa) Alternative Wettbewerbsmittel nach AstraZeneca

Bei der Bewertung der Missbräuchlichkeit der Beeinflussung des Regulierungsmechanismus wurden im *AstraZeneca*-Verfahren derartige Ausweichmöglichkeiten jedoch als unbeachtlich angesehen.[771] Alternative Möglichkeiten, sich den Markt zu erschließen, die zu allem Überfluss noch kostspieliger und langwieriger als das effiziente, regulatorisch vorgesehene Wettbewerbsmittel sind, ändern demzufolge nichts an der Missbräuchlichkeit, wenn die Beeinflussung des Regulierungsmechanismus bei objektiver Betrachtung vor allem dazu dient, die Wettbewerber vom Markt fernzuhalten.[772] Zwar bezogen sich diese Ausführungen auf das beschleunigte Zulassungsverfahren nach Art. 4 Abs. 3 Nr. 8, lit. a, Ziff ii der RL 65/65, dieses dient jedoch, wie bereits ausgeführt, neben der Kostenersparnis für die gesetzliche Krankenversicherung auch der Erleichterung des Marktzugangs der Wettbewerber.[773]

Insoweit stimmt die europäische Rechtsprechung dem Grundsatz nach mit der Ansicht der US-Gerichte überein, die vor allem das kosteneffiziente Wettbewerbsmittel vor der Beeinträchtigung durch den Marktbeherrscher schützen wollen. Für einen Marktmachtmissbrauch ist es demzufolge nicht nötig, dass den Wettbewerbern sämtliche Wettbewerbsmittel abgeschnitten werden. Es reicht vielmehr aus, wenn das kosteneffiziente Wettbewerbsmittel außer Kraft gesetzt wird. Nur aufgrund der *Aut-idem-Regelung* ist es den Generikaherstellern möglich, mit den bereits im Markt etablierten Präparaten der Originalpräparatehersteller effektiv in Wettbewerb zu treten. Die Existenz einer „Second-Best“ Lösung, in Gestalt von Marketingmaßnahmen, ändert also nichts an der prinzipiellen Missbräuchlichkeit der Ausschaltung der *Aut-idem-Regelung* durch den Product-Switch eines marktbeherrschenden Unternehmens.

---

770 Siehe *Cheng*, An Antitrust Analysis of Product Hopping in the Pharmaceutical Industry, (2008) 108 Columbia L. Rev., 1471, 1501 f.; *Carlton/Flyer/Shefi*, Does the FTC's Theory of Product Hopping Promote Competition?, (2016) 12 Journal of Competition Law & Economics 495, 501.

771 Siehe Teil 4, A., II., 1., b), aa), (3).

772 Siehe EuGH, Urt. v. 6.12.2012, Rs. C-457/10 P, EU:C:2012:770, Rz. 154 – *Astra Zeneca/ Kommission*; EuG, Urt. v. 1.7.2010, Rs. T-321/05, Slg. 2010 II-02805, Rz. 829 – *Astra Zeneca/Kommission*.

773 Siehe Teil 3, B., III., 2., d).

bb) Hindernisse bei der Bewerbung von Generika

Der Verweis darauf, dass die Wettbewerber sich trotz der infolge des Switches weitgehend wirkungslosen *Aut-idem-Regelung* allein durch Werbung im Wettbewerb gegen die Originalpräparatehersteller behaupten können, geht zudem auch an den Marktrealitäten des Arzneimittelsektors vorbei.

Zugegebenermaßen handelt es sich bei Generikaherstellern mittlerweile nicht mehr ausschließlich um reine Nischenanbieter, die schon nicht über die wirtschaftlichen Mittel verfügen, um flächendeckende Werbe- und Informationskampagnen für die Verordnung ihrer Präparate durchzuführen.[774] Unter dem allein preisbasierten *Aut-idem-Mechanismus* des SGB V macht es für die Generikahersteller jedoch wie gezeigt wirtschaftlich keinen Sinn, die von ihnen produzierten Generika für das Originalpräparat durch kostenintensive Werbung bei den Abnehmern bekannt zu machen. Die Ärzte mögen zwar durch Marketingbemühungen prinzipiell dazu übergehen, anstatt des durch den Switch eingeführten Folgepräparats nun wieder das ursprüngliche Originalpräparat zu verordnen und so den Generikaherstellern über den *Aut-idem-Mechanismus* zu Absätzen zu verhelfen. Allerdings hängt die Abgabe des jeweiligen Präparats in der Apotheke nach dem *Aut-idem*-Automatismus letztlich nur vom aktuell günstigsten Preis ab, sodass die Generikahersteller Gefahr laufen, dass anstatt des eigenen Präparats letztlich gleichwertige Arzneimittel anderer Wettbewerber zum Zuge kommen und die Marketingaufwendungen damit systematisch fehlgehen.[775] Demzufolge sehen sich die Generikahersteller nach dem erfolgreichen Switch der Patienten auf das Folgepräparat dazu gezwungen, das Feld weitgehend den Originalpräparateherstellern zu überlassen.

cc) Auswirkungen der Wirtschaftlichkeitsprüfung nach dem SGB V

Zudem hält der Price-Disconnect auf dem Arzneimittelmarkt die Ärzte selbst bei entsprechender Bewerbung durch die Generikahersteller weitgehend davon ab, anstatt eines unter dem Schutzschirm des Patentrechts etablierten Folgepräparats ein auf dem Originalpräparat basierendes generisches Konkurrenzprodukt zu verordnen. Ein ausreichender Switch-Back nach Markteinführung der Generika ist auch unter der Budgetierung und Wirtschaftlichkeitsprüfung nach dem SGB V nicht zu erwarten. Bei entsprechend moderater Bepreisung des minimalinnovativen Folgepräparats kommen, wie gezeigt, weder die Budgetierung der Ärzte nach § 84 SGB V noch die lokalen Prüfvereinbarungen nach § 106b SGB V gegen die mangelnde Bereitschaft der Ärzte zum Switch-Back an.[776]

---

774 Siehe Teil 1, C., I. sowie die kritischen Ausführungen zum *Doryx*-Fall, Teil 2, A., II., 2., b), bb).

775 Siehe hierzu im Detail: Teil 3, B., III., 3., c).

776 Siehe hierzu im Detail: Teil 3, B., I., 3., b)-c).

Dies gilt auch für die Bestrebungen zur Stärkung der *Aut-idem-Regelung* in lokalen Prüfvereinbarungen, die Ärzte auf vielfache Weise dazu anhalten, vorzugsweise Generika zu verordnen.[777] Hiervon ist nur die Auswahl zwischen dem jeweiligen Originalpräparat und den damit substituierbaren, wirkstoffgleichen Generika betroffen. Sobald die Verordnungspraxis jedoch auf das Folgepräparat umgestellt wurde, das wiederum in aller Regel auf einem nicht substituierbaren Wirkstoff basiert, sind aufgrund der daran bestehenden Patentrechte auf Jahre hin keine Generika auf dem Markt erhältlich. Damit laufen auch die regulatorischen Bestrebungen zur Stützung der Generika ins Leere.[778] Somit ist es für die langfristigen Marktchancen der Wettbewerber, und damit auch für den Wettbewerb auf dem Arzneimittelmarkt selbst, von größter Wichtigkeit, dass die *Aut-idem-Regelung* nicht durch eine Migration der Patienten vor dem Patentauslauf des Originalpräparats ihrer Wirkung beraubt wird. Sobald die Migration der Patienten auf das Folgepräparat abgeschlossen ist, reicht die *Aut-idem-Regelung* anschließend nicht aus, um Wettbewerb zwischen dem Originalpräparat und dem Folgepräparat bzw. zwischen Generikaherstellern und Originalpräparateherstellern zu ermöglichen.

2. *Intensität und Causa der Ausschaltung des* Aut-idem-Mechanismus

Es wird klar, dass die durch einen erfolgreichen Switch herbeigeführte Außerkraftsetzung des *Aut-idem-Mechanismus* eine der größten Hürden für die Generikahersteller darstellt, um mit den Originalpräparateherstellern in Wettbewerb zu treten.

Insoweit stellt sich die Frage, in welchem Umfang sich die Außerkraftsetzung äußern muss. Es reicht nicht aus, wenn die *Aut-idem-Regelung* durch den jeweiligen Switch nur unerheblich, das heißt für einen kleinen Teil der Verordnungen, ausgehebelt wird. Die US-Entscheidungspraxis basiert auf der Feststellung, dass der Marktumfang durch die Außerkraftsetzung der *Aut-idem-Regelung* ernstlich eingeschränkt wird.[779] Im insoweit entscheidenden *Suboxone*-Fall wurde ein Großteil der Patienten bereits vor dem Auslauf der Patentrechte am Originalpräparat durch lediglich vorgeschobene Sicherheitsbedenken zum Wechsel auf das Folgepräparat verleitet.[780] Wie bereits herausgearbeitet, handelt es sich bei diesen vom Originalpräparatehersteller vorgeschobenen Sicherheitsbedenken um ein funktionales Äquivalent zum Hard-Switch, bei dem erhebliche Zwangsmomente auf die Abnehmer wirken, den Switch vom Original- auf das Folgepräparat

---

777 Siehe Teil 3, C., I., 2., a), aa), (2) sowie Teil 3, C., I., 2., c), cc).

778 Siehe hierzu im Detail: Teil 3, C., III., 2.

779 Siehe United States District Court for the Eastern District of Pennsylvania, In Re: Suboxone Antitrust Litigation, F. Supp. 3d 665, 682.

780 Siehe United States District Court for the Eastern District of Pennsylvania, In Re: Suboxone Antitrust Litigation, F. Supp. 3d 665, 682.

mitzugehen.[781] Demzufolge ist die vom zugrunde liegenden Switch ausgehende Zwangswirkung ein sicherer Indikator für die Erheblichkeit der Ausschaltung bzw. Umgehung des *Aut-idem-Mechanismus.* Die US-Judikatur fordert schließlich, dass den Generikaherstellern das effiziente Wettbewerbsmittel völlig „abgeschnitten" wird.[782] Mit Blick auf die unter Art. 102 AEUV angezeigte Interessenabwägung reicht eine lediglich geringfügige Beeinträchtigung der *Aut-idem-Regelung* ebenfalls nicht für einen Verstoß gegen das Marktmachtmissbrauchsverbot aus, da es insoweit an der Spürbarkeit der Wettbewerbsbeeinträchtigung fehlt. Eine missbräuchliche Außerkraftsetzung des *Aut-idem-Mechanismus* wird daher im Regelfall stets mit einem zwangsweise durchgesetzten Switch vom Original- auf das Folgepräparat einhergehen, der droht, die überwiegende Zahl der Patienten auf das Folgepräparat zu transferieren.

a) Missbräuchlichkeit nur bei Switch vor Patentauslauf

Fraglich bleibt jedoch, ob es ähnlich wie beim Zwang zum Wechsel auf das Folgepräparat einen Unterschied macht, dass bereits vor der Einführung des Folgepräparats Generika für das Originalpräparat auf dem Markt erhältlich waren. Aus der *Suboxone*-Entscheidung geht insoweit zumindest indirekt hervor, dass es unerheblich ist, wann der den *Aut-idem-Mechanismus* außer Kraft setzende Switch auf das Folgepräparat erfolgt. Auch dann, wenn der *Aut-idem-Mechanismus* infolge des Wechsels vom Original- auf das Folgepräparat erst nach dem Markteintritt der Generika außer Kraft gesetzt wird, soll es sich hierbei um eine Beschränkung der Marktchancen der generischen Wettbewerber handeln.[783]

Die Außerkraftsetzung des *Aut-idem-Mechanismus* ist jedoch nur dann tatsächlich ein Hindernis für den Marktzutritt der Generikahersteller, wenn der Switch vor dem Patentauslauf des Originalpräparats umgesetzt wird. Entsprechend der US-amerikanischen *Doryx*-Entscheidung ist zu konstatieren, dass die Generikahersteller nach dem Patentauslauf des Originalpräparates zumindest vom *Aut-idem-Mechanismus* Gebrauch machen können, um sich über den Preis den Markt zu erschließen. Mit Patentauslauf steht es den Wettbewerbern des Marktbeherrschers offen, ihre Produkte legal auf dem Markt anzubieten und sich hierzu des *Aut-idem-Mechanismus* zu bedienen. Erfolgt der Switch also erst nach dem Auslaufen der gewerblichen Schutzrechte des Originalpräparats, bleibt den Generikaherstellern prinzipiell für die Produkteinführung genug Zeit, um von

781 Siehe Teil 4, B., II., 2., d), bb).

782 Siehe United States Court of Appeals for the Second Circuit, People of the State of New York v. Actavis PLC and Forest Laboratories LLC, Case 14-4624-cv, S. 42 f.; United States District Court for the District of Delaware, Abott v. Teva Pharmaceuticals USA Inc., 432 F.Supp.2d 408, 423 (2006); siehe hierzu im Detail: Teil 2, A., II., 2., a).

783 Siehe United States District Court for the Eastern District of Pennsylvania, In Re: Suboxone Antitrust Litigation, F. Supp. 3d 665, 682 f.

der *Aut-idem-Regelung* Gebrauch zu machen und sich so den Markt auch über den Product-Switch hinaus effektiv zu erschließen. Da in diesem Szenario noch keine Marktrücknahme des Originalpräparats oder vergleichbar wirkende Absatzstrategien durchgesetzt wurden, herrscht demnach Wettbewerb zwischen dem Originalpräparat und den Generika sowie ggf. zwischen dem Originalpräparat bzw. dessen Generika und dem bereits auf dem Markt erhältlichen Folgepräparat.

aa) Problem des verzögerten Markteintritts der Generika

Da die Markteinführung von Generika jedoch in der Realität meist nicht unmittelbar nach dem Auslaufen der Schutzrechte am Originalpräparat, sondern erst mit einiger Verzögerung erfolgt[784], wäre an sich zu fordern, dass die Generika bereits vor dem Switch tatsächlich auf dem Markt erhältlich sein müssen. Anderenfalls stünde es den Originalpräparateherstellern bspw. offen, den Switch schlicht am Tag nach dem Patentauslauf in die Wege zu leiten und die erst später auf den Markt strebenden Generikahersteller äußerst wirksam davon abzuhalten von der *Aut-idem-Regelung* Gebrauch zu machen und ihnen so die Abnehmer streitig zu machen.

bb) Planbarkeit der Produktumstellung

Dies würde jedoch die rechtliche und unternehmerische Unsicherheit bei den Originalpräparateherstellern über alle Maßen erhöhen, da diese nicht abschätzen könnten, ob und wann ein Markteintritt der Generikahersteller erfolgt. Im Extremfall könnte ein marktbeherrschender Originalpräparatehersteller selbst nach Patentauslauf nie ein Originalpräparat vollständig durch ein Folgepräparat ersetzen, da stets die Möglichkeit bestünde, dass generische Wettbewerber in den Markt eintreten möchten. Zudem liegt es allein in der Risikosphäre der Generikahersteller, den eigenen Markteintritt zeitlich so abzustimmen, dass bereits mit dem Patentauslauf dem Originalpräparat gleichwertige Präparate zum Verkauf bereitstehen. Sobald die mit dem Originalpräparat korrespondierenden Generika also die Gelegenheit hatten, sich als Alternative zum Folgepräparat im Markt zu etablieren, bedarf es in der Folge keiner gesetzlichen Substitution über die *Aut-idem-Regelung* mehr, um mit den Arzneimitteln der Originalpräparatehersteller in wirksamen Wettbewerb um die Abnehmer zu treten. Hinzu kommt, dass ein vollständiger Switch eines Großteils der Verordnungen, und damit die weitgehende Außerkraftsetzung der *Aut-idem-Regelung*, höchstwahrscheinlich nicht unmittelbar nach dem Patentauslauf bewerkstelligt werden kann. Vielmehr ist zu erwarten, dass es einige Zeit in Anspruch nimmt, die Ärzte vollständig von der Verordnung des Originalpräparats zu entwöhnen. In der Zwischenzeit bleibt den Generikaherstellern genug Zeit, sich diese Verordnungen über die *Aut-idem-Regelung* zu sichern. Demzufolge muss es den marktbeherrschenden

---

784 Siehe Teil 2, B., IV., 1.

Originalpräparateherstellern ab Patentauslauf trotz der Unterminierung des *Aut-idem-Mechanismus* freistehen, die Abnehmer von der Anschaffung des Folgepräparats zu überzeugen bzw. das Originalpräparat auch gänzlich durch das Folgepräparat zu ersetzen.

b) Lähmung des Bioäquivalenznachweises bei gemeinfreien Originalpräparaten

Lediglich in Fällen, in denen die Originalpräparatehersteller wie im *Doryx*-Fall[785] versuchen, die auf dem *Aut-idem-Mechanismus* basierenden Markteintrittsbemühungen der Generikahersteller durch mehrere rasch aufeinanderfolgende Änderungen am jeweiligen gemeinfreien Originalpräparat zu vereiteln, ist mit Blick auf die Abwägung der Interessen des Markbeherrschers mit dem Interesse an der der Bestreitbarkeit der Arzneimittelmärkte auch nach dem Patentauslauf eine Intervention nach Art. 102 AEUV zum Schutz des Wettbewerbs angezeigt.

Ebenso wie in den USA orientieren sich die Generikahersteller bei der für die *Aut-idem-Regelung* notwendigen Bioäquivalenzprüfung regelmäßig am jeweils aktuellen auf dem Markt erhältlichen Originalpräparat. Wären also derartige rasch aufeinanderfolgende Änderungen durch ein marktbeherrschendes Unternehmen möglich, stünde es marktbeherrschenden Originalpräparateherstellern frei, durch kontinuierliche Änderungen an ihren Präparaten immer wieder einen neuerlichen Prüfprozess nötig zu machen, um die Bioäquivalenz mit dem jeweils aktuellen Originalpräparat zu gewährleisten. Im Einzelfall käme dies also einer fast ebenso dauerhaften Außerkraftsetzung der *Aut-idem-Regelung* gleich, als ob für die Originalpräparate ein absolut wirkender Patentschutz bestünde. Somit wird der Wettbewerb um die Abnehmer des Folgepräparats trotz der Patentfreiheit des Originalpräparats spürbar beeinträchtigt. Die marktbeherrschende Stellung des jeweiligen Originalpräparateherstellers ließe sich so durch die Abschottung des Marktes gegen generischen Wettbewerb beliebig lange perpetuieren. Die Veränderungen müssen jedoch wie im *Doryx*-Fall stets mit einer Marktrücknahme des jeweils Originalpräparats sowie einem signifikanten Wechsel der Abnehmer auf das modifizierte Originalpräparat, d.h. das Folgepräparat einhergehen.[786] Nur dann besteht die Gefahr, dass den generischen Wettbewerbern ein wesentlicher Teil der potentiellen Abnehmer aufgrund der Bindung an das im Zeitpunkt des Markteintritts aktuelle Originalpräparat vorenthalten bleibt.

785 Siehe US Court of Appeals for the Third Circuit, Mylan Pharmaceuticals v. Warner-Chilcott et al., 838 F.3d 421; US District Court for the Eastern District of Pennsylvania, Mylan Pharmaceuticals v. Warner-Chilcott et al., 2015 U.S. Dist. LEXIS 50026.

786 Siehe hierzu im Detail: Teil 2, A., II., 2., b), bb) und Teil 2, A., III.

IV. Wirtschaftliche Sinnhaftigkeit des Switches

Um eine Aussage darüber treffen zu können, ob die zur Bestimmung der Missbräuchlichkeit notwendige Interessenabwägung zugunsten des marktbeherrschenden Unternehmens ausfällt, d.h. das Verhalten eines marktbeherrschenden Unternehmens noch Ausdruck des Leistungswettbewerbs ist, wird zudem auf die wirtschaftliche Sinnhaftigkeit des Switches abgestellt. Hierbei bleiben Art und Weise des jeweiligen Switches sowie die konkreten Auswirkungen des Product-Switches auf die Wettbewerber und Abnehmer zunächst völlig außen vor. Allein maßgeblich soll sein, ob der Switch in seiner Gesamtheit auch ohne die Verdrängungswirkung auf die Wettbewerber wirtschaftlich sinnvoll ist. Ähnliche Bestrebungen, die wirtschaftliche Sinnhaftigkeit für die Bewertung unternehmerischen Verhaltens unter Section 2 Sherman Act urbar zu machen, gab es in der Vergangenheit bereits vonseiten des US Department of Justice.[787] Obwohl es der Dogmatik von Art. 102 AEUV prinzipiell fremd ist, die Missbräuchlichkeit eines Marktverhaltens ausschließlich anhand starrer mathematisch-quantifizierbaren Kennzahlen festzumachen[788], kann es zumindest im Rahmen der aufgezeigten Interessenabwägung ein Indiz für dessen Missbräuchlichkeit sein, wenn ein Verhalten kurz- und mittelfristig verlustbringend ist und wirtschaftlich nur vor dem Hintergrund der Erwartung einer längerfristigen Monopolisierung sinnvoll erscheint.[789]

1. *Die verschiedenen Ansätze*

Es werden verschiedene Ansätze propagiert, um zu bestimmen, ob ein Product-Switch wirtschaftlich Sinn ergibt und daher noch Ausdruck des Leistungswettbewerbs ist, oder im Gegenteil als missbräuchlich anzusehen ist. Sämtlichen

787 Siehe hierzu U.S. Dep't of Justice, Competition and Monopoly: Single-Firm Conduct under Section 2 of the Sherman Act, S. 33ff. abrufbar unter: https://www.justice.gov/atr/competition-and-monopoly-single-firm-conduct-under-section-2-sherman-act. Der zunächst im September 2008 veröffentlichte Report wurde jedoch infolge nachdrücklicher Proteste der Federal Trade Commission schon im Mai 2009 wieder zurückgezogen, siehe https://www.justice.gov/opa/pr/justice-department-withdraws-report-antitrust-monopoly-law.

788 Instruktiv zu Diskussion um das Für rund Wider eines auswirkunsgbasierten *more economic approach* bei der Anwendung der europäischen Wettbewerbsregeln, insbesondere im Zusammenhang mit Art. 102 AEUV, siehe *Mestmäcker/Schweitzer*, in: Mestmäcker/Schweitzer, Europäisches Wettbewerbsrecht, § 3, Rz. 43 ff.; *Fuchs/Möschel* in: Immenga/Mestmäcker, EU-Wettbewerbsrecht, Art. 102 AEUV, Rn. 8 ff; *Immenga*, ZWeR 2006, 346 ff.

789 Vgl. Schweitzer/Haucap/Kerber/Welker, Modernisierung der Missbrauchsaufsicht für marktmächtige Unternehmen, S. 82.

Modellen ist jedoch gemein, dass sie von der wirtschaftlichen Sinnhaftigkeit eines Verhaltens auf dessen Missbräuchlichkeit schließen.[790]

a) Der Gaviscon Profit-Sacrifice-Test

Wie gezeigt, knüpfte das OFT in seiner *Gaviscon*-Entscheidung zunächst an die subjektiven Beweggründe für den Switch an.[791] Darüber hinaus wirft das OFT jedoch auch ein objektives Kriterium auf, das sich an der wirtschaftlichen Ratio des Switches orientiert. Maßgeblich für den Missbrauchscharakter nach Art. 102 AEUV sei demnach auch, ob der Switch auch ohne die potentiell aus einer Beschränkung des Wettbewerbs resultierenden Vorteile rational zu erklären und wirtschaftlich sinnvoll ist.[792]

aa) „Profit-Sacrifice"

Das OFT sieht es als entscheidend an, ob aufgrund der Marktrücknahme des Originalpräparats Umsatz- oder Profitabilitätseinbußen hinzunehmen wären.[793] Wenn der Wechsel vom Originalpräparat auf das Folgepräparat also unter dem Strich höhere Kosten verursacht, als die Einführung des Folgepräparats an Einnahmen verspricht, ist er unter wirtschaftlichen Gesichtspunkten irrational.[794] Derartige Verluste können aus Sicht des OFT nur hingenommen werden, wenn der Marktbeherrscher davon ausgeht, langfristig davon zu profitieren, dass sich effektiver generischer Wettbewerb zum Folgepräparat wegen des anhaltenden Patentschutzes und der Unterminierung der *Aut-idem-Regelung* nicht vollständig ausbilden kann.[795] Da er ausschließlich auf die Hinnahme

---

790 Zur Diskussion über die verschiedenen Ansätze im Allgemeinen: *Mestmäcker/Schweitzer*, in: Mestmäcker/Schweitzer, Europäisches Wettbewerbsrecht, § 16, Rz. 13; *O'Donoghue/Padilla*, The Law and Economics of Article 102 TFEU, S. 227 ff.; *Rousseva*, Rethinking Exclusionary Abuses in EU Competition Law, S. 327–352.

791 Siehe Teil 4, A., II., 2., b), bb).

792 Vgl. OFT Decision No. CA 98/02/2011 v. 12.4.2011, Case CE/8931/08 – *Reckitt Benckiser*, S. 254.: "[...] in order to determine whether a dominant company's conduct can be regarded as 'normal competition' or 'competition on the merits', it is necessary to consider the rationale for the conduct, including whether the conduct was intended to restrict competition, and whether such conduct was rational and made commercial sense were it not for the potential to realise gains associated with restricting competition."

793 Siehe OFT Decision No. CA 98/02/2011 v. 12.4.2011, Case CE/8931/08 – *Reckitt Benckiser*, S. 265 f.

794 Siehe OFT Decision No. CA 98/02/2011 v. 12.4.2011, Case CE/8931/08 – *Reckitt Benckiser*, S. 254.

795 Siehe OFT Decision No. CA 98/02/2011 v. 12.4.2011, Case CE/8931/08 – *Reckitt Benckiser*, S. 266.

finanzieller Einbußen abstellt, wird der Test auch als „Profit-Sacrifice Test“ bezeichnet.[796]

In der *Gaviscon*-Entscheidung wurden insoweit Marktanteils- und Umsatzeinbußen identifiziert, die durch ein im Zuge des Switches befürchtetes Abwandern der Ärzte bzw. Patienten vom Originalpräparat auf bereits im Markt erhältliche Generika hervorgerufen werden.[797] Wie gezeigt, verfolgte der US-Court of Appeals in der *Namenda*-Entscheidung bei der Bestimmung eines Verstoßes gegen Section 2 Sherman Act einen ähnlich ausgerichteten Ansatz.[798] Laut dem Gericht deutet die Bereitschaft im Zuge des Switches kurzfristig Profite zu opfern, generell auf ein wettbewerbsbeschränkendes Verhalten hin, wenn dies jenseits des Vorteils der mittelfristigen Verdrängung generischer Wettbewerber keinen wirtschaftlichen Sinn ergibt.[799] Das Gericht macht hier nochmals deutlich, dass dabei nicht allein die Markteinführung des Folgepräparats im Fokus der Betrachtung steht, welche durchaus wettbewerbsfördernde Aspekte sowie Profite für den Hersteller mit sich bringen mag, sondern auch die Marktrücknahme des Originalpräparats, mit dem bislang stabile Profite erzielt wurden, die im Zuge der Marktrücknahme wegfallen.[800]

bb) Keine Berücksichtigung mittelbarer Vorteile

Mit dem Switch mittelbar einhergehende Auswirkungen, wie die Fähigkeit durch die Verteidigung der Marktstellung höhere Investitionen in Forschung und Entwicklung tätigen zu können oder Arbeitsplätze in der betroffenen Sparte zu erhalten, werden jedoch nicht auf der Habenseite berücksichtigt.[801] Das OFT fordert insoweit einen direkten Zusammenhang zwischen dem Switch und etwaigen Effizienzgewinnen, d.h. diese müssen sich unmittelbar aus dem Produktwechsel

---

796 Grundlegend: *Bork*, The Antitrust Paradox, S. 144; *Ordover/Willig*, An Economic Definition of Predation: Pricing and Product Innovation, (1981) 91 The Yale Law Journal 8, 9 f. ebenso *Wurmnest*, Marktmacht und Verdrängungsmissbrauch, S. 360; *Melamed*, Exclusionary Conduct under the Antitrust Laws: Balancing, Sacrifice, and Refusals to Deal, (2005) 20 Berkeley Techn. L. J. 1247, 1255.

797 Siehe OFT Decision No. CA 98/02/2011 v. 12.4.2011, Case CE/8931/08 – *Reckitt Benckiser*, S. 98, 265 ff.

798 Siehe United States Court of Appeals for the Second Circuit, People of the State of New York v. Actavis PLC and Forest Laboratories LLC, Case 14-4624-cv, S. 50 f.; ebenso Teil 2, A., I., 2., b), aa); anders als das OFT scheint das Gericht diesen Punkt aber nicht als eine Frage der Missbräuchlichkeit, sondern der Rechtfertigung anzusehen.

799 Siehe United States Court of Appeals for the Second Circuit, People of State of New York v. Actavis PLC and Forest Laboratories LLC, Case 14-4624-cv, S. 49.

800 Siehe United States Court of Appeals for the Second Circuit, People of State of New York v. Actavis PLC and Forest Laboratories LLC, Case 14-4624-cv, S. 48 f.

801 Siehe OFT Decision No. CA 98/02/2011 v. 12.4.2011, Case CE/8931/08 – *Reckitt Benckiser*, S. 269 f.

selbst und nicht erst aus der damit verbundenen Beschränkung des generischen Wettbewerbs ergeben.[802]

b) Der No-Economic-Sense-Test

Zumindest was die Bewertung des Product-Switchings angeht, wird im Schrifttum eine modifizierte Version des Profit-Sacrifice Tests, der sog. „No-Economic-Sense" Test bevorzugt.[803] Dieser betrachtet zwar auch die wirtschaftliche Ratio des Verhaltens, weicht jedoch bei der Bestimmung der Kosten des Switches und dem Betrachtungszeitpunkt leicht ab.

Der Test orientiert sich zunächst ebenfalls an einem kontrafaktischen Szenario und fragt danach, ob das in Rede stehende Verhalten, also der Wechsel vom Original- auf das Folgepräparat, auch dann profitabel gewesen wäre, wenn effektiver Wettbewerb durch Generika existiert hätte und die marktbeherrschende Stellung nicht hätte aufrechterhalten werden können.[804] Es wird dabei unterstellt, dass die Wettbewerber sich ohne den Wechsel auf das Folgepräparat auch wettbewerbsgemäß verhalten und in effektive Konkurrenz zum Marktbeherrscher treten.[805] Ergibt die Markteinführung eines innovativen Produktes wirtschaftlich keinen Sinn, so kann darauf geschlossen werden, dass die Produktinnovation vorrangig der Beschränkung des Wettbewerbs diente und darüber hinaus auch der technologische Nutzen von der wettbewerbsschädigenden Wirkung überragt wird.[806]

---

802 Siehe OFT Decision No. CA 98/02/2011 v. 12.4.2011, Case CE/8931/08 – *Reckitt Benckiser*, S. 269 f.

803 Siehe *Carrier/Shadowen*, Product Hopping: A New Framework, (2016) 92 Notre Dame L. Rev. 167, 210 ff.; *Werden*, Identifying Exclusionary Conduct Under Section 2: The "No Economic Sense" Test, (2006) 73 Antitrust L.J. 413; *Wurmnest*, Marktmacht und Verdrängungsmissbrauch, S. 362 ff.; grundlegend zum "No-Economic-Sense" Test: *Ordover/Willig*, An Economic Definition of Predation: Pricing and Product Innovation, (1981) 91 The Yale Law Journal 8; für Kampfpreismissbräuche bereits frühzeitig in diese Richtung weisend: *Mestmäcker*, Das marktbeherrschende Unternehmen im Recht der Wettbewerbsbeschränkungen, S. 18.

804 Siehe *Carrier/Shadowen*, Product Hopping: A New Framework, (2016) 92 Notre Dame L. Rev. 167, 211; ebenso *Werden*, Identifying Exclusionary Conduct Under Section 2: The "No Economic Sense" Test, (2006) 73 Antitrust L.J. 413, 415; *Ordover/Willig*, An Economic Definition of Predation: Pricing and Product Innovation, (1981) 91 The Yale Law Journal 8, 9 f.

805 Siehe *Ordover/Willig*, An Economic Definition of Predation: Pricing and Product Innovation, (1981) 91 The Yale Law Journal 8, 10.

806 Siehe *Hovenkamp et al.*, Vol. 1, § 12.3, 32.

aa) Berücksichtigung von Investitionen

Anders als beim Profit-Sacrifice-Test, der das Augenmerk auf kurzfristige finanzielle Einbußen legt, sollen hier mit dem Switch einhergehende Investitionen in Forschung und Entwicklung oder in die eigene Kapitalausstattung nicht zulasten des Marktbeherrschers berücksichtigt werden. Derartige Investitionen verursachen kurzfristig Kosten oder gar Verluste, ergeben jedoch auf lange Frist gesehen wirtschaftlich Sinn, da sie die Chance auf umso größere Profite in sich tragen. Daher bergen sie für sich genommen allgemein nicht die Gefahr den Wettbewerb zu beeinträchtigen.[807] Davon nicht umfasst sind jedoch die Forschungs- und Entwicklungskosten für das Folgepräparat selbst, diese werden dem Marktbeherrscher auf der Kostenseite des Switches angerechnet.[808]

bb) Ex ante Betrachtung

Zudem soll eine Bewertung der wirtschaftlichen Sinnhaftigkeit nur *ex ante* erfolgen.[809] Maßgeblich ist also, ob der Marktbeherrscher im Zeitpunkt der Umsetzung des Switches bei objektiver Betrachtung vernünftigerweise davon ausgehen konnte, dass die zusätzlichen Erträge die damit verbundenen zusätzlichen Kosten rechtfertigen. Missbräuchlichkeit soll daher nicht gegeben sein, wenn das Verhältnis von Kosten und Erträgen in Schieflage gerät, weil die Kosten letztlich höher ausfallen oder der Absatz des Folgepräparats geringer ausfällt, als vernünftigerweise erwartet werden durfte.[810] Dies trägt dem Umstand Rechnung, dass geschäftliche Entscheidungen oftmals an der Unfähigkeit bei deren Umsetzung oder schlicht an mangelndem unternehmerischen Glück scheitern. Insoweit wäre es widersinnig, den ohnehin Erfolglosen noch zusätzlich durch das Kartellrecht zu sanktionieren.[811]

---

807 Siehe *Carrier/Shadowen*, Product Hopping: A New Framework, (2016) 92 Notre Dame L. Rev. 167, 212 mit Verweis auf *Werden*, Identifying Exclusionary Conduct Under Section 2: The "No Economic Sense" Test, (2006) 73 Antitrust L.J. 413, 424; in diese Richtung auch *Wurmnest*, Markmacht und Verdrängungsmissbrauch, S. 362.

808 Siehe *Carrier/Shadowen*, Product Hopping: A New Framework, (2016) 92 Notre Dame L. Rev. 167, 220 f.

809 Siehe *Werden*, Identifying Exclusionary Conduct Under Section 2: The "No Economic Sense" Test, (2006) 73 Antitrust L.J. 413, 416; ebenso *Hovenkamp et al.*, Vol. 1, § 12.3, 34.

810 Siehe *Carrier/Shadowen*, Product Hopping: A New Framework, (2016) 92 Notre Dame L. Rev. 167, 212.

811 Siehe *Werden*, Identifying Exclusionary Conduct Under Section 2: The "No Economic Sense" Test, (2006) 73 Antitrust L.J. 413, 416.

cc) Vorzüge des No-Economic-Sense-Tests

Letztlich stellen also beide Methoden im Ausgangspunkt die richtige Frage, nämlich ob der jeweilige Product-Switch auch ohne die Verdrängungswirkung auf die Wettbewerber wirtschaftlich Sinn ergeben hätte. Sowohl in der *Gaviscon* als auch in der *Namenda*-Entscheidung stützte sich die Bewertung der Profitabilität der jeweiligen Strategie ausschließlich auf interne Informationen der Marktbeherrscher, sodass auch hier bereits – wenn auch nicht explizit – eine *ex ante* Betrachtung anhand historischer Daten vorgenommen wurde. Mit dem Switch einhergehende Investitionen in Forschung und Entwicklung, die nicht das Folgepräparat selbst betreffen, oder einer Erhöhung der Kapitalausstattung des Marktbeherrschers dienen, sind dabei folgerichtig nicht als Kosten zu berücksichtigen, sodass den Originalpräparateherstellern insoweit ein größerer kartellrechtskonformer Spielraum zusteht. Im Interesse einer größeren unternehmerischen Flexibilität und Rechtssicherheit der Marktbeherrscher bei der Einführung neuartiger Folgepräparate, ist daher dem *ex ante* orientierten No-Economic-Sense-Test auch insgesamt der Vorzug vor dem Profit-Sacrifice Test zu geben.

dd) Anwendungsbereich

Sowohl die *Gaviscon*-Entscheidung als auch die *Namenda*-Rechtsprechung bezogen sich jedoch lediglich auf die vollkommene Marktrücknahme des Originalpräparats und den Ersatz desselben durch ein Folgepräparat.

Fraglich ist insoweit also, ob diese Methodik auch auf Absatzstrategien Anwendung finden soll, bei denen keine Marktrücknahme des Originalpräparats erfolgt, sondern dieses neben dem Folgepräparat erhältlich bleibt. Anders als die Kriterien, die für die Bewertung der Missbräuchlichkeit die Auswirkungen der jeweiligen Mittel des Product-Switchs in den Fokus rücken, kann die Frage nach der wirtschaftlichen Sinnhaftigkeit nur auf Verhalten angewandt werden, dem in wirtschaftlicher Hinsicht Kosten und Nutzen zugewiesen werden können. Selbst Strategien die wie in *Tricor*[812] auf ein schlichtes Delisting oder wie im *Suboxone*-Fall[813] allein auf die Verunglimpfung der eigenen Originalpräparate bzw. der dafür erhältlichen Generika setzen und daher auf den ersten Blick keine substantiellen Kosten hervorrufen, sind jedoch bei genauerem Hinsehen mit Kosten für die Planung und Ausführung verbunden. Soweit diese Strategien jenseits der Verdrängung von Wettbewerbern ebenfalls keinerlei wirtschaftlichen Sinn ergeben, käme man auch hier zu einer Missbräuchlichkeit des Verhaltens.[814]

---

812 Siehe hierzu im Detail: Teil 2, A., III.

813 Siehe hierzu im Detail: Teil 2, A., V.

814 Vgl. *Melamed*, Exclusionary Conduct under the Antitrust Laws: Balancing, Sacrifice, and Refusals to Deal, (2005) 20 Berkeley Techn. L. J. 1247, 1260 f.

2. *Pro und Contra der Betrachtung der wirtschaftlichen Sinnhaftigkeit*

Das von einigen US-Gerichten und dem OFT favorisierte Prüfverfahren bietet mit Blick auf Handhabbarkeit und Rechtssicherheit zahlreiche Vorteile. Gleichsam birgt es jedoch einige Schwächen und Unwägbarkeiten und trifft daher an verschiedenen Stellen auf teils berechtigte Kritik.

a) Bildung eines kontrafaktischen Szenarios und Planungssicherheit

Die Durchführung des No-Economic-Sense-Test verlangt zunächst nach einem kontrafaktischen Szenario. Um ein solches verlässlich bilden zu können, ist man hauptsächlich auf interne Daten und Prognosen des marktbeherrschenden Originalpräparateherstellers angewiesen. Als einschlägige Beweismittel bieten sich vor allem detaillierte Businesspläne an, die sowohl Kosten und Nutzen des Switches als auch alternativer Absatzstrategien, bspw. einer parallelen Erhältlichkeit von Original- und Folgepräparat, abschätzen.[815]

Hierzu ist jedoch abermals der Zugriff auf unternehmensinterne Daten nötig, was unter Umständen zu Problemen bei der Beweisführung durch die Wettbewerbsbehörden führt.[816] Allerdings basiert der No-Economic-Sense-Test, anders als etwa die bloße Frage nach der subjektiven Intention hinter dem Product-Switch, in erster Linie auf allgemein verfügbaren, objektiv nachprüfbaren betriebswirtschaftlichen Daten, nämlich der Absatz- und Kostenplanung der Originalpräparatehersteller.[817] Hierdurch steigt auch die Planungssicherheit der Originalpräparatehersteller, da diese nun mit einiger Sicherheit selbst abschätzen können, ob die Einführung eines Folgepräparats unter kartellrechtlichen Gesichtspunkten zulässig ist oder nicht.[818]

---

815 Siehe *Werden*, Identifying Exclusionary Conduct Under Section 2: The "No Economic Sense" Test, (2006) 73 Antitrust L.J. 413, 416, Fn. 13; insoweit an der Fähigkeit der Unternehmen derartige Szenarien im Vorhinein abzuschätzen zweifelnd: *Hovenkamp et al.*, Vol. 1, § 12.2, 4 f.

816 Siehe Teil 3, B., II., 1., b).

817 Siehe Siehe *Carrier/Shadowen*, Product Hopping: A New Framework, (2016) 92 Notre Dame L. Rev. 167, 213; *Wurmnest*, Marktmacht und Verdrängungsmissbrauch, S. 365.

818 Siehe *Carrier/Shadowen*, Product Hopping: A New Framework, (2016) 92 Notre Dame L. Rev. 167, 216; *Melamed*, Exclusionary Conduct under the Antitrust Laws: Balancing, Sacrifice, and Refusals to Deal, (2005) 20 Berkeley Techn. L. J. 1247, 1255, 1257 kritisch: *Salop*, Exclusionary Conduct, Effect on Consumers and the flawed Profit-Sacrifice Standard, (2006) 73 Antitrust L.J. 311, 363 ff., der einen strikt an der Konsumentenwohlfahrt orientierten Ansatz bevorzugt.

b) Hürden bei der Anwendbarkeit auf Produktinnovationen

Die Anwendung von Tests, die zur Bestimmung der Marktmachtmissbräuchlichkeit nach der wirtschaftlichen Sinnhaftigkeit fragen, wird insbesondere bei der Anwendung auf Produktinnovationen kritisch gesehen. Die Einführung neuartiger Produkte trage nämlich in aller Regel dazu bei, die Konsumentenwohlfahrt zu steigern, sodass die Anwendung von Tests, die sich an der wirtschaftlichen Sinnhaftigkeit der Einführung neuer Produkte orientieren, als ungeeignet erscheinen, um einzelne Ausnahmen von dieser Regel herauszufiltern.[819] Zudem sei die Inkaufnahme kurzfristiger Verluste zur Verdrängung von Wettbewerbern, bspw. durch die Investition in gewerbliche Schutzrechte, mit dem Ziel sich so langfristig eine durch die Schutzrechte ermöglichte Monopolrendite sichern zu können, prinzipiell erwünscht. Nur die Aussicht auf eine möglichst hohe Rendite setzt verstärkte Anreize zu – mitunter auch äußerst risikoträchtiger – Innovationstätigkeit.[820]

aa) Modifizierter No-Economic-Sense-Test

Diesem Kritikpunkt kann jedoch mit einer entsprechenden Modifizierung des No-Economic-Sense-Test begegnet werden.[821] Die Markteinführung des Folgepräparats ist dann wirtschaftlich nachvollziehbar, wenn die Kosten hierfür geringer sind als der antizipierte Ertragszuwachs der Produktinnovation. Soweit der mit der Einführung des Folgepräparats im Vergleich zum Originalpräparat erzielbare zusätzliche Ertrag größer ist als die Kosten für die Einführung, ergibt diese wirtschaftlich Sinn. Auch wenn die Einführung des Folgepräparats in diesem Fall dazu führt, dass Wettbewerber aus dem Markt ausscheiden, war der Switch in diesem Fall lediglich auf Profitmaximierung und nicht auf die missbräuchliche Verdrängung der Wettbewerber gerichtet.[822]

Die für die Berechnung des Ertragszuwachses maßgebliche Differenz zwischen dem Ertrag des Originalpräparats und dem des Folgepräparats bestimmt sich nach dem jeweiligen Abverkaufspreis pro Einheit abzüglich der jeweiligen Stückkosten. Die Einführung des Produktes ist wirtschaftlich nachvollziehbar,

---

819 Siehe *Werden*, Identifying Exclusionary Conduct Under Section 2: The "No Economic Sense" Test, (2006) 73 Antitrust L.J. 413, 414, 419; in diese Richtung auch *Patterson*, The Sacrifice of Profits in Non-Price Predation, (2003) 18 Antitrust ABA 37.

820 Siehe *Elhauge*, Defining better Monopolization Standards, (2003) 56 Stanford L. Rev. 253, 268, 274; *Gilbert*, Holding Innovation to an Antitrust Standard, (2007) 3 Competition Policy International 46, 57 f.; ebenso *Wurmnest*, Marktmacht und Verdrängungsmissbrauch, S. 361 f.

821 Vgl. *Ordover/Willig*, An Economic Definition of Predation: Pricing and Product Innovation, (1981) 91 The Yale Law Journal 8, 47 ff.

822 Siehe *Ordover/Willig*, An Economic Definition of Predation: Pricing and Product Innovation, (1981) 91 The Yale Law Journal 8, 48; in diese Richtung auch *Hovenkamp et al.*, Vol. 1, § 12.2, 4.

wenn sich die Stückkosten unterhalb des erwarteten Ertragszuwachses pro Einheit bewegen.[823] Bei der Berechnung wird einerseits das Preisniveau des bislang patentgeschützten Originalpräparats zugrunde gelegt, das aufgrund des Patentschutzes bereits über dem Wettbewerbspreis liegt. Da bei der Berechnung des Ertragszuwachses beiderseits die unter dem Schirm des Patentschutzes erzielbaren Preise zugrunde gelegt werden, ist die Motivation der Marktbeherrscher berücksichtigt, durch die Innovation abermals eine Position einzunehmen, die es ihnen erlaubt, Wettbewerber durch ihre gewerblichen Schutzrechte auszuschließen und so Abverkaufspreise zu erzielen, die über dem Wettbewerbspreis liegen. Wenn also die antizipierten zusätzlichen Erträge des Folgepräparats unter den Kosten der Markteinführung liegen, kann darauf geschlossen werden, dass der Switch vom Originalpräparat auf das Folgepräparat unter dem Aspekt der Profitmaximierung sinnlos war und nur deshalb erfolgte, um Wettbewerber auf Dauer vom Markt fernzuhalten bzw. diese aus dem Markt zu drängen.[824]

bb) Verwässerung von Innovationseffekten durch den Price-Disconnect

Die für die Kritik grundlegende Annahme, dass die Einführung innovativer Produkte stets zu einer Mehrung der Konsumentenwohlfahrt führt, mag auf herkömmlichen Produktmärkte grundsätzlich zutreffen, da die Abnehmer hier in ihrer Entscheidung, das eine oder das andere Produkt anzuschaffen, weitgehend frei sind. Ein zusätzliches Produkt auf dem Markt führt damit regelmäßig zur Mehrung der Konsummöglichkeiten und damit auch zu mehr Wettbewerb.

Im Arzneimittelbereich kommt jedoch der Price-Disconnect hinzu, der die Abnehmer grundsätzlich dazu bewegt, das Folgepräparat zu erwerben, anstatt im Zuge des Produktwechsels – oder vor allem auch nach dem Patentauslauf – auf Konkurrenzprodukte bzw. das ursprüngliche Originalpräparat auszuweichen.[825] Der Price-Disconnect, auch in seiner durch die Arzneimittelregulierung des SGB V gedämpften Form[826], stellt die langfristigen Auswirkungen der Markteinführung minimalinnovativer Präparate also teilweise auf den Kopf. In den meisten Fällen führt diese daher langfristig nicht zu mehr, sondern zu weniger Wettbewerb. Den Generikaherstellern wird auch nach dem Patentauslauf des Originalpräparats weitgehend die Möglichkeit genommen, mit den Produkten der marktbeherrschenden Originalpräparatehersteller zu konkurrieren, was wiederum zu einer Perpetuierung der Marktposition des Marktbeherrschers führt.

Der No-Economic-Sense-Test lässt jedoch sämtliche Absatzstrategien gewähren, die auch jenseits der Verdrängung der Wettbewerber – nicht zuletzt aufgrund

---

823 Siehe *Ordover/Willig*, An Economic Definition of Predation: Pricing and Product Innovation, (1981) 91 The Yale Law Journal 8, 48.
824 In diese Richtung auch *Hovenkamp et al.*, Vol. 1, § 12.3, 32.
825 Siehe Teil 3, B., I., 3.
826 Siehe Teil 3, C., III., 2.

der therapeutischen Überlegenheit innovativer Folgepräparate – zumindest langfristig die Aussicht haben, profitabel zu sein.[827] Die Entstehung von Marktmacht durch eine unter Profitabilitätsgesichtspunkten valide Absatzstrategie wird nicht unterbunden. Den Unternehmen steht es frei, die Früchte ihrer Markt- und Innovationstätigkeit zu ernten, auch wenn dies im Einzelfall mit einem Erhalt oder Zuwachs an Marktmacht verbunden ist.[828]

c) Die Gefahr von False-Negatives und False-Positives

Die Bedenken hinsichtlich der Anwendbarkeit auf die Einführung innovativer Produkte stellen sich auch im Hinblick auf das Risiko durch eine anhand der Testkriterien vermeintlich richtige Entscheidung, zu wettbewerblich nachteiligen Ergebnissen zu kommen. Ökonomisch spricht man hier von sog. „Error-Costs" bzw. „False-Positives" und „False-Negatives".[829]

aa) False-Negatives

Gegen den Test spricht einerseits, dass er zu sog. False-Negatives führen kann. Das heißt, dass er Verhalten nicht sanktioniert, das zwar auch ohne die Verdrängung von Wettbewerbern profitabel ist, aber dennoch mit erheblichen Einschnitten bei den Abnehmern oder den Wettbewerbern des Marktbeherrschers verbunden ist und im Extremfall sogar zu einer Verdrängung der Wettbewerber führt.[830] Dem ist insoweit beizupflichten, als im Kontext des regulierten Arzneimittelmarktes auch ein anhand der Maßgaben des No-Economic-Sense-Test profitabler – und damit nicht missbräuchlicher – Product-Switch dazu führen kann, dass aufgrund des Price-Disconnects sowie der Außerkraftsetzung des *Aut-idem-Mechanismus* der Markteintritt für Generikahersteller auf Dauer erheblich erschwert bzw. gänzlich verhindert wird.

---

827 So auch *O'Donoghue/Padilla,* The Law and Economics of Article 102 TFEU, S. 230.

828 Siehe *Melamed*, Exclusionary Conduct under the Antitrust Laws: Balancing, Sacrifice, and Refusals to Deal, (2005) 20 Berkeley Techn. L. J. 1247, 1255, 1256.

829 Grundlegend: *Easterbrook*, The Limits of Antitrust, (1984) 63 Tex. L. Rev., 1; einen Überblick über diese Kritikpunkte bieten auch *O'Donoghue/Padilla,* The Law and Economics of Article 102 TFEU, S. 228 ff.

830 Siehe *Salop*, Exclusionary Conduct, Effect on Consumers and the flawed Profit-Sacrifice Standard, (2006) 73 Antitrust L.J. 311, 345 f.; *Elhauge*, Defining better Monopolization Standards, (2003) 56 Stanford L. Rev. 253, 271, 280 ff.; diese Kritik im Grundsatz anerkennend: *Melamed*, Exclusionary Conduct under the Antitrust Laws: Balancing, Sacrifice, and Refusals to Deal, (2005) 20 Berkeley Techn. L. J. 1247, 1258; *Hovenkamp et al.*, Vol. 1, § 12.3, 32.

bb) False-Positives

Umgekehrt besteht auch die Gefahr, dass Verhaltensweisen zu Unrecht als wirtschaftlich irrational und damit missbräuchlich eingeordnet werden. Hierbei spricht man von sog. „over-enforcement".[831] Die innovationshemmenden Auswirkungen dieser False-Positives werden dadurch verstärkt, dass nicht nur die jeweils in Rede stehende Neuerung, sondern auch zukünftige, ähnlich geartete Innovationen abgeschreckt werden.[832] Als Beispiel dient der Marktbeherrscher, der unter hohen Entwicklungskosten ein kostensenkendes, innovatives Produkt auf dem Markt einführt, das aufgrund der niedrigeren Produktionskosten weit günstiger als das ursprüngliche Produkt angeboten werden kann und Wettbewerber durch den niedrigen Preis dazu veranlasst, den Markt zu verlassen.[833] Bei strikter Anwendung des No-Economic-Sense-Test, käme man abhängig von der Höhe der Kosten für Forschung und Entwicklung sowie für die Markteinführung des neuen Produkts, zu einem vergleichsweise weniger profitablen Folgeprodukt, dessen Markteinführung wirtschaftlich nur Sinn ergibt, wenn Wettbewerber durch den niedrigeren Preis den Markt verlassen. Trotz der letztlich gesunkenen Verkaufspreise würde es sich hierbei um ein missbräuchliches Verhalten des Marktbeherrschers handeln.[834] Unter der Prämisse, dass es bis zum Marktaustritt der Wettbewerber nicht zu einer Erhöhung der Verkaufspreise durch den Marktbeherrscher kommt und diese Phase auch hirneichend lang andauert, sollte dies aufgrund der positiven Effekte auf die Konsumentenwohlfahrt jedoch wettbewerbsrechtlich zu tolerieren sein.[835]

cc) Bewertung der Risiken

Angesichts der überragenden Bedeutung innovativer Behandlungsmethoden für die Prävention und Therapie von Erkrankungen stellen False-Positives im Vergleich zu False-Negatives grundsätzlich das weit größere Problem für die Innovationstätigkeit auf dem Arzneimittelmarkt dar.[836] Die hier favorisierte *ex ante* Betrachtung der jeweiligen Absatzstrategie sorgt jedoch dafür, dass zumindest

---

831 Siehe *Fuchs/Möschel*, in: Immenga/Mestmäcker, EU-Wettbewerbsrecht, Art. 102 AEUV, Rz. 40; *Ewald*, in: Wiedemann, Handbuch des Kartellrechts, § 7, Rz. 18.

832 Siehe *Manne/Wright*, Innovation and the Limits of Antitrust, (2010) 6 Journal of Competition Law & Economics 153, 168.

833 Siehe *Salop*, Exclusionary Conduct, Effect on Consumers and the flawed Profit-Sacrifice Standard, (2006) 73 Antitrust L.J. 311, 339 f.

834 Siehe *Salop*, Exclusionary Conduct, Effect on Consumers and the flawed Profit-Sacrifice Standard, (2006) 73 Antitrust L.J. 311, 339 ff.

835 Siehe *Salop*, Exclusionary Conduct, Effect on Consumers and the flawed Profit-Sacrifice Standard, (2006) 73 Antitrust L.J. 311, 341, 346 f.

836 Siehe *Cheng*, An Antitrust Analysis of Product Hopping in the Pharmaceutical Industry, (2008) 108 Columbia L. Rev. 1471, 1505; *Gilbert*, Holding Innovation to an Antitrust Standard, (2007) 3 Competition Policy International 46, 49.

die Markteinführung von Innovationen, die sich trotz plausibler Kostenplanung im Nachhinein als Verlustbringer herausstellen, nicht als missbräuchlich gebrandmarkt wird.

Die propagierten False-Positives sind zudem auf überwiegend theoretische Szenarien beschränkt. Das ins Feld geführte Beispiel lässt außer Acht, dass der Marktbeherrscher infolge des preisbedingten Marktaustritts der Wettbewerber langfristig dazu in der Lage sein wird, die Verkaufspreise u.U. über das vorher bestehende Level hinaus zu erhöhen und so die Konsumentenwohlfahrt langfristig deutlich zu schmälern. Insoweit erweist sich das zur Illustration der False-Positives ins Feld geführte Szenario bei realitätsnaher Betrachtung höchstwahrscheinlich nicht als bloß vermeintlich wettbewerbsschädigend, sondern ist zu Recht als Marktmachtmissbrauch zu qualifizieren.[837]

Wenngleich zumindest das Risiko, bei der Anwendung des No-Economic-Sense-Test bestimmte Verhaltensweisen zu Unrecht als missbräuchlich einzuordnen, eher hypothetischer Natur ist, sind die aufgezeigten Bedenken hinsichtlich der False-Negatives nicht von der Hand zu weisen. Insoweit wird gefordert, diese Unzulänglichkeit aus rechtspolitischen Erwägungen in Kauf zu nehmen. In der Abwägung zwischen einem Zuviel und einem Zuwenig an Verfolgung von Kartellverstößen, soll das Risiko wertvolle Innovationstätigkeit durch erhöhten Verfolgungsdruck und schwer kalkulierbare rechtliche Folgen einer Produktinnovation im Keim zu ersticken, deutlich höher sein, als einige wenige wettbewerbswidrige Innovationen durch die Maschen des Wettbewerbsrechts schlüpfen zu lassen.[838] Letztere sollen zudem mittel- bis langfristig durch Marktmechanismen, wie bspw. den Markteintritt neuer Wettbewerber, behebbar und damit weniger schwer wiegen als die innovationsfeindlichen Effekte der False-Positives.[839]

3. *Zwischenfazit*

Sofern die jeweilige Absatzstrategie also bei einer ex-ante Betrachtung unter dem entsprechend modfizierten No-Economic-Sense-Test jenseits der Verdrängung von Wettbewerbern wirtschaftlich keinen Sinn ergibt, spricht dies im Rahmen der bei Art. 102 AEUV maßgeblichen Interessenabwägung in erheblichem Maße für die Missbräuchlichkeit des Switches. Freilich kann die Interessenabwägung bei gegenläufigen legitimen Interessen des marktbeherrschenden Unternehmens

---

837 Siehe *Melamed*, Exclusionary Conduct under the Antitrust Laws: Balancing, Sacrifice, and Refusals to Deal, (2005) 20 Berkeley Techn. L. J. 1247, 1260.

838 Vgl. *Easterbrook*, The Limits of Antitrust, (1984) 63 Tex. L. Rev. 1, 15; *Gilbert*, Holding Innovation to an Antitrust Standard, (2007) 3 Competition Policy International 46, 62; in diese Richtung auch *Werden*, Identifying Exclusionary Conduct Under Section 2: The "No Economic Sense" Test, (2006) 73 Antitrust L.J. 413, 432 f.

839 Siehe *Easterbrook*, The Limits of Antitrust, (1984) 63 Tex. L. Rev. 1, 15; *Manne/Wright*, Innovation and the Limits of Antitrust, (2010) 6 Journal of Competition Law & Economics 153, 168.

im Einzelfall auch zugunsten der jeweiligen Absatzstrategie ausfallen. Dennoch wird klar, dass ein – auch in wirtschaftlicher Hinsicht – allein auf Verdrängung von Wettbewerbern ausgerichteter Product-Switch unter Art. 102 AEUV stets kritisch zu sehen ist.

C. Auswirkungen auf therapeutische Innovationen und notwendige Einschränkungen des Art. 102 AEUV

Unabhängig davon, welchem der dargestellten Ansätze man letztlich folgt bzw. am meisten Gewicht zukommen lässt, ist diesen jedoch gemein, dass sie den Handlungsspielraum der Originalpräparatehersteller bei der Einführung von Produktinnovationen merklich beschränken. Die Anwendung des Missbrauchsverbots auf Product-Switching-Strategien birgt insoweit einige Risiken. Ein umfassendes Verbot dieser Absatzstrategien stellt immer auch einen erheblichen Eingriff in die unternehmerische Handlungsfreiheit der Originalpräparatehersteller dar. Wie bspw. in der *Namenda*-Entscheidung illustriert, könnten sich die Hersteller im Extremfall sogar dazu gezwungen sehen, einzelne Präparate gegen ihren Willen und ihre ursprüngliche Geschäftsplanung auf dem Markt zu halten, um einen Kartellrechtsverstoß zu vermeiden.[840]

I. Gefahr der Verminderung von Innovationsanreizen

Mit einem Verbot bzw. einer Beschränkung von Product-Switching-Strategien nach Art. 102 AEUV geht das Risiko einher, dass den Originalpräparateherstellern womöglich der Anreiz genommen wird, in die Erforschung innovativer Arzneimittel zu investieren.

1. *Innovation als allgemeines Marktinteresse*

In der Ökonomie ist insoweit allgemein anerkannt, dass Innovation grundsätzlich gesamtgesellschaftlich förderlich und damit erstrebenswert ist.[841] Die dynamische Wettbewerbstheorie begreift Wettbewerb seit jeher als einen in der Zeit ablaufenden Bewegungsvorgang von Innovation und Imitation, als Abfolge von Vorstoß und Verfolgung, von Aktion und Reaktion, von „challenge and response".[842] Nach von Hayek ist der sich aus dem technischen Fortschritt speisende

---

840 Siehe Court Order, US District Court for the Southern District of New York, Case 1:14-cv-07473-RWS, The People of the State of New York v. Actavis PLC and Forest Laboratories LLC.

841 Siehe *Baker*, Beyond Schumpeter vs. Arrow: How Antitrust Fosters Innovation, (2007) 74 Antitrust Law Journal, 575, 576 mwN.

842 Siehe *Clark*, Competition as a dynamic process, S. 14 f., 471 ff.; *Windsperger*, Wettbewerb als dynamischer Prozeß, ORDO 1986, Band 37, 125, 126 ff.; ebenso *Berg*,

Wettbewerb mangels der Vorhersehbarkeit seiner Resultate stets ein Entdeckungsverfahren.[843] Dem Diktum Schumpeters folgend, kommt der Entwicklung neuer Produkte und Dienstleistungen in freien, kapitalistisch geprägten Marktwirtschaften eine zentrale, gar evolutorische Rolle zu.[844] Jedes unternehmerische Verhalten sollte demnach nicht isoliert, sondern stets im Lichte seiner Rolle als Teil eines „immerwährenden Prozess der schöpferischen Zerstörung" gesehen werden.[845]

Das grundsätzliche Verhältnis zwischen Wettbewerb und Innovation und die Frage, ob Monopole bzw. monopolartige Marktstellungen Innovationstätigkeit sogar begünstigen, wird hingegen seit Langem kontrovers diskutiert.[846] Während Schumpeter die Bedeutung von Innovation im allgemeinen Marktgefüge, wie oben aufgezeigt, deutlich ins Zentrum stellt, kommt er zu dem Schluss, dass Unternehmen auf oligopolistischen Märkten bzw. Monopolisten tendenziell innovativer seien als Unternehmen auf vom Wettbewerb durchdrungenen Märkten[847]. Arrow hingegen ist der Ansicht, dass für Monopolisten geringere Anreize bestehen, in Innovationen zu investieren als für Unternehmen, die dem Wettbewerb unterworfen sind. Der Monopolist vereint bereits alle oder die große Mehrzahl der Kunden auf sich, sodass er in finanzieller Hinsicht vor allem an der Erhaltung des Status quo interessiert sei. Folglich profitiert er daher im Verhältnis deutlich weniger von Innovationen als ein Unternehmen, dass sich sets im Wettbewerb beweisen muss und um die Kunden anderer Wettbewerber ringt.[848]

Insoweit hilft es, sich klarzumachen, dass es sich bei Innovation bzw. der damit verbundenen Forschung und Entwicklung als solcher im Kern schlicht um die Produktion von Wissen bzw. Information handelt.[849] Im Ausgangspunkt handelt es sich bei Innovation um ein öffentliches Gut (*public good)*. Die der Innovation zugrunde liegenden Informationen werden anderen Marktteilnehmern prinzipiell kostenfrei bzw. zu geringen Kosten zur Verfügung gestellt.[850] Innovationsanreize

---

in: FS Benisch, S. 27; *Fleischer*, Behinderungsmissbrauch durch Produktinnovation, S. 32, 35; *Helmstädter*, in: FS Benisch, S. 20.

843 Siehe *von Hayek*, Der Wettbewerb als Entdeckungsverfahren, S. 3.

844 Siehe *Schumpeter*, Capitalism, Socialism & Democracy, S. 82 f.

845 Siehe *Schumpeter*, Capitalism, Socialism & Democracy, S. 84.

846 Einen guten Überblick über die anhaltende Diskussion bietet *Baker*, Beyond Schumpeter vs. Arrow: How Antitrust Fosters Innovation, (2007) 74 Antitrust Law Journal, 575, 577 et seqq., sowie *Shapiro*, Competition and Innovation – Did Arrow hit the Bull's Eye?, p. 361, 365 et seqq.

847 Siehe *Schumpeter*, Capitalism, Socialism & Democracy, S. 81 ff.

848 Siehe *Arrow*, Economic Welfare and the Allocation of Resources for Invention, p. 609, 616.

849 Siehe *Arrow*, Economic Welfare and the Allocation of Resources for Invention, p. 609, 616.

850 Grundlegend *Arrow*, Economic Welfare and the Allocation of Resources for Invention, p. 616; *Tirole*, The Theory of Industrial Organization, 1988, Chapter 10, 390.

hängen daher letztlich vor allem von der Fähigkeit des Innovators ab, mit der Innovation zusätzlich generierbare Gewinne zu vereinnahmen.[851] Dem (potentiellen) Innovator müssen also von der Rechtsordnung Mechanismen zur Verfügung gestellt werden, die für ausreichende Anreize sorgen, trotz erheblicher finanzieller Risiken und Unsicherheiten innovativ tätig zu werden.

Unabhängig davon, welcher Position man in dieser grundsätzlichen Frage eher zuneigt, ist jedoch festzuhalten, dass nicht alle Marktteilnehmer in gleichem Maße und mit derselben Stoßrichtung von Innovation profitieren. In jedem Fall gibt es sowohl negative als auch positive externe Effekte, die ein staatliches Einschreiten mittels des Kartellrechts notwendig machen können.[852]

2. Die inkrementelle Natur des medizinischen Fortschritts

Beim Wort „Innovation" werden insoweit unwillkürlich Gedanken an revolutionäre, geradezu bahnbrechende Durchbrüche in Wissenschaft und Technik wach, wie bspw. die Erfindung der Dampfmaschine, die Entdeckung des Penizillins, oder die Entwicklung des ersten Mikroprozessors.[853] Auch derartige Innovation ist jedoch in der Regel immer das Ergebnis einer Verbindung des Bekannten mit dem Neuen.[854] In den allermeisten Industrien, und vor allem im Arzneimittelbereich, baut Innovation auf bereits bekannten wissenschaftlichen Errungenschaften auf und geht oftmals nur in relativ kleinen Schritten vor sich.[855] Insoweit ist festzuhalten, dass es auch durch vermeintlich kleine Änderungen an bereits bekannten Arzneimitteln zu spürbaren therapeutischen Verbesserungen für die Patienten kommen kann.[856]

---

851 Siehe Bundeskartellamt, Innovationen – Herausforderungen für die Kartellrechtspraxis, 2017, S. 6.

852 Siehe *Crémer/de Montjoye/Schweitzer*, Competition policy for the digital era, S. 35.

853 Seit einigen Jahren grassiert der Begriff „disruptive innovation", der jedoch inflationär verwendet wird und damit auch auf „sustaining innovation", also auch bloß kontinuierliche bzw. erhaltende Innovation, angewendet wird, siehe hierzu im Detail: *Christensen/Raynor*, What is Disruptive Innovation?, Harvard Business Review, December 2015, 44 ff.

854 Siehe *Clark*, Competition as a dynamic process, S. 182 ("...innovation is a joint resulatant of the existing and the novel.").

855 Siehe *Nee*, Incremental Innovation, (2015) 13 Stanford Social Innovation Review, Winter 2015, 4.

856 Vgl. European Commission, Pharmaceutical Sector Inquiry – Final Report, Rz. 987 ff.; ebenso *Berndt/Cockburn/Grépin*, The impact of Incremental Innovation in Biopharmaceuticals – Drug Utilisation in Original and Supplemental Indications, (2006) 24 Pharmaeconomics 69, 71 ff.; *Miller*, Product Hopping: Monopolization or Innovation?, (2016) 22 B.U. J. Sci. & Tech. L. 89, 115; *Nee*, Incremental Innovation, (2015) 13 Stanford Social Innovation Review, Winter 2015, 4; einen Überblick über die verschiedenen Dimensionen der Innovation bietet *Witzel*, Relationship Marketing in der pharmazeutischen Industrie, S. 48 ff.

Die Europäische Kommission unterscheidet in ihrer Sektoruntersuchung daher auch zwischen „fundamental innovation" also grundlegender Innovation, die zur Markteinführung von gänzlich neuen Wirkstoffen führt, und „incremental innovation", d.h. schrittweiser Innovation, die weitgehend auf bereits existierenden Wirkstoffen beruht.[857] Die Verbesserung kann dabei etwa in einer Ausweitung des Anwendungsgebietes, zusätzlichen Dosierungsoptionen oder dem Abbau von Wechsel- und Nebenwirkungen liegen.[858] Sie kann natürlich auch in einer Verbesserung des Herstellungsprozesses bestehen, wodurch bspw. Produktionskosten, aber auch Nebenwirkungen, gesenkt werden können.[859] Ebenfalls nicht außer Acht zu lassen ist der Umstand, dass auch größere Innovationen oftmals auf vorherigen kleineren Schritten aufbauen.[860] Oftmals verläuft Innovation auch nicht vollständig linear bzw. planbar, sodass bei der Suche nach einer verbesserten Therapie für eine bestimmte Krankheit schließlich eine gänzlich neue Therapiemöglichkeit für ein völlig anderes oder weit schlimmeres Leiden erwächst.[861]

3. *Ausgleich der Investitionen für das Originalpräparat*

Wesentlicher Antrieb der für Wettbewerb im Arzneimittelmarkt also geradezu lebensnotwendigen Innovation, ist die Aussicht darauf, die im Vorhinein für Forschung und Entwicklung eines Arzneimittels getätigten Investitionen in der Zukunft wieder einzuspielen und mit Hilfe der generierten Profite wiederum neue Arzneimittel zu entwickeln. Wie gezeigt, sind die zur Markteinführung eines neuartigen Präparats nötigen Investitionen und Risiken erheblich[862], sodass die korrespondierenden Ertragsaussichten entsprechend hoch sein müssen.

Wird nun die Möglichkeit der Gewinnmaximierung mittels Product-Switching durch die Anwendung des Wettbewerbsrechts beschnitten, sollen entsprechende Einbußen bei der Innovationstätigkeit der Arzneimittelhersteller drohen. Ohne den Wechsel auf das Folgepräparat verlören die Originalpräparatehersteller

---

857 Vgl. European Commission, Pharmaceutical Sector Inquiry – Final Report, Rz. 132; grundlegend Tirole,

858 Siehe European Commission, Pharmaceutical Sector Inquiry – Final Report, Rz. 987; ebenso *Shepherd,* Deterring Innovation: NY v. Actavis and the Duty to Subsidize Competitors' Market Entry, (2016) 17 Minn. J.L. Sci. & Tech. 663, 703.

859 Siehe *Witzel,* Relationship Marketing in der pharmazeutischen Industrie, S. 50 ff.; *Miller,* Product Hopping: Monopolization or Innovation? (2016) 22 B.U. J. Sci. & Tech. L. 89, 117; grundlegend zum Unterschied von Produkt- und Prozessinnovationen *Tirole,* The Theory of Industrial Organization, 1988, Chapter 10.

860 Siehe *Gilbert,* Holding Innovation to an Antitrust Standard, (2007) 3 Competition Policy International 46, 57.

861 So mit einigen Beispielen *Miller,* Product Hopping: Monopolization or Innovation?, (2016) 22 B.U. J. Sci. & Tech. L. 89, 114.

862 Siehe Teil 3, B., III., 1.

zwangsläufig einen Großteil ihrer Absätze an die Generikahersteller, da diese die Produkte deutlich kostengünstiger anbieten können und so von der preisbasierten *Aut-idem-Regelung* profitieren. Somit werde verhindert, dass die Originalpräparatehersteller ihre Kosten für Forschung und Entwicklung des Originalpräparats in ausreichendem Umfang einspielen können.[863]

Die Originalpräparatehersteller würden durch das Kartellrecht davon abgehalten, ihre Abnehmer auf neue Produkte zu transferieren, wodurch sie förmlich dazu gezwungen wären, Umsätze an generische Wettbewerber abzugeben. Hierdurch werde letztlich der Ansporn zu Innovationstätigkeit verringert.[864] Ob eine bestimmte, auf minimalinnovativen Folgepräparaten basierende Absatzstrategie letztlich als missbräuchlich einzustufen ist oder nicht, sorgt zudem für einen gewissen, mit Kosten verbundenen, Grad an Unsicherheit bei den Originalpräparateherstellern. Diese Unsicherheit soll sich wie eine Steuer auf Innovation auswirken und so letztlich zu weniger Innovation führen.[865] Die Originalpräparatehersteller bringen vor, dass sie durch die gesetzlichen Privilegierungen bei der Arzneimittelzulassung und die *Aut-idem-Regelung* zwangsweise zur Förderung des Wettbewerbs der Generikahersteller verpflichtet würden. Die hier in Rede stehenden Vermarktungsstrategien sollen aus ihrer Sicht lediglich verhindern bzw. erschweren, dass die Generikahersteller von diesem zusätzlichen regulatorischen Bonus profitieren.[866] Mit Blick auf das im *AstraZeneca*-Verfahren aufgestellte Erfordernis regulatorischer Plusfaktoren wird vereinzelt sogar vertreten, dass die Anforderungen für einen Verstoß gegen Art. 102 AEUV bislang bewusst hoch angesetzt wurden, um den Originalpräparateherstellern keine Innovationsanreize zu nehmen.[867]

a) Ausreichender Patentschutz für Originalpräparate

Insoweit ist zuzugestehen, dass die Generikahersteller – zumindest was die Entwicklung der Originalpräparate und die anfängliche Etablierung derselben im Markt anbelangt – in großem Umfang von den Bestrebungen der Originalpräparatehersteller profitieren.[868]

---

863 Siehe *Shepherd,* Deterring Innovation: NY v. Actavis and the Duty to Subsidize Competitors‘ Market Entry, (2016) 17 Minn. J.L. Sci. & Tech. 663, 668 f., 705.

864 Siehe *Shepherd,* Deterring Innovation: NY v. Actavis and the Duty to Subsidize Competitors‘ Market Entry, (2016) 17 Minn. J.L. Sci. & Tech. 663, 707.

865 Siehe *Carlton/Flyer/Shefi,* Does the FTC’s Theory of Product Hopping Promote Competition?, (2016) 12 Journal of Competition Law & Economics 495, 504 f.

866 Siehe die Argumente der Beklagten in United States Court of Appeals for the Second Circuit, People of the State of New York v. Actavis PLC and Forest Laboratories LLC, Case 14-4624-cv, S. 45.

867 Siehe *Nordlander/Harrison,* Abuse of Regulatory Procedures in the Pharmaceutical Sector – Developments Since the General Court’s Judgment in AstraZeneca, (2012) CPL Antitrust Chronicle 2, 5.

868 Siehe hierzu im Detail: Teil 2, B., II. und III.

Allerdings wird hierbei geflissentlich das bereits bestehende Patentschutzsystem außer Acht gelassen. Durch die für das Originalpräparat verliehenen Schutzrechte wird vonseiten des Gesetzgebers bereits ausreichend Gelegenheit gegeben, um die Kosten für Forschung und Entwicklung sowie die Kosten der Markteinführung durch einen weit über dem Wettbewerbspreis liegenden Verkaufspreis wieder hereinzuholen. Die durch den Patentschutz verliehene Exklusivität dient gerade im Arzneimittelbereich dazu, die hohen Kosten bis zur Markteinführung des neuartigen Präparats über die Patentschutzdauer hinweg zu amortisieren.[869] Das Patentsystem trägt dem erhöhten Bedarf der Arzneimittelhersteller hinsichtlich der effektiven Patentschutzdauer zudem mit ergänzenden Schutzzertifikaten gesondert Rechnung.[870] Durch die so um bis zu fünf Jahre verlängerte effektive Patentschutzdauer bleibt den Originalpräparateherstellern zusätzlich Zeit, um die Ausgaben für Forschung, Entwicklung und Markteinführung neuer Präparate unter dem Schutz des Patentrechts einzuspielen. Dass angesichts dieser jahrelangen, umfassenden Privilegierungen der Originalpräparatehersteller nach wie vor zwingender Bedarf nach einer faktischen Perpetuierung der Marktstellung mittels Product-Switching-Strategien besteht, um die Kosten für die Erforschung und Entwicklung innovativer Arzneimittel wettzumachen und so weiterhin für Innovation zu sorgen, ist daher nicht nachvollziehbar.[871]

b) Offenheit der Aut-idem-Regelung

Die vom Product-Switch untergrabene *Aut-idem-Regelung* des § 129 Abs. 1 SGB V hat wiederum den Effekt, den Wettbewerbern des vormaligen Monopolisten den Marktzugang zu erleichtern und so den durch den Patentschutz ermöglichten Monopolpreis möglichst schnell wieder auf das Niveau eines Wettbewerbspreises herabzuführen. Sie ist zudem strikt preisbasiert und unterscheidet gerade nicht danach, ob das in der Apotheke abgegebene kostengünstigste Produkt vom Originalpräparatehersteller oder einem Generikahersteller angeboten wird. Bei aller Kritik an den nachteiligen Effekten der *Aut-idem-Regelung* auf die Absatzlage und die Innovationsfähigkeit der Originalpräparatehersteller, steht diesen jedoch nichts im Weg, das gemeinfreie Originalpräparat selbst ähnlich preiswert wie die Generikahersteller abzugeben und so ebenfalls von der *Aut-idem-Regelung* zu profitieren. Letzten Endes setzen sich die Originalpräparatehersteller also lediglich dagegen zur Wehr, nach dem Patentauslauf zu unverwässerten

---

869 Siehe *Klein*, Antitrust Enforcement against Pharmaceutical Product Hopping: Protecting Consumers or Reaching Too Far, (2016) 10 St. Louis U. J. Health L. & Pol'y 213, 218.

870 Siehe Teil 1, B., III., 2., e).

871 In diese Richtung auch Brief for Intellectual Property and Antitrust Professors as Amicus Curiae in Support of Plaintiff-Appellee, United States Court of Appeals for the Second Circuit, People of the State of New York v. Actavis PLC and Forest Laboratories LLC, Case 14-4624-cv, S. 10.

Wettbewerbsbedingungen, d.h. vor allem über den Preis, mit den Generikaherstellern konkurrieren zu müssen.

c) Generischer Wettbewerb als Triebfeder für Innovation

Zudem wird vorgebracht, dass Product-Switching-Strategien nicht an den Maßstäben des Marktmachtmissbrauchs zu messen seien, da hierdurch eine große Abschreckungswirkung auf Innovationen, besonders solche inkrementeller Art, entsteht.[872] Wie bereits dargestellt ist jedoch kontinuierliche Innovation gerade im Arzneimittelbereich von überragender Wichtigkeit.[873] Eine potentielle kartellrechtliche Sanktionierung der in der Regel auf minimalinnovativen Folgepräparaten basierenden Product-Switching-Strategien liefe daher Gefahr, zukünftige Innovationstätigkeit auszubremsen.[874]

Unter Innovationsgesichtspunkten ist kartellrechtlich völlig ungehindertes Product-Switching jedoch problematisch, da generischer Wettbewerb, wie gezeigt, dauerhaft spürbar behindert bzw. völlig ausgeschaltet werden kann.[875] Neben dem Wettbewerbsdruck durch die forschungsbasierten Innovationen anderer Originalpräparatehersteller ist dieser jedoch ebenfalls ein treibender Faktor für die Innovationstätigkeit der Originalpräparatehersteller. Bei erfolgreicher Implementierung der Switching-Strategien reicht im Gegensatz zu grundlegenden Innovationen auch der Schutz der sprichwörtlichen „Kleinen Münze“ aus, um sich gegenüber den Generikaherstellern dauerhaft eine auskömmliche Marktposition zu erhalten, was zum Erschlaffen von Wettbewerbs- und Innovationstätigkeit führt. Zwar sind Generikahersteller in der Regel nicht selbst für therapeutische Innovationen verantwortlich, da sie sich meist auf schlichtes Nachahmen bereits bekannter Wirkstoffe konzentrieren, allerdings spornen der drohende Ersatz durch Generika und kartellrechtliche Hürden für

---

872 Siehe *Cheng,* An Antitrust Analysis of Product Hopping in the Pharmaceutical Industry, (2008) 108 Colum. L. Rev. 1471, 1504; *Ethier,* Permissible Product Hopping: Why a Per Se Legal Rule Barring Antitrust Liability is Necessary to Protect Future Innovation in the Pharmaceutical Industry, (2009) 3 Akron Intell. Prop. J. 323, 338 f.; *Ginsburg/Wong-Ervin/Wright,* Product Hopping and the Limits of Antitrust: The Danger of Micromanaging Innovation, CPI Antitrust Chronicle, December 2015 (1) 1, 3; *Shepherd,* Deterring Innovation: NY v. Actavis and the Duty to Subsidize Competitors‘ Market Entry, (2016) 17 Minn. J.L. Sci. & Tech. 663, 703; ebenso bezogen auf Produktinnovationen im Allgemeinen: *Hovenkamp et al.,* Vol. 1, § 12.1, 3.

873 Siehe Teil 2, A., II.

874 Siehe *Wright/Ginsburg,* Comment on the Canadian Competition Bureau's Draft Updated Intellectual Property Enforcement Guidelines, George Mason University Legal Studies Research Paper Series LS 15-14, 2; *Shepherd,* Deterring Innovation: NY v. Actavis and the Duty to Subsidize Competitors‘ Market Entry, (2016) 17 Minn. J.L. Sci. & Tech. 663, 703.

875 Siehe Teil 2, B., II., 2.

minimalinnovative Product-Switching-Strategien die Originalpräparatehersteller dazu an, sich mit tiefschürfenderen Innovationen maßgeblich vom therapeutischen *Status quo* abzusetzen. Lässt man die Originalpräparatehersteller jedoch umfassend mit ihren Product-Switchig-Strategien gewähren, wird das Streben nach signifikanten Innovationen gedämpft, da sie sich mittels des Switches und der damit verbundenen Außerkraftsetzung der *Aut-idem-Regelung* auch durch überschaubare Innovationen äußerst erfolgreich gegen potentiellen generischen Wettbewerb abschotten können.[876]

Mit Blick auf den therapeutischen Fortschritt besteht also die Gefahr, dass es durch die auf minimalen Innovationen basierenden Product-Switching-Strategien zu einer Perpetuierung der Marktstellung der Originalpräparatehersteller und dadurch zu Innovationshemmnissen kommt. Es steht zu befürchten, dass sich die Originalpräparatehersteller im Zuge des Product-Switching geradezu planmäßig darauf konzentrieren, durch triviale oder geringfügige Produktinnovationen ihre vergleichsweise komfortable Marktstellung zu zementieren, anstatt in die Erforschung und Entwicklung signifikanter medizinischer Neuerungen zu investieren.[877] Einige der Product-Switching-Strategien führen dazu, dass es den Originalpräparateherstellern gerade an einer veritablen „challenge" durch die generischen Wettbewerber fehlt. Zudem werden um des schnell erzielbaren Markteffekts einer Minimalinnovation willen finanzielle Ressourcen von wirtschaftlich riskanteren – jedoch therapeutisch weit vielversprechenderen – Innovationen abgezogen.[878] Es wird insoweit auch generell bezweifelt, dass das Streben nach bahnbrechenden therapeutischen Innovationen dadurch gedämpft wird, dass es den Originalpräparateherstellern kartellrechtlich verwehrt bleibt, den Generikaherstellern durch therapeutisch zu vernachlässigende Innovationen den Marktzugang zu erschweren.[879]

876 Siehe American Antitrust Institute Amicus Curiae, Unites States Court of Appeals for the Second Circuit, State of New York v. Actavis PLC and Forest Laboratories LLC, Case No. 14-CV-7473, S. 25 f.; *Klein*, Antitrust Enforcement against Pharmaceutical Product Hopping: Protecting Consumers or Reaching Too Far, (2016) 10 St. Louis U. J. Health L. & Pol'y 213, 231.

877 Vgl. United States Court of Appeals for the Second Circuit, People of the State of New York v. Actavis PLC and Forest Laboratories LLC, Case 14-4624-cv, S. 50.

878 Siehe American Antitrust Institute Amicus Curiae, Unites States Court of Appeals for the Second Circuit, State of New York v. Actavis PLC and Forest Laboratories LLC, Case No. 14-CV-7473, S. 25 f.

879 Vgl. Brief for Amicus Curiae Federal Trade Commission supporting Plaintiff-Appellant, United States Court of Appeals for the Third Circuit, Mylan Pharmaceuticals Inc v. Warner-Chilcott PLC et. al, Case: 15-2236, S. 29.

II. Safe-Harbor-Lösungen

Die Anwendung des Art. 102 AEUV auf Product-Switching-Strategien birgt unter Innovationsgesichtspunkten also durchaus Risiken. Auch unter ethischen Gesichtspunkten lässt sich der mit einer therapeutischen Innovation – und sei diese auf den ersten Blick noch so gering – einhergehende individuelle Gewinn von Lebenszeit bzw. Lebensqualität jedoch weder mit Geld noch mit dem Interesse an der Offenhaltung von Märkten aufwiegen. Angesichts des aufgezeigten erheblichen Missbrauchspotentials des infolge des Price-Disconnects erschlafften Preis- und Qualitätsbewusstseins der Abnehmer sowie den daraus resultierenden Gefahren für den Innovations- und Wettbewerbsprozess, sollten derlei Strategien jedoch auch nicht pauschal von einer Anwendung des Art. 102 AEUV ausgenommen werden. Durch eine vereinzelt geforderte *per se* Legalität der Markteinführung neuer – nicht notwendigerweise innovativer – Produkte[880], würde zudem auch eine Vielzahl an missbräuchlichen und wettbewerbsverzerrenden Absatzstrategien pauschal toleriert werden.

Um die Gefahr der Erdrosselung therapeutischer Innovationen mit dem wettbewerblichen Interesse am effektiven Markteintritt der Generikahersteller möglichst vorherseh- und handhabbar zum Ausgleich zu bringen, bieten sich daher vor allem sog. „Safe-Harbor" Lösungen an.[881] Durch verschiedene allgemeingültige, an zeitlichen und qualitativen Kriterien orientierte Ausnahmen von Art. 102 AEUV können Arzneimittelinnovationen, die typischerweise kein oder nur ein äußerst geringes Missbrauchspotential in sich bergen, weiterhin mit überschaubaren rechtlichen Risiken durchgeführt werden. Alle außerhalb der Safe-Harbors liegenden Absatzstrategien sind dabei selbstverständlich nicht automatisch als missbräuchlich zu qualifizieren, müssten sich jedoch in vollem Umfang kritisch an Art. 102 AEUV messen lassen.

1. *Safe-Harbor vor dem Patentauslauf*

Wie bereits dargestellt, sind Product-Switching-Strategien insbesondere dann erfolgreich, d.h. die Konversionsrate der Patienten auf das Folgeprodukt besonders hoch, wenn der Switch vor dem Patentauslauf des Originalpräparats erfolgt.[882] Um sowohl die patentrechtliche Exklusivität des Original- sowie des Folgepräparats möglichst umfassend auszunutzen, wird der Switch im Idealfall so nah wie möglich an das Ende der Patentschutzdauer des Originalpräparats

880 Siehe *Manne/Wright*, Innovation and the Limits of Antitrust, (2010) 6 Journal of Competition Law & Economics 153, 196.

881 Zur Schaffung von Safe-Harbors in Bezug auf Section 2 Sherman Act: *Carrier/Shadowen*, Product Hopping: A New Framework, (2016) 92 Notre Dame L. Rev. 167, 206 ff.; *Gilbert*, Not another Drug! Antitrust for Drug and other Innovations, (2015) 30 Antitrust ABA 38, 41.

882 Siehe Teil 4, B., II., 2., a).

gelegt. Um gleichzeitig ausreichend Raum für eine lückenlose Migration der Patienten auf das Folgepräparat zu haben, werden Switching Strategien jedoch typischerweise ein bis zwei Jahre vor dem Patentauslauf des Originalpräparats in die Wege geleitet.[883] Die Einführung innovativer Folgeprodukte weit vor der Markteinführung der Generika, ist demnach hingegen nicht auf die strategische Verdrängung bzw. Einhegung von Wettbewerbern gerichtet, sondern dient bspw. allein der Diversifizierung des Produktportfolios oder der Behebung von Schwächen des Originalpräparats.[884]

In den USA wird insoweit ein Safe-Harbor für sämtliche Product-Switch gefordert, die außerhalb des sog. „Fensters" für den Markteintritt der Generika durchgeführt werden. Liegt die Markteinführung des Folgepräparats außerhalb eines 18-monatigen Zeitraums vor der Einreichung des ersten Antrags auf eine verkürzte Marktzulassung nach dem ANDA-System, soll deshalb ein wie auch immer gearteter Switch nicht unter die Missbrauchskontrolle fallen.[885] Eine Änderung am Originalpräparat vor diesem Zeitraum soll keine Änderung der wettbewerblichen Rahmenbedingungen mit sich bringen, da es am zeitlichen Zusammenhang zwischen dem absehbaren Markteintritt von Generika und den Veränderungen am Originalpräparat, die den *Aut-idem*-Mechanismus beeinträchtigen, fehle.[886] Dabei gilt es jedoch zu beachten, dass dieser 18-monatige Safe-Harbor-Zeitraum ohne stichhaltige Begründung ausgelobt wird. Er wird schlicht als ausreichend identifiziert, um den Generikaherstellern genug Zeit zu geben, ihre generischen Arzneimittel an das jeweils aktuelle Originalpräparat anzupassen und sich um eine verkürzte Marktzulassung zu bemühen.[887] Die Bemessung des Zeitraums erscheint daher zunächst äußerst willkürlich.

Das Argument, dass bei genügend zeitlichem Abstand zwischen der Marktzulassung der Generika und den Veränderungen am Originalpräparat kein Zusammenhang zwischen der Veränderung am Originalpräparat und einer gezielten Behinderung der Wettbewerber besteht, leuchtet jedoch ein. Nur dann, wenn die Veränderung am Originalpräparat zeitlich im Zusammenhang mit einem absehbaren Markteintritt von Generika steht, kommt der Verdacht der Missbräuchlichkeit auf. Gemünzt auf die Situation innerhalb der EU, wäre daher ein Product-Switch letztlich am Zeitpunkt der Einreichung eines Antrags auf

883 Siehe Teil 1, C., III.

884 Siehe *Carrier/Shadowen*, Product Hopping: A New Framework, (2016) 92 Notre Dame L. Rev. 167, 207.

885 Siehe *Carrier/Shadowen*, Product Hopping: A New Framework, (2016) 92 Notre Dame L. Rev. 167, 207 ff.

886 Siehe *Carrier/Shadowen*, Product Hopping: A New Framework, (2016) 92 Notre Dame L. Rev. 167, 207.

887 Siehe *Carrier/Shadowen*, Product Hopping: A New Framework, (2016) 92 Notre Dame L. Rev. 167, 207 ff.

verkürzte Marktzulassung nach § 24b AMG oder Art. 6 Abs. 1 VO 726/2004/EG iVm Art. 10 Abs. 1 RL 2001/83/EG zu messen. Aus Gründen der unternehmerischen Vorhersehbar- und Planbarkeit wäre es insoweit jedoch besser, statt auf den flexiblen Zeitpunkt des Marktzulassungsantrags auf den fixen und daher im Voraus berechenbaren Zeitpunkt des Patentauslaufs abzustellen.

Die Bestimmung eines Zeitraums, in dem eine Änderung am Originalpräparat nebst entsprechendem Switch unter Missbrauchsgesichtspunkten pauschal als unverdächtig gilt, ist äußerst schwierig und fällt an sich dem Gesetzgeber bzw. den Gerichten oder der Entscheidungspraxis der Wettbewerbsbehörden zu. Da die große Mehrzahl der Switching Strategien jedoch in einem Zeitraum von ein bis zwei Jahren vor dem Patentauslauf des Originalpräparats umgesetzt werden, erscheint unter Zugabe eines Sicherheitszuschlags bspw. ein Safe-Harbor bis drei Jahre vor dem Patentauslauf (bzw. dem Auslauf eines SPC) als tragfähiger Kompromiss zwischen notwendiger Produktinnovation und missbräuchlicher Behinderung der Wettbewerber beim Marktzutritt. Um den Wettbewerbsbehörden im Einzelfall die Möglichkeit zu geben, etwaigen atypischen Verstößen dennoch mittels Art. 102 AEUV Einhalt zu gebieten, ist eine derartige Privilegierung als kartellbehördlich widerlegbare Vermutung auszugestalten. Sämtliche Product-Switches, die sich danach abspielen, müssen sich jedoch in vollem Umfang an Art. 102 AEUV messen lassen.

2. *Safe-Harbor nach dem Markteintritt von Generika*

Ein weiterer Safe-Harbor bietet sich für Product-Switches an, die nach dem Markteintritt der mit dem Originalpräparat korrespondieren Generika vorgenommen werden.[888] Wie gezeigt liegt in diesen Fällen sowohl unter dem „Coercion"-Gesichtspunkt als auch im Hinblick auf die Ausschaltung der *Aut-idem-Regelung* ohnehin kein vorwerfbares Verhalten vor. Zum einen haben die Abnehmer weiterhin die freie Wahl zwischen dem Folgepräparat und dem Originalpräparat bzw. dessen Generika.[889] Zum anderen haben die Generikahersteller in diesem Fall bereits auch faktisch die Gelegenheit, tatsächlich von der *Aut-idem-Regelung* zu profitieren.[890] Eine pauschale Ausnahme vom Anwendungsbereich des Art. 102 AEUV ist daher unproblematisch möglich.

Lediglich Strategien, die auf die Verunglimpfung der Generika oder des Originalpräparats, vor allem durch vorgeschobene Sicherheitsbedenken, abzielen, sollten hiervon ausgenommen und gesondert unter Art. 102 AEUV geprüft werden.

---

888 Siehe *Carrier/Shadowen*, Product Hopping: A New Framework, (2016) 92 Notre Dame L. Rev. 167, 2009.
889 Siehe Teil 4, B., II., 2., b).
890 Siehe Teil 4, B., III., 2., a).

Angesichts der herausgehobenen Marktstellung der Marktbeherrscher und des, aus dem von ihnen über Jahre hinweg gesteuerten Informationsflusses resultierenden, Vertrauensvorschusses, der ihnen bei den Abnehmern in der Regel zukommt[891], sind diese Strategien zumindest dazu geeignet, die Wettbewerbsbestrebungen der Mitbewerber auch nach dem Markteintritt von Generika spürbar zu untergraben. Davon abgesehen hätten die Absatzstrategien der Originalpräparatehersteller bis zu drei Jahren vor dem Patentauslauf sowie nach dem Markteintritt der ersten Generika grundsätzlich keine Sanktion nach Art. 102 AEUV zu fürchten. In diesen beiden Zeiträumen steht es den Originalpräparateherstellern also frei, bereits bekannte Wirkstoffe zu ändern und zu verbessern, gänzlich neuartige Produkte auf dem Markt zu platzieren und dabei vor allem die ursprünglichen Originalpräparate auch ungehemmt vom Markt zu nehmen.

3. *Safe-Harbor für signifikante therapeutische Verbesserungen*

Eine weitere Möglichkeit, kontinuierliche therapeutische Innovation mit der teils widerstrebenden Einschränkung unternehmerischer Freiheit durch die Missbrauchskontrolle zum Ausgleich zu bringen, ist, die Frage nach der Missbräuchlichkeit mit der Qualität der Innovation zu verknüpfen. Insoweit wird gefordert, dass Absatzstrategien, die mit einer signifikanten Verbesserung an Produkten oder Dienstleistungen einhergehen, generell vom Marktmachtmissbrauchsverbot ausgenommen werden, da anderenfalls wünschenswerte Innovationstätigkeit im Keim erstickt würde.[892] Hierdurch wird der Innovationskraft des jeweiligen Folgepräparats auf kartellrechtlicher Ebene Rechnung getragen. Die kartellrechtliche Beurteilung soll also vom Grad der therapeutischen Innovation abhängen, die im Folgepräparat verkörpert liegt.

Dass der Innovationsgrad eines Folgepräparats insoweit eine maßgebliche Rolle spielt, erkennen auch Stimmen an, die einer kartellrechtlichen Sanktionierung des Product-Switchings grundsätzlich kritisch gegenüberstehen. Wenn das Folgepräparat keinerlei therapeutische Innovation mit sich bringt, es sich also nur um eine sog. „Scheininnovation" handelt, die den Abnehmern keinerlei Vorteile bringt, soll die Einführung eines solchen Präparats mittels einer Switching-Strategie ausnahmsweise missbräuchlich sein.[893]

---

891 Siehe Teil 3, B., III., 3., a), bb).

892 Siehe *Hovenkamp et al.*, Vol. 1, § 12.1, 21, 32; *Werden*, Identifying Exclusionary Conduct Under Section 2: The "No Economic Sense" Test, (2006) 73 Antitrust L.J. 412, 414, 419; *Areeda/Hovenkamp*, Antitrust Law, Vol. III B, para. 776a.

893 Siehe *Gilbert*, Holding Innovation to an Antitrust Standard, (2007) 3 Competition Policy International 46, 61 f.; in diese Richtung auch *Ginsburg/Wong-Ervin/Wright*, Product Hopping and the Limits of Antitrust: The Danger of Micromanaging Innovation, CPI Antitrust Chronicle, December 2015 (1) 1, 5, die insoweit übereinstimmend von „sham innovation" sprechen.

a) *Diffizile Bestimmung des Innovationsgrades*

Im Streitfall würde das über den konkreten Product-Switch zu urteilende Gericht oder die jeweilige Wettbewerbsbehörde jedoch vor die Herausforderung gestellt, bei der kartellrechtlichen Prüfung des Sachverhaltes den therapeutischen Fortschritt des Folgepräparats zu bewerten.

Die Bewertung des therapeutischen Mehrwerts von Arzneimitteln gestaltet sich jedoch schwierig und birgt Risiken. Die Gerichte seien insbesondere nicht dazu in der Lage, signifikante Innovationen von trivialen Veränderungen zu unterscheiden, d.h. die Vorteile neuer Produkte für die Abnehmer richtig zu bewerten und diese ins Verhältnis mit möglichen Beeinträchtigungen des Wettbewerbs zu setzen.[894] Es mangele insoweit vor allem an belastbaren Kriterien, um einen verlässlichen Grad an Innovation zu bemessen, der eine Maximierung der Gesamtwohlfahrt bei Minimierung der Wettbewerbsbeeinträchtigung ermöglicht.[895] Angesichts der technischen Komplexität medizinischer Innovationen stehe es den Gerichten und Behörden schlicht nicht zu, darüber zu richten, welche Arzneimittelinnovationen nun zu bevorzugen sind bzw. bei welchen Präparaten die Balance zwischen Qualität und Preis stimmt.[896]

b) *Ergebnis der Nutzenbewertung als „Proxy" für Innovation*

Diese Kritikpunkte sind berechtigt. Insbesondere die technische Komplexität von Arzneimitteln und die Bewertung therapeutischer Fortschritte erweisen sich

---

894 Siehe *Ethier*, Permissible Product Hopping: Why a Per Se Legal Rule Barring Antitrust Liability is Necessary to Protect Future Innovation in the Pharmaceutical Industry, (2009) 3 Akron Intell. Prop. J. 323, 341 f.; *Shepherd,* Deterring Innovation: NY v. Actavis and the Duty to Subsidize Competitors' Market Entry, (2016) 17 Minn. J.L. Sci. & Tech. 663, 700; *Wright/Ginsburg,* Comment on the Canadian Competition Bureau's Draft Updated Intellectual Property Enforcement Guidelines, George Mason University Legal Studies Research Paper Series LS 15-14, 2; in diese Richtung auch *Crane,* Provigil: A Commentary, (2011) 3 Hastings Sci. & Tech. L.J. 453, 456 der auf die Unzulänglichkeiten des US-Jurysystems für derlei komplexe Fragestellungen hinweist.

895 Siehe *Shepherd,* Deterring Innovation: NY v. Actavis and the Duty to Subsidize Competitors' Market Entry, (2016) 17 Minn. J.L. Sci. & Tech. 663, 700 mwN. aus der US-Rechtsprechung.

896 Siehe *Cheng,* An Antitrust Analysis of Product Hopping in the Pharmaceutical Industry, (2008) 108 Columbia L. Rev. 1471, 1504, mit Verweis auf *Hovenkamp,* Sensible Antitrust Rules for Pharmaceutical Competition, (2004) 39 University of San Francisco L. Rev. 11 f., der jedoch im gleichen Atemzug dazu mahnt, dass die Gerichte nicht zögern sollten einzuschreiten, wenn eine genuine Gefahr für den Wettbewerb eintritt, insbesondere wenn dieses Verhalten aus dem Einsatz von Patenten oder anderen Rechten des Geistigen Eigentums erwächst.

als besonders schwierig. Angesichts der natürlichen Risikoaversion der in erster Linie wirtschaftlich denkenden Arzneimittelhersteller können eine unkalkulierbare kartellrechtliche Sanktionierung von Product-Switching-Strategien sowie das resultierende Bußgeldrisiko und mögliche anschließende Schadensersatzforderungen ein großes Hemmnis für die Markteinführung innovativer Produkte darstellen.

Zumindest auf dem deutschen Arzneimittelmarkt könnte jedoch das Ergebnis der Nutzenbewertung nach § 35a SGB V als verlässlicher Indikator für den therapeutischen Mehrwert, d.h. der im Folgepräparat verkörperten Innovation, dienen. Anders als bei einer Einschätzung durch Gerichte oder Wettbewerbsbehörden, basiert die Nutzenbewertung auf einer fundierten, einheitlichen wissenschaftlichen Grundlage. Da es sich bei den im Zuge eines Product-Switch verwendeten Folgepräparate in aller Regel um erstattungs- und verschreibungspflichtige Arzneimittel mit „neuen Wirkstoffen" iSv § 35a Abs. 1 SGB V iVm § 2 Abs. 1 AM-NutzenV handelt, ist eine Nutzenbewertung ohnehin verpflichtend durchzuführen.

Besteht ein signifikanter Zusatznutzen nach § 35a SGB V, sprechen die besseren Gründe gegen einen Verstoß nach Art. 102 AEUV, da die Innovationskraft des Folgepräparats hier die unter Umständen nachteiligen Markteffekte des Switches aufwiegt. Zumindest bei erheblichem oder beträchtlichem Zusatznutzen nach der Klassifikation des § 5 Abs. 7 Nr. 1, Nr. 2 AM-NutzenV kann im Interesse des Ansporns zu und des Schutzes von Innovation im Rahmen der Interessenabwägung davon ausgegangen werden, dass der mit der Einführung des innovativen Folgepräparats verknüpfte Product-Switch nicht darauf gerichtet war, lediglich Wettbewerber vom Markt fernzuhalten, sondern in erster Linie der Etablierung eines innovativen Arzneimittels diente. Allenfalls bei Folgepräparaten, die gänzlich ohne oder nur mit geringem bzw. nicht quantifizierbarem Zusatznutzen einhergehen, ist eine Prüfung des Product-Switch nach Art. 102 AEUV angezeigt. Hier besteht die Gefahr, dass die Abnehmer sich dazu gezwungen sehen, ein therapeutisch wenig verbessertes Folgepräparat abzunehmen, wodurch die *Aut-idem-Regelung* außer Kraft gesetzt wird und so Wettbewerbern der Marktzutritt künstlich erschwert bzw. komplett verwehrt bleibt.

Durch die Schaffung dieses an Innovationsgesichtspunkten orientierten Safe-Harbor, könnte der Konflikt zwischen erwünschter Innovationstätigkeit und den Marktverschlusseffekten bzw. Wettbewerbshürden, der durch das Product-Switching entsteht, zu einem praktikablen Ausgleich gebracht werden. Das Ergebnis der Nutzenbewertung sollte daher als „Proxy" für die in einem Folgepräparat verkörperte Innovation berücksichtigt werden.

c) Problematischer Zeitpunkt der Nutzenbewertung

Allein ungünstig ist insoweit, dass das Verfahren der Nutzenbewertung in der Regel erst mit der Markteinführung des Folgepräparats beginnt. Mit einer abschließende Entscheidung über den Grad des Zusatznutzens ist in der Regel erst nach sechs Monaten sicher zu rechnen.[897] Damit ist unter der derzeitigen Ausgestaltung der Nutzenbewertung eine kartellrechtliche Bewertung der jeweiligen Product-Switching-Strategie auf den ersten Blick lediglich *ex post* möglich. Damit böte ein derartig ausgestalteter Safe-Harbor keine zusätzliche Planungssicherheit für die Originalpräparatehersteller und minimiert zumindest im Vorhinein nicht das Risiko einer Sanktionierung ihrer Absatzstrategien nach Art. 102 AEUV. § 35a Abs. 1 SGB V sieht jedoch lediglich vor, dass der Antrag auf die Durchführung der Nutzenbewertung „spätestens" mit der erstmaligen Markteinführung des Folgepräparats einzureichen ist. Ein Antrag kann daher auch bereits so frühzeitig vom Originalpräparatehersteller gestellt werden, dass das Verfahren der Nutzenbewertung abgeschlossen ist, bevor mit einem etwaigen Product-Switch begonnnen wird. Bei entsprechendem Timing des Antrags auf Nutzenbewertung vonseiten der Originalpräparatehersteller, kann daher das therapeutische Innovationspotential eines Folgepräparats bei der Bewertung von Absatzstrategien effektiv berücksichtigt und eine Sanktionierung nach Art. 102 AEUV vermieden werden. Die Originalpräparatehersteller hätten es bei der Markteinführung nicht lediglich minimalinnovativer Folgepräparate also selbst in der Hand, ob sie von einem kartellrechtlichen Safe-Harbor profitieren oder nicht.

4. *Rechtliche Anknüpfungspunkte für die Umsetzung des Safe-Harbor-Mechanismus*

Anders als im US-Antitrust Law ist im europäischen Kartellrecht jedoch nur selten ausdrücklich von Safe-Harbor-Mechanismen die Rede. Der Sache nach handelt es sich bei diesem Schlagwort wie gezeigt um einen gesetzlich geschützten Bereich, in dem Unternehmen vor kartellrechtlicher Verfolgung sicher sind, soweit sie sich innerhalb des Safe-Harbor bewegen. In den USA fußen Safe-Harbor Regelungen ausschließlich auf Guidelines und Mitteilungen der Kartellbehörden und erfassen hauptsächlich horizontale und vertikale Vereinbarungen zwischen Wettbewerbern sowie die Zusammenschlusskontrolle.[898]

Mechanismen mit vergleichbarer Wirkung finden sich im EU-Kartellrecht in den verschiedenen Gruppenfreistellungsverordnungen (GVOen)[899] sowie in

897 Siehe Teil 3, C., II., 2., c).

898 Siehe hierzu im Detail: *Schweizer*, Marktanteilsabhängige safe harbours für horizontale Zusammenarbeit zwischen Unternehmen, S. 35 ff.

899 VO (EU) Nr. 330/2010 der Kommission vom 22. 12. 1999 über die Anwendung von Art. 101 Abs. 3 AEUV auf Gruppen von vertikalen Vereinbarungen und abgestimmten Verhaltensweisen, ABl. 2010 L 102/1; VO (EU) Nr. 1218/2010 der Kommission vom 14. 12. 2010 über die Anwendung von Art. 101 Abs. 3 AEUV auf bestimmte Gruppen von Spezialisierungsvereinbarungen, ABl. 2010 L 335/43; VO (EU) Nr. 1217/2010 der Kommission vom 14. 12. 2010 über die Anwendung von Art. 101

Leitlinien und Mitteilungen der Europäischen Kommission.[900] Die hier skizzierten Safe-Harbors können mittels Leitlinien oder Mitteilungen relativ unproblematisch und ohne größeren gesetzgeberischen Aufwand umgesetzt werden, um den Arzneimittelherstellern bei der Erforschung, Entwicklung und Implementierung innovativer Arzneimittel zumindest auf Kommissionsebene einen vorhersehbaren Rechtsrahmen an die Hand zu geben. Die Leitlinien und Mitteilungen interpretieren die in Kraft befindlichen Rechtsvorschriften des AEUV oder geben Hinweise zu deren Auslegung. Sie entfalten anders als Verordnungen nach Art. 288 Abs. 1, Abs. 2 AEUV jedoch keine allgemein verbindliche Wirkung und binden weder die Unionsgerichte noch die Gerichte der Mitgliedstaaten oder die nationalen Kartellbehörden.[901] Nach dem allgemeinen Vertrauensgrundsatz ist jedoch zumindest die Europäische Kommission im Wege der Selbstbindung an sie gebunden.[902] Die Kommission kann also von den in Leitlinien geäußerten Rechtsmeinungen nicht willkürlich abweichen, sondern nur aus sachlich gerechtfertigten Gründen ihre Rechtsauffassung ändern. Insoweit bieten Leitlinien für die Pharmaunternehmen genug Rechtssicherheit, um ihr wettbewerbliches Verhalten derart zu justieren, dass keine Sanktionierung durch die Europäische Kommission zu befürchten ist. Um im Einzelfall dennoch hinreichende Flexibilität bei der Anwendung des Missbrauchsverbotes zu gewährleisten, sollten die skizzierten safe harbours als behördlich widerlegbare Vermutung ausgestaltet werden.

Wie gezeigt ist es zwingend nötig, die Innovationstätigkeit der Arzneimittelhersteller durch vorhersehbare, generell anwendbare Regeln sowie einen möglichst großen Spielraum für die Implementierung von Produktinnovationen

---

Abs. 3 AEUV auf bestimmte Gruppen von Vereinbarungen über Forschung und Entwicklung, ABl. 2010 L 335/36; VO (EU) Nr. 461/2010 der Kommission vom 27.5. 2010 über die Anwendung von Art. 101 Abs. 3 AEUV auf Gruppen von vertikalen Vereinbarungen und abgestimmten Verhaltensweisen im Kraftfahrzeugsektor, ABl. 2010 L 129/52; VO (EU) Nr. 267/2010 der Kommission vom 24.3.2010 über die Anwendung von Art. 101 Abs. 3 AEUV auf Gruppen von Vereinbarungen, Beschlüssen und abgestimmten Verhaltensweisen im Versicherungssektor, ABl. L 83/1; VO (EG) Nr. 772/2004 der Kommission vom 27.4.2004 über die Anwendung von Art. 81 Abs. 3 EG-Vertrag auf Gruppen von Technologie-Vereinbarungen, ABl. 2004 L 123/11.

900 Vgl. Leitlinien der Kommission zur Anwendung von Artikel 81 Absatz 3 EG-Vertrag vom 27.4.2004, ABl. 2004 C 101/97; Mitteilung der Kommission, Erläuterungen zu den Prioritäten der Kommission bei der Anwendung von Artikel 82 des EG-Vertrags auf Fälle von Behinderungsmissbrauch durch marktbeherrschende Unternehmen vom 24.2.2009, ABl. 2009 C 45/7.

901 Siehe *Ellger*, in: Immenga/Mestmäcker, EU-Wettbewerbsrecht, Art. 101 Abs. 3 AEUV, Rz. 73 f.

902 Siehe EuGH, Urteil v. 28.6.2005, verb. Rs. C-189/02 P, C-202/02 P, C-205/02 P bis C-208/02 P und C-213/02 P, Slg. 2005 I-5425, Rz 209 – *Dansk Rørindustri*; *Ellger*, in: Immenga/Mestmäcker, EU-Wettbewerbsrecht, Art. 101Abs. 3 AEUV, Rz. 72.

abzusichern.[903] Auf die hiesigen Safe-Harbors treffen die geäußerten Bedenken zudem nicht uneingeschränkt zu. Innerhalb der beiden an zeitliche Faktoren anknüpfenden Safe-Harbors handelt es sich bei den erfassten Switching Strategien bereits der Sache nach schon nicht um einen Verstoß gegen Art. 102 AEUV. Switching Strategien, die nach dem Patentauslauf des Originalpräparates durchgeführt werden, sind wie erörtert wettbewerblich grundsätzlich unbedenklich, sodass hier kein Verstoß gegen Art. 102 AEUV vorliegt.[904] Dies gilt nur dann nicht, wenn der marktbeherrschende Originalpräparatehersteller nach dem Patentauslauf das Originalpräparat und damit auch die Generika – bspw. durch vorgeschobene Sicherheitsbedenken – verunglimpft oder rasche Änderungen am Originalpräparat vornimmt und so einen Ersatz nach der *Aut-idem-Regelung* verhindert. In diesen Fällen soll jedoch auch die Safe-Harbor Regelung nicht greifen.[905] Eine entsprechende Klarstellung vonseiten der Kartellbehörden wäre für diese Fälle daher nur konsequent.

Bei Switching Strategien, die zeitlich weit vor dem Patentauslauf des Originalpräparats umgesetzt werden, fehlt es wie gezeigt am Zusammenhang zwischen der Veränderung am Originalpräparat und einer etwaigen Behinderung der Wettbewerber. Durch das Verhalten des Marktbeherrschers treten in diesen Fällen keine unmittelbaren Änderungen der wettbewerblichen Rahmenbedingungen ein, sodass eine Verletzung von Art. 102 AEUV ausgeschlossen ist.[906]

Beim an der Qualität des therapeutischen Fortschritts orientierten Safe-Harbor überwiegen die wettbewerblichen Vorteile der Einführung des therapeutisch nachweislich fortschrittlichen Folgepräparats in aller Regel die Nachteile des Switches für den Wettbewerb. Folgepräparate, die einen erheblichen therapeutischen Zusatznutzen iSv § 35a Abs. 1 SGB V mit sich bringen, tragen zu einer deutlichen Verbesserung der von den Abnehmern erstrebten Therapiemöglichkeiten bei. Zum einen wird der technische Fortschritt gefördert, zum anderen die Konsumentenwohlfahrt unter dem Gesichtspunkt des therapeutischen Fortschritts erheblich gesteigert. Eine entsprechende Ausnahme vom Missbrauchsverbot sorgt nicht zuletzt dafür, einen zusätzlichen Anreiz für die Erforschung und Entwicklung therapeutisch innovativer Arzneimittel zu setzen. Die Abnehmer, d.h. die Patienten, werden entsprechend Art. 101 Abs. 3 AEUV durch den therapeutischen Mehrwert der innovativen Folgepräparate auch angemessen an dem aus der therapeutischen Verbesserung folgenden Gewinn beteiligt. Etwaige wettbewerbliche Nachteile beim Marktzugang der Generikahersteller werden letztlich durch die therapeutischen Fortschritte des Folgepräparats aufgewogen. Die strukturierte, auf wissenschaftlicher Grundlage durchgeführte Bewertung des therapeutischen Fortschritts anhand der einheitlichen Kriterien des § 35a

903 Siehe hierzu im Detail: Teil 4, C., I. und II.
904 Siehe Teil 4, C., II., 2.
905 Siehe Teil 4, C., II., 2.
906 Siehe Teil 4, C., II., 1.

Abs. 1 SGB V lässt in diesen Fällen ausnahmsweise auch ein pauschales Urteil über die Rechtfertigung derartiger Verhaltensweisen zu, sodass hier keine Einzelfallbetrachtung nötig ist, sondern eine generelle Anwendbarkeit auf sämtliche Fälle des Product-Switching möglich ist. § 35a Abs. 1 SGB V vergleichbare Verfahren in anderen mitgliedstaatlichen Jurisdiktionen, die ebenfalls eine Einstufung des Innovationsgrades neuartiger Wirkstoffe dienen, wären unter diesem Safe-Harbor selbstverständlich entsprechend zu berücksichtigen.

III. Kritik der Ansätze zur Bestimmung der Parameter der Interessenabwägung

Im Lichte der Sicherung des Innovationswettbewerbs stellt sich die Frage, welchen der oben dargestellten Kriterien[907] der Vorzug zu geben ist, um im Zuge der Interessenabwägung über die Missbräuchlichkeit von Product-Switching-Strategien zu urteilen. Hierbei muss auch zwingend eine Verknüpfung mit den aufgezeigten Safe-Harbors hergestellt werden.

1. Der No-Economic-Sense-Test

Der entsprechend modifizierte No-Economic-Sense-Test erweist sich hinsichtlich seiner Handhabbarkeit prinzipiell als vorzugswürdig, um im Rahmen der Interessenabwägung bei Art. 102 AEUV Anhaltspunkte dafür zu ermitteln, wann eine Absatzstrategie missbräuchlich ist. Auch die bisherige Entscheidungspraxis der Gerichte und Behörden lässt auf eine verstärkte zukünftige Anwendung dieses Prüfverfahrens schließen.

Einerseits wird durch die strikt an mathematischen Berechnungen orientierte Betrachtung eine weitläufige und teils ausufernde Kasuistik vermieden. Faktoren wie die zeitliche Implementierung des Switches oder die konkreten Auswirkungen auf die Wirksamkeit des *Aut-idem-Mechanismus* werden dabei ausgeblendet. Die Entwicklung und Markteinführung neuer Arzneimittel durch die marktbeherrschenden Originalpräparatehersteller gestaltet sich zumindest unter kartellrechtlichen Gesichtspunkten als weitgehend vorherseh- und planbar.[908] Voraussetzung für eine sachgemäße Anwendung sind jedoch ausreichende Daten, was die Kosten- und Ertragsrechnung der Einführung des jeweiligen Folgepräparats sowie die Erstellung und Berechnung eines kontrafaktischen Szenarios anbelangt.[909] Hinzu kommen die nicht von der Hand zu weisenden Risiken der False-Negatives. Insbesondere das Risiko Absatzstrategien nicht

---

907 Siehe Teil 4, B.

908 Siehe *Carrier/Shadowen,* Product Hopping: A New Framework, (2016) 92 Notre Dame L. Rev. 167, 216.

909 Vgl. *O'Donoghue/Padilla,* The Law and Economics of Article 102 TFEU, S. 230; *Wurmnest,* Marktmacht und Verdrängungsmissbrauch, S. 365 f.

vom Missbrauchsverbot erfasst zu sehen, die sich auch ohne die Verdrängung der Wettbewerber rechnerisch als profitabel erweisen, jedoch tatsächlich wettbewerbserdrosselnde Auswirkungen haben, erscheint trotz der vorgebrachten rechtspolitischen Erwägungen nicht hinnehmbar. Auch die aus einem erfolgreichen profitablen Switch resultierende Zwangswirkung auf die Abnehmer und die Außerkraftsetzung des *aut- idem* Mechanismus sorgen dafür, dass ein unter – Wettbewerbsgesichtspunkten höchst willkommener – effektiver Markteintritt generischer Wettbewerber u.U. auf Jahre hin verwehrt bleibt. Problematisch ist insoweit, dass sich dies durch eine geschickte Kostenplanung bzw. Kostendarstellung der Originalpräparatehersteller entsprechend steuern lässt. Darüber hinaus wird durch die Möglichkeit von False-Negatives ein Anreiz gesetzt, die Innovation des meist minimalinnovativen Folgepräparats selbst noch kostengünstiger, und damit mit großer Wahrscheinlichkeit noch weniger bedeutend als ohnehin zu erwarten war, auszugestalten. Trotz dieser Schwächen erweist sich der modifizierte No-Economic-Sense-Test prinzipiell als gut handhabbares Werkzeug, um missbräuchliche Absatzstrategien von wettbewerbskonformen zu unterscheiden. Vor allem unter dem Aspekt, dass kartellrechtliche Risiken bei der Einführung neuer Produkte buchstäblich kalkuliert werden können, trägt er erheblich zur Rechts- und Planungssicherheit der Originalpräparatehersteller bei.

Im Lichte der hier favorisierten Safe-Harbor-Lösungen kann zudem das Risiko von False-Positives weitgehend ausgeblendet werden. Durch die an klaren Parametern orientierte Privilegierung von Switching Strategien vor dem Patentauslauf des Originalpräparats nach dem Markteintritt von Generika sowie bei signifikanten therapeutischen Innovationen, wird verhindert, dass durch das Marktmachtmissbrauchsverbot wichtige Innovationstätigkeit unterbleibt oder innovative Produkte aufgrund von kartellrechtlichen Risiken nur zögerlich oder gar nicht auf den Markt gelangen. Insbesondere die Privilegierung von Folgepräparaten, mit denen tatsächlich eine therapeutisch relevante Innovation einhergeht, minimiert das Risiko, dass innovative und ggf. kostengünstigere Arzneimittel zu Unrecht von Art. 102 AEUV erfasst werden. Auch wenn aus der Markteinführung des innovative Folgepräparat im Vergleich zum anhaltenden Verkauf des Originalpräparats weniger Profit geschlagen wird, diese also wirtschaftlich auf den ersten Blick keinen Sinn gibt, wird die strategische Markteinführung um der Innovation willen kartellrechtlich hingenommen.

2. *„Coercion" und Ausschaltung des* Aut-idem-Mechanismus

Für das „Coercion"-Argument und die Ausschaltung des *Aut-idem-Mechanismus* spricht ebenfalls, dass sie ein vergleichsweise klares Regelungsumfeld schaffen. Anders als beim modifizierten No-Economic-Sense-Test sind hierzu jedoch keinerlei Kalkulationsdaten, Gewinnprognosen oder Kostenschätzungen der Arzneimittelhersteller nötig, was die Durchführung erheblich erleichtert. Zudem wird auch die Manipulationsanfälligkeit der Prüfung verringert.

Sowohl im „Coercion"-Szenario als auch bei der Ausschaltung des *Aut-idem-Mechanismus* stellt der Zeitpunkt des Patentauslaufs des Originalpräparats bzw. der Umstand, ob überhaupt Patentschutz für das Originalpräparat besteht, eine Zäsur da. Wie gezeigt stehen grundsätzlich überhaupt nur Verhaltensweisen vor dem Patentauslauf des Originalpräparats in Verdacht nach Art. 102 AEUV missbräuchlich zu sein.[910] Im Fall eines klassischen Hard-Switch steht fest, dass von diesem eine Zwangswirkung auf die Abnehmer ausgeht, vom Original- auf das Folgepräparat zu wechseln. Gleiches gilt für die geschilderten funktionalen Äquivalente.[911] Unter der Prämisse, dass das Folgepräparat dergestalt abweicht, dass es in Bezug auf das Originalpräparat nicht unter die *Aut-idem-Regelung* fällt, herrscht insoweit auch Gleichlauf zwischen dem auf die Abnehmer wirkenden Zwang und der Ausschaltung der *Aut-idem-Regelung*. Letzteres setzt in der Regel sogar voraus, dass im Vorhinein eben gerade eine solche Zwangswirkung auf die Abnehmer besteht. Anderenfalls wäre die *Aut-idem-Regelung* zwar potentiell durch die Abweichung des Folgepräparats vom Originalpräparat bedroht, diese Bedrohung kann sich jedoch für eine signifikante Anzahl der Abnehmer nur dann wirksam und vorwerfbar realisieren, wenn eine Zwangswirkung besteht.

Gegen diese Betrachtungsweise spricht jedoch vor allem, dass sie relativ formalistisch auf die Mittel sowie die Auswirkungen des Switches auf die Funktionsweise des Regulierungsmechanismus abstellen. Für das Marktgeschehen zentrale Gesichtspunkte, wie das im Folgepräparat verkörperte therapeutische Innovationspotential, werden bei dieser Betrachtung zudem völlig außer Acht gelassen. Wie beim modifizierten No-Economic-Sense-Test, helfen jedoch die drei hier favorisierten Safe-Harbor Regelungen über diese Unzulänglichkeiten hinweg. Insbesondere die Privilegierung therapeutisch signifikanter Innovationen sorgt dafür, dass diese etwa auch im Fall eines mit erheblichem Zwang verbundenen Hard-Switch möglich bleiben, um so Innovationsanreize bei den Originalpräparatehersteller nicht unnötig zu gefährden. Lediglich trivialen Modifikationen von Originalpräparaten wird die strategische Durchsetzung auf dem Markt durch Zwang oder zwangsgleich wirkende Mittel versagt. Der Price-Disconnect entfaltet insoweit nur eingeschränkt Wirkung. Folgepräparate mit therapeutisch fragwürdigem Mehrwert müssen sich fortan im freien Spiel der Marktkräfte gegenüber ähnlich oder gleich wirksamen Generika behaupten, anstatt unter dem Schutz der am Originalpräparat bestehenden Patentrechte in einen bereits auf Jahre hin zu ihren Gunsten manipulierten Markt hineinzugleiten und dort zu verharren.

Während sich eine Zwangswirkung und die Außerkraftsetzung des *Aut-idem-Mechanismus* im Fall eines Hard-Switch vergleichsweise leicht feststellen lassen, muss sich insbesondere bei den funktionalen Äquivalenten des Hard-Switch jedoch angesichts der unüberschaubaren Zahl möglicher Zwangsmittel in der

910 Siehe Teil 4, B. II., 2., sowie Teil 4, B., III., 2., a).
911 Siehe Teil 3, B. II., 2. b) und d).

Zukunft erst noch eine entsprechende Kasuistik herausbilden. Einer Zwangswirkung im Einzelfall gleichzusetzen sind jedoch vor allem die Verknappung des Originalpräparats bzw. die Erschwerung des Zugangs zu selbigem sowie auf die wahrheitswidrige Herabwürdigung des Originalpräparats abzielende Kommunikationsstrategien sowie Preis- und Delistingstrategien.[912]

3. *Wettbewerbsbeschränkende Absicht*

Die eingangs geschilderte, subjektive wettbewerbsbeschränkende Absicht, erweist sich wie dargelegt als höchst ungeeignet, um als alleiniges Kriterium für die Missbräuchlichkeit zu fungieren. Im Zusammenspiel mit objektiven Faktoren kann sie jedoch als Anhaltspunkt für die Beantwortung der alles überragenden Frage dienen, ob das jeweilige in Rede stehende Verhalten noch als Ausdruck des Leistungswettbewerbs anzusehen ist.[913] Ergibt sich bereits in objektiver Hinsicht, dass ein missbräuchliches Verhalten vorliegt, verstärken die subjektiven Absichten aufseiten des Marktbeherrschers den Schluss auf die Missbräuchlichkeit des Verhaltens.

IV. Einfluss des Patentrechts

Darüber hinaus gilt es, bei der Betrachtung nach Art. 102 AEUV den Einfluss der dem Switch zugrunde liegenden gewerblichen Schutzrechte zu bedenken. Die Beklagte *Actavis* führte im *Namenda*-Fall (wenn auch vergeblich) ins Feld, dass die an *Namenda IR* und *Namenda XR* bestehenden Patentrechte eine Verantwortlichkeit nach dem Kartellrecht ausschließen.[914] Eine ähnliche Diskussion entspinnt sich auch im europäischen Recht, wenn marktbeherrschende Unternehmen versuchen Wettbewerber mittels ihres Geistigen Eigentums vom Markt fernzuhalten, indem sie diesen bspw. die Nutzung gewerblicher Schutzrechte verwehren. Eine umfassende Diskussion des komplexen und stellenweise nicht immer spannungsfreien Verhältnisses von Geistigem Eigentum und Marktmachtmissbrauchsverbot sprengt jedoch den Umfang dieser Arbeit, sodass hier nur auf dessen Grundzüge eingegangen werden kann.[915]

Bislang haben die europäischen Gerichte lediglich von Fall zu Fall Kriterien für die kartellrechtskonforme Ausübung des Geistigen Eigentums aufgestellt.

---

912 Siehe Teil 4, B. II., 2.), d).

913 Vgl. *Wurmnest*, Marktmacht und Verdrängungsmissbrauch, S. 370 f.

914 Siehe United States Court of Appeals for the Second Circuit, People of the State of New York v. Actavis PLC and Forest Laboratories LLC, Case 14-4624-cv, S. 50.

915 Eine anschauliche Darstellung des Spannunsgverhältnisses zwischen Geistigem Eigentum und Kartellrecht findet sich bei *Mestmäcker/Schweitzer*, in: Mestmäcker/Schweitzer, Europäisches Wettbewerbsrecht, § 30, Rz. 21 ff.; ebenso *Klawitter*, in: Wiedemann, Handbuch des Kartellrechts, § 14, Rz. 1 ff.

Die Rechtssachen *Magill*[916] und *IMS Health*[917] beschäftigen sich mit dem Zugang zu urheberrechtlich geschützten Informationen marktbeherrschender Unternehmen. Die *Microsoft*-Entscheidung des EuG beschränkt sich wiederum auf den Martkmachtmissbrauch durch Lizenzverweigerung.[918]

1. Keine Antastung der Patentrechte

Anders als in Fällen, in denen die Inhaber eines gewerblichen Schutzrechts dazu angehalten werden, eine Lizenz für ein bestimmtes Recht gegen ihren Willen zu erteilen oder Wettbewerbern sonst wie Zugang zu ihren geistigen Schöpfungen zu verschaffen, um diesen die effektive Teilnahme am Wettbewerb zu ermöglichen, wird das Patentrecht in den beschriebenen Product-Switching Fällen jedoch nicht in seinem Wesensgehalt angetastet.

Im Fall eines nach Art. 102 AEUV missbräuchlichen Hard-Switch wird den Originalpräparateherstellern lediglich versagt, patentrechtlich geschützte Arzneimittel vor dem Patentauslauf vom Markt zu nehmen. Damit ist das dem Arzneimittel zugrunde liegende Patentrecht selbst aber nur periphär berührt. Der Kern des Schutzes – nämlich der zeitlich begrenzte Ausschluss Dritter von der Nutzung der geistig-technischen Schöpfung – bleibt jedoch unbehelligt. Die Originalpräparatehersteller sind weiterhin umfassend dazu berechtigt, Dritten bis zum Auslauf des Patentschutzes die Nutzung der patentierten technischen Lehre zu untersagen. Durch die kartellrechtlich vorgegebene Aufrechterhaltung der Marktpräsenz bestimmter Arzneimittel kommt es somit nicht zu einer Aushöhlung bzw. Entwertung der Schutzrechte selbst. Vielmehr werden die Patentrechte in Product-Switching Konstellationen im Endeffekt dazu missbraucht, die marktbeherrschende Stellung vom Original- auf das Folgepräparat zu transferieren. Es handelt sich also um ein Leveraging[919] in temporaler Hinsicht. Anders als bei klassischen Leveraging Strategien wird hier jedoch nicht angestrebt bestehende Marktmacht auf einen benachbarten bzw. anderen sachlichen Markt zu transferieren, sondern die bestehende Marktmacht auf dem angestammten sachlichen Markt in zeitlicher Hinsicht zu verlängern. Derartiges Marktverhalten liegt jedoch außerhalb des individuellen Schutzumfangs der an Original- und Folgepräparat bestehenden Schutzrechte. Insoweit gilt der Grundsatz, dass es rechtswidrig ist, auf rechtlichen Vorzugsstellungen beruhende Marktmacht

---

916 EuGH, Urt. v. 6.4.1995, Verb. Rs. C-241/91 P und C-242/91 P, Slg. 1995 I-00743 – *Magill.*

917 EuGH, Urt. v. 29.4.2004, Rs. C-418/01, Slg. 2004 I-5069 – *IMS Health.*

918 EuG, Urt. v. 17.9.2007, Rs. T-201/04, EU: T:2012:323 – *Microsoft/Commission.*

919 Dies bedeutet – vereinfacht – die Verlagerung von Marktmacht auf einem Markt auf einen benachbarten Markt, vertiefend hierzu: *Fuchs/Möschel*, in: Immenga/Mestmäcker, EU-Wettbewerbsrecht, Art. 102 AEUV, Rz. 305 ff.

auszunutzen, um die Herrschaft über einen angrenzenden Markt zu erlangen.[920] Bezogen auf Absatzstrategien, bei denen das Originalpräparat auf dem Markt verbleibt, besteht der aufgezeigte Konflikt zwischen den gewerblichen Schutzrechten und dem Kartellrecht ohnehin nicht. In diesen Fällen werden die durch die Schutzrechte verliehenen Befugnisse durch das Kartellrecht nicht angetastet, sondern ggf. lediglich bestimmte Praktiken rund um den Absatz der unverändert geschützten Originalpräparate untersagt.

2. *Das* Volvo/Veng obiter dictum

Lediglich im *Volvo/Veng*-Urteil des EuGH zum Geschmacksmusterrecht (heute Designschutz) klingen zumindest *obiter dictum* einige erste Überlegungen zur Rechtmäßigkeit der Marktrücknahme von geschmacksmusterrechtlich geschützten Produkten durch marktbeherrschende Unternehmen an.[921] Der EuGH stellte zunächst fest, dass die Befugnis, nicht berechtigte Dritte an der Herstellung, dem Verkauf und der Einfuhr der das Geschmacksmuster verkörpernden Produkte zu hindern, gerade die Substanz des Geschmacksmusterrechts darstellt. Eine dem Inhaber des geschützten Geschmacksmusters auferlegte Verpflichtung Dritten eine Lizenz für die Nutzung zu erteilen, würde diesem selbst dann, wenn dies gegen angemessene Vergütung erfolgt, die Substanz seines ausschließlichen Rechts nehmen. Die Weigerung, eine Lizenz zu erteilen, kann als solche also keinen Missbrauch einer marktbeherrschenden Stellung nach Art. 102 AEUV darstellen.[922]

Das Gericht führte jedoch *obiter dictum* aus, dass beim Bestehen einer marktbeherrschenden Stellung eine missbräuchliche Verhaltensweise vorliegen kann, wenn sich der Marktbeherrscher bspw. dazu entschließt, für ein bestimmtes Modell keine Ersatzteile mehr herzustellen, obwohl noch viele Fahrzeuge dieses Modells verkehren.[923] Ein Marktmachtmissbrauch liegt also dann vor, wenn noch eine ausreichend große Nachfrage nach einem bestimmten Produkt gegeben ist, diese jedoch vom marktbeherrschenden Hersteller unter Berufung auf sein Ausschließlichkeitsrecht willkürlich nicht mehr bedient wird. Übertragen auf die hier vor allem in Rede stehenden Hard-Switch Strategien spricht dies für die Missbräuchlichkeit der patentgestützten Product-Switch. Das Altarzneimittel wird trotz weiterhin bestehender Nachfrage der Patienten und Ärzte zugunsten eines Folgearzneimittels – gewissermaßen unter dem „Schutzschild" des Patentrechts – willkürlich vom Markt genommen, sodass die Abnehmer förmlich zum Erwerb des Folgepräparats gezwungen sind. Wenn man also die Kriterien des *Volvo/Veng obiter dictums* bei der geschilderten Interessenabwägung unter

920 Statt vieler: *Mestmäcker/Schweitzer*, in: Mestmäcker/Schweitzer, Europäisches Wettbewerbsrecht, § 30, Rz. 19.

921 EuGH, Urt. v. 5.10.1988, Rs. 238/87, Slg. 1988, 06211 – *Volvo/Veng*.

922 Siehe EuGH, Urt. v. 5.10.1988, Rs. 238/87, Slg. 1988, 06211, Rz. 8 – *Volvo/Veng*.

923 Siehe EuGH, Urt. v. 5.10.1988, Rs. 238/87, Slg. 1988, 06211, Rz. 9 – *Volvo/Veng*.

Art. 102 AEUV heranzieht, lässt dies ebenfalls auf eine Missbräuchlichkeit des Hard-Switch und seiner funktionalen Äquivalente schließen.

V. Mögliche Rechtfertigungsansätze

Auch missbräuchliche Verhaltensweisen sind wie gezeigt einer objektiven Rechtfertigung zugänglich, die den Verstoßcharakter nach Art. 102 AEUV entfallen lässt.[924] Bezogen auf Product-Switching-Strategien fallen hierunter vor allem Sicherheitserwägungen, die den Originalpräparatehersteller dazu bewegen ein Präparat vom Markt zu nehmen und durch ein Folgepräparat zu ersetzen. Anders als in den USA ist die Frage nach der wirtschaftlichen Sinnhaftigkeit des Switches jedoch nicht als Rechtfertigungsgrund, sondern allein unter dem Missbrauchskriterium zu verorten.[925]

1. *Produktsicherheit*

Als mögliche Rechtfertigung eines zunächst missbräuchlichen Product-Switch, bspw. in Gestalt der Marktrücknahme des Originalpräparats unmittelbar vor dessen Patentauslauf, kommen wie im *Doryx*-Fall[926] vor allem Sicherheitserwägungen in Betracht. Besteht die Gefahr, dass sich das Originalpräparat aufgrund unvorhergesehener Nebenwirkungen oder neuer medizinischer Erkenntnisse als schädlich für die Patienten erweist, muss es dem Arzneimittelhersteller freistehen, das Präparat jederzeit vom Markt zu nehmen und ggf. auch durch ein neues, sicheres Arzneimittel zu ersetzen. Nur so können die Hersteller Gesundheitsrisiken für die Patienten verhüten und sich auch gegen etwaige Schadensersatzforderungen, Bußgelder sowie einen Image- und Vertrauensverlust bei den Abnehmern wappnen. Insbesondere wenn Aufsichtsbehörden Bedenken hinsichtlich eines bestimmten Präparats anmelden oder konkrete Maßnahmen zur Risikoverhütung einfordern, muss es den Herstellern möglich sein, Präparate unverzüglich vom Markt zu nehmen. Dies geht auch aus § 63b Abs. 2 Nr. 1 AMG hervor, der den Arzneimittelherstellern auferlegt, unverzüglich Maßnahmen zur Minimierung und Vermeidung von Risiken zu ergreifen, soweit nach der Markteinführung auftretende Risiken und Nebenwirkungen dies erfordern. Dazu sind jedoch stichhaltige Verdachtsmomente für die Schädlichkeit bzw. unvorhergesehene Risikoträchtigkeit des jeweiligen Originalpräparats nötig. Insoweit sind bloß vorgeschobene – und damit im Kern missbräuchliche – Sicherheitsbedenken, wie bspw. im *Suboxone*-Fall, scharf von tatsächlichen Verdachtsmomenten zu trennen.

---

924 Siehe Teil 4, A., I.

925 So geschehen in der *Gaviscon*-Entscheidung: OFT, Decision No. CA 98/02/2011 v. 12.4.2011, Case CE/8931/08 – *Reckitt Benckiser*, S. 265 ff.; im Detail: Teil 4, A., II., 2., b), cc).

926 Siehe hierzu im Detail: Teil 3, A., I., 2.

2. Kostenträchtigkeit der Pharmakovigilanz

Wie gezeigt können die erheblichen Kosten für das nach § 63b Abs. 1 AMG notwendige Pharmakovigilanzsystem nach Lesart der europäischen Gerichte grundsätzlich als Rechtfertigung für den missbräuchlichen Zulassungswiderruf eines Arzneimittels dienen.[927] Neben der zuständigen Bundesoberbehörde, nach § 77 Abs. 1 AMG in der Regel das Bundesinstitut für Arzneimittel und Medizinprodukte, die ein eigenes Überwachungssystem für aus Arzneimitteln erwachsende Risiken betreibt, ist jedoch auch der Zulassungsinhaber nach § 63b Abs. 1 AMG dazu verpflichtet, ein Pharmakovigilanz-System einzurichten und zu betreiben. Gemäß § 63b Abs. 2 Nr. 1–6 AMG sind neben der Überwachung der Risiken und Nebenwirkungen eines Arzneimittels auch umfangreiche Vorsorge- und Dokumentationsmaßnahmen zu treffen, darunter u.a. die wissenschaftliche Auswertung und Dokumentation der Risiken und Nebenwirkungen einzelner Arzneimittel, die Vorhaltung, Aktualisierung und ggf. Umsetzung eines komplexen Risikomanagementsystems sowie die Ermittlung neuer Risiken. Bei der zentralisierten EMA-Zulassung schaffen die Art. 22 bis 24 VO 726/2004 EG ebenfalls Pharmakovigilanzpflichten der Zulassungsinhaber, die sich jedoch weitgehend auf die Dokumentation und die Mitteilung von Nebenwirkungen an die EMA oder andere zentrale Stellen der Mietgliedstaaten beschränken.

All dies kann zwar äußerst kostenträchtig sein, jedoch kann die missbräuchliche Marktrücknahme eines Arzneimittels, anders als der Zulassungswiderruf selbst, nicht hierdurch gerechtfertigt werden. Im Kontext eines Product-Switch wird der Originalpräparatehersteller an der Verfügbarkeit des Originalpräparats und damit auch an der Zulassung des Originalpräparats, an die wiederum die Pflicht zur Pharmakovigilanz geknüpft ist, in der Regel kein Interesse mehr haben. Mehr noch, er möchte das Originalpräparat im Idealfall schnellstmöglich und umfassend durch ein Folgepräparat ersetzen. Der Umstand, dass mit der missbrauchsverhütenden Aufrechterhaltung der Marktverfügbarkeit des Originalpräparats Kosten für die daran geknüpfte zulassungsbedingte Pharmakovigilanz verbunden sind, kann jedoch denklogisch gerade nicht die missbräuchliche Abschaffung eben jener kartellrechtlich vorausgesetzten Marktverfügbarkeit rechtfertigen.

3. Verhinderung von Free-Riding

Ein weiterer Anknüpfungspunkt der für eine Rechtfertigung wettbewerbswidriger Product-Switching-Strategien infrage kommt, ist die Verhinderung von Free-Riding Strategien der Generikahersteller. Wie gezeigt, wird dieser Punkt sowohl

927 Siehe EuGH, Urt. v. 6.12.2012, Rs. C-457/10 P, EU:C:2012:770, Rz. 135 ff. – *Astra Zeneca/Kommission*; EuG, Urt. v. 1.7.2010, Rs. T-321/05, Slg. 2010 II-02805, Rz. 685 ff. – *Astra Zeneca/Kommission*.

in den USA als auch in Europa –hier jedoch unter dem Schlagwort „parasitärer Wettbewerb“ – von den Originalpräparateherstellern vorgebracht.[928] Bei näherer Betrachtung wird jedoch schnell klar, dass beide Termini vor allem als Kampfbegriffe der Originalpräparatehersteller zu verstehen sind. Es besteht keinerlei Notwendigkeit, den Generikaherstellern, sozusagen als „Ausgleich“ für die sie begünstigenden rechtlichen und tatsächlichen Umstände, den Marktzutritt mittels Product-Switching-Strategien zu erschweren.

Zunächst ist jedoch unbestritten, dass die Generikahersteller bei der Marktzulassung und dem Absatz ihrer Produkte über die gesetzliche *Aut-idem*-Regelung erheblich von den bereits getätigten Investitionen der Originalpräparatehersteller profitieren.[929] Jedoch müssen auch unter Art. 102 AEUV die besonderen Marktgegebenheiten und gerade Marktdefekte, wie der Price-Disconnect, sowie die Manipulationsanfälligkeit des bestehenden Regulierungsrahmens durch die Originalpräparatehersteller berücksichtigt werden. Die von den hier behandelten Absatzstrategien ins Fadenkreuz genommene *Aut-idem-Regelung* dient wie erörtert gerade dazu, die dem Arzneimittelmarkt innewohnenden Marktdefekte auszugleichen.[930] Dem US-Court of Appeals ist daher darin beizupflichten, dass es den generischen Wettbewerbern eines marktbeherrschenden Originalpräparateherstellers durch das Kartellrecht ermöglicht werden muss, mittels der *Aut-idem-Regelung* in wirksamen Wettbewerb zu treten.[931]

Wie bereits ausgeführt ist insoweit auch zu bemerken, dass den Originalpräparateherstellern durch die gesetzlichen Schutzrechte am Originalpräparat ausreichend Gelegenheit gegeben wird, um die bis zur Markteinführung anfallenden Kosten durch einen weit über dem Wettbewerbspreis liegenden Verkaufspreis zu amortisieren.[932] Gerade im Arzneimittelbereich dient die durch den Patentschutz verliehene Exklusivität dazu, die hohen Kosten bis zur Markteinführung des neuartigen Präparats über die Patentschutzdauer hinweg zu amortisieren.[933] Das Patentsystem trägt dem erhöhten Bedarf der Arzneimittelhersteller, was die effektive Patentschutzdauer anbelangt, zudem mit ergänzenden Schutzzertifikaten gesondert Rechnung.[934] Das darüber hinaus noch die zwingende Notwendigkeit besteht, dem Handeln der Generikahersteller Einhalt zu gebieten, um das eigene Interesse an der Amortisierung von Investitionen zu wahren, ist

928 Siehe hierzu im Detail: Teil 4, A., II., 1., b), aa), (4).
929 Siehe hierzu im Detail: Teil 2, B, II. und III.
930 Siehe hierzu im Detail: Teil 2, B., II., 1.
931 Siehe United States Court of Appeals for the Second Circuit, People of the State of New York v. Actavis PLC and Forest Laboratories LLC, Case 14-4624-cv, S. 46 f.
932 Siehe hierzu im Detail Teil 4, C., I., 3., a).
933 Siehe *Klein*, Antitrust Enforcement against Pharmaceutical Product Hopping: Protecting Consumers or Reaching Too Far, (2016) 10 St. Louis U. J. Health L. & Pol'y 213, 218.
934 Siehe hierzu im Detail: Teil 1, B., III., 2., e).

systemwidrig. Den Originalpräparateherstellern steht es vielmehr frei, sich im offenen Wettbewerb – vorrangig über den Preis – mit den Generikaherstellern zu messen oder derart innovative Folgeprodukte auf den Markt zu bringen, dass sich die Abnehmer aus qualitativ-therapeutischen Aspekten und nicht aufgrund eines durch Product-Switching forcierten Produktwechsels für das neue Präparat entscheiden.

D. Zwischenfazit

I. Wirtschaftliche Sinnhaftigkeit, Zwang und Außerkraftsetzung des *Aut-idem-Mechanismus* als maßgebliche Faktoren bei der Interessenabwägung

Bei der für die Bestimmung der Missbräuchlichkeit nach Art. 102 AEUV maßgeblichen Interessenabwägung ist zum einen die wirtschaftliche Sinnhaftigkeit des Switches in die Betrachtung einzustellen. Die wirtschaftliche Sinnhaftigkeit kann dabei durch den entsprechend modifizierten No-Economic-Sense-Tests ermittelt werden. Zum anderen ist auch die Zwangswirkung der jeweiligen Absatzstrategie auf die Abnehmer sowie die damit verknüpfte Außerkraftsetzung des nach § 129 Abs. 1 SGB V vorgesehenen *Aut-idem-Mechanismus* zu beachten. Sofern Letzterer außer Kraft gesetzt wird oder eine Zwangswirkung auf die Abnehmer entsteht, anstatt des Originalpräparates das Folgepräparat zu erwerben, spricht dies im Rahmen der Interessenabwägung für eine Missbräuchlichkeit des Switches.

Dabei ist eine auswirkungsbasierte Betrachtung der verschiedenen Switching-Strategien nötig, sodass neben dem klassischen Hard-Switch auch andere Maßnahmen, die eine vergleichbare faktische Zwangswirkung mit sich bringen, kartellrechtlich erfasst werden. Hierzu zählen insbesondere auch Mittel, die im bislang üblichen Sprachgebrauch den Soft-Switches zugerechnet wurden.

II. Umfangreiche Safe-Harbor-Ausnahmen zur Innovationssicherung

Sämtliche Switching-Strategien, die nach dem Patentauslauf des Originalpräparats umgesetzt werden, sind unter dem Missbrauchskriterium jedoch grundsätzlich als unproblematisch anzusehen. Ferner sorgen großzügige Safe-Harbor-Ausnahmen vom Missbrauchsverbot für Product-Switch, die zeitlich weit vor dem Patentauslauf des Originalpräparats oder nach dem Markteintritt generischer Konkurrenzprodukte durchgeführt werden, für einen angemessenen Ausgleich zwischen den dringend notwendigen Anreizen für die Innovationskraft der Originalpräparatehersteller und der Möglichkeit zum effektiven Marktzugang preisgünstiger Generika. Insbesondere Product-Switches, die bis zu drei

Jahre vor dem Patentauslauf des Originalpräparats umgesetzt werden, sollen demnach qua behördlich widerlegbarer Vermutung nicht gegen Art. 102 AEUV verstoßen.

Gleiches gilt auch für die hier favorisierte Privilegierung der Markteinführung therapeutisch innovativer Folgepräparate, denen ein merklicher Zusatznutzen nach § 35a Abs. 1 SGB V zukommt. Insoweit haben es die Originalpräparatehersteller in der Hand, sich durch die frühzeitige Beantragung einer Nutzenbewertung nach § 35a Abs. 1 SGB V möglichst weit im Voraus gegen etwaige kartellrechtliche Risiken bei der Markteinführung innovativer Produkte abzusichern. Diese Safe-Harbors können durch entsprechende Kommissionsleitlinien oder Bekanntmachungen zügig und hinreichend rechtssicher umgesetzt werden.

III. Einschränkung bei Verunglimpfung und faktischer Außerkraftsetzung des *Aut-idem-Mechanismus* durch rasche Produktwechsel

Strategien, die auf die Verunglimpfung der Generika oder des Originalpräparats zielen – insbesondere die Verbreitung vorgeschobener Sicherheitsbedenken – sind jedoch auch nach dem Patentauslauf bzw. nach dem Markteintritt der Generika problematisch, da oftmals ein großer Vertrauensvorschuss im Markt gegenüber den Informationen des marktbeherrschenden Originalpräparateherstellers besteht.[935] Insoweit ist eine Kontrolle anhand Art. 102 AEUV auch nach dem Patentauslauf sowie bei Vorliegen einer der skizzierten Safe-Harbor-Ausnahmen nötig.

Gleiches gilt auch für rasch aufeinanderfolgende Änderungen am bereits gemeinfreien Originalpräparat, die zu einer Lähmung des für die *Aut-idem-Regelung* notwendigen Bioäquivalenznachweises führen. Infolge der bei jeder Änderung notwendigen neuerlichen Prüfung der Bioäquivalenz, muss der *Aut-idem-Mechanismus* jedoch ebenso wirksam außer Kraft gesetzt werden, als ob für das Folgepräparat wirksamer Patentschutz bestünde. Die Veränderungen müssen dabei mit einer Marktrücknahme des ursprünglichen Originalpräparats sowie einem signifikanten Wechsel der Abnehmer auf das modifizierte Originalpräparat, d.h. das Folgepräparat einhergehen. In diesen Fällen kann auch nach dem Patentauslauf und trotz Safe-Harbor-Ausnahmen eine Intervention nach Art. 102 AEUV zum Schutz des Wettbewerbs nötig sein.

IV. Kein Konflikt mit dem Geistigen Eigentum

Der Grundkonflikt zwischen dem Interesse der Originalpräparatehersteller am Schutz ihres Geistigen Eigentums und dem Ziel der Offenhaltung der Märkte im

935 Siehe Teil 3, B., III., 3., a), bb).

Interesse wirksamen Wettbewerbs schlägt allenfalls im Fall eines Hard-Switch auf die kartellrechtliche Bewertung der Product-Switching-Strategien durch. Auch bei der kartellrechtlichen Untersagung eines Hard-Switch ist das zugrunde liegende Patentrecht jedoch nur periphär berührt, da Dritte weiterhin bis zum Ablauf des Patentschutzes von der Verwendung der patentrechtlich geschützten technischen Lehre ausgeschlossen bleiben und damit der Kern des Patentschutzes gewahrt bleibt. Vom Patentinhaber kann höchstens verlangt werden, dass er das patentrechtlich geschützte Originalpräparat bis zum Auslauf des Schutzrechts und damit bis zum möglichen legalen Markteintritt der Generikahersteller, um des effektiven Wettbewerbs willen, auf dem Markt halten muss. Das Patentrecht fungiert bei Hard-Switches also nicht als ein die eigene Leistung am Originalpräparat sicherndes Wettbewerbsmittel, sondern dient lediglich dazu, eine möglichst umfassende Migration der Patienten auf das Folgepräparat zu sichern. Bei sämtlichen Strategien, die nicht auf der vollständigen Marktrücknahme des Originalpräparats basieren, werden die leistungsschutzrechtlichen Befugnisse durch das Kartellrecht nicht angetastet, sondern in eng umgrenzten Fällen lediglich bestimmte Praktiken rund um den Absatz der weiterhin unverändert vor Nachahmung geschützten Originalpräparate untersagt, sodass hier kein Konflikt zwischen den beiden Rechts- und Interessensphären vorliegt.

V. Rechtfertigung insbesondere bei plausiblen Sicherheitsbedenken

Die Interessenabwägung fällt jedoch bei einem Product-Switch, insbesondere eines Hard-Switch, stets dann zugunsten der Originalpräparatehersteller aus, wenn hinsichtlich des Originalpräparates plausible Sicherheitsbedenken bestehen. Das Hauptaugenmerk der Wettbewerbsbehörden muss insoweit darauf liegen, lediglich vorgeschobene – und damit missbräuchliche – Sicherheitsbedenken von tatsächlich mit dem Originalpräparat verbundenen Risiken zu trennen. Die Untersuchung zeigt jedoch auch, dass das Argument, durch den Product Switch lediglich Free-Riding durch die Generikahersteller verhindern zu wollen bei der Interessenabwägung nicht zugunsten der Originalpräparatehersteller berücksichtigt werden sollte. Vielmehr handelt es sich hierbei um einen reinen Kampfbegriff, der lediglich dazu dient, gesetzlich vorgesehene Privilegierungen der Generikahersteller beim Marktzugang in ein schlechtes Licht zu rücken.

Teil 5: Gesamtfazit und Ausblick

Product-Switching-Strategien sind im Arzneimittelbereich in zahlreichen Schattierungen und Spielarten denkbar und auch in vielen Jurisdiktionen bereits seit geraumer Zeit Marktrealität geworden. Für marktmächtige Originalpräparatehersteller stellt Product-Switching eine technisch oft relativ einfache, schnell umsetzbare und daher vergleichsweise kostengünstige Möglichkeit dar, trotz der sich abzeichnenden Gemeinfreiheit eines Originalpräparats, generischen Wettbewerbern den Markteintritt erheblich zu erschweren oder gar vollkommen unmöglich zu machen. Die effektive Bestreitbarkeit der einzelnen Arzneimittelmärkte durch die Wettbewerber geht somit weitgehend verloren. Dies kann wiederum zu einer Perpetuierung der überragenden Marktstellung einzelner Originalpräparatehersteller führen.

Die derzeitige Regulierung des deutschen Arzneimittelmarktes nach dem SGB V reicht trotz umfangreicher Mechanismen zur Kostenkontrolle und zahlreichen Privilegierungen generischen Wettbewerbs jedoch im Ergebnis nicht aus, um den auf minimalinnovativen Folgepräparaten basierenden Absatzstrategien der Originalpräparatehersteller effektiv vorzubeugen.

Das Mittel der Wahl, um zumindest den Product-Switching-Strategien marktbeherrschender Originalpräparatehersteller punktuell Herr zu werden, ist daher das Marktmachtmissbrauchsverbot des Art. 102 AEUV. Die insoweit deutlich weiter fortgeschrittene Diskussion in den USA lehrt, dass die Frage nach der Missbräuchlichkeit der verschiedenen Absatzstrategien vor allem anhand der vom jeweiligen Switch ausgehenden Zwangswirkung auf die Abnehmer und der damit verknüpften Außerkraftsetzung des *Aut-idem-Mechanismus* sowie der wirtschaftlichen Sinnhaftigkeit des Switches zu beantworten ist. Was die vermeintliche Natur des jeweiligen Switches angeht, sollte man sich nicht an starren Begrifflichkeiten orientieren, sondern die konkreten Auswirkungen der jeweiligen Absatzstrategie beachten. Auch Switches, die nicht auf einer vollständigen Marktrücknahme des Originalpräparats basieren, können durchaus einen Missbrauch iSv Art. 102 AEUV darstellen.

Um jedoch notwendige therapeutische Innovationen nicht durch kartellrechtliches „Over-Enforcement“ zu erdrosseln, kommt es auf einen vorhersehbaren Kriterienkatalog der kartellrechtlichen Bewertung von Product-Switching-Strategien an. Der fragilen Balance zwischen der Freihaltung des Wettbewerbs und der Schaffung bzw. Erhaltung ausreichender Innovationsanreize für die Arzneimittelhersteller, kann dabei am ehesten mit einer Reihe klar umrissener Safe-Harbors Rechnung getragen werden. Absatzstrategien, die zeitlich weit vor bzw. erst nach dem Patentauslauf des Originalpräparats umgesetzt werden, oder nachweislich auf therapeutisch innovativen Folgepräparaten basieren, sind zu privilegieren. Im Hinblick auf den Nachweis der therapeutischen Fortschrittlichkeit kann zumindest in Deutschland auf das Ergebnis der Nutzenbewertung nach

§ 35a SGB V rekurriert werden. Leitlinien und Mitteilungen der Europäischen Kommission bieten insoweit ein hinreichend bestimmtes aber auch flexibles Instrumentarium, um entsprechende Safe-Harbors in der Praxis der europäischen Wettbewerbsbehörden zu verankern und den forschenden Originalpärparateherstellern so genügend Rechtssicherheit für kontinuierliche Innovationen im Arzneimittelbereich zu geben.

Bei näherer Betrachtung wird jedoch auch klar, dass die Bewertung des Product-Switching durch die Wettbewerbsbehörden und Gerichte sowohl in den bislang tonangebenden USA als auch in der EU noch in den Kinderschuhen steckt. Die exakten kartellrechtlichen Grenzen sind daher erst noch von Fall zu Fall von den Wettbewerbsbehörden und Gerichten detailliert auszuloten. Die hier entwickelten Grundsätze sollen eine Ausgangsbasis für die kartellrechtliche Bewertung nach Art. 102 AEUV bieten. Sie sind jedoch nicht auf Product-Switching-Strategien in anderen Industrien übertragbar, da die Missbräuchlichkeit der Absatzstrategien in erster Linie auf den regulatorischen und wirtschaftlichen Besonderheiten des Arzneimittelsektors beruht.

Unabhängig von der kartellrechtlichen Bewertung ist ferner auch über die Schließung regulatorischer Lücken, wie bspw. der einjährigen Karenzfrist bei der Kostenübernahme durch die gesetzliche Krankenversicherung[936], sowie über Änderungen auf patentrechtlicher Ebene nachzudenken. Mit Blick auf das wettbewerbsschädigende Potential minimalinnovativer Folgepräparate erscheint es insoweit eine Überlegung wert, bei Arzneimittelpatenten eher auf den Grad der therapeutischen Innovation als auf die bloße Neuheit eines Wirkstoffs oder eines Wirkverfahrens abzustellen.[937]

Jenseits der von der Europäischen Kommission in ihrer Sektoruntersuchung ausgemachten „tool-box", ziehen die Arzneimittelhersteller jedoch mittlerweile auch weit exotisch anmutendere Konstruktionen in Betracht, um ihre Wettbewerber in Schach zu halten. In den USA wird neuerdings etwa versucht, durch die Übertragung und Relizenzierung von Patentrechten auf Stämme amerikanischer Ureinwohner von deren Privilegien bei der gerichtlichen Angreifbarkeit bestehender Patente und anderer Schutzrechte zu profitieren und so Arzneimittelpatente einer gerichtlichen Überprüfung zu entziehen.[938] Der Fantasie der Originalpräparatehersteller, sich dem Wettbewerb durch potentielle Konkurrenten dauerhaft oder zumindest vorübergehend zu entziehen, scheint also keinerlei Grenzen gesetzt. Aus juristischer und vor allem kartellrechtlicher Sicht liegen daher sicherlich noch zahlreiche spannende Jahre voraus.

---

936 Siehe hierzu im Detail: Teil 3, C., II., 3., c).

937 Siehe hierzu ablehnend *Schäffner*, S. 283 ff.; befürwortend jedoch *Jayadev/Stiglitz*, Two Ideas to Increase Innovation and Reduce Pharmaceutical Costs and Prices, (2009) 28 Health Affairs 165, 166.

938 Siehe *The New York Times*, How to Protect a Drug Patent? Give It to a Native American Tribe, 8 September 2017.

Literaturverzeichnis

Adams, Christopher / Brantner, Van: Estimating The Cost Of New Drug Development: Is It Really $802 Million?, (2006) 25 Health Affairs 420 ff.

Areeda, Phillip / Hovenkamp, Herbert: Antitrust Law – An Analysis of Antitrust Principles and Their Application, Volume III, 3rd Edition, Austin 2008. (zitiert: *Areeda/Hovenkamp*, Antitrust Law, Volume III, para.)

Areeda, Phillip / Hovenkamp, Herbert: Antitrust Law – An Analysis of Antitrust Principles and Their Application, Volume III B, 3rd Edition, Austin 2008. (zitiert: *Areeda/Hovenkamp*, Antitrust Law, Volume III B, para.)

Areeda, Phillip / Kaplow, Louis / Edlin, Aaron: Antitrust Analysis – Problems, Text and Cases, 7th Edition, New York 2013. (zitiert: *Areeda/Kaplow/Edlin*, Antitrust Analysis, para.)

Arnold, Michael: Strategien zum Umgang mit Knappheit im Gesundheitswesen; in: NZS 1996, 193 ff. (zitiert: *Arnold*, NZS 1996)

Arrow, Kenneth: Economic Welfare and the allocation of resources for inventions, in Nelson R. (ed.) The Rate and Direction of Inventive Activity, Princeton, 1962. (zitiert: *Arrow*, Economic Welfare and the allocation of resources for inventions, p.)

Arrow, Kenneth: Uncertainty and the Welfare Economics of Medical Care, (1963) 53 The American Economic Review 941 ff.

Baker, Jonathan: Beyond Schumpeter vs. Arrow: How Antitrust Fosters Innovation, (2007) 74 Antitrust Law Journal, 575 ff.

Bechtold, Rainer / Bosch, Wolfgang / Brinker, Ingo: Kommentar zum EU-Kartellrecht, Art. 102 AEUV, 3. Auflage, München 2014. (zitiert: *Bechtold/Bosch/Brinker*, EU-Kartellrecht, Art., Rz.)

Beck'scher Online-Kommentar: Sozialrecht, 47. Edition, Stand 1.12.2017, SGB V (zitiert: *Bearbeiter*, in: Beck-OK Sozialrecht, SGB V, §, Rz.)

Becker, Arend: Die Steuerung der Arzneimittelversorgung im Recht der GKV, Baden-Baden 2006.

Becker, Ulrich / Kingreen, Thorsten: Kommentar zum SGB V, 5. Auflage, München 2017. (zitiert: *Bearbeiter*, in: Becker/Kingreen, SGB V, §, Rz.)

Becker, Ulrich / Schweitzer, Heike: Wettbewerb im Gesundheitswesen, Gutachten B zum 69. Deutschen Juristentag, München 2012.

Beier, Friedrich-Karl: Wettbewerbsfreiheit und Patentschutz – Zur geschichtlichen Entwicklung des deutschen Patentrechts; in: GRUR 1978, 123 ff. (zitiert: *Beier*, GRUR 1978)

Benkard, Georg: Kommentar zum Patentgesetz, 11. Auflage, München 2015. (zitiert: *Bearbeiter*, in: Benkard, Patentgesetz, §, Rz.)

Berg, Hartmut: Wettbewerb als dynamischer Prozeß: Idealtypus und Realität; in: Wettbewerb als Herausforderung und Chance, Festschrift für Werner Benisch, Köln 1989, S. 27–48. (zitiert: *Berg*, in: FS Benisch, S.)

Berndt, Ernst: Pharmaceuticals in U.S. Health Care: Determinants of Quantity and Price, (2002) 16 Journal of Economic Perspectives, 45 ff.

Berndt, Ernst / Aitken, Murray: Brand Loyalty, Generic Entry and Price Competition in Pharmaceuticals in the Quarter Century after the 1984 Waxman-Hatch Legislation, (2010) NBER Working Paper Series 16431,

abrufbar unter: http://www.nber.org/papers/w16431.pdf.

Berndt, Ernst / Bui, Linda / Reiley, David/ Urban, Glen: Information, Marketing, and Pricing in the U.S. Antiulcer Drug Market, (1995) 85 No. 2 The American Economic Review, Papers and Proceedings of the Hundredth and Seventh Annual Meeting of the American Economic Association, Washington D.C., January 6–8 1995, 100 ff. (zitiert: *Berndt et al.*, Information, Marketing, and Pricing in the U.S. Antiulcer Drug Market, (1995) 85 No. 2 The American Economic Review)

Berndt, Ernst / Cockburn, Iain / Grépin, Karen: The impact of Incremental Innovation in Biopharmaceuticals – Drug Utilisation in Original and Supplemental Indications, (2006) 24 Pharmaeconomics 69 ff.

Berthold, Gesine: Evergreening von Arzneimittelpatenten: Schutzverlängernde Patentstrategien und die Möglichkeiten ihrer Begrenzung im Recht der WTO, Baden-Baden 2011.

Bloch, Robert / Kamann, Hans-Georg / Brown, Jay / Schmidt, Jens Peter: A Comparative Analysis of Art. 82 of the EC Treaty and Sec. 2 of the Sherman Act; in: ZWeR 2005, 325 ff. (zitiert: *Bloch/Kamann/Brown/Schmidt*, ZWeR 2005)

Böhm, Franz: Das Janusgesicht der Konzentration; in: Mestmäcker (Hrsg.), Freiheit und Ordnung in der Marktwirtschaft. Baden-Baden 1980, S. 213–232. (zitiert: *Böhm*, Das Janusgesicht der Konzentration, in: Freiheit und Ordnung in der Marktwirtschaft, S.)

Bork, Robert: The Antitrust Paradox: A Policy at War with Itself, New York 1978.

Brochnow, Jörg: Ab 2017 bleibt alles anders!; in: Praxis Freiberufler Beratung 1/2016, 26 ff. (zitiert: *Brochnow*, Praxis Freiberufler-Beratung 1/2016)

Bundesgesundheitsministerium: Zuzahlung und Erstattung, die wichtigsten Regelungen, abrufbar unter: https://www.bundesgesundheitsministerium.de/themen/krankenversicherung/arzneimittelversorgung/zuzahlung-und-erstattung.html.

Bundeskartellamt: Innovationen – Herausforderungen für die Kartellrechtspraxis, Bonn, 2017, abrufbar unter: https://www.bundeskartellamt.de/SharedDocs/Publikation/DE/Schriftenreihe_Digitales/Schriftenreihe_

Digitales_2.pdf;jsessionid=A823C040B80167B98FF60962E05EDF5E.1_cid378?__blob=publicationFile&v=3.

Burns, Arthur Robert: The Decline of Competition: A Study of the Evolution of American Industry, New York 1936.

Carlton, Dennis / Flyer, Fredrick / Shefi, Yoad: Does the FTC's Theory of Product Hopping Promote Competition?, (2016) 12 Journal of Competition Law & Economics, 495 ff.

Carrier, Michael: A real world analysis of pharmaceutical settlements: The missing dimension of product hopping, (2010) 67 Florida L. Rev. 1009 ff.

Carrier, Michael: Provigil: A Case Study of Anticompetitive Behavior, (2011) 3 Hastings Science & Technology Law Journal 441 ff.

Carrier, Michael / Shadowen, Steve: Product Hopping: A New Framework, (2016) 92 Notre Dame L. Rev. 167 ff.

Caves, Richard / Whinston, Michael / Hurwitz, Mark: Patent Expiration, Entry, and Competition in the U.S. Pharmaceutical Industry, (1991) Brookings Papers: Microeconomics, abrufbar unter: https://www.brookings.edu/wp-content/uploads/1991/01/1991_bpeamicro_caves.pdf.

Cheng, Jessie: An Antitrust Analysis of Product Hopping in the Pharmaceutical Industry, (2008) 108 Columbia. L. Rev. 1471 ff.

Christensen, Clayton / Raynor, Michael / McDonald, Rory: What is Disruptive Innovation?, Harvard Business Review, December 2015, 44 ff.

Clark, John Maurice: Competition as a dynamic process, Washington D.C. 1961.

Crane, Daniel: Provigil: A Commentary, (2011) 3 Hastings Sci. & Tech. L.J. 453 ff.

Crane, Daniel: The Paradox of Predatory Pricing, (2005) 91 Cornell L. Rev. 1 et seqq.

Crémer, Jacques / de Montjoye, Yves-Alexandre / Schweitzer, Heike: Final Report for the European Commission, Competition policy for the digital era, Brussels 2019. (zitiert: *Crémer/de Montjoye/Schweitzer*, Competition policy for the digital era, p.)

Däbritz, Erich / Jesse, Ralf-Rüdiger / Bröcher, Dirk: Patente, 3. Auflage, München 2008. (zitiert: *Bearbeiter*, in: Däbritz/Jesse/Bröcher, Patente, Rz.)

Darrow, Jonathan: The Patentability of Enantiomeres: Implications for the Pharmaceutical Industry, 2007 Stan. Tech. L. Rev. 2 ff.

Der Tagesspiegel: Neue Arzneimittel bringen wenig, 7. September 2016, abrufbar unter: http://www.tagesspiegel.de/politik/studie-der-techniker-krankenkasse-neue-arzneimittel-bringen-wenig/14512640.html

Deutsches Institut für Medizinische Dokumentation und Information (DIMDI): Anatomisch-therapeutisch chemische Klassifikation mit Tagesdosen, Amtliche Fassung des ATC-Index mit DDD-Angaben für Deutschland im Jahre 2018, (zitiert: *DIMDI*, Anatomisch-therapeutisch chemische Klassifikation mit Tagesdosen, Amtliche Fassung des ATC-Index mit DDD-Angaben für Deutschland im Jahre 2018).

Devlin, Alan: Exclusionary Strategies in the Hatch Waxmann Context (2007) Mich. St. L. Rev. 631 ff.

Devlin, Alan / Jacobs, Michael: Anticompetitive Innovation and the Quality of Invention, (2012) 27 Berkeley Tech. L.J. 1 ff.

Dieners, Peter / Reese, Ulrich: Handbuch des Pharmarechts, 1. Auflage, München 2010. (zitiert: *Bearbeiter*, in: Dieners/Reese, Handbuch des Pharmarechts, §, Rz.)

DiMasi, Joseph / Hansen, Ronald / Grabowski, Henry: Innovation in the pharmaceutical industry: New estimates of R&D costs, (2016) 47 Journal of Health Economics 20 ff.

DiMasi, Joseph / Hansen, Ronald / Grabowski, Henry: The Price of Innovation: New Estimates of Drug Development Costs, (2003) 22 Journal of Health Economics 151 ff.

Dogan, Stacey / Lemley, Mark: Antitrust Law and Regulatory Gaming, (2009) 87 Tex. L. Rev. 685 ff.

Domeij, Bengt: Anticompetitive marketing in the context of pharmaceutical switching in Europe; in: Drexl/Lee, Pharmaceutical Innovation, Competition and Patent Law: A Trilateral Perspective, Cheltenham 2013, S. 273 ff. (zitiert: *Domeij*, Anticompetitive marketing in the context of pharmaceutical switching in Europe, in: Drexl/Lee, Pharmaceutical Innovation, Competition and Patent Law)

Drabinski, Thomas / Eschweiler, Jan / Schmidt, Ulrich: Preisbildung von Arzneimitteln im internationalen Vergleich, Berlin 2008.

Dreher, Meinrad / Adam, Michael: The more economic approach to Art. 82 EC and the legal process; in: ZWeR 2006, 259 ff. (zitiert: *Dreher/Adam*, ZWeR 2006)

Dwivedi, Gaurav / Hallihosur, Sharanabasava / Rangan, Latha: Evergreening: A deceptive device in patent rights, (2010) 32 Technology in Society 324 ff.

Easterbrook, Frank: The Limits of Antitrust, (1984) 63 Tex. L. Rev., 1 ff.

Elhauge, Einer: Defining better Monopolization Standards, (2003) 56 Stanford L. Rev., 253 ff.

Epstein, Richard: Branded Versus Generic Competition? A Kind Word for the Branded Drugs, (2011) 3 Hastings Sci. & Tech. L.J. 459 ff.

Ethier, Michelle: Permissible Product Hopping: Why a Per Se Legal Rule Barring Antitrust Liability is Necessary to Protect Future Innovation in the Pharmaceutical Industry, (2009) 3 Akron Intell. Prop. J. 323 ff.

Europäische Kommission: Bericht der Kommission an den Rat und das Parlament vom 28. Janaur 2019 zur Durchsetzung des Wettbewerbsrechts im Arzneimittelsektor, Europäische Wettbewerbsbehörden arbeiten zusammen für erschwingliche und innovative Arzneimittel (2009–2017), abrufbar unter: https://ec.europa.eu/transparency/regdoc/rep/1/2019/DE/COM-2019-17-F1-DE-MAIN-PART-1.PDF.

European Commission: Pharmaceutical Sector Inquiry – Final Report, abrufbar unter: http://ec.europa.eu/competition/sectors/pharmaceuticals/inquiry/staff_working_paper_part1.pdf.

European Commission: Pharmaceutical Sector Inquiry – Preliminary Report Fact Sheet 1: "Prices, time to generic entry and consumer savings", abrufbar unter: http://ec.europa.eu/competition/sectors/pharmaceuticals/inquiry/1_Prices_time_to_generic_entry_and_consumer_savings.pdf.

European Federation of Pharmaceutical Industries and Associations (EFPIA): The Pharmaceutical Industry in Figures 2016, abrufbar unter:https://www.efpia.eu/media/25055/the-pharmaceutical-industry-in-figures-june-2016.pdf.. (zitiert: *EFPIA*; The Pharmaceutical Industry in Figures 2016)

European Generic Medicines Association Health Economics Committee: How to Increase Patient Access to Generic Medicines in European Healthcare Systems (2009), abrufbar unter: http://www.medicinesforeurope.com/wp-content/uploads/2016/03/Market_Barriers_Report_FINAL_update_How_to_Increase_Patient_Access_to_Generic_Medicines.pdf

European Medicines Agency (EMA): Guideline on the Investigation of Bioequivalence, abrufbar unter: http://www.ema.europa.eu/docs/en_GB/document_library/Scientific_guideline/2010/01/WC500070039.pdf.

Fackelmann, Christian: Patentschutz und ergänzende Schutzinstrumente für Arzneimittel im Spannungsfeld von Wettbewerb und Innovation, Köln 2009.

Feldman, Robin/Frondorf, Evan: Drug Wars: A new Generation of Generic Pharmaceutical Delay, (2016) 53 Harv. J. on Legis. 499 ff.

Fialkoff, Michael: Pay-For-Delay Settlements in the Wake of Actavis, (2014) 20 Mich. Telecomm & Tech. L. Rev. 523 ff.

Filler, Gert / Hermanns, Peter: Wirtschaftlichkeitsprüfung in der GKV – Erstattungsprobleme bei der GOÄ und UV-GOÄ, Landsberg/Lech 2009.

Fischer, Dagmar / Breitenbach, Jörg: Die Pharmaindustrie. Einblick – Durchblick – Perspektiven, Heidelberg 2003.

Fleischer, Holger: Behinderungsmissbrauch durch Produktinnovation, Eine ökonomische und juristische Analyse zum deutschen, europäischen und amerikanischen Kartellrecht, Baden-Baden, 1997.

Forrester, Ian: Article 82: Remedies in Search of Theories?, (2004) 28 Fordham Int'l L.J. 919 ff.

Francke, Robert: Die regulatorischen Strukturen der Arzneimittelversorgung nach dem SGB V; in: MedR 2006, 683 ff. (zitiert: *Francke*, MedR 2006)

Frankfurter Kommentar zum Kartellrecht: Hrsg. v. Wolfgang Jaeger, Juliane Kokott, Petra Pohlmann, Dirk Schroder, Loseblatt, 94. Lieferung 2019. (zitiert: *Bearbeiter*, in: Frankfurter Kommentar, Art, Rz.)

Frankfurter Rundschau: Das Abkassieren ist vorbei, 1. Juni 2013, abrufbar unter: http://www.fr.de/wirtschaft/arzneimittel-das-abkassieren-ist-vorbei-a-700071.

Fuchs, **Victor**: Economics, Values, and Health Care Reform, (1996) 86 The American Economic Review 1 ff.

Fuhrmann, **Stefan / Klein**, **Bodo / Fleischfresser**, **Andreas**: Arzneimittelrecht, Handbuch für die pharmazeutische Praxis, 2. Auflage, München 2014. (zitiert: *Bearbeiter*, in: Fuhrmann/Klein/Fleischfresser, Arzneimittelrecht, §, Rz.)

Gallasch, **Sven**: A new dimension to EU pharma antitrust, product hopping and unilateral pay for delay, (2016) 12 European Competition Journal, 137 ff.

GemeinsamerBundesausschuss: Anlage IV zum Abschnitt H der Arzneimittel-Richtlinie, Verordnungseinschränkungen und -ausschlüsse in der Arzneimittelversorgung, Therapiehinweise gemäß § 92 Abs. 2 Satz 7 SGB V i. V. m. § 17 AM-RL zur wirtschaftlichen Verordnungsweise von Arzneimitteln, Stand 21.12.2016, abrufbar unter: https://www.g-ba.de/downloads/83-691-436/AM-RL-IV-Therapiehinweise_2016-12-21.pdf. (zitiert: Gemeinsamer Bundesausschuss, Therapiehinweise gemäß § 92 Abs. 2 Satz 7 SGB V i. V. m. § 17 AM-RL zur wirtschaftlichen Verordnungsweise von Arzneimittel)

Gibson, **Shannon**: The Use and Abuse of Drug Reformulation in Pharmaceutical Life Cycle Management: A Comparison of the Market Defence of Tricor in the U.S. and Lipidil in Canada, (2013) 20 Health L.J. 107 ff.

Gilbert, **Richard**: Not another Drug! Antitrust for Drug and other Innovations, (2015) 30 Antitrust ABA 38 ff.

Gilbert, **Richard**: Holding Innovation to an Antitrust Standard, (2007) 3 Competition Policy International 46 ff.

Ginsburg, **Douglas / Wong-Ervin**, **Koren / Wright**, **Joshua**: Product Hopping and the Limits of Antitrust: The Danger of Micromanaging Innovation, (2015) CPI Antitrust Chronicle, December 2015 (1) 1 ff.

Ginsburg, **Douglas / Wright**, **Joshua**: Comment on the Canadian Competition Bureau's Draft Updated Intellectual Property Enforcement Guidelines, George Mason University Legal Studies Research Paper Series LS 15-14

GKV-Spitzenverband: Rahmenvereinbarung nach § 130b Abs. 9 SGB V (2016) zwischen dem GKV-Spitzenverband und den Verbänden der pharmazeutischen Unternehmer.(zitiert: GKV-Spitzenverband, Rahmenvereinbarung nach § 130b Abs. 9 SGB V (2016), § 6 Abs. 1)

GKV-Spitzenverband/KassenärztlicheBundesvereinigung:Rahmenvorgaben nach § 106b Abs. 2 SGB V für die Wirtschaftlichkeitsprüfung ärztlich verordneter Leistungen vom 30. November 2015,- zuletzt geändert am 05.12.2016 vereinbart zwischen dem Spitzenverband Bund der Krankenkassen (GKV-Spitzenverband) und der Kassenärztlichen Bundesvereinigung, abrufbar unter: https://www.gkvspitzenverband.de/krankenversicherung/ambulante_leistungen/wirtschaftlichkeitspruefung/wirtschaftlichkeitspruefung_leistungen.jsp. (zitiert: Rahmenvorgaben nach § 106b Abs. 2 SGB V für die Wirtschaftlichkeitsprüfung ärztlich verordneter Leistungen v. 30.11.2015)

GKV-Spitzenverband / Kassenärztliche Bundesvereinigung: Rahmenvorgaben nach § 84 Abs. 7 i. V. m. Abs. 8 SGB V– Heilmittel –für das Jahr 2017 vom 30. September 2016 vereinbart zwischen dem Spitzenverband Bund der Krankenkassen (GKV-Spitzenverband) und der Kassenärztlichen Bundesvereinigung, abrufbar unter: https://www.gkv-spitzenverband.de/media/dokumente/krankenversicherung_1/ambulante_leistungen/heilmittel/rahmenvorgaben/20160930_Rahmenvorgaben_Heilmittel_2017_final.pdf. (zitiert: Rahmenvorgaben nach § 84 Abs. 7 SGB V a.F. für das Jahr 2017 v. 30.9.2016)

Glaeske, Gerd / Ludwig, Wolf-Dieter: Techniker Krankenkasse Innovationsreport 2017, Wissenschaftliche Studie zur Versorgung mit innovativen Arzneimitteln –Eine Analyse von Evidenz und Effizienz, abrufbar unter: https://www.tk.de/centaurus/servlet/contentblob/964970/Datei/79391/Innovationsreport-2017-Kurzfassung.pdf.

Glied, Sherry / Smith, Peter: The Oxford Handbook of Health Economics, Oxford 2011. (zitiert: *Bearbeiter*, in: Oxford Handbook of Health Economics; Chapter, S.)

Hampe, Dennis / Mohammadi, Ehsan:(Neues) Zur Richtgrößenprüfung nach § 106 Abs. 2 Nr. 1, Abs. 5a SGB V – Wirtschaftlichkeitsprüfung der Verordnungsweise bei Arznei- und Verbandmitteln anhand von Richtgrößen; in: NZS 2012, 568 ff. (zitiert: *Hampe/Mohammadi*, NZS 2012)

Handbook of Health Economics: Volume 1B, 1st Edition 2000. (zitiert: *Bearbeiter*, in: Handbook of Health Economics, Volume 1B, Chapter, S.)

Handbook of Health Economics: Volume 2, 1st Edition 2011. (zitiert: *Bearbeiter*, in: Handbook of Health Economics, Volume 2, Chapter, S.)

Hansen, Bernd: Zur Schutzfähigkeit von Enantiomeren; in: GRUR 1996, 943 ff. (zitiert: *Hansen*, GRUR 1996)

Harte-Bavendamm, Henning / Henning-Bodewig, Frauke: Kommentar zum Gesetz gegen den unlauteren Wettbewerb, 4. Auflage, München 2016. (zitiert: *Bearbeiter*, in: Harte-Bavendamm/Henning-Bodewig, UWG, §, Rz.)

Hauck, Ernst: Ausschluss, Therapiehinweis und Kostenregelungen – Vom Ineinandergreifen der verschiedenen Instrumentarien zur Regulierung der Arzneimittelversorgung; in: GesR 2011, 69 ff. (zitiert: *Hauck*, GesR 2011)

Helmstädter, Ernst: Was ist dynamischer Wettbewerb, in: Wettbewerb als Herausforderung und Chance, Festschrift für Werner Benisch, Köln 1989, S. 17–26. (zitiert: *Helmstädter*, in: FS Benisch, S.)

Hess, Rainer: Die Frühbewertung des Nutzens neu zugelassener Arzneimittel-Herausforderung für den Gemeinsamen Bundesausschuss und das Institut für Qualität und Wirtschaftlichkeit im Gesundheitswesen; in: GGW 2011, 8 ff. (zitiert: *Hess*, GGW 2011)

Hofmeister, Stephan: Steuerung statt Prüfung; in: KVH-Journal, 2/2017, S. 8. ff. (zitiert: *Hofmeister*, KVH-Journal 2/2017)

Hovenkamp, Herbert: Federal Antitrust Policy – The Law of Competition and its Practice, 4th Edition, St. Paul 2011.

Hovenkamp, Herbert: Sensible Antitrust Rules for Pharmaceutical Competition, (2004) 39 University of San Francisco L.R. 11 ff.

Hovenkamp, Herbert / Lemley, Mark / Janis, Mark / Leslie, Christopher / Carrier, Michael: IP and Antitrust: An Analysis of Antitrust Principles Applied to Intellectual Property Law, Volume 1, 2nd Edition 2010. (zitiert: *Hovenkamp et al.*, Vol. 1, §)

Hufnagel, Frank-Erich: Wann endet der Patentschutz? – Hindernisse für den Markteintritt von Generika; in: PharmR 2003, 267 ff. (zitiert: *Hufnagel*, PharmR 2003)

Immenga, Ulrich: Grenzen der Rechtsauslegung – Das Diskussionspapier der EG-Kommission zu Art. 82 EG; in: EuZW 2006, 481. (zitiert: *Immenga*, EuZW 2006)

Immenga, Ulrich:Ökonomie und Recht in der europäischen Wettbewerbspolitik, in: ZWeR 2006, 346–365 (zitiert: *Immenga*, ZWeR 2006)

Immenga, Ulrich / Mestmäcker, Ernst-Joachim: Kommentar zum EU-Wettbewerbsrecht, Band 1, 5. Auflage, München 2012. (zitiert: *Bearbeiter*, in: Immenga/Mestmäcker, EU-Wettbewerbsrecht, Art, Rz.)

IMS Institute for Healthcare Informatics: The Role of Generic Medicines in Sustaining Healthcare Systems: A European Perspective, June 2015, abrufbar unter: http://www.medicinesforeurope.com/wp-content/uploads/2016/03/IMS_Health_2015_-_The_Role_of_Generic_Medicines_in_Sustaining_Healthcare_Systems_-_A_European_Perspective.pdf.

Iyengar, Vikram: Should Pharmaceutical Product Hopping be Subject to Antitrust Scrutiny?, (2015) 97 J. Pat. & Trademark Off. Soc'y 663 ff.

Jahede, Ulrich / Radziwill, Roland / Kloft, Charlotte: Klinische Pharmazie – Grundlagen und Anwendungen, 3. Auflage, Stuttgart 2010.

Jayadev, Arjun / Stiglitz, Joseph: Two Ideas to Increase Innovation and Reduce Pharmaceutical Costs and Prices, (2009) 28 Health Affairs 165 ff.

KasselerKommentar: Kommentar zum Sozialversicherungsrecht, 96. EL September 2017, München. (zitiert: *Bearbeiter*, in: Kasseler Kommentar, SGB V, §, Rz.)

Kasseler Kommentar: Kommentar zum Sozialversicherungsrecht, 88. EL Dezember 2015, München. (zitiert: *Bearbeiter*, in: Kasseler Kommentar, SGB V (Stand 88. EL Dezember 2015), §, Rz.)

Kassenärztliche Vereinigung Baden-Württemberg: Arzneimittel Richtwertvereinbarung nach § 106b Abs. 1 SGB V zwischen der Kassenärztlichen Vereinigung Baden-Württemberg und den Kranken- und Ersatzkassen für den Bereich der KV Baden-Württemberg für das Jahr 2017, abrufbar unter: https://www.kvbawue.de/praxis/vertraege-recht/. (zitiert: Arzneimittel Richtwertvereinbarung zwischen der Kassenärztlichen Vereinigung Baden-Württemberg und den Kranken- und Ersatzkassen 2017)

Kassenärztliche Vereinigung Baden-Württemberg: Vereinbarung nach § 106 Abs. 1 Satz 2 SGB V über Inhalt und Durchführung der Beratung und der Prüfung der Wirtschaftlichkeit der vertragsärztlichen Versorgung (Prüfvereinbarung Baden- Württemberg 2017), abrufbar unter: https://www.kvbawue.de/praxis/vertraege-recht/vertraege-von-a-z/wirtschaftlichkeit-plausibilitaet/. (zitiert: Prüfvereinbarung zwischen der Kassenärztlichen Vereinigung Baden-Württemberg und den Kranken- und Ersatzkassen 2017)

Kassenärztliche Vereinigung Bayern: Prüfungsvereinbarung zwischen der Kassenärztlichen Vereinigung Bayern und den Kranken- und Ersatzkassen über das Verfahren zur Überwachung und Prüfung der Wirtschaftlichkeit durch die Prüfungsstelle und den Beschwerdeausschuss Ärzte Bayern nach § 106 SGB V, Stand 18.2.2016, abrufbar unter: https://www.kvb.de/fileadmin/kvb/dokumente/Praxis/Rechtsquellen/Pruefung/KVB-RQ-Honorarpruefung-Pruefungsvereinbarung-2015-Nachtrag1-Lesefassung.pdf. (zitiert: Prüfungsvereinbarung zwischen der Kassenärztlichen Vereinigung Bayern und den Kranken- und Ersatzkassen 2017)

Kassenärztliche Vereinigung Bayern: Wirkstoffvereinbarung vom 31.10.2014 in der Fassung des Beschlusses des Landesschiedsamtes vom 02./03.11.2016 zur Prüfungsvereinbarung gemäß § 106 Abs. 1 Satz 2 und § 106b Abs. 1 Satz 1 SGB V sowie des 1. Nachtrags vom 14.11.2016 mit Wirkung zum 01.12.2016, abrufbar unter: https://www.kvb.de/fileadmin/kvb/dokumente/Praxis/Rechtsquellen/S-Z/KVB-RQ-Wirkstoffvereinbarung-2016.pdf. (zitiert: Wirkstoffvereinbarung zwischen der Kassenärztlichen Vereinigung Bayern und den Kranken- und Ersatzkassen 2016)

Kassenärztliche Vereinigung Bremen: Prüfvereinbarung zwischen der Kassenärztlichen Vereinigung Bremen und den Kranken- und Ersatzkassen über das Verfahren zur Überwachung der Wirtschaftlichkeit der vertragsärztlichen Versorgung durch die Prüfungsstelle und den Beschwerdeausschuss (Prüfungseinrichtungen) Stand 28.12.2016 abrufbar unter: https://www.kvhb.

de/sites/default/files/pruefvereinbarung_0.pdf. (zitiert: Prüfvereinbarung zwischen der Kassenärztlichen Vereinigung Bremen und den Kranken- und Ersatzkassen 2017)

Kassenärztliche Vereinigung des Saarlandes: Vereinbarung zwischen der Kassenärztlichen Vereinigung des Saarlandes und den Kranken- und Ersatzkassen zur Prüfung der Wirtschaftlichkeit der vertragsärztlichen Versorgung, abrufbar unter: https://www.kvsaarland.de/documents/10184//480827//Pr%C3%BCfvereinbarung+-+ab+01.01.2017. (zitiert: Prüfvereinbarungen zwischen der Kassenärztlichen Vereinigung des Saarlandes und den Kranken- und Ersatzkassen 2017)

Kassenärztliche Vereinigung Hamburg: Prüfungsvereinbarungen zwischen der Kassenärztlichen Vereinigung Hamburg und den Kranken- und Ersatzkassen ab 2017, abrufbar unter: http://www.kvhh.net/media/public/db/media/1/2017/01/715/pruefungsvereinbarungab2017.pdf. (zitiert: Prüfungsvereinbarungen zwischen der Kassenärztlichen Vereinigung Hamburg und den Kranken- und Ersatzkassen 2017)

Kassenärztliche Vereinigung Hamburg: Wirkstoffvereinbarung zwischen der Kassenärztlichen Vereinigung Hamburg und den Kranken- und Ersatzkassen nach § 106b Abs. 1 SGB V ab 1.1.2017, abrufbar unter: http://www.kvhh.net/media/public/db/media/1/2017/01/715/wirkstoffvereinbarung2017.pdf. (zitiert: Wirkstoffvereinbarung zwischen der Kassenärztlichen Vereinigung Hamburg und den Kranken- und Ersatzkassen 2017)

Kassenärztliche Vereinigung Hessen: Pressemitteilung v. 24.11.2015, Kein Arzneimittelregress im Prüfjahr 2013: Hessische Ärzte verordnen besonders wirtschaftlich!.

Kassenärztliche Vereinigung Nordrhein: KVNO aktuell – Magazin der kassenärztlichen Vereinigung Nordrhein, Ausgabe 9&10 2014..

Kassenärztliche Vereinigung Nordrhein: KVNO extra – Arznei-und Heilmittelregresse 2011, abrufbar unter: https://www.yumpu.com/de/document/read/5285029/und-heilmittelregresse-2011-kassenarztliche-vereinigung-nordrhein.

Kassenärztliche Vereinigung Sachsen: Prüfungsvereinbarung zwischen der Kassenärztlichen Vereinigung Sachsen und den Kranken- und Ersatzkassen über das Verfahren zur Prüfung der Wirtschaftlichkeit durch die gemeinsame Prüfungsstelle und den Beschwerdeausschuss in der Fassung vom 19. Dezember 2016 mit Wirkung ab 1. Januar 2017, abrufbar unter: http://www.kvs-sachsen.de/fileadmin/data/kvs/img/Mitglieder/Pruefwesen/170119_170109-PruefV_UVerfahren.pdf. (zitiert: Prüfungsvereinbarung zwischen der Kassenärztlichen Vereinigung Sachsen und den Kranken- und Ersatzkassen 2017)

Kassenärztliche Vereinigung Sachsen: Arzneimittelvereinbarung gemäß § 84 SGB V zwischen der Kassenärztlichen Vereinigung Sachsen und den Kranken und Ersatzkassen 2017, abrufbar unter: http://www.kvs-sachsen.de/fileadmin/data/kvs/downloads/vertrag/170109-AMV_2017_Endf.pdf. (zitiert: Arzneimittelvereinbarung gemäß § 84 SGB V zwischen der Kassenärztlichen Vereinigung Sachsen und den Kranken- und Ersatzkassen 2017)

Kassenärztliche Vereinigung Schleswig-Holstein: MRG-Vereinbarung 2017 über Arznei- und Verbandmittel zwischen der Kassenärztlichen Vereinigung Schleswig-Holstein und den Kranken- und Ersatzkassen. (zitiert: MRG-Vereinbarung 2017 über Arznei- und Verbandmittel zwischen der Kassenärztlichen Vereinigung Schleswig-Holstein und den Kranken- und Ersatzkassen)

Kassenärztliche Vereinigung Westfalen-Lippe: pluspunkt – Amtliche Bekanntmachungen der Kassenärztliche Vereinigung Westfalen-Lippe, Nr. 41, März 2010, 19 ff., abrufbar unter: https://docplayer.org/58040302-Pluspunkt-arznei-und-heilmittelverordnung-2010-erfolgreich-gegen-den-regressdruck-mitteilungen-informationen-nr-41-maerz-2010.html.

Kitch, Edmund: The Nature and Function of the Patent System, (1977) 20 Journal of Law and Economics 265 ff.

Kjølbye, Lars: Article 82 EC as Remedy to Patent System Imperfections: Fighting Fire with Fire? (2009) 32 World Competition 163 ff.

Koch, Susanne / Tschammler, Deniz: Therapiehinweise des Gemeinsamen Bundesausschusses sowie von Kassenärztlichen Vereinigungen und Krankenkassen im Vergleich; in: PharmR 2014, 445 ff. (zitiert: *Koch/Tschammler*, PharmR 2014)

Köhler, Andrea: Das gebrochene Preismonopol der Pharmaindustrie – Qualitätssicherung und Preissteuerung in der GKV-Arzneimittelversorgung, Baden-Baden 2013.

Korzilius, Heike: Arzneimittelrichtgrößen: Ärzte sollen angstfrei verordnen; in: Deutsches Ärzteblatt 2015 (33–34), A 1357 ff. (zitiert: *Korzilius*, Deutsches Ärzteblatt 2015 (33–34))

Korzilius, Heike: Wirtschaftlichkeitsprüfung: „Kein Arzt wird für seine teuren Patienten bestraft"; in: Deutsches Ärzteblatt 2011 (18), A 984 ff. (zitiert: *Korzilius*, Deutsches Ärzteblatt 2011 (45))

Kovacic, William: The Intellectual DNA of Modern U.S. Competition Law for Dominant Firm Conduct: The Chicago/Harvard Double Helix, (2007) Columbia Business. L. Rev., 2 et seqq.

Kraßer, Rudolf / Ann, Christoph: Patentrecht – Lehrbuch zum deutschen und europäischen Patentrecht und Gebrauchsmusterrecht, 7. Auflage, München 2016. (zitiert: *Bearbeiter*, in: Kraßer/Ann, Patentrecht, §, Rz.)

Krauskopf: Kommentar Soziale Krankenversicherung/ Pflegeversicherung, Band 1, 96. EL August 2017, München. (zitiert: *Bearbeiter,* in: Krauskopf, Soziale Krankenversicherung, SGB V, §, Rz.)

Kügel, Wilfried / Müller, Rolf-Georg / Hofland, Hans-Peter: Kommentar zum Arzneimittelgesetz, 2. Auflage, München 2016. (zitiert: *Bearbeiter,* in: Kügel/ Müller/Hoffmann, AMG, §, Rz.)

Kvesic, Dennis: Product lifecycle management: Marketing strategies for the pharmaceutical industry, (2008) 8 Journal of Medical Marketing 293 ff.

Langen / Bunte: Kommentar zum Kartellrecht, Band 2, Europäisches Kartellrecht, 13. Auflage, Köln 2018. (zitiert: *Bearbeiter,* in: Langen/Bunte, Europäisches Kartellrecht, Art, Rz.)

Light, Donald / Warburton, Rebecca: Extraordinary claims require extraordinary evidence, (2005) 24 Journal of Health Economics 1030 ff.

Loewenheim. Ulrich / Meessen, Karl / Riesenkampff, Alexander / Kersting, Christian / Meyer-Lindemann, Hans Jürgen: Kommentar zum Kartellrecht, 3. Auflage, München 2016. (zitiert: *Bearbeiter,* in: Loewenheim/ Meessen/ Riesenkampff/Kersting/Meyer-Lindemann, Kartellrecht, AEUV, Art., Rz.)

Luthe, Ernst-Wilhelm: Erstattungsvereinbarungen mit pharmazeutischen Unternehmen; in: PharmR 2011, 193 ff. (zitiert: *Lutte*, PharmR 2011)

Machlup, Fritz: An Economic Review of the Patent System, Study of the Subcommittee on Patents, Trademarks and Copyrights of the Committee on the Judiciary, United States Senate, Eighty-Fifth Congress, Second Session, Study No 15, Washington D.C. 1958, abrufbar unter:https://cdn.mises.org/An%20Economic%20Review%20of%20the%20Patent%20System_Vol_3_3.pdf.. (zitiert: *Machlup*, An Economic Review of the Patent System)

Machlup, Fritz: Die wirtschaftlichen Grundlagen des Patentrechts – 1. Teil; in: GRUR Ausl 1961, 373 ff. (zitiert: *Machlup*, GRUR Ausl 1961)

Manne, Geoffrey / Wright, Joshua: Innovation and the Limits of Antitrust , (2010) 6 Journal of Competition Law & Economics 153 ff.

Melamed, Douglas: Exclusionary Conduct under the Antitrust Laws: Balancing, Sacrifice, and Refusals to Deal, (2005); 20 Berkeley Techn. L. J. 1247 ff.

Melamed, Douglas: Exclusive dealing agreements and other exclusionary conduct – Are there unifying principles? (2006); 73 Antitrust L. J. 375 ff.

Mestmäcker, Ernst-Joachim: Das marktbeherrschende Unternehmen im Recht der Wettbewerbsbeschränkungen, Tübingen 1959.

Mestmäcker, Ernst-Joachim / Schweitzer, Heike: Europäisches Wettbewerbsrecht, 3. Auflage, München 2014. (zitiert: *Bearbeiter,* in: Mestmäcker/ Schweitzer, Europäisches Wettbewerbsrecht, §, Rz.)

Metzke, Mark: Targeting Enantiomer Product Hopping with a new "Obviousness" Standard, (2010) 14 UCLA J.L. & Tech. 1 ff.

Miller, Benjamin: Product Hopping: Monopolization or Innovation?, 22 B.U. J. Sci. & Tech. L. 89 ff.

Münchener Kommentar: Europäisches und Deutsches Wettbewerbsrecht, Band 1, 2. Auflage, München 2015. (zitiert: *Bearbeiter*, in: Münchener Kommentar, Band 1, Art., Rz.)

Muris, Timothy: Principles for a Successful Competition Agency, (2005); 72 University of Chicago L. Rev. 165 ff.

National Institute for Health Care Management: Changing Patterns of Pharmaceutical Innovation, May 2002.

Nee, Eric: Incremental Innovation, (2015) 13 Stanford Social Innovation Review, Winter 2015, 4 ff.

Nordlander, Kristina / Harrison, Patrick: Abuse of Regulatory Procedures in the Pharmaceutical Sector – Developments Since the General Court's Judgment in AstraZeneca, (2012) CPL Antitrust Chronicle 2 ff.

O'Donoghue, Robert / Padilla, Jorge: The Law and Economics of Article 102 TFEU, 2nd Edition, Oxford 2013.

Ordover, Janusz / Willig, Robert: An Economic Definition of Predation: Pricing and Product Innovation, (1981) 91 The Yale Law Journal 8 ff.

Patterson, Mark: The Sacrifice of Profits in Non-Price Predation, (2003) 18 Antitrust ABA 37 ff.

Pharmaceutical Research and Manufacturers of America (PhRMA): Biopharmaceutical Research Industry – Profile 2016, abrufbar unter: http://phrma-docs.phrma.org/sites/default/files/pdf/biopharmaceutical-industry-profile.pdf.

Posner, Richard: Why There Are Too Many Patents in America, The Atlantic, 12 July 2012, abrufbar unter: http://www.theatlantic.com/business/archive/2012/07/why-there-are-too-many-patents-in-america/259725/.

Raasch, Christina: Der Patentauslauf von Pharmazeutika als Herausforderung beim Management des Produktlebenszyklus, 2. Auflage, Wiesbaden 2010.

Rehmann, Wolfgang: Kommentar zum Arzneimittelgesetz, 4. Auflage, München 2014. (zitiert: *Bearbeiter*, in: Rehmann, AMG, §, Rz.)

Reuter, Benjamin / Volmering, Björn / Weinrich, Christoph: Das GKV-VSG aus Sicht des Vertragsarztes; in: GesR 2015, 449 ff. (zitiert: *Reuter/Volmering/Weinrich*, GesR 2015)

Rousseva, Ekaterina: Rethinking Exclusionary Abuses in EU Competition Law, Oxford 2010.

Salop, Steven: Exclusionary Conduct, Effect on Consumers and the flawed Profit-Sacrifice Standard, (2006) 73 Antitrust L.J. 311 ff.

Schäffner, Nina: Lifecycle Management im Arzneimittelsektor – Zur Kritik des Evergreening, Baden-Baden 2015.

Scherer, Frederic: The Link Between Gross Profitability and Pharmaceutical R&D Spending, (2001) 20 Health Affairs 216 ff.

Scherer, Frederic: R&D Costs and Productivity in Biopharmaceuticals, (2011) Harvard Kennedy School of Government Faculty, Regulatory Policy Program Working Paper RPP-2011-10.

Schöffski, Oliver / Fricke, Frank-Ulrich / Guminski, Werner: Pharmabetriebslehre, 2. Auflage, Berlin 2008. (zitiert: *Bearbeiter*, in: Schöffski/Fricke/Guminski, Pharmabetriebslehre, S.)

Schumpeter, Josef: Capitalism, Socialism & Democracy, 4th Edition, London 1965.

Schwabe, Ulrich / Paffrath, Dieter /Ludwig, Dieter / Klauber, Jürgen: Arzneiverordnungsreport 2018 – Aktuelle Daten, Kosten, Trends und Kommentare, Berlin 2018. (zitiert: *Bearbeiter*, in: Schwabe/Paffrath/Ludwig/Klauber, Arzneiverordnungsreport 2018, S.)

Schwabe, Ulrich / Paffrath, Dieter: Arzneiverordnungsreport 2016 – Aktuelle Daten, Kosten, Trends und Kommentare, Berlin 2016. (zitiert: *Bearbeiter*, in: Schwabe/Paffrath, Arzneiverordnungsreport 2016, S.)

Schwabe, Ulrich / Paffrath, Dieter: Arzneiverordnungsreport 2015 – Aktuelle Daten, Kosten, Trends und Kommentare, Berlin 2015. (zitiert: *Bearbeiter*, in: Schwabe/Paffrath, Arzneiverordnungsreport 2015, S.)

Schweitzer, Heike / Haucap, Justus / Kerber, Wolfgang / Welker, Robert: Modernisierung der Missbrauchsaufsicht für marktmächtige Unternehmen, Baden-Baden 2018.

Schweitzer, Heike: Parallels and Differences in the Attitudes towards Single-Firm Condcut: What are the reasons? The History, Interpretation and Underlying Principles of Sec. 2 Sherman Act and Art. 82 EC, EUI Working Papers LAW 2007/32.

Schweitzer, Stuart: Pharmaceutical Economics and Policy, 2nd Edition, New York 2007.

Schweizer, Mathias: Marktanteilsabhängige safe harbours für horizontale Zusammenarbeit zwischen Unternehmen im europäischen und deutschen Kartellrecht, Baden-Baden, 2006.

Shadowen. Steve / Leffler, Keith / Lukens, Joseph: Anticompetitive Product Changes in the Pharmaceutical Industry, (2009) 41 Rutgers Law Journal 1 ff.

Shapiro, Carl: Competition and Innovation – Did Arrow hit the Bull's Eye? in Lerner/Stern, The Rate and Direction of Inventive Activity Revisited, Chapter 7,

p. 361et seqq. (zitiert: *Shapiro*, Competition and Innovation – Did Arrow hit the Bull's Eye?, p.)

Smith, Adam: An Inquiry into the Nature and Causes of the Wealth of Nations, Edited by Edwin Cannan, Two Volumes in One, Chicago 1976.

Sodan, Helge: Handbuch des Krankenversicherungsrechts, 3. Auflage, München 2018. (zitiert: *Bearbeiter*, in: Sodan, Handbuch des Krankenversicherungsrechts, 3. Auflage 2018, §, Rz.)

Sodan, Helge: Handbuch des Krankenversicherungsrechts, 2. Auflage, München 2014. (zitiert: *Bearbeiter*, in: Sodan, Handbuch des Krankenversicherungsrechts, 2. Auflage 2014, §, Rz.)

Song, Chie Hoon / Han, Jeung-Whan: Patent cliff and strategic switch: exploring strategic design possibilities in the pharmaceutical industry, (2016) SpringerPlus 5:692.

Spickhoff, Andreas: Medizinrecht, 2. Auflage, München 2014. (zitiert: *Bearbeiter*, in: Spickhoff, Medizinrecht, §, Rz.)

Spulber, Daniel: How Patents Provide the Foundation of the Market for Inventions, (2015) 11 Journal of Competition Law & Economics 271 ff.

Statistisches Bundesamt: Gesundheitsausgaben in Deutschland nach Ausgabenträgern, Leistungsarten und Einrichtungen, Gesundheitsausgaben in Deutschland nach Ausgabenträgern, Leistungsarten und Einrichtungen, Fachserie 12, Reihe 7.1.1 v. 8.3.2016, abrufbar unter: https://www.destatis.de/DE/Publikationen/Thematisch/Gesundheit/Gesundheitsausgaben/AusgabenGesundheit.html. (zitiert: Statistisches Bundesamt, Gesundheitsausgaben in Deutschland nach Ausgabenträgern, Leistungsarten und Einrichtungen)

Stellmach, Joachim: Patentfähigkeit biologisch aktiver Substanzen – Einige Zusammenhänge zwischen Struktur, Wirkung und erfinderischer Tätigkeit; in: GRUR Int. 2005, 665 ff. (zitiert: *Stellmach*, GRUR Int. 2005)

Stiglitz, Joseph: Economic Foundations of Intellectual Property Rights, (2008) 56 Duke Law Journal 1693.

Sueddeutsche Zeitung: Strategien der Pharmabranche gegen Generika, 27. Januar 2016, abrufbar unter: http://www.sueddeutsche.de/wissen/pharmaindustrie-verzerren-und-verzoegern-1.2836690.

The Economist: Billion-dollar babies – Drug companies and research, 28 November 2015, S. 57.

The New York Times: How to Protect a Drug Patent? Give It to a Native American Tribe, 8 September 2017, abrufbar unter: https://www.nytimes.com/2017/09/08/health/allergan-patent-tribe.html.

Tirole, Jean: The Theory of Industrial Organization, Cambridge/Massachussets, 1988.

Tschammler, Deniz: Patentstrategien im Fokus von Artikel 102 AEUV: Der Begriff des Missbrauchs nach AstraZeneca; in: WuW 2013, 1071 ff. (zitiert: *Tschammler*, WuW 2013)

US Food and Drug Administration – Center for Drug Evaluation and Research: From Test Tube to Patient: Improving Health through Human Drugs, Special Report, 1999, abrufbar unter: http://www.canceractionnow.org/FromTestTubeToPatient.pdf.

Uwer, Dirk / Tschammler, Deniz: Sozial- und verfassungsrechtliche Grenzen der Ausgestaltung von Leitsubstanzzielen in regionalen Ziel- und Prüfvereinbarungen; in: PharmR 2016, 69 ff. (zitiert: *Uwer/Tschammler*, PharmR 2016)

von Falck, Andreas / Slopek, David / Thiermann, Arne:„Life-Cycle-Management" für Arzneimittel und gewerbliche Schutzrechte; in: GRUR 2015, 1050 ff. (zitiert: *von Falck/Slopek/Thiermann*, GRUR 2015)

von Hayek, Friedrich August: Der Wettbewerb als Entdeckungsverfahren, Kieler Vorträge gehalten im Institut für Weltwirtschaft an der Universität Kiel, Weltwirtschaftliches Archiv –Zeitschrift des Instituts für Weltwirtschaft an der Universität Kiel, Neue Folge 56, Kiel 1968.

Weiswasser, Elizabeth / Danzis, Scott: The Hatch-Waxman Act: History, Structure, and Legacy, (2003) 71 Antitrust L.J. 585 ff.

Werden, Anthony: Identifying Exclusionary Conduct Under Section 2: The "No Economic Sense" Test, (2006) 73 Antitrust L.J 413 ff.

Westin, Jacob: Product Switching in the Pharmaceutical sector an abuse or legitimate commercial consideration? (2011) 12 ECLR 595 ff.

Wiedemann, Gerhard: Handbuch des Kartellrechts, 3. Auflage, München 2016 (zitiert: *Bearbeiter*, in: Wiedemann, Handbuch des Kartellrechts, §, Rz.)

Windsperger, Josef: Wettbewerb als dynamischer Prozeß; in: ORDO 1986, Band 37, 125 ff. (zitiert: *Windsperger*, ORDO 1986, Band 37)

Wurmnest, Wolfgang: Marktmacht und Verdrängungsmissbrauch, 2. Auflage, Tübingen 2012.

Yoshitani, Rebecca / Cooper, Ellen: Pharmaceutical Reformulation: The Growth of Life Cycle Management, (2007) 7 Hous. J. Health L. & Pol'y 379 ff.

Young, Bob / Surrusco, Michael: Rx R&D Myths: The Case Against The Drug Industry's R&D "Scare Card", (2001) Public Citizen, Congress Watch, abrufbar unter: https://www.citizen.org/sites/default/files/rdmyths.pdf.

Zweifel, Peter / Crivelli, Luca: Price Regulation of Drugs: Lessons from Germany, (1996) 10 Journal of Regulatory Economics 257 ff.

www.ingramcontent.com/pod-product-compliance
Ingram Content Group UK Ltd.
Pitfield, Milton Keynes, MK11 3LW, UK
UKHW020713041026
15590UKWH00002B/639

9 783631 836620